濱　久雄

東洋思想論攷

―易と礼を中心として―

明德出版社

序

嘗て私の先考青洲（諱は隆一郎）は、明治四〇年、旧制中学を中退し、笈を負うて信州松本から東都に到り、政治家を志したが、翻意して二松学舎に入学し、五年間学び、高等教員の資格を得た。幸運にも、三島中洲・南摩羽峰の両碩学の経筵に列し、その謦咳に接し得た。その後、三島雷堂・土屋鳳洲・本城問亭・児島星江・細田剣堂・池田蘆洲・信夫恕軒の諸先生の講義を拝聴した。当時、督学に就任された土屋鳳洲先生の漢詩集の編集にも微力を尽し、その資料や先生の遺墨などが、書斎の筺底から発見された。そして、後年、先考は特に池田蘆洲先生を敬慕した。

池田先生は、二松学舎専門学校のほか、国学院大学・大東文化学院で講義され、『故事熟語大辞典』・『日本詩話叢書』・『日本藝林叢書』・『定本唐宋八家文読本』・『定本韓非子』・『蘆洲遺稿』や、未完の『史記補注』など、実に等身の著述を残され、かつて帝室博物館総長であった森鷗外も先生を尊敬し、宮内省図書寮の『六国史』の校訂を依頼された。未刊の『史記補注』は、次男で大東文化学院高等科出身の池田英雄先生が、晩年の精力を傾注して完成させ、明徳出版社より上梓された。

蘆洲先生は学究の半面、詩文双璧の漢学者で、嘗て先生の持論である一文を書幅に認め、先考に贈られたのである。それは「宇宙万有は挙《ことごと》く一部の周易に具はり、上下三千載、二十四史の録する所は、悉く礼経を離れず。

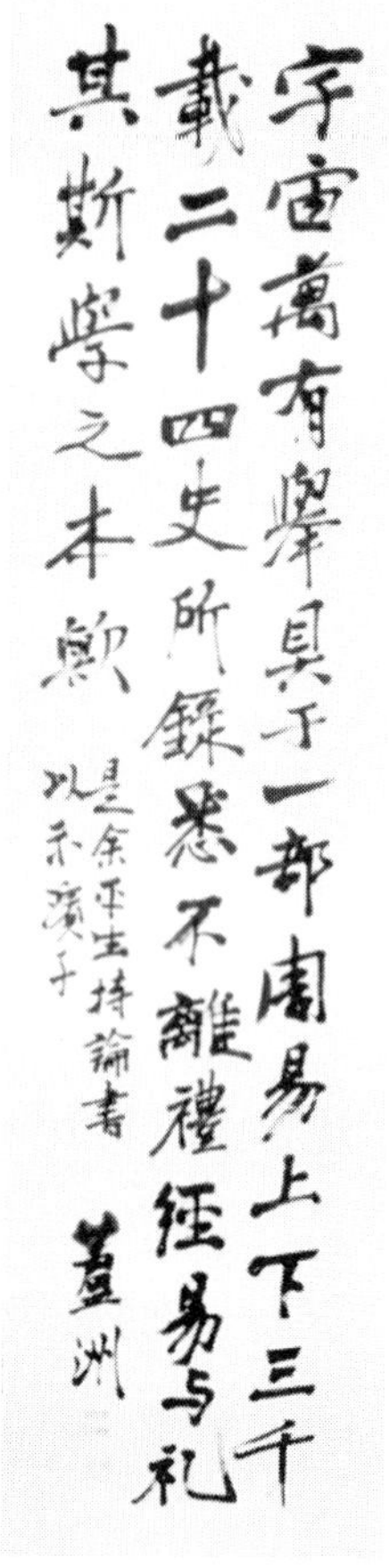
宇宙萬有槩具于一部周易上下三千
載二十四史所録悉不離禮經易与礼
其斯學之本歟
是余平生持論書
以示濱子
蘆洲

池田蘆洲先生　書跡

易と礼とは、其れ学の本なる歟《か》。是れ余の平生の持論なり。書して以て濱子に示す。蘆洲」と書された一文である。これは中国思想研究に関し、先生が易学と礼学の重要性を痛感され、先生が果たされなかった研究を、実に私の先考に託されたものと思われる。後年、この書幅を発見した私は、いささか感ずる所があり、いずれ他日、機会があれば、蘆洲先生のご期待に添いたいと考えた。

ところで、昭和五七年に蘆洲先生の五〇回忌辰の法要が、文京区白山上の一音寺で行われた時、無窮会から保野通斎・市川実斎先生と私が参加し、縁故の方々も同席された。終了後に宴が設けられた。ふと見ると、壁上に前述の蘆洲先生の書幅が掲げられており、私もいささか驚かざるを得なかった。つまり、池田家にも同じ書幅が保存されていたのである。私は先考が蘆洲先生を詠じた七律二首を参加者に配布した。たまたま、円卓で相対して坐られた大東文化学院高等科の一期生で、国学院大学教授藤野岩友先生が、その詩を一覧され、蘆洲先生は正にここに詠じられた通りの方ですと語られ、私にとっても忘れ得ぬ思い出となった。先考が心血を傾けて詠じた七律は、次の二首である。

昭和四十七年壬子之秋、十月下澣、先師池田蘆洲先生遺著史記補注、刊本新成、被贈一本。乃忙手捧讀、不堪感激。是偏賢息伯叔二子、孝心所致也。焉得不慶而賀之乎。乃賦此以述喜、併表謝。

青洲　濱　隆一郎

昭和四十七年壬子の秋、十月下澣、先師池田蘆洲先生の遺著史記補注、刊本新たに成って、一本を贈らる。乃ち忙手捧読し、感激に堪へず。是れ偏に賢息の伯叔二子の孝心の致す所なり。焉んぞ慶して之を賀せざるを得んや。乃ち此れを賦して以て喜びを述べ、併せて謝を表す。

學兼漢宋壓時流
郷是難波古帝郷
傳世文章無克匹
等身述作有誰儔
經於考證凌先正
史向龍門窮博捜
一代鴻儒齊所仰
遺編萬巻照千秋

学は漢・宋を兼ねて　時流を圧す
郷は是れ　難波《なにわ》の古帝郷
世に伝ふる文章　克《よ》く匹《たぐい》無く
身に等しき述作　誰有ってか儔《ひとし》からん
経は考証に於て　先正を凌ぎ
史は竜門に向って　博捜を窮む
一代の鴻儒《こうじゅ》　斉《ひと》しく仰ぐ所
遺編　万巻　千秋を照す

七律一章、賦此以仰先師池田蘆洲先生之學徳

七律一章、此れを賦して以て先師池田蘆洲先生の学徳を仰ぐ。

茅海蒼波映甲山　　茅海《ぼうかい》の蒼波　甲山に映じ
甲山翠黛接仙關　　甲山の翠黛《すいたい》　仙関に接す
誠心鍛去遡鄒魯　　誠心　鍛え去って　鄒魯《すうろ》を遡《さかのぼ》り
史眼放來研馬班　　史眼　放ち来って　馬班《ばはん》を研す
充棟著書誰得及　　棟に充つるの著書　誰か及ぶを得ん
垂蹤先哲豈難攀　　蹤《あと》を垂《た》るるの先哲　豈に攀ぢ難からんや
鴻儒如此世稀見　　鴻儒　此《かく》の如きは　世稀に見る
古道昭昭尚照顔　　古道　昭昭として　尚ほ顔を照す

先生生浪華。所以號蘆洲也。故以茅海甲山爲起首。且先生命其書屋、曰古道照顔樓。故結句及之。而前後兩聯、則雖欲述先生學徳之優且長、而筆不從之。是爲憾焉。然今欲草之而執筆、則先生温顔清容、髣髴而在眼前。眞不堪欽仰也。

先生は浪華に生まる。蘆洲と号する所以なり。故に茅海・甲山を以て起首と為す。且つ先生はその書屋に命じて、古道照顔楼と曰ふ。故に結句、之に及ぶ。而れども前後の両聯は、則ち先生の学徳の優且つ

長なるを述べんと欲すと雖も、而れども筆、之に従はず。是を憾みと為す。然れども、今ま之を草せんと欲して筆を執れば、則ち先生の温顔清容、髣髴として眼前に在り。真に欽仰に堪へざるなり。

私は嘗て先考の書斎から、この書幅を発見した時、他日、公羊学の研究と共に、いささか『易経』と礼学に挑戦してみたいと考えた。なぜならば、『易経』と礼学とは、いみじくも公羊学と無縁ではなく、公羊礼も存在するからである。且つ『易経』と『春秋』とは、密接な関係にあり、前漢時代の学者は、両者を統一的に把握していたことは、『漢書』儒林伝の記述を一覧すれば、容易に理解されるからである。不思議なことに、蘆洲先生には、夙に春秋孔子制作説を批判した論考（『経史説林』五四―八頁　文昌閣　明治四〇年）があり、蘆洲先生の関心の所在を窺うに十分である。つまり、先生は公羊学には批判的であったが、公羊礼の研究領域も存在し、『春秋』も礼学とは関係が深いのである。

ところで、平成二年、私が広島大学を訪問した際、池田末利先生と下見隆雄教授が、鄭重にも駅頭に出迎えて下さり、甚だ恐縮に堪えなかった。その晩には、池田先生を中心に、数名の方が歓迎の宴を設けてくださった。翌日には、礼学の造詣が深い池田先生のご案内で、錦帯橋を見学する機会に恵まれた。先生と歩きながら、凌廷《りょうてい》堪《かん》の『礼経釈例』につき、先生のご意見をお聞きしたところ、高く評価されたことを思い出した。その折に、先生から早く学位論文の『公羊学の成立とその展開』を出版するよう勧告され、時熟せりと判断し、平成四年六月に、国書刊行会より上梓した。そして、先生からは珠玉の序文を寄せていただいた。その後、私は公羊礼の研究にも及び、さらに「礼の起原とその展開―凌廷堪の『礼経釈例』を中心として―」と題する論考を皮切りに、礼学に関する拙論を大東文化大学東洋研究所の『東洋研究』に発表した。今回図らずも、これらの論考を易学研究の諸論考と併せて『東洋思想論攷―易と礼を中心として―』と題して上梓した。蘆洲先生と先考が果たし得なかった課題を、不充分ではあるが、ここに達成でき、実に感慨無量である。また『易経』・礼学とは異なるが、三島中洲先生と、後継者三島雷堂先生に関する拙論を敢て本書に収載し、有終の美を添え得たことは、色々な意味で有意義であった。ここに、本書の出版に至る経緯を述べ、これを序文とする次第である。ここに万感の思いを篭めて、本書を謹んで池田蘆洲先生と先考濱青洲の霊前に捧げるものである。

目　次

序 …… 1
第一章　郝敬の易学思想 …… 19
はじめに …… 19
一、郝敬の易学思想の形成 …… 20
二、郝敬の易学に対する基本的理解 …… 23
三、乾坤二卦に関する郝敬の見解 …… 32
四、復の卦に関する解説 …… 38
おわりに …… 43

第二章　黄宗羲の易学思想　―『易学象数論』を中心として―　47
はじめに　47
一、黄宗羲の学問形成とその特色　48
二、黄宗羲の漢代易学象数論に対する批判　52
おわりに　73
第三章　胡渭の易学思想　―『易図明辨』を中心として―　77
はじめに　77
一、胡渭の学問形成過程　78
二、胡渭の『易図明辨』制作の意図と自負　82
三、『易図明辨』の主たる内容　84
おわりに　104

第四章　顧炎武の易学思想 ―『日知録』を中心として― …… 109
はじめに …… 109
一、顧炎武の学問形成 …… 110
二、『日知録』に見える易学思想 …… 112
おわりに …… 134
第五章　荘存与の易学思想 …… 137
はじめに …… 137
一、荘存与の学問形成 …… 138
二、荘存与の易学思想 …… 140
おわりに …… 160

第六章　程廷祚の易学思想 ―『大易択言』を中心として― …… 163
はじめに …… 163
一、程廷祚の学問形成 …… 164
二、『大易択言』の構成の特色 …… 167
三、乾坤二卦について …… 173
四、明夷の卦について …… 183
おわりに …… 187
第七章　翁方綱の易学思想 ―『蘇斎筆記』・『易附記』を中心として― …… 191
はじめに …… 191
一、翁方綱の学問形成 …… 192
二、『蘇斎筆記』に見える翁方綱の易学思想 …… 195

三、『易附記』に見える易学思想 204
おわりに 215
第八章　紀磊の易学思想 219
はじめに 219
一、紀磊の易学研究の意図と方針 220
二、乾坤二卦に関する見解 227
三、泰・否二卦に関する見解 233
四、革の卦と鼎の卦の見解 236
五、未済の卦に就いて 241
おわりに 243
第九章　中井履軒の易学思想 ──『周易逢原』を中心として── 247

はじめに……247
一、中井履軒の学問形成……248
二、中井履軒の『周易逢原』について……249
三、中井履軒の易学に関する見解……252
おわりに……275
第十章　井上金峨の易学思想 ―『周易辨疑』を中心として―……277
はじめに……277
一、井上金峨の学問形成……278
二、井上金峨の易学思想……280
おわりに……300
第十一章　海保漁村の易学思想 ―『周易古占法』を中心として―……303

はじめに……303
一、海保漁村の学問形成……304
二、『周易古占法』の成立とその意図……305
三、古占法の成立過程とその方法……309
四、爻変の諸例について……317
おわりに……327
第十二章　礼の起原とその展開 — 凌廷堪の『礼経釈例』を中心として —……329
はじめに……329
一、礼の原初形態に関する学説……331
二、凌廷堪の『礼経釈例』の方法とその意義……339
おわりに……354

第十三章　禘祫考……357
はじめに……357
一、禘祫に関する古文献の記述……358
二、禘祫に関する清儒の見解……362
おわりに……380
第十四章　秦蕙田の礼学思想　—『五礼通考』を中心として—……385
はじめに……385
一、秦蕙田の学問形成と『五礼通考』……387
二、『五礼通考』に見える礼制因革の解説……392
三、五礼の内容について……397
おわりに……410

第十五章　黄以周の礼学思想 ―『礼書通故』を中心として― …… 413
はじめに …… 413
一、黄以周の学問形成と『礼書通故』 …… 414
二、本書の総論である「礼書通故」に関する見解 …… 417
三、主要な礼制度の問題の所在について …… 428
おわりに …… 438
附録一　若き三島中洲の学問の到達点と晩年の死生観 ―中洲の詩を中心として― …… 441
はじめに …… 441
一、若き三島中洲の学問の到達点 …… 442
二、中洲の死生観について …… 454
おわりに …… 464

附録二　三島雷堂の学問と思想　―陸王哲学研究を中心として―……467
はじめに……467
一、三島雷堂の人となり……468
二、『陸象山の哲学』に見える学問の方法と思想……471
三、『王陽明の哲学』について……478
初出論文……490
あとがき……493
『東洋思想論攷』跋……502
索　引

東洋思想論攷

――易と礼を中心として――

第一章　郝敬の易学思想

はじめに

明代の易学につき、私が最初に興味を抱いたのは、来知徳の易学であった。彼の綜卦・錯卦は、伊藤東涯の『周易経翼通解』を解読する中で、東涯の謂う所の卦変は、来知徳の綜卦・錯卦と関係があるように思われた。事実、「伊藤東涯の易学」と題する論考を作成したとき、いみじくも東涯は、この卦変が来知徳の綜卦と偶然の一致であると考え、夙にこれに気づいていたのである。これも当時、来知徳の易学が、すでに江戸時代の漢学者に周知されていたことを物語る。

その後、従来、誰も論じていない明代の何楷の易学に興味を抱き、たまたま財団法人無窮会専門図書館の真軒文庫に、『古周易訂詁』が架蔵されているのを発見し、彼の易説の特色を知り得て発表した。郝敬の経学思想は、すでに知っていたので、そのうち纏める予定であったが、黄道周や智旭の易学思想に興味が移っていった。しかし、彼の『九部経解』の中の『周易正解』は、すでに時々解読したが、すっかり遅れて今日に至った。つまり、郝敬の経学は、彼らの学問より有名であったのである。さらに彼の『山草堂集』は浩瀚な著述であり、いささか興味を抱いていた。しかし、彼らの易学に対する興味が優先されたのである。これも研究心の興味の強さに影響されたものである。

本稿では、明代の代表的な易学者である来知徳より三三歳若い郝敬が、易学に関し、如何なる認識に基づき、どのような方法で易学思想を構築したかを明らかにし、程伝朱義の学問が隆盛を極めた明代において、彼が来知徳の漢易への嗜好をどのように評価したかにつき考察し、その影響の有無を検討すると共に、彼の易学思想の特色を、『九部経解』に収載された『周易正解』を通じて明らかにしたい。

一、郝敬の易学思想の形成

郝敬（一五五八、嘉靖三七―一六三九、崇禎一二）は、字を仲輿といい、楚望と号した。楚の京山の人で、後に京山先生と称せられた。父承健は粛寧の知県であった。郝敬は幼時から神童と称されたが、性質は跅弛《たくし》（常識はずれ）で、嘗て人を殺して投獄されたが、父の友人が援けて出獄できた。これより始めて節を折って読書し、明代の万暦一七（一五八九）年の進士となった。時に年齢は三一歳であった。そして縉雲・永嘉の知県を歴任し、その才能が評価された。その後、召されて礼科給事中に就任したが、暇《ひま》を願って帰養した。久しくして戸科に補され、しばしば論奏する所があった。

当時、山東の税監であった陳増が貪横で、益都の知県呉宗尭が帝に奏したが、罪としなかった。これに対し郝敬は上言して、この上奏を採用して彼を罷免しなければ、陛下の明旨も臣民を愚弄する虚文となるに過ぎない。

どうか先ず停止し、しかる後に宗尭の奏する所を以て、撫按に下して勘覈し、増の不法の罪を正されたいと述べた。しかし帝は聴きいれなかった。暫くして山東の巡撫尹応元もまた増の罪を極論した。すると帝は怒って、頻りに応元を責め、斥けて民間人とした。

するとと郝敬はさらに上言して、「陛下が陳増を対処するやり方は、多くの人の心を失っています。今から宦豎の虐焔は天下に漲り、忠臣の正義は地を掃い、外庭の讜論は響きを絶ち、讒夫の利口は横生し、天下の事は、底止する所を知るなし」と述べた。帝は怒って俸給を奪うこと一年に及んだ。また帝は中官高寀《こうさい》をして京口に権税《かくぜい》し、豎禄《きろく》をして儀真を権税せ遣《し》めた。すると郝敬はまた努めて帝を諫めた。また、宗尭が陳増を弾劾すると、増は甚だしく怒り、賄賂を偽り非難した。その意見は青州一府の官僚にも関連し、旁《あま》ねく商民呉時奉らと共に、皆な籍没することを請うと、帝は直ちにこれを聴きいれた。すると郝敬はまた増を誇り、速やかに彼の上奏を止めるように乞うた。しかし、嘉納されず、却って要人に憎まれ、江陰の知県に左遷された。悪官僚の貪汚は検証されず、世間の議論は皆な喜ばなかったので、郝敬は遂に弾劾を諦めて家に帰り、門を閉じて書を著し、崇禎一二年、八二歳で卒した。始めて知り得た郝敬の逸話は、実に感動的であり、権力に屈せず、天子に諫言して怯《ひる》まない態度は、実に破邪顕正の傑物といわざるを得ない。以上の記述は、『明史稿』[1]に基づいて纏めたものである。なお、彼の著述には『九部経解』・『山草堂集』などの大著があるが、八二歳の長寿を保って著述に専念したからであろう。

郝敬の易学思想は、彼が著した『九部経解』に収載されている『周易正解』に詳述されている。その最初の部分には、彼の易学の研究姿勢と意図が、あたかも備忘録のように詳述されている。そしてその最後に、彼は自ら易学研究を始めた経緯を次のように語っているが、彼の易学思想研究の原点を知り得るものである。[2]

愚、年五十を過ぎて、始めて易を読む。索居、師友に寡し。山中、書を覓《もと》むるに従《よし》无《な》し。惟だ王輔嗣、程正叔・朱元晦の伝義、蘇子瞻・楊敬仲の易解を取り、時に一たび参質し、我を助くること実に多し。象数に至っては、自得する所多し。因りて知る、古今の賢愚は心同じく、易道は遠からず。最後に唐人の李鼎祚の集むる所の漢魏諸家の解を得て之を読むに、荊棘《けいきょく》、眼に満ち、鄭康成の輩は多聞醜記、名物制度に于《おい》てすら、且つ牽強に勝へず。而かも以て易を説かんと欲す。是れ圜鑿《えんさく》にして方枘《ほうぜい》なり。輔嗣・正叔は不道を埽除《そうじょ》し、以有《ゆえ》る夫《かな》。

右の読易瑣言は、偶《たまたま》窺ふ所有り、筆に随ひ、忘に備ふ。覼縷《らる》（順序だてる）、復た詮次する无し。之を総ぶるに贅語は検校するに足らず。念ふに始めて難きに通ずるを求め、此に存して吾が苦しみを誌すのみ。後の観る者、幸ひに裁削を加へよ。

この一文により、郝敬が易学研究に着手したのは、進士の合格した年の二〇年後の五〇歳であることが判明した。これは彼がしばしば引用する『論語』述而篇に記載されている「子曰く、我に仮すに年を以てし、五十以て易を学ばば、以て大過無かるべし」と同様であり、彼にとっては極めて意義ある年齢であった。そして、当時、都会を離れた山中では、易学書も限られ、王弼・程頤・蘇軾・楊簡の易学書であったことも明らかとなった。つまり、象数易の漢易とは無縁の義理易が中心であった。しかし、象数易に対しても自得するところがあったとするは、恐らく来知徳の易説の影響と思われる。しかし、後に李鼎祚の『周易集解』を読んで漢代象数易の見解を知悉し、漢代諸家の見解をいばらの如き学説と酷評した。さらに鄭玄らの易説に対しても、牽強付会、圜鑿にして方枘と罵倒しているのは看過できない。そして、結論的には、王弼・程頤の義理易に軍配を挙げ、「不道を埽除し、以《ゆえ》あるかな」と絶賛しているのである。

ところで、楊簡は宋代の楊慈湖のことで、乾道の進士で、知県を歴任して治績をあげ、住民から慕われ、後に国士博士と為り、嘉定の始め、秘書部や知県を歴任して、後に宝謨閣学士で終った。著には『甲乙稿』・『楊氏易伝』・『五誥解』・『慈湖詩伝』がある。彼の易説も程頤の儒教的義理易を踏襲するものである(3)。

二、郝敬の易学に対する基本的理解

郝敬は易学に関する認識と、その根本理解に対し、博引旁証、あたかも備忘録の如く、本書の冒頭に、易学の原理原則を克明に記録している。そこで参考のため、主要な論点を列記し、彼が最も重視している易の基本原理を列記してみたい(4)。

（イ）易は羲聖（伏羲）が画を始めてより、文王が彖を演じ、周公が爻を繫け、孔子が翼賛す。先聖後聖の言ふ所は惟れ一なり。皆な造化に本づき、人事を明らかにし、善悪を辨じ、従違を決するの方のみ。その他、緯候占測は、之を得るも経に補ふ無くして、之を言はば、適ま以て惑ひを滋《ま》す。聖人の天下を憂患し、物を開き、務めを成す所以の要に非ず。近世、易を学ぶに、朱子の本義を主とし、易は卜筮の為に作ると謂ふ。

その八卦の筮策を論ずるに、邵雍の先天図に準《なぞら》へ、牽強付会し、その仲尼の旨に乖《そむ》くに及ぶ。則ち曰く、此れ伏義の易にして、孔子の易に非ざるなりと。悪しきこと、是れ何の言ぞや。易は孔子に至るも、尚ほ未だ尽くさざると謂ふか。易簡を舎《す》てて隠怪《いんかい》に趨《おもむ》き、遠く太古に託して、伎方《ぎほう》（俳優と神仙術を行う方士）の家に浮淫（流浪して行いがみだらなこと）す。是れ庖犠の許行（儒教に反する教えを説く古代の人物）、尼父の楊・墨（楊朱と墨翟）なり。学者は但だ十翼を主とせば、易道は自ら天に中《ちゅう》せん。（邵雍の先天図に基づく占筮を排し、十翼を高く評価する。）

（ロ）易は文王・周公に至り、始めて厥《そ》の緒《しょ》を抽《ひ》きて、辞旨深約にして、平旦昧爽、曲房に晏起して、尚ほ未だ曙を知らず、吾が夫子の十翼の賛揚に至って、幽隠旁《あまね》く達し、日月を掲げて康荘（大通り）に行き、大いに中天に明らかなり。秦火に罹り、六籍散佚するも、しかも易は独り存す。後生は奉じて璧を完うす。真に斯文の大幸なり。奈何《いかん》ぞ更に異端を生ぜん。……緯稗《いひ》（経書に反する、ひえのようなもの）の臆作をして夫子の十翼を詆《そし》りて、一家の言を為し、経を離れ、道に叛く。此れより甚だしと為す莫し。

（ハ）漢唐以来、易を説く者、卑しき者は疎浅にして理に乏しく、高き者は悠謬不経なり。夫れ易は、聖人が精義もて理を窮め、利用もて身を安んじて、以て徳を崇ぶ所以の者なり。人生何れの時か屈伸往来の感無からん。何れの処か悔吝休咎《かいりんきゅうきゅう》の幾《き》无からん。一念の精進は即ち乾にして、一念の収斂は即ち坤なり。一事の光明は即ち陽にして、一事の昏邪は即ち陰なり。心を操って行ひを制し、時に随って中《ちゅう》に処し、懼るれば、則ち占ひを思ひ、疑へば、則ち断ぜんことを思ふ。即ち是れ「元《おお》いに亨《とお》り貞《ただ》しきに利《よろ》し」の道なり。聖人の大過無き所以の者は、此れを舍《お》きて余術無し。……蓋し、天下は唯だ理もて数を御すべく、数は理に違ふ能はず。京房・郭璞の術は、精ならざるに非ざるなり。而るに智を挟みて数を用ひ、竟《つい》に以て身を滅す。故にその要を得たるは、一奇一偶にして、消息已に具はる。その要を得ざるは、焦贛《しょうこう》（延寿）の四千九十六を以てすと雖も、何ぞ成敗の数に益あらんや。

（ニ）易は即ち占ひなり。天地人物の理著はれ、消息盈虚の数顕はれ、吉凶禍福の幾《き》決し、斟酌損益の法詳らかに、参伍錯綜の義密なり。学者は但だ六十四の名義を思ひ、三百八十四爻の象を観て、嘿識《もくしき》会通し、天下の事、坐して測るべし。豈に区々たる蓍策《しさく》（占いに用いる筮竹）を之れ占と謂はんや。善く易を学ぶ者は、卦を逐《お》ひ、爻を逐ひ、身を以て自ら占ひ、吉凶従違の理を灼見《しゃくけん》し、活発にして礙《さまた》ぐる无《な》くんば、乃ち能く易を知らん。然らずんば、説いて精なりと雖も、空譚《くうたん》（空談）のみ。

（ホ）卜筮は易の小数（わずかなわざ）のみ。八卦成りて易道大いに備はる。聖人は図書に因り、蓍策《しさく》を衍《えん》して、以て卦を写して吉凶を徴す。而して民の志を定め、善を勧めて悪を遏《とど》め、その道を神にして教へを設くるなり。徳は加へ修めずと謂ふに非ず。祇《た》だ亀策《きさく》に憑《よ》るのみ。是《ここ》を以て舜の禹に禅《ゆず》り、志《こころざし》を蔽《おお》ひて卜せず。臧孫辰は蔡に居る。孔子之を譏《そし》り、その自ら言ひて曰く、五十以て易を学ばば、以て大過无かるべしと。夫れ謂ふ所の大過无しとは、豈に蓍策《しさく》の云ひならんや。又た曰く、人にして恒《つね》无《な》くんば、占はざるのみと。夫れ謂ふ所の占はざる者は、豈に蓍策を用ひざるの云ひならんや。故に曰く、君子居れば、則ちその象を観てその辞を玩ぶ。動けば、則ちその変を観て、その占を玩ぶと（繋辞伝上）。是《かく》の如くんば、則ち往くとして易に非ざるは無く、往くとして占に非ざるは無し。故に易は須臾《すゆ》も離るべからず。占は一事も廃すべからず。若し亀策用ひざるも、易の害に非ざるなり。……夫れ卦は掛くるなり。易は言ひ難し。聖人は象を掛けて、以て人に示し、之に命じて卦と曰ふ。卦明らかにして易はそれ知るべきなり。今の易を言ふ者は、更に卦を越えて蓍策を譚《かた》り、重増一たび障《さわ》りて、易を去ること愈《いよいよ》遠し。

（へ）或ひと曰く、子の説の如くんば、蓍策《しさく》は以て用ひざるべきかと。曰く、否。易は蓍策に由らずと雖も生き、蓍策に由って、以て易を観るべし。易に非ずんば、以て造化を見る无《な》く、蓍策に非んば、以て易を見る无し。聖人は造化の変動を以て、摹《も》して（手本にする）易を為り、易成りて変動、見るべからず。故に蓍策を作為し、人をして策を揲《かぞ》へて、爻を求めて卦に合せしむ。……四十九策、立って爻象変動し、命を受くること響くが如し。故に曰く、蓍《めどぎ》の徳は円にして神と。（繋辞伝上）後世の蓍は、古に非ざるなり。欲に従って、以て理を滅し、福を徼《もと》めて以て禍を免る。卜史は矯誣付会し、天生の神物、聖人の易を作るの本意に非ず。……

（ト）陳の厲公の占ひは、艮《ごん》を以て四嶽と為し、姜姓が斉に之《ゆ》くを占ひ、巽を以て風行くと為す。他国に在るを占ふは、皆な牽強にして、理に近からずして幻に近く、経に似ずして讖（予言書）に似たり。豈に聖人の物を開き務めを成し、元いに亨り貞しきに利しきは、之を遠ざけて理を正すべからずや。夫れ蓍策《しさく》は従《よ》りて来ること遠し。今ま之を用ひて験あらざる者は十の九なり。何ぞ独り春秋の二百四十余年の間のみ、一々奇しくも中《あた》らんや。左史は譸張《ちゅうちょう》（たぶらかす）にして奇を好み、文はその辞を致すに、未だ尽くは据《よ》るべからず。善い哉、曲礼に言へる有り、卜筮は聖人の民をして日時を信じ、鬼神を敬し、法令を畏れ、嫌疑を決し、猶予を定むる所以なりと。此の如きのみなる者なり。故に古人は廃せず。

（チ）易は変なり。象・爻・象辞は、往くとして変に非ざるは无し。その大なる者は、序卦に如《し》くは莫《な》し。上下凡て六十四転、造化人事の理、天然の妙合は、文王の識らず知らず、帝の則《のり》に順ひ、孔子の五十にして易を学び、心に従って踰《こ》えざる所以の矩《のり》は此れなり。故に曰く、君子の居りて安んずる所の者は、易の序なり。（繫辞伝上）易を言ひて序を知らざれば、烏《いず》くにか易を学ばん。

（リ）易は聖人の理を窮め、性を尽くすの書なり。（説卦伝に「理を窮め性を尽くして以て命に至る」とある。）理に形無く、性に迹無く、命に声臭無し。故に聖人は性と天道とを言はずして、象を言ふ。玄を譚《かた》り、空を説くは、二氏の言多くして、愈《いよいよ》離るる所以なり。象を舎きて更に言を容《い》るる無く、更に処として易を見る無し。

（ヌ）説く者、易は孔子に至って象を言はずと謂ふは、非なり。上下二篇の大象・小象、説卦・雑卦は、皆な夫子の作なり。凡そ天地間の昆虫草木は、象を取らざる无し。故にその言に曰く、易は象なりと。象を言ふは夫子に如くは莫きなり。象・爻の象に至りては、文王・周公は既に之を繫け、夫子は復た言はずして、但だその義を賛する者は、象を明らかにする所以なり。然れども象を言ふは何ぞや。卦は象なればなり。理に形無ければ、象に因りて顕らかにす。象に非ずんば、以て八卦の変に通じ、六爻の情を尽す无し。象設けて、人が象を執るを学べば、則ち又た易簡の要を示さざるを得ず。十翼の由りて以て作る所なればなり。漢・魏以還、学者は訓詁に迷習し、九家者流の如きは、付会穿鑿し、迂僻《うへき》当る無し。惟だ王輔（嗣）のみ、洒然《そんぜん》（驚くさま）として十翼の藩を窺ふ。而るに説く者は、象は太《はなは》だ疎なりと謂ふ。然れども、易簡の旨は、中《あた》らざるも遠からず。程正叔（伊川）、廓して之を大《たっと》ぶに及び、易道は焉《こ》れに庶幾《ちか》し。近世の学者は、浮慕して古へに反し、易象に隠有り、窮め蒐《あつ》むるも得る无しと謂ひ、更に九家の残唾を拾ひて、以て至味と為す。（ここで郝敬は、漢易の干宝と虞翻の易説を引用し、「此の類は譸張《ちゅうちょう》（あざむき、いつわる）にして根無し。聖人の象を設くる、豈にそれ浮誕なること此《かく》の如くならんや」と断じているが、これはまさに来知徳の易学が、漢易を標榜する誤りを指摘したものである。そうして次のように論じている。）本と輔嗣・正叔の遺を補はんと欲して、反って羲・文、周・孔の障りと為る。設《も》し古聖人の象を以て宗と為さば、以てその圓融活発の旨を顕らかにす。今人は象を求めて、以てその明通易簡の路を塞ぐ。象にして象ならざれば、則ち将《まさ》に焉《いず》くにか彼の象を用ひんや。学者は但だ十翼を以て宗と為さば、象の義は兼ねて挙がらん。

（ル）十翼は象を言はざるも、象・義は双《ふた》つながら顕らかなり。今人は象を言ひて、義は荒む。義を譚りて象は隠る。易の言ひ難き所以なり。程正叔の易伝は、大抵、王輔嗣の旧廓に因りて之を充《あ》つ。但だ象数は闊略し、君子・小人・治乱を執りて解を作す。三極の道（天地人の六爻変動の道）に于《おい》て、微かに偏枯（半身不随）

なるを覚ゆ。朱元晦は本義を作り、直ちに空に懸け、影を説きて、以て占者を俟ちて自ら合せんと欲す。究竟、易を将《もっ》て卜筮の書と作して愈《いよいよ》隘《せま》し。邵尭夫（雍）は先天方圜《ほうえん》等の図を造り為し、好事家は詫《ほこ》りて、新奇と為し、脩錬の羽流は、文飾して竜虎・鉛汞《えんこう》（鉛と水銀）・姹女《たじょ》（美女）・嬰児等の名と為し、参同・悟真等の書を為り、乍《たちま》ち奇僻を見《あら》はす。之を叩けば、惟だ神を存し、気に馭《ぎょ》して、以て長生を求むるのみ。乃ち珍秘して自ら喜び、易を援《と》って口実と為す。夫れ聖人が易を作る、易簡もて物を開き、人の知らずして、邪説の世を誣ふるを患ひ、唯だ人知心術の、公私已に氷炭なるを恐る。礼に云ふ、「鬼神・時日・卜筮に仮りて、以て衆を疑はす者は殺す」と。（『礼記』王制篇）聖人の学を学ぶ者は、その説の怪むべきを尊崇す。

（ヲ）易道は易簡なり。聖人は象を設けて以てその道を神にす。道は一言にして尽すべきも、象は千変して窮まり無し。聖人は神明黙成す。故に象・義は玄合す。学者は必ず辞に因りて象を会し、象に因りて義を会す。凡そ義合して、象離るる者は、必ず易の義に非ざるなり。抑《そもそも》象合ひて義離るる者は、必ず易の辞に非ざるなり。夫子の説卦は、その例を挙げ、人をして類に触れ旁通せしむ。定局と為すに非ざるのみ。

以上は、郝敬の易学に関する主要な見解を纏めたものであるが、明代には、智旭の『周易禅解』のように、仏教思想を通じて『易経』を研究し、むしろこれを契機にして、儒教徒をして、仏門に誘い込もうとする意図を明言している。その他、夙に魏の王弼のように老荘思想で易を解釈する者も多い。これらに対し、郝敬は敢然と対決姿勢を明確にした点は看過できない。また彼は一見儒教の信奉者の如く見えて、真の『周易』研究に乖離する研究方法に対しても、これを糾弾する。邵雍の先天図に対する批判は、随処に見られる。特に郝敬は仏教の造詣に深く、仏教の経典から、博引旁証、実に詳細にわたり、これを『易経』の卦辞・爻辞、さらに繫辞伝の名言と対比し、『易経』の儒教思想に軍配を挙げているが、これは正に彼の易学の特色といえよう。次にその見解を紹介してみたい。(5)

易の書たる、天地古今・道徳精微の奥を窮極して、以て加ふる蔑《な》し。朱元晦は目して卜筮と為し、邵尭夫は規して占候と為し、陳希夷以下の諸人は、局して養生と為す。凡そ老氏の徒は、神を錬り、気を馭し、参同・悟真等の書の如く、八卦を引きて火候（道教で仙丹を練ること）と為さざる莫し。先天に託して玄牝と為して、大道始めて淪《しず》みて方伎と為る。高明の士は、過ぎて問はず。乃ち虚無を崇尚するに至り、逃げて仏氏に帰して、以て要妙と為し、仏氏の菁華は、抑《そもそも》亦た易の糟魄《そうはく》（かす）のみ。今ま略《ほ》ぼ之を数《せ》む（責める）。縁を断って想定を息め、止観を慧とするは、何ぞ艮に如かんや。直ちに領悟を下し、穎を脱して、機を忘るは、何ぞ蒙に如かんや。事理は二ならず、妄に即きて真を成すは、何ぞ无妄に如かんや。

六根円通、妙浄染まる无しは、何ぞ咸に如かんや。自他普《あまね》く利し、平等諍《あらそ》ふ无きは、何ぞ同人に如かんや。忍辱行持し、大慈畏るる无きは、何ぞ謙に如かんや。諸行无常、四大本と空なるは、何ぞ渙に如かんや。蠢動霊を含み、自性天真なるは、何ぞ中孚に如かんや。智愚、无明を破り、煩悩、菩提を成すは、何ぞ復に如かんや。法身无量、虚空界に徧きは、何ぞ乾に如かんや。六度万行、随順无礙は、何ぞ坤に如かんや。因縁和合、正滅去来、普同法界、不動周円は、何ぞ一陰一陽、之を道と謂ふに如かんや。善を思はず、悪を思はず、以て本来の面目と為すは、何ぞ心を洗ひ、退いて密に蔵るる（繫辞伝上）に如かんや。法は本と法无く、无法も亦た法、心は本と无心、亦た无心无し。言語道断、心の行く処は滅すは、何ぞ黙して之を成し、言はずして信ずる（繫辞伝上）に如かんや。无常迅速、生死事大、体取无生、了本と速かなる无しは、何ぞ始めを原《たず》ね、終りに反《かえ》る（繫辞伝上）、昼夜の道に通じて知る（繫辞伝上）に如かんや。

華厳は無尽境界を以て一禅門と為す。无尽衆生、无明形相にして、仏事を為す。承事无尽の諸仏、偏知无尽の諸法にして、心を壊さずは、何ぞ寂然として動かず、感じて遂に天下の故《こと》に通ずる（繫辞伝上）に如かんや。楞厳《りょうごん》の七処徴心、十八界、十二円通、種々破滅、摂妄帰真は、何ぞその背に艮《とど》まり、その身を獲ず。その庭を行き、その人を見ず（艮の卦辞）に如かんや。金剛の色声香味触法に住せざれば、往くとしてその心を生ずる无しは、何ぞ耕さずして穫《か》り、菑《し》せずして畬《よ》あり。（耕さずして収穫し、開墾もしないのに熟田を所有する。）則ち往く攸《ところ》有るに利し。（无妄の六二の爻辞）に如かんや。一切の有為は、幻夢泡影の如しと。是の如きの観を作すは、何ぞ見はるれば、乃ち之を象と謂ふに如かんや。

諸仏の世界は無量億の恒河沙数、西方浄土、天堂地獄、六道輪廻、荒唐悠渺、奇を窮め怪を極め、之を総ずれば、象を離れず。而かれども吾が聖人の象を言ふや、惟だ一画にして天地鬼神の奥畢《おわ》る。凡そ二氏の謂ふ所の密義は、易に由りて之を観れば、皆な譚士の謂ふ所の牙《が》後慧《ごけい》（人の議論を踏襲すること）にして、吾が聖人の雅言は、温文淡簡なるも、仏氏の蛮語は、秸鞠《かっきく》（わらのまり）にして、千百言も一義を了せず。然れども、皆な吾が中国の学士にして、聖人の義理の文字を竊《ぬす》みて、之が縁飾を為す。故に真贋雑沓、雅俗混淆し、性命に志有る者は、何ぞ反って諸《これ》を易に求むるに如かんや。或るひと曰く、聖人は性命を言ふも、仏老も亦た性命を言ふ。然らば則ち以て異なる有るかと。曰く、性命、豈に二有らんや。仏老の性命を言ふは、五覇の三王に仮るが如し。聖人の道を竊みて、偏用する者なり。仏は性命を空しくして、出世以て大覚と為さんと欲す。老は性命を脩めて、天地と同じく長久ならんと欲す。

　夫れ世を出でんと欲する者は、生を視て无常と為し、一切を空とするを解脱と為し、一空の外は、尽く鹵《ろ》莽《もう》（おろそか）に属す。老氏が空に耽《ふけ》りて鹵莽なるは、仏と同じ。而してその謂ふ所の天地長久を同じうする者は、生を貪り、死を畏るるなり。その識は愈《いよいよ》卑《いや》し。大抵、老は命を知るも、性を知らず。仏は性を知るも、命を知らず。性命の虚名有るも、参賛（参加して補佐する）の実用无し。聖人は易を作りて、変を陰陽に観て、剛柔を発揮し、道徳に和順して義を理む。天地を範囲し、帝王を経綸す。前民利用し、万世之に由りて弊无きなり。即《も》し仏をして能く性を見、老をして能く命に復らしめば、何ぞ之を用ふる所あらん。その惟だ自私自利を究めて、学者はその簡径を喜び、その任放を楽しみ、性命を以て之に帰す。小儒は識无く、遂に聖道を割きて之に予へ、羲・文の易を作りたるを思はず。仏・老は安んじて在り、主人の財を盗竊して、主人は辨ぜず、盗遂に真に即く。吾が聖人の教へ明らかにして、彼は自ら吾が宇下に帰す。（以下省略）

三、乾坤二卦に関する郝敬の見解

郝敬が易の卦・爻辞につき、具体的にどのような解釈を試みたかにつき、これを明らかにしたい。恐らく漢易の牽強付会な解釈は、極力これを排除し、穏当な見解を採用したに違いない。そして既述のごとく程頤や王弼の義理易につき、これを天地人三才の六爻変動の道において、半身不随と批判したが、これらをどのように止揚したかは、極めて興味を抱かざるを得ない。さらに、当時、注目された来知徳の易説を、どのように捉えたのか、これをも見極めたい。且つ彼が五〇歳で易を学んだ時に、王弼・程頤・朱熹・蘇軾・楊敬仲らの易説を参照したが、果して誰の易説に影響されたかも興味を引く。ところで彼は欧陽脩の『易童子問』が、孔子の十翼制作を否定した見解は、全く無視し、『周易正解』巻一の冒頭に、これが正当な結論と言わんばかりに、次のように述べている。(6)

易は円神変動の名なり。難からざるを易と曰ひ、定まらざるも亦た易と曰ふ。難からざる者は円にして神なり。定まらざる者は、動きて変ずるなり。古へ庖羲氏始めて卦を画して、以て三才の変に象どり、之に命じて易と曰ふ。列聖代《よよ》発揮し、周に至って文王、更にその序を演じ、卦を逐ひ、繫くるに彖辞を以てし、上下二篇に分かつ。周公之に因り、爻を逐ひて繫《か》くるに象辞を以てし、易は周に至って始めて備はる。故に周易と曰ふ。謂ふ所の経なり。孔子取りて之を賛し、伝十を作る。上彖・下彖・上象・下象・上繫・下繫・文言・説卦・序卦・雑卦、是を十翼と謂ふ。以て文王・周公の意を発明す。経伝を合して、凡て十有二篇なり。

次に注目すべきは、これに引き続いて、乾の卦につき、易学の基本原理を詳細にわたって解説し、きわめて参考となる。正に彼の易学の特色と言えよう。

此れ伏羲の作る所の六奇の卦なり。名づけて乾と為す者なり。乾下乾上は、伏羲の八卦相錯すの法なり。他の卦は此れに倣ふ。伏羲は卦を画すに、始め一を画して奇と為し、その一を両つとして偶と為す。奇偶相倚り三を生ず。三奇を乾☰と為し、三耦を坤☷と為す。一奇二偶、往来して兌☱・離☲・震☳と為る。一偶二奇、往来して巽☴・坎☵・艮☶と為る。是を八卦と謂ふ。即ち周礼の謂ふ所の経の卦は八なり。八卦は天・地・山・沢・風・雷・水・火に象どる。而してその変は窮まり无し。故に八の上毎に、錯して八を加へて、以て三才の変を尽くす。卦は皆な六爻、即ち周礼の謂ふ所の卦を別つこと六十四なる者なり。而して経の卦の三画の義は、卦を別つ六画の中に統ぶ。故に復た経の卦に列せず。独り列して卦を別つ者は、その成るを統ぶるなり。此の乾の下なる者は、乾の経なり。又た乾をその上に加ふ。故に総べて之を乾と謂ふ。或ひと曰く、六一を乾と為すは何ぞや。曰く、一は象数の元なり。元は始め象无し。之を象どるに一を以てす。一は字とすべき无し。之を字として奇と為す。奇は単なり。六奇は純一なり。是の名を乾と為す。乾は象どるべき无し。之を象どるに天を以てす。天は乾の大物にして、天は即ち是れ乾と謂ふに非ず。乾は見るべからず。見るべからざる者は大極なり。大極は以て黙識すべきも、象を以て求むべからず。人は能く黙して之を識るも、聖人は何ぞ之を象どることを必せんや。惟だ百姓は日に用ひて知らず。聖人はその秘を発きて以て人に示さんと欲す。而れども象无き者は、示すべからず。是《ここ》に于《おい》て画して一となす。即ち一にして大極形はる。人は猶ほ未だ謂ふ所の一を知らざるなり。是に于て一を再びし、一を三たびして、乾道備はる。而れども聖人は、猶ほ未だその乾と為す所を尽さずと謂ふなり。是に于て一を三とするの外、重ねて一を三とするを加へ、乾道の変化も亦た具はざるは无し。……

一陰一陽之を道と謂ふ。陰を先にし陽を後にするは、道が陰に始まるに非ざるなり。元《もと》陽は静の動に由るなり。その実は一陽のみ。戸を闔《と》づ、之を坤と謂ひ、戸を闢《ひら》く、之を乾と謂ふ。その実は一戸のみ。灯来たって明を生じ、灯去って暗を生ず。その実は一灯のみ。陰は陽の敵に非ず。偶奇に随って生ず。故に聖人は一を以て陽に象どり、純一を以て乾に象どる。乾は六位と雖も、而も皆な未だ始めより一を離れず。故に聖人は一の始めに于て潜竜、用ふる勿れと曰ふ。用ふる勿れとは、用ひざるに非ざるなり。用ふれども用ふる所を見ざるなり。荘生の无事に居りて主宰する者は、一に是なり。六爻は皆な一なり。是れ終に未だ嘗て用ひざるなり。河図洛書は一にして、皆な下に居る。大衍は虚一にして用ひず。数は一を以て起り、偶は一を以て分る。筮は一を以てして神なり。道は一を以てして貫きて、乾道は純一なり。故に剛健中正、純粋精と曰ふなり。天を以て之を象どりて天に非ず。陽を以て之を象どりて陽に非ず。故に乾は大極なり。

文王は四字を以て、之を彖として「元いに亨る、貞しきに利し」と曰ふ。嗚呼、尽きぬ。道に在りては、天道と為し、徳に在りては、聖徳と為し、事に在りては、大事となし、人に在りては、大人と為し、君父と為し、尊貴と為し、君子と為す。物にありては、竜と為し、馬と為し、諸陽壮物と為す。事に在りては、動作と為し、諸の善事と為す。心に在りては、神明と為す。一念の天理は、即ち乾、一念の人欲は、即ち乾の体を虧き、一事の精明は、即ち乾、一事の昏惰は、即ち乾の用を損す。細微の推測、宇宙の造化は、乾に非ざる莫し。天下の事物は、乾有らざる莫く、神にして之を明らかにす。六十四卦は、惟だ乾もて足る。

郝敬の易に関する哲学的考察は、他の碩学には見られない。しかも王陽明の「天理を存して、人欲を去る」明言も垣間見ることができるし、荘子の思想も取り入れ、王弼や程頤の義理易を評価する一方、易は占いであるという原点に基づき、「元亨利貞」も四徳とせず、「元いに亨る、貞しきに利し」とする。しかし、漢代象数易の牽強付会の解釈は採用しない。ここに郝敬易学の特色を見ることができる。次に、坤の卦につき、彼がどのような見解を披瀝しているかを一瞥したい。(7)

乾有るは、坤有るに由る。謂ふ所の一陰一陽之を道と謂ふ。故に首の易にして、体を同じうす。乾の初九は、陽始めて生じ、坤の初六は、陰始めて生ず。九二は乾徳の盛んにして、六二は坤徳の盛んなり。九三は将に出でんとして憂惕《ゆうてき》し、六三は将に出でんとして章を含む。九四は初めて出でて、重剛に遇ひて或ひ、六四は初めて出でて、重陰に遇ひて嚢《ふくろ》を括《くく》る。九五は尊に居りて見るに利しく、六五は位を正して元いに吉なり。上九は陽亢《こう》して悔い、上六は陰極まって戦ふ。乾の中の四爻は、皆な動の象有り。坤の中の四爻は、皆な静の象有り。此れ乾坤徳を合し、坤の乾を承くる所以なり。故に天地は両体に非ず。乾坤は二物に非ず。陰陽は二道に非ず。

坤は形体の如く、乾は心志の如し。坤、乾を効《いた》すこと形体の如くんば、心志を効す。志帥《ひき》ゐて気克つも、其の然るを知らずして然り。故に之を順と謂ふ。乾は坤の能を知れば、乾は易にして坤は簡なり。乾始めて坤終はる。坤の元亨利貞は、乾の元亨利貞なり。坤に過差有りて以てその乾を喪ふなり。初の積殃は、是れ坤の初めて乾を侵すなり。上の疑ひ戦ふは、是れ坤の終《つい》に乾に背く。故に坤は順ならざるべからず。以て順ならざるを得ざるなり。順ならざれば、即ち坤无し。

乾は天道、坤は聖人の天に法る所以なり。坤は君を以て言ふ。是れ周の成・康、漢の文・景なり。乾は臣を以て言ふ。是れ商の伊尹、漢の霍光なり。乾は賢を以て言ふ。是れ顔・孟なり。坤は聖を以て言ふ。是れ湯・武なり。

坤は光を言ひ、文章を言ひ、美を言ふ。皆な陰は陽よりも麗しくして生ずるなり。大虚は形無く、凝って人物と為れば、則ち言語・知覚・運動に霊にして、陽は陰よりも麗しきなり。形は陰なり。虚霊は陽なり。地形なり。物を生ずるは、則ち虚霊の用なり。陽に美有りて形無し。地を得ざれば、施す所無し。坤は之に順ふのみ。両物順はば、則ち文を成し、乱るれば、則ち文あらず。一物独りも亦た文を成さず。故に乾は純一なれば、美と言はず。坤は陽に順はば、乃ち章美と言ふ。人道は篤実にして自ら光り、闇然として自ら章らかなり。儒弱自ら文《かざ》り、之に順はば美を生ずるなり。大抵、天道は一気玄同、地は乃ち山川草木、界障区別有り。凡そ文章光美を言ふは地なるも、天に非ざるは莫し。故に乾坤は一体なり。

以上により、易の根幹をなす乾坤二卦の本質と、相互の関係と役割に対し、郝敬がいかなる認識を前提としたかが、明瞭になった。乾坤二卦に関しては、既に詳述されたので、ここでは特に坤の卦の初六の文言伝「善を積むの家には、必ず余慶有り。不善を積むの家には、必ず余殃有り」の一文に関する郝敬の見解を紹介したい[(8)]。

此れ初六の爻辞の義を申釈し、造化に因りて人事を明らかにして、以て順にして貞ならざる者を戒む。蓋し陰は順を以てして乾を承け、亦た順を以てして陽を侵す。春夏は乾を承けて、陽已に浸《ようや》く消《しょう》す。秋冬は陽、消して、漸く夏に始まるが如し。その乾を承くるに于《おい》てや、之を順と謂ひ、その陽を消するに于てや順なり。乃ち侵を為す所以なり。順の極は、則ち消の尽くるなり。此れ気は、数《しばしば》盈虚必ず然りと雖も、而れども陽の為に計る者は、何ぞ早く辯ぜざるべけんや。陰の為に計る者は、何ぞ遂に陽を亡すべけんや。順の為に計る者は、何ぞ順に因りて以て侵すべけんや。能く此れを辯ずれば、則ち陰陽各《おのおの》その常に安んじて、坤はその牝馬の貞を為すことを全うするを得ん。

　夫れ易は聖人が天下後世を憂患して作るなり。地の天に事《つか》へ、坤の乾を承くるは、聖人が易を作る為《しわざ》を俟《ま》つこと无かるべけんや。人は天地の会、乾坤の精なり。君臣父子は、人道の乾坤なり。地の天に事ふる所以の者を以て君に事へ、坤の乾に承くる所以の者を以て父に承くれば、則ち順の至りのみ。然れども天下の事は、逆《あらかじ》めに造《いた》る者は、防ぎ易くして、順に造る者は、知り難し。陰の陽を侵すや、その消に順って以て自ら長ずるなり。その虚に順って、以て自ら盈たすなり。陽、日に消え、日に虚しくして知らず。且つ吾が偶と曰ふなり。夫れその順の故を以てに非ざるか。乱臣賊子、父と君とを弑し、位を簒《うば》ひ、国を竊《ぬす》む。その術は此れに由《よ》らざる靡《な》し。文王、天下を三分して二を有して、以て殷に服事す。故に坤の彖に于て、牝馬の貞しきに利しを発し、後に常を得たるの義に順ふ。夫子は乱臣賊子の禍を申明す。二聖人は、豈に天下後世の遠きを憂患せざらんや。此れ坤の初爻の大占なり。

四、復の卦に関する解説

郝敬は常に各卦辞の冒頭に、必ずこれに該当する序卦伝の一文を掲げている。序卦伝を重視する所以である。これは來知徳の易学と同じ見解であり、十翼を否定する宋代の欧陽脩の見解は、まったく無視していることがわかる。次に紙幅の関係で、一陽来復の復の卦につき、郝敬が如何なる見解を披瀝しているかを紹介してみたい。彼は序卦伝の「物は以て尽くるに終るべからず。剝すること上に窮まりて下に反《かえ》る。故に之を受くるに復を以てす」を引用し、次のように解説する。(9)

按ずるに易の卦は、皆な反覆対待して、以て造化、人事の往来に象る。而して否・泰・剝・復は、尤も明切と為す。宇宙の万事万物は、往くとして復《かえ》らざるは无し。但に四時の節候を然りと為すのみならず、四時の寒暑は、聖人の占を俟つこと无かるべし。聖人は卦を画して、物を開き、務めを成し、人道を立つるなり。而して或る者は剝の五陰を以て九月と為し、復の一陽を冬至と為すも、卦は冬至の一陽の為に作らざるなり。大象に「至日（冬至の日）に関を閉ざす」と云ふ者は、象のみ。月令に「二至日に陰陽争ふ」と。君子は斎戒を以て起居を慎む。故に象は関を閉じて行かず、方を省みざるに取る。但《ただ》に冬至のみに非ず。夏至に陰生ずと雖も、亦た然り。而れども之を復と謂ふ者は、陽、上に窮まりて、下に復る、循環の義なり。その大に三有り。邪正なり、治乱なり、理欲なり。邪正は君子小人に如くは莫し。剝・復は是なり。治乱は天下国家に如くは莫し。随・蠱は是なり。理欲は人心に如くは莫し。泰・否は是なり。子曰く、己に克って礼に復るを仁と為す。仁を為すは己に由ると。克たずんば、則ち剝いで己の為にす。克たば、則ち復って仁を為す。故に卦に仁を言ひ、心を言ひ、身を脩むと言ふ。遂に之を受くるに无妄を以てするは知るべきなり。子曰く、仁遠からんや、我れ仁を欲すれば、斯に仁至ると。遠からざるは、復の謂ひなり。孟子曰く、学問の道は他无し。その放心を求むるのみと。蓋し、人の心を恒にすれば、坐して千里を馳せ、之を梏《こく》（手かせ）して反覆すれば、幾《ほとん》ど禽獣と同じ。剥なればなり。平旦（あけがた）は幾《ほとん》ど希《まれ》なり。乍《たちま》ち惻隠を見《あら》はし、一真初めて回《かえ》る。復なればなり。彝《い》に非ず、肖《に》ずと雖も、皆な之れ有り。拡充に存し、その初めに迷ふ毋きのみ。然れども卦は、坤を上にし、震を下にするを取るはなんぞや。坤は順なり、震は動なり。心の不善は、動に生じ、動かざれば、未だ不善なる者有らず。不善は妄動に生ず。動いて順なれば、未だ不善なる者有らず。動いて順ならば、則ち思ひ无く、為す无し。寂然として動かざれば、感じて遂に天下の故《こと》に通ず。性に率ふ之を道と謂ふと（中庸）。故に動は静を以て本と為す。復は動に順ふなり。復は則ち動くとして順はざるは无し。此の心性は自ら然る。天の我に与ふる所以の者なり。故に伝に曰く、天地の心は、万事万物、皆な然らざるは莫しと。孟子云ふ、天下の性を言ふや故《こ》（その已に然るの跡を謂う）のみ。故は利を以て本と為すと。（離婁篇下）動に順ふの謂ひなり。又た云ふ、禹の水を治むるは、水の道なりと。（告子篇下）千歳の日至は、坐して定むべし。然らば則ち天下の道は、孰れか動に順ふを外にする者有らんや。此れ復を本と為して、易は万変して窮まらざる所以なり。豈に冬至の一陽生ずるを謂ふならんや。聖人此れを作りて之を象るか。

造化の理は、循環して息まず。故に曰く、一陰一陽、之を道と謂ふと。孤陽は生ぜず、孤陰は成らず。剥䷖の上の一陽は、即ち反って復䷗と為る。夬《かい》䷪の上の一陰は、即ち反って姤䷫と為る。剥尽くれば、則ち乾と為り、夬尽くれば、則ち坤と為る。乾坤は易の門戸なり。凡そ卦は皆な乾坤、謂ふ所の陰陽なる者なり。故に父母と称して首易なるも、体を同じうして偏用无きなり。

復の卦辞に「復は、亨る。出入に疾ましむること无し。朋来りて咎无し。その道を反復し、七日にして来り復る。往く攸《ところ》有るに利し。」とあるが、これに対し郝敬は、来知徳の綜卦や朱熹の卦変という術語を用いず、次のように解説している。

陽将に上に尽きんとし、復、下に生ず。之を復と謂ふ。復れば、則ち亨る。卦体は剥に反す。五陰来り、下るを入ると謂ふ。一陽、上に往くを出づと謂ふ。疾无きは、猶ほ礙《さまた》げ无《な》しと謂ふが如し。象に順へばなり。朋は偶の象なり。陽逆らって往けば、則ち陰順って来る。陽往けば則ち陰は消ゆ。故に咎无し。剥に反して復と成る。故に曰く、その道を反復すと曰ふ。卦の爻は六位、陽は剥䷖より上り、復䷗の初に来る。初と六とは、数は七と為る。日は陽の象なり。往けば則ち陽は長ず。故に往く攸《ところ》に利しと曰ふ。

次に彖伝と象伝につき、解説されているが、不思議にも初九の爻辞には、実に詳細な解説を試みている。初九の爻辞に、「遠からずして復る。悔いに祇《いた》ること无し。元いに吉」と記され、小象には、「遠からざるの復とは、以て身を修むるなり」とある。これにつき郝敬は次のように述べている。

復は初より良きは莫し。一陽甫《はじ》めて上に終れば、即ち下に反る。艮☶を出でて震☳に入る。故にその象は遠からざるの復と為す。遠からずとは、人心方寸の地、幾希《きき》（ほとんどない）の間なり。復は神明、舎に来るなり。一念偶《たまたま》失はば、旋覚即ち復る。是を遠からずと謂ふ。遠ざけて後に復れば、則ち復るに及ばず。祇《た》だ悔い有るのみ。遠からずして復れば、則ち形跡未だ著はれず、念慮已に化し、天真汩《しず》まず、仁体方《まさ》に新たにして、何ぞ但に悔ゆるのみならんや。此れ心を操り、行ひを制するの本なり。故に元いに吉なりと為す。象に、遠からざるの復と曰ふ。神明常に主どれば、則ち耳目視聴、管摂する所有り。動くも礼に非ざる无し。その身を修めて己の仁を為す所以なり。故に曰く、心正しくして後に身脩まると。

人心は静を主どりて、復は象を震に取るは何ぞや。天地の気は陽のみ。天地の運は動のみ。陽、常に主と為れば、則ち動きて常を得、順以て乾を承け、動は皆な静なり。陽剥がれて陰と為れば、則ち先づ迷って道を失ひ、昏邪妄作、静は皆な動く。故に陽は天地の元気なり。人心の元神は、即ち仁なり。元神は清虚洞朗、鏡の前に当るが如し。万象普現、鏡体不動、来るも将に迎へんとせず、去って留滞せず、空しく滅熄《めっそく》せず。是れを純陽と為す。是を天地聖人の心と為す。恒の人は憧憧として往来し、本明を迷失し、気機偶《たまたま》静かに、乍《たちま》ちその初に還る。是れ遠くして後に復り、択びて守る能はず、修身を思ひて道に従ふ能はず。亦た祇《た》だ悔ゆるのみ。遠ざけずして復る者は、念起れば即ち覚り、覚れば即ち銷亡し、知れば即ち能く行ふ。択べば即ち能く守り、顔子の知の如く、幾《ほとん》ど貳《たが》はず。夫子亟《しばしば》称して学を好みて、屢《しばしば》空しと為す。此れを以て楊敬仲は毎に聖学を為すに意无しと称す。儒者は疑って禅と為す。嗟夫《ああ》、何の禅ぞ、何の儒ぞ。区々たる者は、自ら一方と為す。天地の心は、聖人の道のみなる者なり。

本に復るを心と為す。伝に曰く、身を修むるとは何ぞや。学は身を修むるより要なるは莫し。徳は遠からずして復るより純なるは無しと。中庸は天下国家を為《おさ》むる九経にして、身を修むるを首めと為す。大学は天子より庶人に至るまで、身を修むるを本と為す。身を修むるに道を以てし、道を修むるに仁を以てす。遠からずして之れ復るは仁なり。身を修むるを以てなり。未だ復らざれば、則ち身は猶ほ血肉にして、既に復れば、則ち身は天理に即く。故に曰く、人とは仁なり。己に克って礼に復るを仁と為すと。

紙幅の関係で詳述できないが、他の碩学の易学書とは、かなり異なる内容であり、漢・宋・明の易学者の見解も紹介せず、儒教に基づく独自の易説を展開し、儒教の九経である『周易』・『尚書』・『毛詩』・『儀礼』・『周礼』・『礼記』・『春秋』・『論語』・『孟子』が、その中核となっている。この『九部経解』は、すべて一六五巻で、万暦三三年（一六〇五）の冬に着手し、万暦四二年（一六一四）の春に脱稿、越えて六年の万暦四七年に上梓した。その序文に郝敬は「駑駘の才を竭《つく》し、桑楡《そうゆ》（日が沈む処、老年）の陰に費やし、惟だ以て夙に負ふ所を償ふは、明経に媿《は》づる無きのみ」と記している。

おわりに

郝敬は『九部経解』を著し、主要な経書に対する詳細な考察を試み、経書の相互関係や、その思想的関連性につき、深い洞察を試みている。『易経』は五〇歳の時に、王弼・程頤の義理易や、朱熹・蘇軾・楊慈湖の易学に開眼し、さらに唐代の李鼎祚が著した『周易集解』を通じて漢代の象数易の全貌を知り得た。しかし、象数易の牽強付会な拡大解釈に反撥し、義理易の正当性を主張した。それは『易経』の卦辞・爻辞や、十翼の記述に儒教思想の妥当な解釈を発見したからである。つまり『大学』・『中庸』・『論語』・『孟子』・『礼記』などの記述に見られる倫理的・哲学的記述の、論理的妥当性に共鳴を覚えたからである。ゆえに、自ら習得した儒教的認識に基づき、自説の妥当な解釈を展開している所に、その特色を見る。したがって、先人の易解釈を博引傍証する方法は見られない。これも彼が儒教の古文献を徹底的に理解して、晩年に言わばその集大成的観点から『易経』を解釈した結果に他ならない。特に朱熹が程頤の義理易を踏襲して、これに占筮の重要性を強調して、『易経』は占筮の書であると断じたことを批判している。一方、老荘思想的易学と称される魏の王弼の易学に対しては、王弼が漢代象数易に反対して、義理易を標榜したことを評価しているのである。晩年に荻生徂徠の古文辞学を批判した弟子の太宰春台が、王弼の易例を高く評価しているが、郝敬の見解と共通する面が見られ、極めて興味深い。

郝敬の復の卦を敢て取り挙げたのは、これは来知徳が、復の卦と剥の卦とは綜卦であると主張して、朱熹が卦変と称したことを批判したからである。伊藤東涯もこれを卦変と解し、来知徳の綜卦の見解と偶然に一致していると論じているのも看過できない。同じ易の変化の実態に対しても、学者によりそれぞれ異なる見解が見られるが、これも易学に対する認識の違いと見るべきであろう。しかも、これに対しては、郝敬は両卦の変化の実態に着目して、その変化を論じ、綜卦・卦変の名称には拘泥せず、この術語を用いない。

また、郝敬は『孟子』の中から、『易経』に関係する文言を引用しているが、清朝の皖派の焦循が『易通釈』を著し、『孟子』の中に孔門の易学思想を感得する方法を強調したが、郝敬の著述からもヒントを得ているかも知れない。とにかく、彼の易解釈は、明代易学の程伝朱義的儒教解釈の中で、重要な役割を果たしたものと思われる。

〈注〉

(1) 『明史稿』(五)(影印本)列伝　一六四　一〇—一一葉　汲古書院　昭和四八年。
(2) 郝敬『九部経解』「周易正解」第二冊　五〇葉　郝氏家刻　万暦四七年叙。
(3) 脱脱等撰『宋史』第三五冊　巻四〇七　列伝一六六　中華書局。
(4) 郝敬　前掲書　第一冊　一—八葉。
(5) 郝敬　前掲書　第二冊　四五—九葉。
(6) 郝敬　前掲書　巻一　一葉。
(7) 郝敬　前掲書　巻二　三—四葉。
(8) 郝敬　前掲書　巻二　二二—三葉。
(9) 郝敬　前掲書　巻八　一〇—二〇葉。

第二章　黄宗羲の易学思想 ―『易学象数論』を中心として ―

はじめに

私はかつて黄宗羲の名著『明夷待訪録』を出版し、『易経』の明夷の卦名を標榜した本書の意味を理解し、被征服王朝である明代の歴史的悲劇を体験した彼の烈々たる意図を知り、本書の執筆に一層の意義を感じたことであった。したがって彼が中国のルソーと称されたのも、本書が漢民族王朝再建の悲願を篭めて執筆したからである。

今回はその黄宗羲が著した『易学象数論』につき、彼がいかなる目的で、易学思想を駆使したかにつき、興味を抱かざるを得ない。周知の如く、易学は卜筮を重視する漢代象数易と、これを否定して、人生いかに生きるべきかを追及する義理易に分かれる。もっとも義理易にも、老荘的義理易と儒教的義理易があり、更にそれ以外にも、特異な易説を展開する学者もいる。結論的に言えば、黄宗羲の易学は、漢代の象数易を批判して、義理易を正当な易説と判断し、象数易を批判するため、『易学象数論』を著したのである。

明代の学問は、宋代に引き続き、程頤・朱熹の学問が、国家権力の庇護の下に盛んとなり、易学も程伝・朱義が支配的であった。しかし、易学研究者の中には、程伝朱義に飽き足らず、漢代象数易に魅力を感ずる学者も現れた。来知徳・何楷の易学は、その代表的なものであり、これに共鳴するものもいた。事実、清代初期の碩学毛奇齢も、当時、来知徳の易学が、不思議に多くの信奉者が現れていることを指摘している。毛奇齢は来知徳の影響で、漢代象数易に開眼したが、来知徳の易学は、卦変を否定したり、邵雍の先天図を掲げているので、毛奇齢の誤解を受け、彼の漢易は十分の一に過ぎないと酷評された。[1] 一方、黄宗羲は漢代象数易の牽強付会な点に着目して、義理易の正当性を主張するため、警鐘を乱打したに違いない。当時、本書と同様に、特に邵雍の先天図などに対し、胡渭も『易図明辨』を著し、漢易批判の旗幟を鮮明にし、注目されるに至った。

本稿では、かかる時代背景の中で、黄宗羲が象数易のいかなる点に批判を展開したかを具体的に考察し、漢代の象数易の問題点を明らかにしたい。

一、黄宗羲の学問形成とその特色

黄宗羲（一六一〇、万暦三八―一六九五、康熙三四）は、明代の万暦三八年に浙江省余姚県黄竹浦に生まれた。字は太冲、南雷と号したが、梨洲先生と称された。名族の家系で、父は尊素といい、学問に深く、気節に富み、出仕して御史となり、官吏を監督し、不正を糾弾した。熹宗の天啓五年（一六二五）、彼は宦官の魏忠賢が権力を専らにし、政治を乱した罪を糾弾した。しかし、却ってそのために東林党の同志とともに投獄され、久しからずして、獄中で殺害された。父が逮捕された時、宗羲は一六歳（数え年）であったが、常に父の側に侍し、当時の朝廷の腐敗ぶりを知悉していたので、反権力の意識が醸成されたのである。父が連行された時に、宗義に向って、「学者は史実に精通していなければならない。したがって『献徴録』を読むべきだと」語ったという。これは『焦氏筆乗』・『老子翼』・『荘子翼』を著した焦竑（一五四〇―一六二〇）の編著に係り、一二〇巻に及ぶ大著で、明の洪武より嘉靖に及ぶ二〇〇年間の名士の事績等を収録し、『明史』の欠遺を補完しうる名著と評価された。一九八六年に、上海書店より四冊の分厚い影印本が出版され、入手し易い。

黄宗羲は父の友人である陽明学者劉宗周に師事し、陽明学を修めたが、いわゆる王学左派の李贄の影響を受けた学者が、禅学に傾倒する学風を批判した。つまり陽明学の正統派を以て任じたのである。しかも征服王朝の清に対する敵愾心は、彼の名著『明夷待訪録』に象徴され、実学を標榜する陽明学の経世致用に徹したのである。彼は陽明学者として、果して易学をどのように捉えたのか。彼の易学研究の原点は何処に根ざしているのか。これらに関しては、『易学象数論』の序文の中で、彼の易学認識の基本姿勢が表白され、易学研究の経緯も記され、本書執筆の目的が明瞭に看取される。(2)

夫れ易は天地を範囲するの書なり。広大にして備はざる所無し。故に九流百家の学は、皆な竄入すべし。九流百家、之を借りて以てその説を行ふによりて、易の本意に於て反って晦《くら》し。漢（書）儒林伝に「孔子六伝して、菑川《しせん》の田何《でんか》に至り、易道大いに興る」と。吾は田何の説の何如を知らざるなり。降りて焦（贛《こう》）・京（房）の世応・飛伏・動爻・互体・五行・納甲の変、具はらざるは無し。吾れ李鼎祚の易解を読むに、一時の諸儒の説は、蕪穢（荒れけがれる）の康荘（大通り）にして、象を観て占ひを玩ぶの理をして、尽く淫瞽《いんこ》（みだらな盲人）・方技（方士が行う神仙の術）の流に入ら使む。悲しまざるべけんや。有魏の王輔嗣（弼）出でて、易に注し、意を得れば象を忘れ、象を得れば言を忘る。日時・歳月、五気相推し、悉皆擯落《しつかいひんらく》し、関らざる所多く、潦水（大水）尽きて、寒潭清きに庶幾《ちか》し。顧ふに論者は、その老荘を以て易を解すと謂ふも、試みにその注を読めば、簡当にして浮義無く、何ぞ曽て元旨を篭落（つつんで落とす）せんや。故に能く遠く唐を経て、発《ひら》いて（周易）正義と為る。その廓清の功は、泯《ほろ》ぶべからず。然れども魏伯陽の参同契、陳希夷の図・書は、遠く端緒有り。世の奇を好む者、王注の淡薄をして、未だ嘗て別伝を以て之を私せずんばあらざら卑《し》む。伊川が易伝を作るに逮《およ》び、その崑崙旁薄《こんろんぼうはく》（円満で広く充ち覆う）する者を収め、之を六十四卦の中に散じ、理到り語精にして、易道は是《ここ》に於てして大いに定まる。其の時、（邵）康節は上、种放《ちゅうほう》・穆修・李之才の伝に接して、創めて河図先天の説を為《つく》るも、是れも亦た一家の学に過ぎざるのみ。晦庵、本義を作り、之を開巻に加へ、易を読む者は之に従ふ。後世、之を学官に頒ち、初めは猶ほ易伝と並び行はれ、久しくして止《た》だ本義を行ふ。是に於て経生学士は信じて以て、義・文・周・孔はその道同じからずと為す。謂ふ所の象数は、又た語りて詳らかならず。将《は》た夫子の「韋編三たび絶つ」者は、須らく之を売醬《ばいしょう》箍桶《ことう》（桶にたがをかける）の徒に求むべくして、易学の榛蕪《しんぶ》（草木が生い繁ったさま）は、蓋し仍ち京（房）・焦（贛《こう》）の時の如し。

科挙の学、一たび定まりてより、世、敢て復た議せず、稍《やや》その説に出入する者有れば、即ち穿鑿を以て之を誣《し》ふ。夫れ謂ふ所の穿鑿は、必ずその聖経と合せざる者なり。伝注の訛を摘発し、復た経文の旧に還す、之を穿鑿と謂ふべからざるなり。河図・洛書は、欧陽子（脩）言ふ、そは「怪妄の尤も甚だしき者にして、且つ漢儒と趣きを異にし、特に経に見えざるのみならず、亦た是れ伝にも見えず。先天の方位は明らかに『震に出づ』、『巽に斉し』の文と相背く」と。而るに晦翁（朱熹）は反って疑ひを経文の卦位に致し、十六を生じ、三十二を生じ、卦は卦を為さず、爻は爻を為さず、一切、経文の有する所に非ず。顧ふに之を穿鑿せずと謂ふべけんや。

晦翁曰く、「易を談ずる者は、之を燭篭《しょくろう》（灯篭）に譬ふ。一条の骨子（要点）を添へ得れば、則ち一路の光明を障《さき》へ了す。若し能く尽く其の障へを去って、之をして体を統べて光明なら使めば、豈に更に好からずや」と。斯の言は是《ぜ》なり。奈何《いかん》ぞ康節（邵雍）の学を添入し、之をして体を統べて、皆な障へ使めんや。世儒は象数を過視して、以て絶学と為す。故に欺く所と為る。余は一々之を疏通して、その易の本と了することに於て、干渉無きことを知りて、しかる後に反って之を程伝に求む。或は亦た廓清の一端なり。

黄宗羲は九流百家の邪説のため、儒家の『周易』が歪曲されたと断じたが、『漢書』儒林伝に記された田何の易学には関心を示さないのは不可解である。田何の易学こそ儒家の正統派の易学だからである。そして焦贛・京房の漢代象数易に言及し、これを蕪穢康荘と決めつけ、これに因り易学は方士の神仙術と化したと嘆く。しかし、魏の王弼が象数易を批判して、義理易を確立したことを「潦水尽きて寒潭清し」と、高く評価した。しかも王弼の義理易を老荘的と批判する者に対しては、「簡当にして浮義なし」と断じ、易の偉大なる旨を失墜せず、唐代では孔穎達の『周易正義』に採用され、その廓清の功は滅びないと賞賛した。こうして、宋代の程頤が王弼の義理易を継承し、易道はここにおいて大いに安定したと述べている。また、彼は邵雍の河図先天の説に対し、一家の学に過ぎずと一笑に付し、朱熹が『易本義』にこれを収載し、程頤の『易伝』と共に読まれたため、易学の頽廃をもたらしたと断じているのは看過できない。

彼は明代の科挙の学問が、国家権力により程伝朱義に一定してより、これに関する議論は穿鑿の一語で排除されたことに怒りを覚え、いわゆる穿鑿なる者は、聖人の経書と合致しないものであり、伝注の誤りを摘発したり、経文の旧に還すことは、これを穿鑿と言うべきではないと断じた。また、欧陽脩が河図・洛書を「怪妄の尤も甚だしき者」と評価したが、朱熹が邵雍の説に同調したことを批判して、「一切、経文の有する所に非ず。顧ふに之を穿鑿せずと謂ふべけんや」と断じた。しかし、一方、朱熹が易を談ずる者を灯籠に譬え、「一条の要点を添え得れば、一路の光明を支え得る。若しよく尽くその支えを去って、その支えで本体を統一して光明をもたらせば、なんと更に好いことではないか」と語ったことに対しては、賛意を表し、朱熹に対しても、是々非々の態度を鮮明にしている。ここに陽明学者黄宗羲の易学に対する基本姿勢が看取されるのである。

二、黄宗羲の漢代易学象数論に対する批判

前述の如く、『周易』の上下の経文と十翼の記述を通して、易の原理原則を把握しようとすれば、これと関わりのない学説は、当然排除されなければならない。漢代の初期に隆盛を極めた田何の易説は、経文の解釈には、孔子が作ったといわれる十翼の記述に基づき、妥当な解釈がなされた。これが正に漢代初期の儒教の正統派の易学と言われるものであったことは疑いない。それが漢代の讖緯学の盛行により、易学が変容を遂げたことは想像に難くない。讖緯学の成立は、まだはっきりせず、推測の域を出ないが、孔門の七十子の後輩が、孔子の神格化

により、語り継がれて様々な説話を生み出し、経書に対する緯書を形成するに至った。これは漢代の公羊学の盛行と深く関っているに違いない。不遇な孔子のあるべき理想像が、孔子の神格化過程で、ますますその色彩を濃厚にしていった。それは口伝形式で広まり、漢代の哀・平の間に噴出して、緯書の成立をもたらした。董仲舒の『春秋繁露』三代改制質文篇に表象される公羊学の特異な記述は、多分に道教などの影響も見られ、当時の思想界の多様性を反映しているようである。それが荒唐無稽な記述と相俟って、漢代の天人合一思想を形成したようである。事実、今日、易緯八種が『古経解彙函』に収載されている。とにかく、黄宗義はこれらの漢代に形成された象数易を否定し、之を批判して『易学象数論』六巻を上梓したのである。

本書の構成を見ると、巻一は、図書・竜図・先天図・天根月窟・八卦方位・納甲・納音・占課。巻二は、卦気・卦変・互卦・蓍法・古占。巻三は、原象。巻四は、太玄・太玄蓍法・乾坤鑿度・乾鑿度暦法・乾坤鑿度主歳卦・乾鑿度世軌・文王世軌・水旱軌意・乾鑿度五徳転移・元包・潜虚・潜虚蓍法・命図・洞極・洪範・洪範蓍法・洪範名数・洪範吉凶排法。巻五は、皇極一、経世・皇極二、起運・皇極三、卦気序・皇極四、蓍法・皇極五、致用。巻六は、六壬・六壬起例・答王仲撝問冷州鳩七律対・太一・太一推法・太一命法卦限・大遊卦法・小遊卦法・遁甲・遁甲発凡・超神接気直指・衡運・胡仲子翰衡運論・卦運表・推法・流年直卦法である。

これらの綱目は、必ずしも漢代象数易に限定されず、宋代の邵雍の先天図や『皇極経世書』にも及んでおり、これらは象数易の範疇には入らず、むしろ黄宗義が批判する反正当易学に該当すべき対象である。さらに『易乾鑿度』や『六壬』、及び揚雄の『太玄易』や、一般には知られていない奇妙なものにも言及されている。したがって、本稿では紙幅の関係で、特に重要な漢代象数易に該当する八卦方位・納甲・卦気・卦変・互卦に限定したい。

これらの象数易を彼がいかなる観点から批判したかを理解すれば、彼の主張する義理易の優位性が明瞭になるからである

1　八卦方位

鈴木由次郎氏は、八卦を方位に配当する仕方に、二つの系統があるとされ、説卦伝に説く文王後天方位と、宋代の邵雍が説く伏義先天方位に分類される。(3) 後天方位は坎（北）・離（南）・震（東）・兌（西）・巽（東南）・乾（西北）・艮（東北）・坤（西南）、先天方位は、乾（南）・坤（北）・離（東）・坎（西）・兌（東南）・艮（西北）・震（東北）・巽（西南）である。これに関し黄宗羲は次のように論じている。(4)

離南・坎北の位は、経文に見えて、卦爻の指す所の方も、亦た之と相合す。是も亦た以て疑ひ無かるべし。蓋し画卦の時、即ちこの方位有り。易は文王に始まらざれば、則ち方位も亦た文王に始まらず。故に当に文王八卦の方位と云ふべからず。乃ち（邵）康節は必ず文王と言はんと欲し、乾南坤北の位に因りて、改めて此れを為《つく》る。朱子は則ち康節の説の過当を主張し、反って疑ひを経文に致して曰く、「曷ぞ巽に斉《ととの》ふと言ふ。暁《さと》るべからず。曰く、坤は（安んぞ）西南に在らん、誠に東《ママ》（西）北の方に地無しと誠《ママ》（成《な》）さずと。曰く、乾は西北なりと。亦た暁るべからず。如何ぞ陰陽、（只だ）此れに来って相薄《あいせま》るや。曰く、西方は粛殺の気なり。如何ぞ万物の説《よろこ》ぶ所と言ふや」と。何の暁るべからざる有らんや。巽は春夏の交に当り、万物畢《ことごと》く出づ。故に之を斉《ととの》ふと謂ふ。北地の少雨を観るに、風を得れば、則ち生気郁然として験すべきなり。夏秋の

交は、土の位する所なり。故に坤、之に位す。地を言ふに非ざるなり。若し此の如く難きを致さば、則ち先天の方位は、巽は西南に在り。何ぞ東北に風無きを疑はざるや。その余の七卦も皆な然らざるは莫し。乾は立冬以後、冬至以前を主《つかさど》る。故に陰陽相薄る。説卦（伝）を観るに、乾の寒たる、冰と為す。西北に非ざれば、何を以てか之を置かん。万物は成るを秋に告ぐ。如何ぞ説《よろこ》ばざらんや。朱子は「元いに亨る貞しきに利し」の「利」に注して曰く、「利は生物の遂げて、物各《おのおの》宜しきを得、相妨害せず。時に於ては秋と為し、人に於ては義と為して、その分の和を得たり」と。説ぶに非ざらんや。顧ふに未だ嘗て粛殺を以て嫌《うたが》ひと為さざるなり。然らば則ち朱子の疑ひを致す所以の者は、先天の説により、中に先入す。故に主張太《はなは》だ過ぐと曰ふなり。

康節曰く、「乾・坤交はりて泰と為る。坎・離交はりて既済と為る。乾は子に生じ、坤は午に生ず。坎は寅に終り、離は申に終はる」と。謂ふ所の交は、対待を取って之を言はざるなり。即ち対待を以て論ずれば、則ち乾南坤北は、亦た乾北坤南にして、泰の形の成るべきに後るるなり。今ま坤は西南に在り、乾は西北に在り。離東坎西は、亦た必ず離西坎東にして、しかる後に既済の形は成るべきなり。今ま離は上に在り、坎は下に在り。義に於て何ぞ居らん。籍曰く、「再変して、後に今の位と為る」と。是れ乾南坤北の後、離南坎北の前、中間に又た一方位有り。乾は戌に位し、坤は未に位し、坎は子に位し、離は午に位す。子・午・寅・申に於て、皆な当る無きなり。

康節又た曰く、「震・兌は始めて交はる者なり。故に朝夕の位に当る。坎・離は交の極なる者なり。故に子午の位に当る。巽・艮は交はらざるも、しかも陰陽は猶ほ雑はるなり。故に中を用ふるの偏に当る。乾・

坤は純陽純陰なり。故に不用の位に当る」と。夫れ気化すれば、周流して息まず、時として用ひざるは無し。若し時過ぐるを以て用ひずと為さば、則ち春・秋に用ひざる者は、子・午にして、冬・夏に用ひざる者は、卯・酉なり。安んぞ四正の皆な位を用ふと為すに在らんや。必ず西南・西北を以て不用の位と為さば、則ち夏秋の交、秋冬の交は、気化は豈にそれ或は息まんか。

康節又た曰く、「乾・坤は縦にして、六子は横なるは、易の本なり。(先天の位) 震・兌は横にして、六卦は縦なるは、易の用なり」と。前の説に由れば、則ち後は坎・離より以外は、皆な横なり。後の説に由れば、則ち前は坎・離より以外は、皆な縦なり。図は同じうして説は異なる。自らその遷就《せんしゅう》(取捨して強いて合うことを求める)を知らざるか。(六子は乾・坤の子である兌・離・震・巽・坎・艮をいう。)

是の故に離南坎北の位は、本より疑ふべき無し。康節より以て先天より改め出づと為し、前を牽して、後に曳き、始めてその支離に勝《た》へず。朱子は之を改むる所以の故を求めて、得べからず。遂に経文を信ぜざるに至る。吁《ああ》、怪《あや》しむべきなり。

以上の引用文を訓読して、意味不明な部分に遭遇し、朱熹の『朱子語類』[5]を参照し、『易学象数論』の校訂の不充分な点を発見し、その誤りを訂正した。なお本書は『黄梨洲遺著彙刊』には見えず、また桂湖村の『漢籍解題』にも見えないが、『広雅書局叢書』に収載されている。したがって、中国でも参照資料に乏しく、校訂も不充分に終ったのではあるまいか。さらに邵雍の見解に左袒した朱熹が、説卦伝の経文を信用しないことに対し、宗羲は奇怪の念を表白している。なお『易伝』を著した程頤も、『皇極経世書』・『梅花心易』を著した邵雍と親しかったようであるが、魅力的な一面があったに違いない。

２　納甲について

鈴木由次郎氏は、納甲に関し、「これは十干十二支、つまり六十甲子を八卦に納入する法で、十干のうち甲丙戊庚壬は陽に属し、乙丁己辛癸は陰に属する。納甲の法は、まず陽の干（甲丙戊庚壬）を以て陽卦（乾震坎艮）に配当し、陰の干（乙丁己辛癸）を以て陰卦（坤巽離兌）に配当する。十干を八卦に配当する順序は、甲を乾に配当し、乙を坤に配当し、丙を艮に配当し、丁を兌に配当し、戊を坎に配当し、己を離に配当し、庚を震に配当し、辛を巽に配当する。八卦は循環してまた乾に始まるから、さらに壬を乾に配当し、癸を坤に配当する。乾坤二卦のみは、おのおの二干ずつを配当する。故にこれを内卦外卦に分ける。乾は甲を内卦に、壬を外卦に配当する。つまり甲乙は十干の始めであり、壬癸は十干の終りであるから、これを乾坤に配当し、以て乾坤が陰陽の始めと終りを主どる意味を寓するのである」(6)とされ、次のように図示する。

八卦		内卦	外卦
乾	☰	甲	壬
坤	☷	乙	癸
艮	☶	丙	丙
兌	☱	丁	丁

坎	☵	戊	戊
離	☲	己	己
震	☳	庚	庚
巽	☴	辛	辛

これに関し、黄宗羲は次のように解説している。(7)

世の納甲を言ふは、参同契に本づく。然れども京房の積算は已に言ふ、天地乾坤の象を分かち、之を益《ま》すに甲・乙・壬・癸を以てし、震・巽の象は、庚・辛に配し、坎・離の象は、戊・己に配し、艮・兌の象は、丙・丁に配す。是れ則ち西漢の前、已に之れ有り。魏伯陽その説に因りて、月象を以て之に付会す。……虞翻は易に注するも、亦た伯陽を祖とす。蓋し、月の明魄（明るいところと、月の光らない部分）の多少を以て、象を卦画に取りて、見る所の方位を以て納むる所の甲と為す。

某《それがし》以為《おも》へらく、坎を月と為さば、則ち月は八卦の中の一なり。八卦、甲を入れて、専ら之を月に属して可ならんや。此れと同じく、八卦或は象を昏《くれ》に取り、或は象を旦に取るも、亦た自然の法象に非ざるなり。（宗羲は月象を否定して、六子の例を取り上げた沈存中の説を引用し、さらに自説を開陳する）某又た然らず。甲・乙より壬・癸に至るまでは、乃ち先後の次第にして、上下の次第に非ざるなり。震・巽・庚・辛、艮・兌・丙・丁は、是れその先後を乱す。爻を以て解と為すを得ず。方位を以て之を言へば、乾は金、坤は土、震は木、巽は木、坎は水、離は火、艮は土、兌は金なり。説卦に在りて証すべし。今ま乾は甲・壬を納れ、坤は乙・癸を納る、それ木と為すか、水か。震・巽の金為《た》る、坎離の土為る、艮・兌の火為る、将《は》た安《いずく》にか適従する所ぞや。若し之を置いて論ぜざれば、則ち又た納を庸《もち》ふる無きなり。

以上はいわゆる月体納甲を論じたものであるが、宗義は「納甲二」の中で、前述の納甲につき触れ、さらに納辰（鄭玄の爻辰で、十二辰、十二律、二十四気、二十八宿等を乾坤二卦の十二爻に配当した象数易の組織）に関して、次のように論じている。

卦の納甲は、六十甲子を以て言ふ。故に納辰も亦た之を甲と謂ふなり。十二支は六陽六陰にして、陽は順ひ伝へ、陰は逆らひ伝ふ。子・寅・辰・午・申・戌を順と為し、未・巳・卯・丑・亥・酉を逆となす。乾は初爻を起して子に納れ、六爻に順ひ伝ふれば、則ち陽の支は畢《おわ》る。坤は初爻を起して未に納れ、六爻に逆らひ伝ふれば、則ち陰の支は畢る。震は乾の初を得、坎は乾の二を得、艮は乾の三を得、皆な六爻に順ひ伝ふ。巽は坤の四を得、離は坤の三を得、兌は坤の二を得、皆な六爻に逆らひ伝ふ。……

是の故に十日を納るる者は、総ぶるに卦を以てし、十二辰を納るる者は、爻を析《わか》つ。卜筮家は納甲を舎《す》つれば、則ち休咎《きゅうきゅう》（喜びとわざわい）は以て辨ずる無し。然れどもその用ふる所の五行を観れば、惟《た》だ十二辰にして、十干は与《あずか》る無し。卦を体と為し、爻を用と為し、干を主と為し、辰を客と為し、用有りて体無し。主を舎《す》てて客を用ふれば、則ち是れ軽重の倫を失ふなり。仮如《たとい》生は卦に在り、克は爻に在りとも、自ら当に爻を去って卦に従ふべし。干は則ち凶にして、支は則ち吉なれば、豈に大に昧《くら》くして、小を見るを得んや。納甲の説は、将《は》た古へにその名有りて、その実無きか。抑《そもそも》之を伝ふる者、その真を失するか。然らずんば、乾の初爻は、止《た》だ当《まさ》に子を水と為すと云ふべく、必ずしも配して甲子と為さず。坤の初爻は、止だ当に未を土と為すと云ふべく、必ずしも配して乙未と為さず。既に配するに甲乙を以てせば、自ら当に五行を用ふべし。且つ姑《しば》らく日を納るるの用、不用を置き、甲を五行の全数と為し、卦を天地の全数と為し、今ま四十八爻を以てして六十甲に納るれば、余す所の十二甲は、将《は》た焉《いずく》にか之を置かん。豈に卦は以て五行を包むに足らざるか。

以上の立論は難解で、理解に苦しむところもあるが、黄宗羲の見解として重要である。次に黄宗羲は、占課と題して[8]、火珠林《かしゅりん》・世応《せいおう》・飛伏などを解説している。まず火珠林につき、次のように解説している。

今世、蓍《めどぎ》（筮竹）を揲《ちょう》する者少なくして、火珠林《かしゅりん》（貨幣を投じ、表裏を陰陽に見立てて占う）の術、盛行す。大概、京（房）氏に本づく。卦はその象数を棄て、爻は干支に取る。一卦を一世応と為し、動静に於て与る無きなり。一事を一門類と為し、爻辞に於て与る無きなり。然れども、某《それがし》、京房の易伝を観るに、又た今世に行ふ所と、間《ま》ま出入有れば、則ち亦たその伝を失ふなり。

なお、火珠林につき、『四庫提要』には、「その遺法は、三銭を以て之を擲ち、両背一面を坼《たく》と為し、両面一背を単と為し、面を倶にするを交と為し、背を倶にするを重と為す。此れ後人が務めて捷径に趨き、以て卜肆（うらない者のみせ）の便と為すも、しかも本意は尚ほ考ふべし。その異なる所の者は、交・重を以て占と為さず、自ら世（世応）を以て占と為す。故にその占は六十四爻に止まりて、三百八十四爻の変を尽す能はず」と述べている。つまり、黄宗羲が指摘したように、清代初期に盛行したものは、漢代の火珠林の方法とは異なる。次に宗義は、世応につき解説している。鈴木由次郎氏は、「世応は六十四卦を八宮に分かち、各宮は、一世・二世・三世・四世・五世・遊魂・帰魂を設けて、卦をこれに配当し、陰陽消息観によって体系づけたものであり、中国古代の家族制の背景の下に考察された占候易の一種」とされる。[9] これにつき宗義は、「八宮世応図」を添えて、次のように解説している。

世応は分かちて八宮と為す。乾・震・坎・艮・坤・巽・離・兌は、各一宮を主どる。属する所の七卦は、下よりして上り、次を以て変を受く。変じて五爻に至れば、則ち上爻は復た変ずべからず。上爻は本宮の主と為る。故に第六爻（上九）は五爻より返りて、（上九が変ずれば䷁となり乾の性質に反するから）四爻に至り、変じて主卦の画に復る。（九四は六四に変わる。主卦は乾の卦を指す。）之を游魂と謂ふ。第七卦は、則ち内卦にして、皆な主卦の画に復る。（内卦がすべて首卦の内卦となる）之を帰魂と謂ふ。主卦は上爻を以て世（八卦を首卦とする卦変の世次をいう）と為し、その五卦に次ぎて変爻を以て世と為す。游魂は四爻を以て世と為し、帰魂は三爻を以て世と為す。（帰魂はそれぞれ本宮卦の内卦を用い、他の七宮も之に準ずる。）

世の対を応と為す。初と四、二と五、三と上、是なり。

次に飛伏につき、次のように述べている。

世爻の在る所に見ゆる者を飛と為し、見えざるものを伏と為す。見ゆる者は、即ち世爻の納甲、見えざる者は、八主卦、相反するの納甲を取る。（乾と坤と反し、震と巽と反し、坎と離と反し、艮と兌と反す。）五変卦（一世から五世までの卦）は主卦の納甲に取る。（変が一世に在れば、主卦の一爻を取り、変が二世に在れば、主卦の二爻に取る。余は此れに準ず。）遊・帰の二卦は、変の納甲より取る。（乾宮の遊・魂の如く、剥よりして変ずれば、則ち剥の四に取り、納甲を伏と為す。帰魂は晋よりして変ずれば、則ち晋の三に取り、納甲を伏と為す。余は此れに準ず。）

八宮世応図

本宮	一世	二世	三世	四世	五世	遊魂	帰魂
乾䷀	姤䷫	遯䷠	否䷋	観䷓	剥䷖	晋䷢	大有䷍
震䷲	豫䷏	解䷧	恒䷟	升䷭	井䷯	大過䷛	随䷐
坎䷜	節䷻	屯䷂	既済䷾	革䷰	豊䷶	明夷䷣	師䷆
艮䷳	賁䷕	大畜䷙	損䷨	睽䷥	履䷉	中孚䷼	漸䷴

坤䷁	復䷗	臨䷒	泰䷊	大壮䷡	夬䷪	需䷄	比䷇
巽䷸	小畜䷈	家人䷤	益䷩	无妄䷘	噬嗑䷔	頤䷚	蠱䷑
離䷝	旅䷷	鼎䷱	未済䷿	蒙䷃	渙䷺	訟䷅	同人䷌
兌䷹	困䷮	萃䷬	咸䷞	蹇䷦	謙䷎	小過䷽	帰妹䷵

以上の黄宗羲の解説では理解し難いが、本宮の八純卦である乾・震・坎・艮・坤・巽・離・兌に、それ以外の五十六卦を分属させ、それぞれの宮に七卦（一世より帰魂まで）を配させる方法は、乾宮を見てわかるように、陰陽消息観により、初爻の変化に始まって、順次上に昇って変化する。紙幅の関係で詳述できないので、詳細にわたって解説されている小澤文四郎氏の『漢代易学の研究』を参照されたい[10]。

3　卦気について

卦気について黄宗羲は、次のように解説している[11]。

易緯に卦気の法有り。京房その学に精し。坎・震・離・兌を以て二十四気を主どり、その余の六十卦は、中孚より起る。卦に六爻有り、爻は一日を主どり、凡て三百六十を主どる。余は五日四分の一日なり。日毎に分かちて八十分と為さば、五日は四百分を得、四分日の一は二十分を得、四百二十分を積み、六十卦に均しくせば、六七四十二、卦毎に六日七分を得。又た六十卦の中に於て、別に復・臨・泰・大壮・夬・乾・姤・遯・

否・観・剥・坤の十二を置きて、以て辟卦と為す。爻毎に各一候を主どる。復より乾に至るまでを息卦と為し、太陽と曰ふ。姤より坤に至るまでを消卦と為し、太陰と曰ふ。息卦の属する所の者を少陽と曰ひ、消卦の属する所の者を少陰と曰ふ。故に孔穎達の復の彖に「その道を反復し、七日にして来り復《かえ》る」の疏に謂ふ、「剥卦は陽卦の尽きて、九月の末に在り。十月は純坤にして事を用ふ。坤卦の尽くれば、則ち復卦の陽来る。坤卦に六日七分有り。成数を挙げ、故に七日と言ふ」と。王昭素之を駁して曰く、「坤卦の尽きて、復卦の陽来れば、則ち十月の節終はる。一陽便ち来たれば、冬至の日に到るを得ず。その説終はるに拠り、尚ほ冬至を去ること十五日なれば、則ち卦の七日の義は、易緯の数を用ひ難し」と。

某、以為へらく、昭素が之を駁するは是なり。然れども昭素は未だ卦気の法を悉さず、その痼疾を鍼する能はず。十二辟卦を以て之を言はん。剥の復に至るは、隔たる所は惟だ坤の六卦のみ。その一爻は一候に当る。一候は五日五分六分の五を得、六爻は三十日三十五分を得、七日に非ざるなり。六十卦を以て之を言へば、一卦は六日七分にして、剥の復に至るは、中ごろ艮・既済・噬嗑・大過・坤・未済・蹇・頤・中孚の九卦を隔て、計五十四日六十三分にして、一卦に非ざるなり。孔氏は両者を牽合す。故にその説は合ふ能はず。易の「七日にして来り復る」(復の卦辞)は、卦の反復に取りて義と為す。剥に反して復と為り、歴《ふ》る所は七なり。一日を以て一爻と為す。故に「その道を反復す」と曰ふ。反復は即ち反覆なり。卦気と何ぞ与《あずか》らんや。即ち孔氏の疏をして能く卦気に合せしめば、則ち易の辞は、乃ち卦気図の説たる無からんや。卦気の法を為《つく》る者は、宓戯《ふっき》か、文王か。

先儒の卦気を議する者は謂ふ、冬至は中孚に起らずして、復に起る。中孚は大雪の終りと為す。気は冬至に至りて、始めて尽く。故に冬至の下に繫く。中孚の冬至に於ける、象に於て名に於ても、両つながら当る無し。然れども太玄の辞を観るに曰く、「陽気は黄宮に蔵るるも、信《まこと》にその中に在らざるは無し」と。則ち中孚の冬至に直き者は、顧ふにその名を以てするのみ。太玄の卦序を釈する、辟卦よりの外、その名を以て義と為さざるは無きなり。又た何ぞ独り中孚を疑はんや。謂ふ所の六日七分なる者は、六日既に尽くれば、七分は便《すなわ》ち来たる日の始めと為る。必ずしも八十分に足りて、自ら一日と為るに取らざるなり。趙汝楳は乃ち余りを以て算して、之を一卦に帰し、是《ここ》に於て一卦は七日に直《あた》る者あるは、その意を失せり。葉氏は則ち七分を以て之を気盈《み》つと為す。六十卦の余は、五日二十分なれば、若し余を積みて以て閏を置く者は、是れ一卦は六日に直り、且つ焦（贛）・京（房）の学を并せて、その伝を失するなり。

黄宗羲は卦気説をめぐる諸説を掲げ、これが焦贛・京房の伝統的な漢易とは異なると断じて批判するが、その有効性については、なんら言及していないのは不可解である。卦気説が農事暦と関り、その実用性に着目したのが、常州学派の創始者荘存与である。黄宗羲はその不当性を強調して、卦気説を否定したのであろうか。彼は更に「卦気二」の中で、次のように論じている。

六日七分の説は、相伝へて最も久しく、その余の卦気は皆な後より起る。乾より未済に至る有り。並びに易書の本序に依り、一卦を以て一日に直《あ》て、乾は甲子に直て、坤は乙丑に直て、未済に至るまでを癸亥に直て、乃ち六十日を尽す。六周して三百六十日、四正卦は、則ち二分に直て、二至は坎が冬至、離は夏至、震は春分、兌は秋分、六十卦の輪に在らずして、之を列に直つる者は、焦氏の法なり。乾・坤・坎・離の四卦を以て橐籥《たくやく》（ふいご。鍛冶屋の火をおこす道具）と為す有り。余りの六十卦は序卦に依り、一爻は一時に直つれば、一月に三百六十時有りて、その数に足る者は、又た十二辟卦を以て、卦毎に一時を管領するは、魏伯陽の法なり。乾は甲子に起る、坤は甲午に起り、卦毎に六月に直つる者は、京房の法なり。

宋に至りて後、謂ふ所の先天図なる者有り。是に於て、邵氏（雍）は六日七分の法を以てその図に施し、卦は中孚に起るの説を黜《しりぞ》くるに、復は冬至に起り、姤は夏至に起るを以てし、その坎・離・震・兌の四正卦を以て、二十四気を主どる者は、改めて乾・坤・坎・離と為す。此の円図の卦気なり。張理は方円を以て覆背して之を置き、泰は東北に処《お》り、乾は東南に処り、否は西南に処り、坤は西北に処る。亦た冬至は復に起るを以て、泰に至って正月、乾に至って四月、否に至って七月、坤に至って十月なり。此れ方円の卦気なり。張氏は又た一陰一陽より六陰六陽に至るまでを以て、類して並列す。六陽は南に処《お》り、六陰は北に処る。陽は下よりして升り、陰は上よりして降《くだ》る。辟卦の法（六十卦を十二辰に割り当てる法）を広むるなり。邵氏（雍）は又た方円の乾・兌・離・震を以て、各《おのおの》之を重ねて六十四卦と為し、共に二百五十六卦、之を以て大運を算し、亦た以て小運を算す。二十四気は気毎に六十四卦、積んで一千五百二十六爻、乾・兌・離・震、一を掛くる数を合せ、之を掛一《かいいち》図と謂ふ。謂ふ所の皇極の学なり。

諸家の同じからざる此の如し。蓋し、初めは一定の理無く、各《おのおの》意の見る所を以て之を為す。是の故に六日七分の外、一卦、一日に直《あた》る者あり、両卦、一日に直る者、一爻、一日に直る者、四爻三分強、一日に直る者あり。卦と日との大数を総べて、しかる後にその小数を分配し、或は多く、或は少なく、その可否を顧みざること是の如し。その卦の排比は、惟だ序卦のみ拠るべく、序卦の義は、時日に於て強ひて通ずべからず。故に漢儒は別にその義を卦名に求めて、中孚の起る有り。然れども揚雄氏の伝ふる所の卦義は、未だ穿鑿付会を免れず、未だ嘗て易の篤論と為さざるなり。宋儒始めてその説を一変し、奇偶の昇降消長を以て言を為して、経文の四時、拠るべきの方位に於て、一切之に反す。然らば則ち宋儒の画、漢儒の義は、猶ほ二五の十と為すがごときなり。孰《たれ》かその優劣を分かたんや。

黄宗義は、卦気に関する問題の所在を明らかにし、漢代と宋代の学者の認識の相違から、その研究方法が異なる方向に至ったことを解説し、結論として、その優劣に関しては判断できぬとしているが、卦気説に関しては、むしろその存在の意義を肯定しているように思われる。なお、詳細に関しては拙著を参照されたい。(12)

4　卦変について

卦変について黄宗義は、次のように論じている。(13)

卦変の説は、泰・否二卦の彖辞、「小往き大来る」、「大往き小来る」よりして之を見れば、而《すなわ》ち夫子の彖伝の卦義を発明する所以の者は、是に於て多しと為す。顧ふに易中の一大節目なり。上経は三十卦、之に反対するを十二卦と為す。下経は三十四卦、之に反対するを十六卦と為す。乾・坤・頤・大過・坎・離・中孚・小過は、反対すべからざれば、則ちその奇偶に反して以て相配するなり。卦の体、両つながら相反すれば、爻も亦た卦に随って変ず。顧ふに此《ここ》に於てすれば、則ち吉、彼に於てすれば、則ち凶、彼に於てすれば、則ち位を得、此に於てすれば、則ち位に当らざる有り。反対するの中より、此の往来して倚仗《いじょう》（よりたのむ）するの理を明らかにす。謂ふ所の両端の執（両者の是非につき、決断できず、ふた心をもつ）なり。行ひに无妄《むぼう》（虚偽の無いこと。ありのままの姿）の守り有れば、反って天衢《てんく》（天の四方に通ずる道）の用有り。時に豊亨《ほうこう》（物が盛んで良く通る）の遇ふ有るも、反って羈旅《きりょ》（旅行）の凶有り。是を之れ卦変と謂ふ。此の卦を以て、彼の卦を生ずるに非ざるなり。又た此の爻を以て、彼の爻に換ふるに非ざるなり。（以下省略）

　反対するの窮まりて、その奇偶に反して以て之に配す。又た未だ嘗て暗にその間に相反対せずんばあらず。中孚䷼の上爻の「翰音《かんおん》」（鶏のこと。上九の爻辞に「翰音、天に登る。貞しけれども凶」とある）の如き、反対すれは、即ち小過䷽の初爻の「飛鳥」（初六に「飛鳥なり。以て凶」とある）と為る。頤䷚の「口実」（卦辞に「頤を観て、自ら口実を求む」とある）は、大過䷛の兌☱に由る。大過の「士夫」・「老夫」は、頤䷚の艮☶・震☳に由る。此れ序卦の易ふべからざるなり。奈何《いかん》ぞ諸儒の卦変たる、紛然雑出して帰一する能はざるや。然れども、虞仲翔（翻）の比䷇を釈して曰く、「師䷆は二、上りて五に之き、位を得たり」と。蜀才曰く、「此れ師の卦の六五、二に降り、九二、五に升る」と。亦た已にその端を発す。特《た》だ未だ此れを以て之を別卦に通ぜざるなり。李挺之の伝ふる所の変卦反対図に至っては、独りその真を得たりと謂ふべし。而れども又た、六十四卦相生図と並び出だせば、則ち択びて精ならざるなり。その後、来知徳は頗る此れを以て変を説くも、しかも反対する者を以て綜と為し、奇偶相反する者を錯と為し、頤・過の八卦、相反するの外に於て、反対する者を取りて、亦た復た之を錯す。奇偶相反するの中、暗に反対するを寓するも、別に一義を出すに非ざるを知らざるなり。若し又た相反するの一義有らば、何ぞ卦爻を以て略《ほぼ》之に及ばざるや。卦爻の及ばざる所の者と為さば、以て補ふを待つこと無かるべし。

黄宗羲は卦変の定義が学者によって異なる点を道破したが、卦変それ自体、両卦の関係概念に限定すべきか否かによって異なる。来知徳が卦変を否定して、これは本来、同一卦であり、綜卦と称すべしとするゆえんである。しかし宗羲は、来知徳が頤・(小・大)過などの八卦相反する外に、さらに錯卦を取り上げたのに不満の意を表している。さらに「卦変二」の中で、虞翻の卦変説を高く評価し、その資料の逸失を惜しむも、関連資料を洞察して、その実体を明らかにし、次のように論じている。

古への卦変を言ふ者は、虞仲翔より備はらざるは莫し。後人は事を踵《つ》ぎて増華するに過ぎざるのみ。一陰一陽の卦は各六、皆な復䷗・姤䷫よりして変ず。二陰二陽の卦は、各九にして、皆な大壮䷡・観䷓よりして変ず。中孚䷼・小過䷽は、変例の卦と為し、乾坤は卦を生ずるの原《もと》、皆な数の中に在らず。その法は両爻相易るを以て、変を主どるの卦は、動く者は一爻に止まる。四陰四陽は、即ち二陰二陽の卦なり。その変は臨䷒・遯䷠の下に収まらざる者は、臨・遯を用ひて卦を生ずるを以てすれば、則ち変を主どる者は、須らく二爻皆な動いて後に、余卦は尽くるべきなるべし。別に観・壮に起らざるを得ず。四陰四陽有りて、五陰五陽の夬䷪・剥䷖を用ひざる者は、五陰五陽の卦は、已に姤・復に尽くるを以て、此れに俟つ所無ければなり。中孚・小過を変例の卦と為すは何ぞや。中孚は二陰の卦に従へば、則ち遯の二陰は、皆な位を易へ、四陰の卦に従へば、則ち観の三四は、一時に倶に上がる。小過は二陽の卦に従へば、則ち臨の二陽は、皆な位を易ふ。四陰の卦に従へば、則ち観の三・四は一時に倶に上る。謂ふ所の変を主どるの卦、一爻を以て升降する者は、此れに至って窮まる。故に変例なり。猶ほ反対の卦のごとく、乾・坤・坎・離・頤・大過・中孚・小過に至って亦た窮まるなり。虞氏の卦変は、脈絡分明なること此の如し。当時、著す所の周易注・周易集林は、今は既に伝はらず。その李鼎祚の易解の中に見ゆる者は、語りて詳らかならず。朱漢上は之に拠りて以て虞氏の卦変を定め、遂に此れは然り、彼は否なりの異なる有り。趙汝楳、その錯雑統無きを謂ふを怪しむ無きなり。某、その緒を追尋し、しかる後に漢上の誤りを知る。然れども、四陰四陽と二陰二陽とは、畢竟相錯し、重出の卦有らざる能はず。この八卦は、（大壮䷡に重ぬる者を大過䷛・鼎䷱・革䷰・離䷝と為す。観に重ぬる者を頤䷚・屯䷂・蒙䷃・坎䷜と為す）その主変、之を臨・遯に属するか。之を大壮・観に属するか。抑《そもそも》兼ねて之に属するか。その説、時有りて窮まるなり。彖伝を以て之を証すれば、无妄の「剛、外より来る」、（遯の初・三相変り、皆な内卦に在り、外より来るに非ず。）晋の「柔進みて上行す」、（観の三・上、相易り、中を得たりと為さず。）の如きは皆な合ふ能はず。此れ虞氏の短なり。

虞翻の卦変説を高く評価しながらも、その所説に整合性を欠く点を指摘し、漢易の卦変説の実体を明らかにした黄宗義も高く評価すべきである。次に「卦変三」の中で朱熹の卦変図を引用して説明するが、「此の図を為ると雖も、亦た自らその決して用ふべからざるを知り、釈する所の一九卦の彖辞は、尽く主変の卦を舎《お》きて、以て両爻相比する者を以て、互ひに換へて変と為す」と論じ、「凡そ十九卦にして、主変の者は二十有七、或は一卦より来り、或は両卦・三卦より来り、多寡倫ならず、絶えて儀例無し」と批判し、最後に「今ま両爻互ひに換へ、同じく内卦に在りて之を往と謂ひ、同じく外卦に在りて、之を来と謂ひ、同じく上卦に在りて下ると曰ひ、同じく下卦に在りて上ると曰ふ。即ち之を付会せんと欲して、能はざる所有り。是れ朱子の卦変は、両者倶に当る無しと為す。宜《むべ》なるかな、その説の帰一する能はざることや」と断じている。

5　互卦について

鄭玄が多くこれを用いたとされるが、黄宗羲も互体の必要性を説いて、次のように論じている。(14)

　互卦は、卦中の二・三・四、及び三・四・五を取って、又た経の卦の二を得るなり。（いわゆる互体と約象）左伝荘公二十二年に、周史、陳侯の為に筮し、観の否に之《ゆ》くに遇ひて曰く、「坤は土なり。巽は風なり。乾は天なり。風、土上に天と為るは山なり」と。杜預《どよ》注して、「二より四に至るは、艮の象有り。艮を山と為す」と。此れ互体もて易を説くの始めなり。漢・晋、相承く。王輔嗣（弼）は黜《しりぞ》けて用ひず、鍾会も亦た易に互体無しと言ひ、荀凱之を難ず。夫れ春秋の経を説く者は、聖人を去ること未だ遠からず、その相伝ふるは、必ず自《よ》る有り、苟《いやしく》も之を経文に証するに非ずして、その違背を見はすときは、未だ嘗て臆を以て棄つべからず。輔嗣云ふ、「爻、苟も合ひ順はば、何ぞ必ずしも坤は乃ち牛と為さんや。義、苟も健に応ずれば、何ぞ必ずしも乾は乃ち馬と為さんや」と。以て二体に乾無きを言ひ、坤にして牛馬有るは、当に更にその故を求むべからず。易の中の象は、一字の虚設無きを知らざるなり。牛馬既に乾と為さば、坤の物は、則ち牛馬有れば、必ず乾坤有り。之を二体に求めて無き者も、之を互体に求めて有り。若し、互体を棄つれば、是れ聖人に虚設の象有るなり。……

その後、互卦を説く者、朱子は一卦中、既に両卦を互ひにするより発し、又た互卦に於て、両卦を伏す。林黄中は六画の卦を以て太極と為し、上下二体を両儀と為し、二の互体を合わせて四象と為し、又た顚倒して二体・互体を看て、通じて八卦と為す。黄中は又た包体図有り、卦毎に只だ一互卦を取り、三画を留めて本卦の体と為す。乾は八卦を包み、八卦は乾を包む。如し乾が坤を包めば、則ち損䷨・益䷩と為る。坤、乾を包めば、則ち咸䷞・恒䷟と為る。凡そ一卦の相包む、三十二卦を得、八卦は二百五十六卦を得。戴師愈も亦た一卦は八卦を具へて、黄中と異なり、正有り伏有り、互有り参有り。需卦の如きは、乾下坎上は是れ正なり。乾変じて坤と為り、坎変じて離と為る、是れ伏なり。二より四に至るを兌と為し、三より五に至るを離と為す、是れ互なり。互体は、兌下離上を睽《けい》䷥と為す、是れ参なり。本卦は是れ需䷄。凡て八卦なり。呉草廬は先天円図の互体を以て卦を立て、左右各二卦、互は一卦、六十四卦の互は十六卦と成る。又た十六卦を以て之に互せば、四卦と成って止む。偽説滋蔓《じまん》し、互卦の稂莠《ろうしゅう》（いぬあわと、はぐさ。ともに有害の草）なり。若し此れに因りて、並びに互卦を去らば、乃ち噎《いつ》に懲《こ》りて食を廃する無からんや。

黄宗羲は互体に関する諸説を挙げ、その不当な見解を排除して、有効な互体の役割を評価し、悪しき見解に懲りて、互体を否定する愚を、噎《むせ》ぶに懲りて食を廃する愚にたとえているのである。漢易を否定して、義理易を信奉するわが伊藤東涯も、互体の有効性を認めているのと一致しているのは、いささか興味を引く。

おわりに

黄宗羲の当時、易学は明代に盛行した程伝朱義に飽き足らず、漢代の象数易に活路を見出した来知徳の易学が影響力を持続し、朱子の卦変説を否定して、序卦伝に配列された六十四卦の中、相反する卦は、一見、異なる卦の変化に見えるが、本来、これは同一の卦であるという認識に到達し、これを綜卦と称すべきであるとし、漢易の旁通に当る二卦を錯卦と称した。したがって、清代初期において、来知徳の易学は、毛奇齢も驚くほど、多くの人に影響を与えたに違いない。毛奇齢もその影響を受けて、漢易に開眼したと思われる。当時の碩学を酷評して有名であった毛奇齢は、遂に来知徳の易学が、卦変を否定した事実を捉えて、彼の漢易の知識は十分の一に過ぎぬと批判した(15)。

これは来知徳が邵雍の先天図を掲載したためと思われるが、とにかく漢易の特色である卦変を巡っては、学者の認識も諸説紛々、微妙に齟齬して、帰一する所を知らない。

このような漢易に学問的興味を抱くのは当然であるが、知行合一の実践哲学を標榜する陽明学者黄宗義が、特に漢易と朱子の易学理論を対比して、むしろ漢易に好意を示しているのは注目に値する。ところで、彼は陽明学者であるが、朱子と述べて尊敬の意を表している。しかし朱子の易学を批判の対象としているのである。もっとも、彼は明末の陽明学者が野孤禅に走り、陽明学が堕落したことに嫌悪を感じていた一人である。彼の『易学象数論』は、博引旁証、正に漢代の実事求実に基づく清代考証学の影響であろうが、実に明快な論理を展開している。したがって、漢易の研究には、極めて重要な文献と言わざるを得ない。

しかしながら、黄宗羲が漢易の卦気説をあまり高く評価していないのは不可解である。何故ならば、経世致用を標榜する清代常州学派の創始者荘存与が、その所説が民衆の農事暦と深く関わり、その実用性に着目して、『卦気解』を著したからである。したがって、実践哲学を重んずる陽明学者には、まさにうってつけの対象に据えるべき課題である。しかし、解説は詳細にわたるが、卦気説自体を評価する記述は見られない。

しかし、卦変に関しては、最も詳細に解説され、特に虞翻の学説を高く評価しているのは看過できない。黄宗羲が象数易を重視している証左である。後に皖派の張恵言が虞翻の易説に着目して、彼の易説を集大成したが、これも呉派の恵棟の『易漢学』の影響もさることながら、恐らく黄宗羲の『易学象数論』の影響を受けているのかもしれない。とにかく、漢易の実態が後世に知られたのは、唐代の李鼎祚の『周易集解』の著述のお蔭であり、特に荀爽・虞翻の易説が詳述され、その功績は絶大と言わねばならない。

特に興味を引くのは、漢易を否定して、義理易を標榜する伊藤東涯が、占筮を重視する朱熹の影響か、互体を肯定していることである。義理易を説くのに、果してこれらの有効性が認められるか、疑問無きを得ないが、本卦の外に互体を認めることによって、義理易の解釈の範囲を拡大して、その微妙な変化を参照する実益を認める価値があるからであろう。したがって、義理易に漢易の互体を受容することは、人事百般を総合的・合理的に解釈する上からも、臨機応変、かつ柔軟な姿勢が必要とされたからであろう。

〈注〉

(1) 毛奇齢『推易始末』『毛西河合集』所収。
(2) 黄宗羲『易学象数論』自序　一―二頁『黄宗羲全集』第九冊　浙江古籍出版社　一九八五年。広雅書局叢書」本は『象数論』となっている。
(3) 鈴木由次郎『漢易研究』（増補新版）二四六頁　明徳出版社　昭和四九年。
(4) 黄宗羲　前掲書　二一―三頁。
(5) 朱熹『朱子語類』巻七七　説卦　七葉　中文出版社　一九七九年。
(6) 鈴木由次郎　前掲書　二一八―二四頁。
(7) 黄宗羲　前掲書　二三―五頁。
(8) 黄宗羲　前掲書　三七頁。
(9) 鈴木由次郎　前掲書　二〇七頁。
(10) 小澤文四郎『漢代易学の研究』一一九―一二一頁　明徳印刷出版社　昭和四五年。
(11) 黄宗羲　前掲書　四三―四頁。
(12) 濱久雄『東洋易学思想論攷』一二一―一二五頁　明徳出版社　平成一八年。
(13) 黄宗羲　前掲書　五四―六二頁。
(14) 黄宗羲　前掲書　八三―五頁。
(15) 毛奇齢『推易始末』三　一四葉『毛西河合集』所収。

第三章　胡渭の易学思想 ―『易図明辨』を中心として ―

はじめに

清代初期の易学は、明代の程伝朱義が依然として継承されたが、漢易を標榜した来知徳の易学も、隠然たる勢力を誇っていたようである。また、専著は見られないが、朱子学者の顧炎武も『日知録』の中で、優れた易論を展開しているし、特に毛奇齢の『仲氏易』が、来知徳の影響と思われるが、程伝朱義を批判して、漢易を標榜した。しかし彼は、卦変を否定して綜卦と称すべきだと主張した来知徳の易学を批判して、彼の漢易は十分の一に過ぎないと酷評した。思えば、毛奇齢の不当な批判癖を嫌った清代末期の章炳麟が、彼を経学者ではないと酷評し、彼の指導を受けた支偉成の『樸学大師列伝』には、その名すら掲げられていない所以である。それは兎も角、一〇歳年下の胡渭も、毛奇齢の易説には批判的であった。毛奇齢は黄宗羲より一三歳年少であるが、彼は『易学象数論』は披見していないようである。もっとも、該書は『黄梨洲遺著彙刊』にも収載されず、入手困難であったに違いないが、胡渭は黄宗羲の『易学象数論』を随所に引用している。

ところで、胡渭は本来、地理学に精通し、『禹貢錐指《すいし》』はその名著として知られる。その方法は、後漢の碩学鄭玄の経学に裏打ちされ、漢代の孔安国、唐代の孔穎達、及び宋代の蔡沈の見解を批判した。これは漢代の実事求是に基づくものであり、正に清朝考証学の方法であった。したがって、『易図《えきと》明辨』も、黄宗羲の『易学象数論』と共に、易学に関する清代初期の画期的な著述として、毛氏の『仲氏易』と共に高く評価された。『易図明辨』の制作意図につき、彼は『易経』というものは、『書経』・『詩経』・『春秋』とは異なり、図というものは不用であり、易の卦爻が、まさにその図に相当するという認識に基づく。したがって、易学に関する先天図に対し、その学術的観点からして、その不当性を追求し、易学に関する疑問点を清朝考証学の観点から剔抉した。私は既に黄宗羲の易学思想を纏めたので、興味は必然的に本書に移らざるを得なかった。何故ならば、清朝の易学は、明代の程伝朱義の学問体系を批判する一方、漢代の象数易を指向する一面を持つ。それは優れて新時代における易学研究の方法として、まさに時代の革新的要請に応ずるものであり、清朝考証学を表象する意義を持つと言わざるを得ない。

本稿では、胡渭の学問形成を明らかにし、彼がどのような経緯に基づき、かかる研究に没頭したかにつき、その学問的背景を探索し、その師弟関係などにも言及すると共に、『易図明辨』の著作意図、並びにその内容につき紹介してみたい。

一、胡渭の学問形成過程

胡渭（一六三三、崇禎六年―一七一四、康熙五三年）は、初めの名は渭生、字は朏明《ひめい》、東樵と号した。浙江省徳清県の人である。曽祖父の友信は、明代の進士で文名が有り、世に思泉先生と称された。父の公角は、天啓中の挙人であった。胡渭は一二歳で父を失い、母は彼を携えて、寇を山谷の間に避ける苦汁を味わった。[1] 一五歳で県学生となり、太学に入り、志を経義に篤くし、尤も輿地の学に精通した。嘗て大学士馮溥の邸宅に宿したが、当時、尚書であった徐乾学は、勅命を奉じて一統志を編集すべく、局を洞庭山に開き、常熟の黄儀・顧祖禹、太原の閻若璩、および胡渭を呼んで編纂に当たらせた。胡渭は『禹貢錐指《うこうすいし》』二〇巻、図四七篇を著した。彼は「漢・唐の二孔氏（孔安国・孔穎達）、宋の蔡氏（沈）は、地理において疏舛《そせん》多く、三江の如きは、当に鄭康成（玄）を主とすべきである」と語っている。そこで博く載籍を稽え、その同異を考え、これを折衷して、山川の形勢、郡国の分合、道里の遠近・夷険につき、一々討論して詳明した。また、漢・唐以来、河道が変遷し、民生国計の繫わる所と為ったので、導河の一章において、備《つぶさ》に決溢改流の跡を考え、心を経済に留め、迂儒の時務に通ぜざる者とは異なっていた。間《ま》ま千慮の一失有れば、疑わしきを闕く過ちを屑しとしなかった。[2] 彼の学問に対する態度と信念を十分に物語るものである。これも恵まれた環境に対する彼の誠意を表白するものであった。

また、本論文に関係ある彼の名著『易図明辨』一〇巻に関しては、これが専ら図・書を辨定するために作ったと断じ、次のように論じている。[3]

初め陳摶《ちんたん》、易理を推闡し、衍して諸図を為《つく》り、その図は本《もと》易に準じて生ず。故に卦爻を以て反復研求し、符合せざるは無し。伝ふる者、務めてその説を神とし、遂にその図を伏羲に帰し、易は反《かえ》って図に由りて作ると謂ふ。又た繫辞の河図《かと》・洛書の文に因り、大衍の算数に取りて、五十五点の図を作りて、以て河図に当て、乾鑿度の太乙、九宮の法を行ふに取りて、四十五点の図を造りて、以て洛書に当つ。その陰陽奇偶も、亦た一々易と相応ず。伝ふる者、益《ますます》その説を神とし、又た真に以て竜馬神亀の負ふ所と為し、伏義は此れに由りて先天の図有りと謂ふ。実は則ち唐以前の書は、絶えて一字の符験無し。而るに北宋の初めに突出して、邵子由《よ》り、以て朱子に及ぶまで、亦た但だその数の巧みに合ふに取りて、未だその太古以来、誰より授受されたるかを究むるに暇《いとま》あらず。故に易学啓蒙・易本義の前の九図は、皆なその説に沿ふ。時を同じうして、袁樞・薛季宣は、皆な異論有り。然れども宋史儒林伝に、易学啓蒙は、朱子本と蔡元定に嘱して稿を創め、朱子の自撰に非ずと。晦庵大全集に、劉君房に答ふる書を載せて曰く、「啓蒙は本と学者に且《まさ》に大伝の言ふ所の卦画・蓍数に就きて推尋せんとす。須らく過ちて浮説と為すべからず。而して今より之を観れば、河図・洛書の如きも、亦た尚ほ賸語《じょうご》（余計な言葉）有るを免れず」と。本義の巻首の九図に至っては、門人の依附する所と為す。朱子は当日、未だ嘗てその説を堅主せず。元の陳応潤、爻変義蘊を作り、始めて諸図を指して道家の仮借と為す。呉澄・帰有光の諸人も、亦た相継いで排撃し、毛奇齢・黄宗羲も之を争って尤も力《つと》む。然れども、皆な各《おのおの》見る所に拠りて、その罅隙《かげき》（われめや、すきま）に抵《あた》り、尚ほ未だ本末に窮溯して、一々自りて来る所を抉る能はず。渭は則ち河図・洛書・五行・九宮・参同・先天・大極・竜図・易数鉤隠図・啓蒙図・書・先天・後天・卦変・象数の流弊は、皆な旧文を引拠して、互ひに相参証して、以て依託の口を箝《かん》す。学者をして図・書の説は、乃ち修錬・術数の二家が、旁く易学の支流を分かち、易を作るの根柢に非ざるを知ら使む。禹貢錐指に視《くら》ぶれば、尤も経学に功有りと為す。

以上の記述を総合的に判断すると、胡渭は優秀な血統に恵まれたが、国家滅亡の折には少年期で苦労し、すでに孤児であった。しかし、後に大学士の館に宿し、碩学徐乾学の知遇を得て、当時の大学者と共に『一統志』の編纂に従事する機会に恵まれ、名著『禹貢錐指』を上梓した。これは彼の学問の方法を確立し、鄭玄の実事求是に範を得たもので、漢の孔安国や、唐の孔穎達の方法を批判した。これはまさに地理学を通して体得した彼の実証主義であり、この方法で『易図明辨』を著したのである。これは当時刊行された黄宗羲の『易学象数論』に触発されたもので、彼は漢代易学の象数論よりも、むしろ易図に関する疑問が中心であった。黄宗羲はむしろ漢代易学の象数論には理解を示し、易図に関しては徹底批判を展開したのである。胡渭は『易図明辨』の書名が示す通り、易図が中心であり、象数論に関しては、僅かに卦変につき詳述しているが、これには反対し、さらに象数の流弊に言及しているので、黄宗羲とは異なるが、易図に関しては、黄宗羲よりも徹底して批判しているのである。

また、彼は清代初期の考証学者顧炎武が、名著『日知録』の中で、『論語』に見える孔子が易を論じた者は二章のみで、「我に数年を仮し、五十以て易を学ばば以て大過無かるべし」と、「南人言へる有り、曰く、人にして恒無くんば、以て巫医を作すべからずと。善いかな、その徳を恒にせずんば、或は之に羞《は》ぢを承《すす》めんと。子曰く、占はざるのみと」を引用し、最後に「是れ則ち聖人の易を学ぶ所以の者は、庸言・庸行の間に過ぎざるのみにして、図書・数象に在らず。今の図象を穿鑿する者は畔《そむ》くなり(4)」と断じた一文を、わが意を得たりと感じたに違いない。

二、胡渭の『易図明辨』制作の意図と自負

胡渭が『易図明辨』を作成した当時、すでに顧炎武は『日知録』を著し、彼の易論は大いに注目されたに違いない。さらに当時の碩学を睥睨して、その所論に駁撃を加えた毛奇齢も、すでに『仲氏易』を著し、程伝朱義に反旗を翻して、漢代象数易を標榜すると共に、当時依然として影響力を持っていた明代の来知徳の易学に対しても、彼が卦変を批判して、綜卦と称すべきだと主張したことに対し、来知徳の漢易は十分の一に過ぎないと酷評する有様であった。[5] これは『易漢学』を著して、清代象数易の優位性を標榜した呉派の恵棟が出現する以前であった。とにかく、朱子学者でもあった顧炎武が、専著こそ無けれ、考証学の観点から、易学に関心を抱き、『日知録』を著したことは、大いに当時の易学研究を刺激した違いない。胡渭は巻頭の『易図明辨』題辞の中で、執筆の意図を次のように語っているのは看過できない。

古者《いにしえ》、書有れば必ず図有り。図は以て書の尽す能はざる所を佐《たす》くるなり。凡そ天文地理、鳥獣草木、宮室車旗、服飾器用、世系位著《いちょ》（群臣の位と君主が政を見る処）の類は、図に非ざれば、則ち以て隠賾《いんさく》（隠れて奥深く見えにくいもの）の形を示し、古今の制を明らかにする無し。故に詩・書・礼・楽・春秋は、皆な以て図無かるべからず。唯だ易は則ち図を用ひる所無し。六十四卦・二体・六爻の画は、即ちその図なり。白黒の点、九十の数、方円の体、復・姤の変は、何をか為さんや。その卦の次序方位は、則ち乾坤三たび索《もと》め、

震☳を出だして巽☴に斉《ひと》しうし、二章これを尽せば、図は可なり。安んぞ先天後天の別有るを得んや。河図の象は、古へより伝ふる無く、何に従《よ》りてか擬議（予想し、相談する）せんや。

洛書の文は洪範に見ゆるも、奚《なん》ぞ卦爻に関らんや。五行・九宮は、初めは易の為にして設けざるも、参同契の先天太極は、特に易に借りて以て丹道を明らかにして、後人或は指して河図と為し、或は指して洛書と為すは妄なり。妄の中、又た妄あり。而して劉牧の宗とする所の竜図、蔡元定の宗とする所の関子明易は是なり。此れ皆な偽書にして、九十の是非、又た何ぞ校するに足らんや。故に凡そ易図と為して、以て経の無き所に附益する者は、皆な廃すべきなり。邵（雍）子の四図に就きて之を論ずれば、則ち横図の義は通ずべからず。而れども円図は別に至理あり。何となれば、則ち丹道の寓する所たるを以てなり。兪琰曰く、先天図は易道の緒余と雖も、亦た君子が養生の切務なりと。又た曰く、丹家の説は、易に出づと雖も、依倣して之に託する者に過ぎず。初めは易の本義に非ず。因りて易外の別伝と作《な》して以て之を明らかにす。

故に吾謂へらく、先天の図と聖人の易とは、之を離さば、則ち双《ふた》つながら美、之を合すれば、則ち両《ふた》つながら傷つく。伊川は経の首めに列せざるは、固より聖人を尊ぶ所以なるも、亦た陳・邵を全うする所以なり。吾が書を観る者、如《も》し以て西山（朱熹の高弟蔡元定）の戎首、紫陽の罪人と為さば、則ち五百年来、我に先だって之に当る者有りき。吾それ滅ぶる末《な》かるべき夫《かな》。康熙丙戌上巳　七十四叟、東樵胡渭　顒渓《ぎょうけい》の客舎に書す。

胡渭が晩年の精力を傾注して書き上げた力作であることが判明した。この時、恵棟は僅か九歳であった。しかも当時はすでに漢代象数易は、隠然たる魅力を発揮し、むしろ胡渭の『易図明辨』は、程伝朱義をマイナスにする反射的効果を齎したに違いない。何故ならば、胡渭は特に漢代易学象数論を真っ向から否定しているわけではないからである。したがって、紫陽（朱熹の別号）の罪人と言うならば、反朱子学の学者は多かったと断じ、むしろ自負の念を吐露したのである。程頤と邵雍の関係にも言及し、興味ある内容である。とにかく、黄宗羲の『易学象数論』が、漢易の記述を中心とし、易図に関しては、後半で言及している構成を逆転させ、易図を前面に出しているのが、本書の特色である。

三、『易図明辨』の主たる内容

『易図明辨』の構成は、「第一　河図洛書、第二　五行・九宮、第三　周易参同契、先天太極、第四　竜図・易数鈎隠図、第五　啓蒙図書、第六　先天古易上、第七　先天古易下、第八　後天の学、第九　卦変、第十　象数の流弊」である。一覧してわかるように、書名のごとく、易図を中心に批判し、漢代象数易に及ぶものである。顧炎武の『日知録』、毛奇齢の『仲氏易』・『河図洛書原舛編』、黄宗羲の『易学象数論』の所説が引用されている。

次に主要な問題点につき、胡渭の謂う所の易図に関する見解を紹介したい。

1　河図《かと》について

彼は繫辞伝に「古者《いにしえ》、包羲氏の天下に王たるや、仰いでは、則ち象を天に観、俯しては、則ち法を地に観、鳥獣の文と地の宜しきとを観、近くは諸《これ》を身に取り、遠くは諸を物に取る。是において始めて八卦を作りて、以て神明の徳を通じて、以て万物の情を類す」とある一文を引用し、朱熹と呉草廬の見解を引用した後に、次のように述べている[6]。

> 渭按ずるに、易の書たる、八卦のみ。卦は各《おのおの》三画を具へ、上画を天と為し、下画を地と為し、中画を人と為す。三才の道なり。義皇、仰ぎ観て天道を得、俯して観て地道を得、中ごろ両間の万物を観て、人道を得たり。三才の道、心に黙成す。故に八卦を立てて以て之を象どる。因りて之を重んじ、遂に六十四と為す。謂ふ所の三才を兼ねて之を両つとするなり。八卦を言へば、則ち六十四卦は、その中に在り。下文に挙ぐる所の離・益・噬嗑《ぜいこう》等は、皆な因りて重ぬるの卦、知るべきなり。夫子、義皇が易を作るの由を言ふは、此れより備はるは莫し。河図・洛書は、乃ち仰ぎて観、俯して察する中の一事なり。後世、専ら図書を以て易を作るの由《よし》と為すは非なり。河図の象は伝はらず。故に周易の古経、及び注疏は、未だ図書をその前に列する者有らず。これ有るは朱子の本義より始まる。易学啓蒙は、蔡季通（元定）に属して藁《こう》を起せば、（宋史儒林伝に見ゆ）則ち又た首《はじ》めは図書に本づく。次に卦画を原《たず》ね、遂に易の作は全く図書に由ると覚る。而して図書を舎《お》きて以て易を見る無し。学者は聞く所に溺れ、象を観て辞を玩ぶに務めずして、唯だ図書に汲々たり。豈に易道の一厄に非ずや。

胡渭は朱熹が大衍の数五十に関して、「蓋し河図の中宮、天五に地十を乗ずるを以てして、之を得たり。用ひて以て筮するに至れば、則ち又た止《た》だ四十有九を用ふ。蓋し皆な理勢の自然に出でて、人の知力の能く損益する

所に非ざるなり」と解説した一文に対し、諸説を挙げて、次のように批判している。(7)

按ずるに、大衍の解は、康節（邵雍）云ふ、五は蓍《めどぎ》の小衍なり。故に五十を大衍と為すと。漢上（朱震）云ふ、小衍は参・両なり。大衍の五十は、則ち小衍その中に在りと。此の説、是に近し。五十は河図の中宮、天五に地十を乗ずるを以てして、之を得たるに非ざるなり。蓋し、古への数を立つる者は、凡そ畸零《きれい》（はしたと零）は用ひず。故に五十五の数に於て、その五を去り、猶ほ三百六十五日四分の一を期とするも、その畸零を去りて、以て三百有六十と為すがごとし。且つ蓍草《しそう》の生ずる、一本にして百茎、之を中分して五十を得。彼此参会すれば、皆な自然に由る。その用に及びてや、則ち又た四十有九に止まる。王弼曰く、一は用ひずして太極に象どるは妄なり。諸家穿鑿付会するは、尤も理無しと。唯だ鄭康成云ふ、五十の数を以て、以て七八九六の卜筮の占を為すべからず。更にその一を減ず。故に四十有九、是を正義と為すと。而して李泰伯・郭子和は之を宗とす。此れ正に謂ふ所の理勢の自然に出でて、人の智力の能く損益する所の者に非ず。又た何ぞ必ずしも河図・太極の五・一を以て蓍法の自りて出づる所と為さんや。

また、胡渭は毛奇齢の『河洛原舛編《げんせんへん》』（『毛西河合集』所収）の長文を引用する。

鄭康成註する所の大衍の数を見るに、曰く、此れ河図に非ざるかと。則ち又た思うて曰く、焉んぞ康成註する所の図有らんや。しかも漢代より今に迄《いた》るまで、一も之を引きて拠と為す者あらず。則ち又た思ふ、大衍の註する所、李氏の易解に見ゆる者は、干宝・崔憬にして、言、人々殊なり。何を以て皆な並びに河図の言無からんや。則ち又た思ふ、康成が註する大伝、河、図を出すの句に於て、既に成註あり。何を以て翻って引きて春秋緯の文を入るるや。（河図九篇・洛書六篇）而るに実に之を指して大衍の数と為さず。是に于《おい》て怳然として曰く、図なる哉、図なる哉、吾今にして図の来たる所を知る。（陳《ちん》）摶《たん》の為る所の図は、大衍の註と為す所なり。然り而して大衍の註の断じて河図に非ざる者は、則ち河図の註の別に在るを以てなり。……魏・晋以後、俗は王学（王弼を謂ふ）を尚びて、鄭学稍《ようや》く廃す。その遺る所の註は、第《た》だ易・書・詩・三礼・春秋の疏義、及び釈文・漢書・文選、諸書に引く所に散見して、成書無きに迄《いた》る。……又た曰く、河竜図発《ひら》けば、その書は九篇なれば、則ち豈に衍数・河図は截然として両分し、数は図たるを得ず、衍は画たるを得ざるに非ずや。

全文を引用できないが、これに対して胡渭は次のように反論する。[8]

原舛に云ふ、数は図と為すを得ず。衍は画と為すを得ず。二句は真に千古の格言なりと。顧ふにその説は猶ほ尽くは然らざる者有り。余以て辨ずる無かるべからず。謹んで按ずるに、大衍は蓍《めどぎ》を揲《ちょう》し、卦を求むるの法なり。大衍の数は、天地の数により出づるも、天地の数に非ず。蓋し、天地の数は、易と範と之を共にす。凡そ天下の数を言ふ者は、未だ之を外にする者有らざるなり。大衍の数は、則ち惟だ易のみ之れ有り。範は得て之れ有らざるなり。康成、大衍と四象とに註するに、皆な漢書五行志に本づく。志は劉向父子の洪範五行志に拠りて、以て災異を推す。その引く所の左氏の災を陳ずる伝説は、蓋し、劉歆が大伝の六七八九十を取りて、以て洪範の一二三四五に続けて、生成妃牡《ひぼ》の数と為す。意は洪範を主とす。初めは易の為にせずして設く。即ちその末に坎・離の二卦を挙げ、亦た以て水は火の牡たるを証し、火は水の妃たるを証すと云爾《しかいう》。終に大衍に於て渉る無きなり。唯だ律歴志に、数を備ふと言へば、則ち易の大衍の数五十を引きて、鐘律を言へば、則ち参天両地を引きて数に倚る。歴法を言へば、則ち大衍の数を引く。四営の象にして、天地の数を以て終る。大抵、五行は洪範を主とすれば、則ち付するに春秋を以てするも、しかも洪範に及ばず。厥《そ》の原流を攷ふるに、区以て別つ。故に劉説は未だ嘗て図有らずと雖も、しかも図はその中に在り。藉《か》りて絵をして以て図と為さ令《し》むるも、亦た但だ天地生成図、或は五行生成図と名づくべし。しかも断断として之を名づけて大衍図と曰ふを得ざるは何ぞや。蓍に五行無く、方位無く、生成無く、配耦無ければなり。今ま試みに筮法に就いて之を按ずるに、四営して易を為してより、以て十八変して卦を成すに至る。格中の陳ずる所、版上の画する所、孰《いず》れか天生じて地成り、地生じて天成ると為すか。孰《いず》れか北に居りて水と為り、南に居りて火と為るか。方なる者、円なる者、単なる者、複なる者は、皆な安《いず》くに在るや。而るに原舛《げんせん》は云ふ、大衍の数は、その形、その象は、原《も》と自ら此《かく》の如しと。吾の解せざる所なり。若し乃ち之を窃して河図と為さば、則ち固《もと》よりその形その象有り。南北を生成して、方・円・単・複、一々爽やかならざること、宋人の説く所の如し。幸ひに彼は鄭注を見ず。苟も之を見れば、則ち援《ひ》きて以て相証せん。更に一重の金湯の固めを増さん。然れども天地の数は、終に河図と為すを得ざる者は、則ち大伝に明文無きを以てなり。而れども五十有五は、但だ以て蓍を生ずべきも、以て卦を画すべからざるなり。毛公は唯だ数は図と為すを得ざるを知るも、しかも大衍の数と天地の数とは、混じて一と為すべからざるを知らざるなり。唯だ衍は画と為すを得ざるを知るも、しかも鄭注は乃ち劉氏の洪範の五行の数は、伏羲の大衍四営の数に非ざるを知らざるなり。長夜、始めて旦にして、明らかなるも尚ほ未だ融けず。此れ余の辨ずる無き能はざる所以なり。之を総ずるに、康成（鄭玄）は九篇を以て河図と為し、久しく已に賊を認めて子と為す。而して復た生成配耦の数に拠りて、以て易に注し、遂に偽りて易に関するの嚆矢と為る。此れ謂ふ所の寇兵に藉《か》りて盗糧を齎《もたら》す者なり。摶に於て何ぞ尤《とが》めんや。毛公は宋を悪《にく》むこと太《はなは》だ過ぐ。故にその立言は往々、宋に刻にして、漢に寛かなり。夫れ豈に平心の論ならんや。

長文の引用となったが、以上は胡渭の五行生成の数は、河図ではなく、並びに大衍ではないと断じたもので、彼の認識と理論的展開過程が明らかとなり、さらに毛奇齢に対する批判の根拠も理解され、むしろ有効な資料を提供するものである。要約は論理の展開の機微を伝えにくく、却って論者の真意を伝え損なう場合も有り得るが、訓読して引用した場合は、むしろ論者の意気込みや、感情表現までも理解されるので、このように対立した見解を明白にする場合には、長文引用の有効性を認めざるを得ない。

2　洛書について

毛奇齢は『仲氏易』の中で、『尚書』洪範篇の、天が禹の父である鯀《こん》の治水事業の失敗を罰して、鯀に洪範九疇を畀《あた》えなかったという記述を踏まえ、この場合、洛書と名づけていないとし、「若し天の錫はる所の者は洛書にして、禹、因りて之を衍して、始めて洪範九疇と名づくと云はば、則ち書も又た「天、鯀に洪範九疇を畀へず」と云ふ。是れ禹の更定する所の名を以てして、天、反って予《あらかじ》め之を竊《ぬす》むなり。可ならんや」と断じた。いかにも毛奇齢らしい論理を展開した一文に対し、胡渭は次のように批判している。(9)

渭按ずるに、洪範は尚書の篇名なり。書序に云ふ、武王、殷に勝ち、箕子の帰するを以て洪範を作る。是れ洪範は乃ち箕子の命ずる所にして、その天下の大法を為し治むるを以ての故に、之を洪範と謂ふ。その九疇は、則ち大禹の命ずる所にして、亦た猶ほ包羲の八卦のごときなり。羲皇、河図を受けて、始めて八卦を作り、文王、之を演して、その書は易と名づけ、河図と名づけず。大禹は洛書を第して九疇と為し、箕子はこれを演し、その書は洪範と名づけ、洛書と名づけず。その義は一なり。蓋し、河図・洛書は、乃ち易・洪範の由りて作る所にして、即ち易・洪範には非ざるなり。彖爻に河図の文無きを以てして、八卦は河図に感じて作るに非ざるを疑ひ、洪範に洛書の文無きを以てして、九疇は洛書に法《のっと》って陳べたるに非ざるを疑ふ。然らば則ち夫子の謂ふ所の聖人は之に則《のっと》るとは、果して何の則る所にして、何の作る所ぞや。天、鯀に洪範九疇を畀《あた》へずして、禹に洪範九疇を錫ふに至っては、此れ箕子が序を追ふの辞なり。謂ふに鯀、治水の道を失ひ、天、之に錫ふに洛書を以てせず、禹は治水の道を得て、天、乃ち之に錫ふに洛書を以てするのみ。而れども顧《かえ》って辞を以て害し、禹の更定する所の名なるに、しかも天、反って予め之を竊むなりと謂ふ。戯るを已《や》めざるか。之を総ずるに、河図・洛書は特《た》だ当時の易・範の由りて作る所を推原す。今ま易を明らかにせんと欲すれば、八卦具《つぶ》さに在り。焉《いずく》んぞ河図を用ひんや。範を明らかにせんと欲すれば、九章具さに在り。

焉んぞ洛書を用ひんや。宋人は図書を崇尚し、自ら以て罅漏《かろう》を補苴《ほしょ》し、幽渺を張皇すと為す。若し此れに非ずんば、則ち以て易・範を明らかにする無きとは、遂に千古の笑柄《しょうへい》（お笑いぐさ）と成る。然れども河図・洛書の三語は、実に夫子より出づ。又た欧公（欧陽脩）の輩の如く、之を斥《しりぞ》くるに妖妄を以てすべからず。故にその源流を一覈《いっかく》せざるを得ず。侏儒は、天は修人よりも高きかと問ふ。修人曰く、知らずと。侏儒曰く、子は知らずと雖も、猶ほ我に近しと。孔安国・劉歆は修人なり。陳摶・劉牧は侏儒なり。天高きこと幾許《いくばく》ぞ。修人の能く知る所なり。然れども必ず修人知らずして、侏儒反って之を知る理無し。況んや修人の言ふ所、略ぼ端倪《たんげい》する有るも、侏儒の言ふ所、夢囈《むげい》（ねごと、うわごと）に非ざる無きをや。又た安んぞ侏儒を舍《お》きて、修人に従はざるを得んや。

胡渭は毛奇齢の『仲氏易』に引用された洛書に関する記述を批判し、戯言《ざれごと》も好い加減にせよと言わんばかりに痛罵した。そして、宋代の邵雍らが図書を重んずる見解を、千古のお笑い草と冷笑した。しかし、『易童子問』を著した欧陽脩に対しては、「鳳鳥至らず、河、図を出ださず、吾れ已んぬるかな」（『論語』子罕篇）と歎じた孔子の言葉を根拠に、これらを妖妄と断じた不当性を批判した。ここに胡渭の真骨頂が見られる。

３　洪範五行・九宮の数・易乾鑿度太一九宮

胡渭は『尚書』洪範に記載された五行、水・火・木・金・土の順序は、微著軽重を以て次序としたもので、易には五行は無く、これは天地・大衍の数とは、絶えて交渉は無いと断じている。また、『礼記』月令の記述を引用し、

次のように論じている。(10)

按ずるに月令は呂不韋の作なり。而して東は木の数八、南は火の数七、中は土の数五、西は金の数九、北は水の数六なれば、則ち戦国の時に似たり。已に天地の数を以て洪範に付会する有りて、五行生成の説と為す者なり。劉歆・班固を待たざるなり。その木・火・金・水に於て、皆な成数を以て之を言ふ。蓋し、五を挙げて以てその余を例し、以て六・七・八・九の、尚ほ一・二・三・四有るを見はすなり。且つ一に五を乗すれば、即ち六と為り、二に五を乗すれば、即ち七と為り、三に五を乗すれば、即ち八と為り、四に五を乗すれば、即ち九と為る。五は六・七・八・九の由りて成る所なり。六、五を除せば、即ち一と為り、七、五を除せば、即ち二と為り、八、五を除せば、即ち三と為り、九、五を除せば、即ち四と為る。六・七・八・九は、又た一・二・三・四の蔵する所なり。五に五を乗すれば、即ち十と為り、十、五を除せば、即ち五と為る。その数は互ひに相備はる。十と言はずと雖も、而も十、その中に在り。鄭康成は木・火・金・水を以て四象と為す。実は此れに本づく。唐仲友の経世図譜に云ふ、月令は、河図の数なり。故に土は十を蔵すと。此れ劉牧の竜図に拠りて言を為すのみ。然れども竜図は九宮の数なり。南は九、西は七なれども、月令は七を以て南に居り、九を以て西に居れば、則ち固より九宮と位を易ふ。是《ここ》を以て不韋の言ふ所は、乃ち五行生成の数にして、明堂の九室、縦横十五の数に非ざるなり。(中央は五と言ひて、十と言はず。元(玄)図と同じ。)

こうして、胡渭は次に後漢の揚雄の『太元(玄)経』の元(玄)図を取り上げて解説し、劉牧はこれを洛書と言い、関子明はこれを竜馬が授けた伏羲の数とし、蔡元定はこれを河図としたが、その粉本は皆な『太玄経』を用い、地の十を加えている。けれども、たとえ玄は易に擬しているけれども、実は老子の学問で、本と玄図と名づけ、河図ではない。どうして大伝（繋辞伝）に付会して、これを聖人の則る所とすることができようか。揚子の玄図が、奇数を白とし、偶数を黒とする白・黒の点（圏点）は、揚子雲の意中に有るものではない。今ま宗を共にし、道を同じくする形を示して、姑《しばら》く竜図の法を借りて、象を立てるだけであると述べ、その図を示している。

次に胡渭は『大戴礼記』明堂篇に記述された「明堂は古へ之れ有り。凡て九室、二・九・四、七・五・三、六・一・八」を踏まえ、次のように論じている。(11)

按ずるに後世、九宮を以て河図と為すは、実に端は明堂月令の説に造《な》る。今ま小戴（礼記）に天子、明堂の九室に居ると言ふを考ふるに、四時十二月の序に依る。而して大戴は、則ち九室を分けて三条と為して之を言ふ。南を明堂と曰ふ。その名を古者《いにしえ》、西を以て上と為すに本づく。故に西南より起る。或ひと曰く、封禅書に、公、玉帯して黄帝の時の明堂図を上《たてまつ》る。楼有り西南より入り、命じて昆侖と曰ふ。天子は之れより入りて、以て上帝を拝祠す。故に九室は西南より起るなり。二・九・四は、二は総章左个と明堂右个となり。九は明堂太室為り。四は明堂左个と青陽右个となり。七・五・三は、七は総章太廟、五は太廟太室、三は青陽太廟なり。六・一・八は、六は総章右个と元堂左个、一は元堂太廟、八は元堂右个と青陽左个なり。二・九・四は共に十五たり。七・五・三は共に十五たり。六・一・八は共に十五たり。縦横十五は、自然に妙合す。後世、九宮の数は実に此に権輿（物事の始まり）す。その某室を以て某数に当つるは、蓋し、九九算術の設くる所の乗除の位に取りて、以て明堂九室の数を定むるなり。漢藝文志に、礼十三家に明堂陰陽三十三篇、又た明堂陰陽五篇有り。此れ必ず戴記の自《よ》りて出づる所なり。故に宣帝の時、魏相表は易の陰陽及び明堂・月令を采りて之を奏して言ふ、五帝の司る所は、各《おのおの》時有り。東方の卦は、以て西方を治むべからず。南方の卦は、以て北方を治むべからざれば、則ち八卦の方位を以て明堂の九室に配するは、知るべし。坎の一為るは、以て離の九為るに至るは、則ち又た明堂九室の数に挑りて之を定むるなり。古への制度は、大にして州を分ち、小にして田を井にし、九を以て則とせざる莫し。明堂も亦た然り。その制は皆な黄帝より起る。伏羲画卦の後に在りて、八卦の方位は已に定まる。その中を并せて之を数ふれば、則ち九と為る。九州・井田・明堂は、皆な黄帝の八卦に法る所以なり。九室は蓋し、即ち明堂の九室なり。故に隋志に九宮経有りて、黄帝に依託す。然れども、歆が固むる以前より、未だ直ちに指して河図と為す者有らず。……

次に胡渭は、宋の王応麟の『玉海』に引用された、『易乾鑿度』の記述を紹介し、これに関し蘇軾が「世の数に通ずる者、論じて参伍錯綜し、則ち九宮を以て之を言ふも、九宮は経に見えず、乾鑿度に見ゆ。曰く、太乙(天帝)、九宮に行く。九宮の数は九・一・三・七を以て四方と為し、二・四・六・八を以て四隅と為す。而して五を中宮と為し、四隅を経緯して、交絡相値ひ、十五を得ざるは無き者は、陰陽老少、皆な十五より分取す。老陽は九を取り、余りは六、以て老陰と為す。少陽は七を取り、余りは八、以て少陰と為す。此れ一行《いちぎょう》の学と同じからず。然れども吾は以て相表裏する者と為す。二者は経に見えずと雖も、而もその説は皆な廃すべからず」と断じた一文のほか、さらに程大昌の『易原』に引用された『易乾鑿度』の記述である「正に陳摶の伝ふる所と符すれば、則ちその来たる已に古ければ、篤く信ずべきのみ」と断じた一文も引用し、次のように論じた[12]。

緯書は、多く哀・平の世に出づと雖も、而れども後漢律歴志に、順帝の時、辺韶上言し、太初、元を改めて朔に易へ、乾鑿度の八十分の四十三を以て日法と為せば、則ち武帝の時、已に乾鑿度有るに似たりと。是れ殆ど然らず。蓋し、作者は太初歴法を以てその中に竄入し、暗に之と合す。武帝果たして此の書を用ひて日法と為すに非ざるなり。図緯は唐時に至り、已に残缺多し。宋世に別に乾鑿度二巻有り。題して云ふ、蒼頡修すと。乃ち贋書にして、玉海に載する所は、是れ残欠本の文なるや否やを知らず。晋の張湛が列子に注するに拠れば、太易の一章に云ふ、全く是れ乾鑿度にして、孔穎達の易正義に、乾鑿度を引きて、太易・太初・太始・太素有り。正に張湛の言ふ所と合すれば、その本文たる疑ひ無し。河図の形象、久しく已に伝ふる無し。田何の輩より、一辞を賛する能はず。況んや乾鑿度を撰する者をや。程泰之は、作者は親しく河図を見ると謂ふも、蓋し、その愚とする所と為ればなり。

つまり、胡渭は上述の蘇東坡の『易乾鑿度』の所説を肯定する見解、及び程大昌の緯書に関する所説に対しても、まさに緯書の記述に愚弄されたものと痛罵したのである。胡渭は飽くまでも経書以外の記述は排除したのである。

4　周易参同契

『周易参同契』は、後漢の魏伯陽が著したと言われるが、疑問視する説もあり、彼自身の生卒年も不詳である。しかし、多くの書に引用されているので、胡渭も特に重視して、多くの図を掲げ、諸文献や、郝敬・毛奇齢らの見解を詳細に紹介している。[13] ところが、これらに関する自説は明確にしていない。

○『旧唐書』経籍志、丙部五行類には、「『周易参同契』二巻、魏伯陽撰。周易五相類一巻、魏伯陽撰」とあり、『唐書』藝文志、五行類には、「魏伯陽『周易参同契』二巻、又五相類一巻」とある。ところで、『周易参同契』に関する諸説を要約すると、彼は会稽上虞の人、志を虚無に養ひ、文詞に博く贍《た》り、諸《もろもろ》の緯候に通じ、古文竜虎経を得、尽く妙旨を獲たり。（真一子彭暁参同契解義序）○神仙伝に曰ふ、魏伯陽、参同契を作り、周易を解釈するに似たりと。その実は、爻象に仮借して、以て作丹の意を論ず。しかるに儒者は神仙の事を知らず。多く陰陽と作《な》して之に注し、その奥旨を失す。（雲笈七籤）○陸徳明、易の字を解して云ふ、虞翻、参同契を作る。言ふ、字は日に従ひ、下は月と。今ま此の書に日月を易と為すの文有り。その古書たる明らかなり。（晁公武『読書志』）○参同契分章通真義三巻、明鏡図訣一巻は、真一子彭暁秀川撰。蜀の永康の人なり。参同契は易に因り以て養生を言ふ。後世、修錬を言ふ者は之を祖とす。参同契を以て十九章に分けて、之が注を為り、且つ図八環を為り、之を明鏡図と謂ふ。（陳振孫『書録解題』）
○参同契は丹経の祖と為す。然れども隋・唐経籍志は皆な載せず。惟だ神仙伝に云ふ、魏伯陽は上虞の人、詩律を通貫し、文詞贍博、真を修め、志を養ひ、周易を約して参同契を作る。徐氏景休の箋註に、桓帝の時、以て同郡の淳于叔通に授け、因りて世に行はる。五代の時、蜀の永康の道士彭暁、分かちて九十章と為し、以て火候の九転に応ず。余鼎歌の一篇は、以て真鉛の得一に応ず。その説は穿鑿にして、且つ魏公の本意に非ず。その書は散乱横決し、後の読者は、孰《いず》れを経と為し、孰れを註と為すかを知らず。亦た孰れを魏と為し、孰れを徐と淳于と為し、彭より始まるかを知らず。朱子は考異及び解を作り、亦た彭本に拠る。元の兪玉吾の註する所も、又朱本に拠る。（升庵楊氏慎の『古文参同契』の序）

○易は只だ是れ陰陽のみ。荘生曰く、易は以て陰陽を道《い》ふと。亦た見無しと為さず。等しくして之を下せば、医・技・養生家の説の如し。皆な陰陽の二者を離れず。魏伯陽の参同契は恐らく希夷（陳摶）の学に些かその源流有り。又た曰く、先天図は希夷より伝はる。又た自ら伝ふる所あり。蓋し、方士の技術は、用ひて以て修錬す。参同契の言ふ所は是なり。参は雑なり。同は通なり。契は合ふなり。周易の理と通じて、義合するを謂ふなり。その書は君臣に仮借して、以て内外を彰らかにす。その離☲・坎☵を叙して、直ちに汞《こう》鉛《えん》（水銀と鉛）を指す。列するに乾坤を以てし、量を鼎器に奠《さだ》む。之を父母に明らかにして、保つに始終を以てす。合するに夫妻を以てし、その交媾に拘らしむ。諸《これ》を男女に譬《たと》へ、顕らかにするに化生を以てす。材は陰陽を以てし、之を反復に導き、之に晦朔を示す。通ずるに降騰を以てし、配するに卦爻を以てす。変化を形し、之が斗柄に随ふ。取るに周星を以てし、分かつに晨昏を以てし、諸《これ》を刻漏に昭らかにし、易象に託して之を論ぜざる莫し。故に周易参同契と名づくと云ふ。（『朱子語類』）

○参同契は、漢世の魏伯陽の造る所にして、その説は神仙伝に出づるも、憑《よ》るに足らず。之が注釈を為す者は、五代末の彭暁なれば、則ち此の書は、必ず五代の前に出づるなり。此れ方士が錬丹の書なり。然れども、必ず周易を冒して称を為す者は、丹を錬るに、子午の時を取って火候と為す。是れ坎・離は、乾・坤・坎・離の四正卦を橐籥《たくやく》（鍛冶屋《かじや》が用いる鞴《ふいご》。『老子』に「天地の間はそれ猶ほ橐籥の如きか」とあるのを踏まえる）の外に用ひるに因りて、その次に屯・蒙の六十卦を言ひて、以て一日功を用ひるの早晩を見はす。又た次に納甲の六卦を言ひて、一日、功を用ひるの進退を見はす。又た次に十二辟卦を言ひて、以て納甲の六卦を分かちて、之を両つにす。要は皆な周易に付会して、以て張大して之を粉飾す。その実は煉丹にして、易に藉《か》る無し。易は本と煉丹に預かる無し。而るに今の世、火候を言ふ者は、三百八十四爻を以て一周天と為すに因りて、一爻は一日に直《あた》るを以てして、爻は多く、日は少なく、終に相合はず。その妄は知るべし。近世、蔡季通は学博きも、雑なるを免れず。嘗て意を此の書に留む。晦庵は之と遊び、因りて校正を為し、その書頗る行はる。然れども、その義を求むれば、則ち終に之れ無し。（黄氏震の『日抄』）

○周易参同契は魏伯陽より作る。大旨は老氏を宗とし、道徳経は老子の易なり。門戸轂軸、橐籥牝牡《たくやくひんぼ》、稽数探頤《たんい》（賾《さく》）、一にして足らず。有無玄妙、悉くその中に在り。故に此の書は老氏を宗とするを知る。則ち参同契と云爾《しかいう》。（京山郝氏敬『学易枝言』）○参同契の諸図は朱子が註して後よりは、則ち学者多く之を刪る。徐氏の註本は已に亡く、他本は厖雑にして拠するに足らず。惟だ彭本に水火匡廓図、三五至精図、斗建子午図、将指天罡図、昏見図、晨見図、九宮八卦図、八卦納甲図、含元播精三五帰一図有り。然れども、或は斗建・将指図を并す。故に九或は七なり。今ま蔵書家と道家とは、多く之を有す。その書は丹竈家《たんそうか》の坎☵より抽《ひ》きて離☲を塡むる術に本づく。故に隋・唐志は、その書を以て道家類に入る。相伝ふ、漢の桓帝の時、淳于叔通がその学を受け、始めて以て世に行はると。故に張平叔の悟真詩に、「叔通は学を魏伯陽に受け　留めて為る　万古の丹経王」と云ふなり。（京山郝氏敬『学易枝言』）

以上で『周易参同契』に関する諸資料が提示されたが、これらに関しては、胡渭は何ら言及しないが、すでに述べたごとく、彼は緯書の記述を全く信用しないのである。しかし『周易参同契』の重要性に着目して、鈴木由次郎氏は、その成立と諸本の考察、煉丹術と象数易、本書と太極図の関係等につき詳述され、その中に『易図明辨』も引用している。[14] さらに本書の全訳を試みられ、没後に『周易参同契』が出版された。[15]

胡渭は朱子が袁機仲に答えた書、「参同契に言ふ所の納甲の法は、則ち今ま伝ふる所の京房の占法にして、火珠林に見ゆる者は、是れその遺説なり。此れ易を明らかにする為に設くるに非ずと雖も、然れども易の中に有らざる所無し。その言は自ら一説を成す。推して通ずべければ、則ち亦た易に害無し。恐らくは、必ずしも軽肆詆排せざるなり」を引用する。さらに朱漢上の『周易河図説』と繋辞伝の「象を懸けて著明なるは、日月より大なるは莫し」を引用し、特に月体納甲につき、易象の要枢と評価して、次のように述べているのは看過できない。[16]

按ずるに納甲は、京房の積算に始まり、甲を以て十干の首《はじ》めと為し、一干を挙げて以てその余に該《あ》つ。故に之を納甲と謂ふ。魏伯陽は月象を以て之に付会して、以て丹家の進退を行持するの候に寓す。蓋し月の明魄・多少を以て、象を卦画に取りて、見る所の方を以て、納むる所の甲と為す。震☳の一陽始めて生ずれば、月に於て明◐を生ずと為す。三日の夕べ、庚に出づ。故に震は庚を納ると曰ふ。一陽の気、西方の庚に納ると謂ふなり。兌☱の二陽は上弦◐と為る。八日の夕べ、丁に見はる。故に兌は丁に納ると曰ふ。二陽の気、南方の丁に納るを謂ふなり。乾は純陽にして、望○と為る。十五の夕べ、甲に盈つ。故に乾は甲に納るを謂ふ。三陽の気、東方の甲に納るを謂ふなり。此れ望の前の三候は、陽息し陰消するの月象なり。（月は六候に分かち、五日毎に一候と為す）巽☴の一陰始めて生ずれば、月に於て魄◑を生ずと為す。十六の旦、明始めて辛に退く。故に巽、辛に納ると曰ふ。一陰の気、四方の辛に納るを謂ふなり。二陰を退けて下弦◑と為り、二十三の旦、明半《なか》ば丙に消《しょう》す。故に艮☶、丙に納ると曰ふ。二陰の気、南方の丙に納るを謂ふなり。坤は純陰にして、晦●と為る。三十の旦、明尽く乙に滅す。故に坤、乙を納ると曰ふ。三陰の気、東方の乙に納るを謂ふなり。此れ望後の三候は、陽消し、陰息するの月象なり。離☲は日と為す。日は東に生ず。故に離は東に位す。坎は月と為す。月、西に生ず。故に坎は西に位す。望の夕べに至れば、則ち日は西し、月は東す。坎・離、位を易へ、その離中の一陰は、即ち是れ月魄なり。坎中の一陽は、即ち是れ日光なり。東西正《まさ》に対し、交中《こもごもうち》に注ぐ。此れ二用の気の戊・己に納る所以なり。故に坎・戊は月の精、離・己は日の光と曰ふ。日月を易と為し、剛柔相当る。蟾蜍《せんじょ》（月の異名。月にひきがえるが住むという伝説による）と兎魄とは、月日の気、双《ふた》つながら明らかなり。乾は甲を納れて、又た壬を納る。坤は乙を納れ、又た癸を納るるは何ぞや。謂ふに乾の中画は、即ち太陰の精にして、望夕の夜半、月、乾に当り、その気を壬方の地中、月に対するの日に納る。坤の中画は、即ち太陽の精にして、晦朔の間、日は坤に在り、その気を癸方の地中、日に合するの月に納るなり。（以下省略に従う）

5　卦変と象数に対する批判

漢代象数易の体系には、消息・卦気・世応・納甲・爻辰・月体納甲・八卦方位・卦変・升降・旁通（鈴木説）などがあるが、卦変が二卦の関係に基づくものであるのに対し、卦気・世応・納甲などは、これとは異なり、十辟卦・十二辟卦の展開過程に基づく卦変を表す。また、卦変に関しては、学者の認識の違いにより、例えば明の来知徳のごとく、これを二卦の関係と見ず、あくまでも一卦であるとして、これを綜卦と命名し、卦変に該当しないとする。しかし、小澤文四郎氏のごとく、綜卦として卦変を説くと判断する学者もある。[17] もっとも清代初期の毛奇齢は、綜卦に対し、これを漢易に反するとして批判する。その他、卦変に対しては、彖伝の上卦下卦、二体の往来の記述に反するとして、これを批判する学者も多い。漢易の研究家である鈴木由次郎氏も、この考えを支持される。[18]

一方、小澤氏はこれらを卦の義例と判断して、象数易を唱えた学者の易説の中で解説されるが、鈴木説のごとく、漢代象数易の体系として、卦変の態様と捉えて解説され、微妙に異なるように思われるが、結果的には、ほぼ同説である。

胡渭は卦変に関し、黄宗羲が『易学象数論』の中で論じた内容をほぼ全面的に引用しており、最初に繋辞伝下の一文、「易の書たるや、遠ざくべからず。道たるや屢《しばしば》遷り、変動して居らず。六虚に周流し、上下常无く、剛柔相易り、典要（標準）を為すべからず。唯だ変の適《ゆ》く所のままなり」を引用し、これに関する郭白雲・朱漢上・蘇東坡・鄭東谷（汝諧）の見解を紹介し、次のように論じている。[19]

按ずるに参同契に云ふ、乾坤は易の門戸、衆卦の父母なりと。是れ衆卦は皆な乾坤より生ずるなり。李（之才、邵雍の師）・邵（雍）は先天の学を為して、その卦図は乃ち復・姤・臨・遯・泰・否・壮・観を以て、皆な卦を生ずるの母と為すは、則ち是れ顕らかに伯陽（『参同契』の著者魏伯陽）に背くなり。希夷（陳摶《ちんたん》）の伝は、豈に是の若《かくごと》くならんや。既に参同契の旨を失す。又た彖伝の意に非ず。東谷がこれを譏《そし》るは、以《ゆえ》あるなり。

因みに鄭東谷の批判は、「易は画より始まり、画は乾坤より始まりて、八卦と為り、乾坤の変極まる。八卦よりして、六十四と為り、八卦の変極まる。八卦は皆な乾坤の生ずる所にして、是れ作易の本旨なり。易を伝ふる者は、その説の簡易なるを懼れて、以て自ら艱深の地に託する無し。是において互体・卦変の説有り。又た乾坤は大父母なり、復・姤は小父母なりと云ふなり。夫れ父母は一なり。安んぞ大小の別有るを得んや」の一文である。つまり、胡渭は漢易の卦変を認めず、さらに既述のごとく、黄宗義が『易学象数論』で、卦変を詳述した最初の部分を踏まえて、次のように論じている。(20)

按ずるに、易に聖人の道四有り。変は一に在り。易は窮まれば、則ち変じ、変ずれば、則ち通じ、通ずれば、則ち久し。変は易中の大義なり。孔子の言を観るに曰く、上下常无く、剛柔相変はると。（繫辞伝下）内陽にして外陰、内柔にして外剛なれば、則ち凡そ彖伝の剛柔往来、上下内外は、皆な卦変を主として言ふは、知るべし。然れども諸儒は概ね一爻を以て之を言ふ。故に唯だ三陰三陽の卦は通ずべし。而れども二陰二陽の卦は、則ち通ずべからず。无妄は剛、外より来り、升は柔、時を以て升るの類は是なり。唯だ反対（反卦で、来知徳は綜卦と称す）を以て之を言はば、則ち通ずべからざる无し。蓋し、卦は以て爻を該《か》ぬるべきも、而かも爻は卦を該ぬるべからず。卦変は、則ち爻随って動く、坤は乾を索めて、震・坎・艮を得れば、一剛を以て主となる。乾は坤を索めて、巽・離・兌を得て、一柔を以て主となる。彖伝称する所の剛柔は、或は卦を指し、或は爻を指す。文に随って義を立てて可なり。大抵、三陰三陽は、泰・否は卦を以て言ひ、余りは皆な爻を以て言ふ。二陰二陽は、則ち必ず卦を以て言ふ。然れどもその主とする所の者は、陽卦の一剛、陰卦の一柔のみ。

黄宗羲は彖伝に基づく卦変を認め、特に虞翻の卦変説を高く評価したので、胡渭は虞翻の卦変図を紹介したが、その短所にも言及している。紙幅の関係で省略に従う。ところで胡渭は最後に、象数易の流弊につき、四聖の易、陳希夷・邵康節・蜀隠者・麻衣道者・溟涬《けいせい》生につき詳述し、最後に黄宗羲の『易学象数論』の長文の自序を引用し、次のような結論的按語を添えている。(21)

史を按ずるに、魏の正始中に、何晏・王弼らは、老荘の書を好み、虚無を祖尚し、六経を以て聖人の糟粕と為す。天下の士大夫、慕ひ效《なら》ひて風を成し、江左に迄《およ》びて未だ艾《かりと》らず。故に范甯謂ふ、王・何の罪は、桀・紂よりも深しと。今ま弼の注する所の易を観るに、各《おのおの》象（卦）・爻に依りて解を立て、間《ま》ま老荘に渉る者有るも、亦た千百に一二なり。未だ嘗て文王・周公・孔子の辞を以て貴ぶに足らずと為さざるも、しかも糟粕もて之を視るなり。独り先天の学を為す者は、尽く周・孔の言を廃して、専ら羲皇の心地上より尋ね求めんと欲す。是れその罪、更に王・何よりも浮かぶなり。儒者は之を闢かずして、反ってその狂瀾を助けて、以て三聖人の易は、即ち伏羲の易に非ずと為すは、何ぞや。

亭林（顧炎武）・梨洲（黄宗羲）の論は、大いに易学に造《いた》す有り。故に之を篇末に殿して、以て天下の非を習って悟らざる者に告ぐ。

おわりに

清朝初期に、易学を以て世にその学を問うた者には、黄宗羲・王夫之・毛奇齢・顧炎武がおり、いずれも漢代象数易、王弼の義理易、宋・明の程伝朱義の義理易の展開過程を踏まえ、独自の易学を確立した。胡渭もまた彼らの易学の影響の下で、独自の研究成果である『易図明辨』を著した。彼は漢代象数易を唱えた毛奇齢を批判するとともに、いわゆる河図・洛書と称する易図に関する諸資料と見解を全面的に批判した。これは『易学象数論』を著した黄宗羲が河図・洛書を巡る学説・図説を否定した見解を更に明確にしたものであるが、漢代象数易に関しては、両者は聊か異なる見解を示している。つまり、胡渭は漢代象数易に関しても、黄宗羲よりも徹底した批判を展開した。

一方、呉派の恵棟は、三代にわたる漢易研究の成果を集大成し、『易漢学』等の著述を世に問い、清代象数易の権威として君臨した。彼は以上の先学の著述は、当然知悉したに違いない。つまり、漢代象数易に対する批判を無視して、自信満々、漢代象数易の優位性を確立したといえる。ここに清朝乾隆時代の易学の高潮期を見るに十分である。その後、張恵言が虞翻の易学を集大成し、焦循も漢易を通して、独自の易学理論を展開した。しかも、その間には、実践躬行、経世致用を標榜する顔李学派の程廷祚が、象数易と程伝朱義に捉われず、孔子が作ったといわれる十翼を通して易学を解釈する方法を強調した。また、翁方綱も、当時の皖派・呉派のいずれにも属せず、優秀な頭脳を駆使して、独自の易学を展開し、特に十翼を孔子の作にあらずと批判した、宋代の欧陽脩を徹底的に批判した。これ等の乾隆時代の易学の研究動向は、黄宗羲や胡渭の易学に対する影響を無視するわけにはゆかない。特に胡渭の『易図明辨』はいろいろな意味で、乾隆時代の易学に影響を与えたと言える。

当代の碩学である阮元が、『易図明辨』の序文の中で語った回想と、本書再版の経緯は、いささか興味を引く、当時の学者の間で交わされた会話が見られる。それは阮元が先・後天諸図の説に疑問を抱き、庚子、つまり乾隆四五年（一七八〇）に、毛西河（奇齢）の全集中の『河図洛書原舛編』を得てこれを読み、豁然としてその原委を得たと述べている。ところが、友人の歙県の凌次仲（廷堪）が、阮元にこう言った。「あなたは西河の易を辨ずるを知るも、未だ徳を見ず。清の朏明《ひめい》（胡渭）先生の『易図明辨』は尤も詳備なり」と。元は之を識り、その書を求めたが、得ることができず、継いで京師で四庫館の書目に之を録するを見た。……その書を評価して、「並びに経典を引抛し、原原本本、易学において深く功有りと為す」と断じている。そして丙辰（嘉慶元年、一七九六）、視学として呉興に赴任し、一六年振りに、始めて本書を入手できたと述べ、「道を聞くの甚だ遅きを愧ぢ、この篇の未だ泯《ほろ》びざるを喜び、亟《すみやか》にその家に命じ、板を修めて刷印し、広く流伝を為して、以て学者に貽る」と述べ、入手困難な本書が、阮元によって学者の渇を癒すことになった経緯が明らかとなった。阮元は当時、浙江督学使者内閣学士、兼礼部侍郎であったが、実に天空海闊で、包容力に富み、蛇蝎のごとく学者に嫌われた毛奇齢の優れた学問を理解し、自ら編集した『皇清経解』の中に、多くこれを収載している。また、異端視された常州学派の碩学の著述を多く収載した。とにかく清朝の康煕・乾隆・嘉慶は、まさに経学の黄金時代であったと言えよう。その中で、胡渭の『易図明辨』は、『禹貢錐指』とともに、有意義かつ特異な著述であった。

〈注〉

(1) 李元度『国朝先正事略』冊三　巻三三　七葉　台湾中華書局　民国五九年。
(2) 趙爾巽等『清史稿』第四三冊　列伝二六八　儒林二　一三一七三頁　中華書局。
(3) 前掲書　一三一七三―一七四頁。
(4) 胡渭『易図明辨』巻一〇　三三葉『皇清経解続編』一　台湾藝文印書館。
(5) 毛奇齢『推易始末』三　一四葉『毛西河合集』所収。
(6) 胡渭　前掲書　巻一　一―二葉。
(7) 胡渭　前掲書　巻一　四―五葉。
(8) 胡渭　前掲書　巻一　七―八葉。
(9) 胡渭　前掲書　巻一　二七―八葉。
(10) 胡渭　前掲書　巻二　五―六葉。

(11) 胡渭　前掲書　巻二　九―一〇葉。
(12) 胡渭　前掲書　巻二　一三―四葉。
(13) 胡渭　前掲書　巻三　一―四葉。
(14) 鈴木由次郎『漢易研究』(増補新版)　五九七―六五三頁　明徳出版社　昭和四九年。
(15) 鈴木由次郎『周易参同契』　明徳出版社　昭和五二年。
(16) 胡渭　前掲書　巻三　二四―五葉。
(17) 小澤文四郎『漢代易学の研究』　一九八頁　明徳印刷出版社　昭和四五年。
(18) 鈴木由次郎『易経』上巻　二三九頁　全釈漢文大系　集英社　昭和四九年。
(19) 胡渭　前掲書　巻九　二葉。
(20) 胡渭　前掲書　巻九　三葉。胡渭
(21) 前掲書　巻一〇　三四葉。

第四章　顧炎武の易学思想 ―『日知録』を中心として ―

はじめに

清朝考証学の第一人者顧炎武は、明末清初の学者で、黄宗羲・王夫之と共に当時の三大思想家と称され、多くの名著を残しているが、その代表作は『日知録』であることに異論はあるまい。これは清朝考証学を表象する傑作で、巻頭に十三経《ぎょう》考義を置き、朱子学を信奉する経学者としての自負と面目が躍如としている。『易経』をはじめ、十三経に関する主要な問題点を提示して、逐一、その真偽当否を克明に考証すると共に、政治論をも展開し、『天下郡国利病書』のごとく、類稀な実態調査も敢行した実践者でもあった。そして経学研究に関し、当時は言うに及ばず、今日においても、経学研究の指針となっている。

顧炎武には、『周易』に関する専著はないが、『日知録』の易学に関する考証は、当時、胡渭の『易図明辨』にも引用され、その影響力を知り得る。もっとも、本書は体系的な記述は見られず、『易経』に関する五三項目の問題点を掲げ、これに独自の考証学的見解を披瀝したものである。この中には、易に関する重要な論点も指摘され、研究者にとっては、極めて参考となる。したがって、わが国でも天保八年に、『日知録十三経考義』全七巻が返り点のみを付し、かつ校訂を加えて、刊行されていたのである。江戸漢学にも影響を与えたことは想像に難くない。

本稿では、顧炎武の学問形成と、特に『易経』に関する五三項目の論述のうち、紙数の関係で、特に重要な一〇項目を選び、彼の易学思想の特色を明らかにしたい。

一、顧炎武の学問形成

顧炎武（一六一三、万暦四一―一六八二、康熙二一）は、初めの名は絳、字は寧人、江蘇、崑山の人で、一四歳のとき、明の諸生に補され、生まれながらにして双瞳で、中白く、周辺は黒かった。書を読めば、十行を一挙に読んだ。明朝の末期の多難な時に、経世の学を講求した。明朝の南都が滅亡した時、母を奉じて兵火を常熟に避けた。そして崑山の令、楊永言が義師を起こした時、炎武は親友の帰荘と共に従った。魯王は彼を兵部司務としたが、事は克《た》えず、幸いに脱出した。母は遂に食事を断って亡くなった。母は彼に二姓に事《つか》えるなと戒めたという。唐王は彼を兵部職方郎に任命したが、母の喪に服して、赴かず、遂に家を去って帰らなかった(1)。

その後、明朝の滅亡に伴う戦火の中で、母を亡くし、漢民族国家の再建を志し、各地を転々とした。故郷を遠く離れた土地で、自ら土地を開墾し、牧畜にも励んだ。彼は科挙を諦め、朱子学を信奉し、経学は理学であるとし、陽明学を禅学と断じて批判した。常に経世の学に徹し、心を一代の掌故（古代の法例・儀式・服装）に究め、制度の得失や、生民の利害を考え、前史と旁《あまね》く推して、互いに証し、これを六経の教えに折中した。遊歴して、至る所、騾馬に書を載せて、自ら随い、凡そ西北の阨塞、東南の海阪では、必ず老兵退卒を呼んで、その曲折を尋ねた。平日、聞く所が合わなければ、直ちに書を開いて検勘した。平原大野で意を措く所が無ければ、馬上で諸経の注疏を黙誦し、たまたま遺忘あれば、直ちに書を開いて熟読した。したがって名著『天下郡国利病書』一二〇巻は、『二十一史』・『十三朝実録』・『天下図経』を取り、旁く文編・説部・公移・邸抄の類に及び、凡そ国計民生に関る者あれば、随って之を録し、斟酌損益して、空言、古えに泥《なず》まざれば、務めて之を今日の行うべきに質し、二〇年に垂《なんなん》として始めて完成した。(2)

『清史列伝』は、彼の学問を興味ある観点から、次にように評価している。(3)

国朝、学に根柢有りと称する者は、炎武を以て最と為す。又た広く賢豪長者と交はり、虚懐商榷し、自ら満ち仮《いた》るとせず。「広師篇」を作りて云ふ、学は天人を究め、確乎不抜たる、吾は王錫闡に如かず。書を読みて己の為にし、頤を洞微に探る、吾は楊瑀に如かず。独り三礼に精しく、卓然たる経師、吾は張爾岐に如かず。物外に蕭然として、天機を自得する、吾は傅山に如かず。堅苦力学、師無くして成る、吾は李容に如かず。険阻備に嘗《つぶさ》め《な》、時と屈伸す、吾は路沢農に如かず。博聞強記、群書の府、吾は呉任臣に如かず。文章、爾《しか》く雅《が》に、宅心、和厚なる、吾は朱彝尊に如かず。学を好んで倦まず、朋友に篤き、吾は王弘撰に如かず。心を六書に精にし、信じて古へを好む、吾は張弨に如かずと。……康熙十八年、詔して博学鴻儒科に挙げらる。次年に明史を修む。大臣争ひて之を薦むるも、並びに力辞して赴かず。

これは謙遜家である顧炎武の人柄を知り得る。著書は前述のほか、音韻学や金石学に関するものに、『音学五書』・『求古録』・『金石文字記』・『石経考』などがある。

二、『日知録』に見える易学思想

顧炎武には、易学に関する専著はないが、易学に関する重要な問題点を提示して、程伝朱義の義理易の観点から自説を展開する。本論考では、提示された五三項目のうち、紙幅の関係で、重要と思われる、①重卦は文王に始まらず ②卦変 ③互体 ④六爻は位を言ふ ⑤己日 ⑥形而下は之を器と謂ふ ⑦易は逆数なり ⑧説卦・雑卦の互文 ⑨序卦・雑卦 ⑩孔子、易を論ず ⑪七八九六 ⑫卜筮、に絞ることにした。

1　重卦は文王に始まらず

この提言は、従来の定説に対し、『春秋左氏伝』の記述を証拠に反論したものである。顧炎武は次のように論じている。(4)

大卜は三易の法を掌り、その経の卦は皆な八、その別は皆な六十有四、之を攷ふるに、左伝の襄公九年に、穆姜、東宮に遷り、之を筮するに、艮、随に之《ゆ》くに遇ふ。姜曰く、是れ周易に於て曰く、随は元いに亨る、貞しきに利し。咎无しと。独り是れ周易に於て言はば、則ち夏・商は皆な此の卦有るを知る。而して八卦を重ねて、六十四卦と為すは、文王に始まらずと。

顧炎武は、重卦は文王以前であるとするが、朱子の『周易本義』(5)の中では、「周易は伏義が卦を画し、文王が彖辞（卦辞）を作り、周公が爻辞を作り、孔子が十翼を作った」とし、伝つまり十翼は、「孔子の経を釈する所以の辞なり」と断じている。要するに、欧陽脩が『易童子問』の中で展開した否定説は、歯牙にも掛けていないのである。

2　卦変について

卦変は漢代象数易の一つで、学者により認識を異にし、実に難解である。これも卦変の概念規定をいかに解するかにより、認識を異にするからである。さらに漢代象数易を否定して、義理易を標榜する朱子や、邦儒伊藤東涯が、いわゆる反卦に対し、これを卦変としたが、一方、反卦を綜卦と名づけた明の来知徳は、本来、反卦は二つの卦ではなく、一つの卦が反対となっているに過ぎないと断じ、これを二卦の関係に基づく卦変に適用するのは失当であるとした(6)。また、顧炎武は漢代の虞翻が主張した「復・姤・臨・遯より生まれた」とする見解に反対し、周公が作った損卦の象辞の九三こそ、まさに卦変の根拠を明言したものと断じ、程頤の見解を支持して、次のように述べている(7)。

卦変の説は、孔子に始まらず。周公、損の六三に繫け、已に之を言ふ。曰く、三人行けば、則ち一人を損す。一人行けば、則ちその友を得と。是れ六子の変は、皆な乾坤に出づ。謂ふ所の復・姤・臨・遯より来たる者無し。当に程伝に従ふべし。(原注) 蘇軾・王炎も、皆なこの説に同じ。

卦変に関する見解は、これにより一層複雑化したと言わざるを得ない。鈴木由次郎氏は卦変につき、「すでに彖伝・繋辞辞にその濫觴がある。剛柔往来、上下周流をいうものこれである」とされ、京房は爻変を以て易を説き、荀爽に至り卦変の説が起り、消息・変通・往来・昇降・上下を主とした。そして、虞翻によりさらに発展し、復・臨・泰・大壮・夬・姤・遯・否・観・剥の十辟卦を主として、卦変を説いたとされる。(7)

顧炎武は「孔子に始まらず」と断じ、周公が作った損卦䷨の爻辞の九三にその根拠を見出したのである。これは下卦の沢☱を損《へ》らして、上卦の山☶を益《ま》した象を捉えて、これが卦変であるとし、兌(少女)・離(中女)・震(長男)・巽(長女)・坎(中男)・艮(少男)の六子も、皆な乾☰坤☷から生れたもので、卦変は上卦と下卦との変化に基づき、三人が二人となり、一人が友を得て二人となり、いみじくも繋辞伝下に、「男女精を構《あわ》せて万物化成す」と述べ、損卦九三の象辞が引用されている。顧炎武はこれらの記述に触発されたものと思われる。しかし、程頤は損の卦の九三に関しては、この変化を捉えて解説しているが、これが卦変であるとは明言せず、漢易の卦変にも言及していない。つまり、程頤は義理易ゆえに、漢易の卦変を無視したのである。これに対し、朱熹はいわゆる反卦に対し、これを卦変としたのである。つまり、朱子学者顧炎武は、程頤の見解を忖度し、如上の見解を披瀝したのである。しかし、弟子の黄汝成は疑問を抱き、次の江氏説を引用せざるを得なかった。

象伝に剛柔往来上下を言ふ者あり。虞翻これを卦変と謂ふ。本義は某卦よりして来たる者、その法は相連なるの両爻、上下相易はるを以て之を取ると。未だ安からざるに似たり。文王の易を考ふるに、反対を以て次序と為せば、則ち謂ふ所の往来上下する者は、即ち切近相反するの卦を取って、別に諸《これ》を他の卦に取るに非ず。泰否二卦の彖辞より明らかなるは莫し。否は反して泰と為り、三陰は往きて外に居り、三陽は来たって内に居る。故に小往き大来たると曰ふ。泰反して否と為り、三陽往きて外に居り、三陰来たって内に居る。故に大往き小来たると曰ふ。象伝に謂ふ所の剛来り柔来たる者は、此れに本づくと。

江氏の卦変に関する見解は、まさに通説と称すべきもので、顧炎武の見解は少数説である。しかも、上述の如く、来知徳は反卦につき、これは二つの卦ではなく、相反する一つの卦に過ぎないと判断し、これを卦変と称さず、綜卦と名づけたのである。これに対し、毛奇齢が来知徳を痛烈に批判し、彼は漢代象数易を標榜しながら、その実体は十分の一に過ぎないと酷評したのも、認識の違いに基づくものである。(8) とにかく、卦変の概念規定が明確を欠くため、諸説紛々、理解を一層困難にするゆえんである。

3　互体について

互体は後漢の鄭玄がよく引用し、漢易の特色の一つであるが、義理易の程頤は互体を認めず、朱熹は『周易本義』で互体の説を取らず、ただ大壮の卦䷡の六五に、「羊を易《さかい》に喪《うしな》ふ。悔い无し」とあるのに対し、「卦体は兌☱に似て、羊の象有り」と論じた点に疑問を抱いた顧炎武は、これを批判し、互体と称したほうがよい」とし、

次のように論じた。(9)

凡そ卦爻は二より四に至り、三より五に至る両体は、交互に各一卦を成す。先儒は之を互体と謂ふ。その説は已に左氏に見ゆ。荘公二十二年、陳侯筮して観䷓の否䷋に之《ゆ》くに遇ふ。曰く、風、天と為る。土上に於て山あるなりと。注に二より四に至るまで、艮☶の象有り。（原注―四爻変ずるが故なり）艮を山と為すは是なり。然れども、夫子は未だ嘗て之に及ばず。後人、物を雑《まじ》へて徳を撰《えら》ぶの語を以て之に当つるは非なり。その論ずる所の二と四と、三と五とは、功を同じうして、位を異にす。特に両爻相較ぶるに就きて之を言ふ。初めより何ぞ嘗て互体の説有らんや。

晋書に、荀顗嘗て鍾会を難ず。易に互体無く、世に称せらるるも、その文は伝はらず。新安の王炎晦叔、嘗て張南軒に問うて曰く、伊川は学者をして、先づ王輔嗣・胡翼之・王介甫、三家の易を看せ令《し》むるは何ぞやと。南軒曰く、三家は互体を論ぜざるが故のみと。朱子の本義は、互体の説を取らず。惟だ大壮の六五に云ふ、卦体は兌に似て、羊の象に似たりと。互体を言はずして、似たりと言ふ。似たる者は両爻を合して一爻と為さば、則ち之に似るなり。（原注―又た謂ふ、頤の初九の霊亀は、是れ伏して離☲の卦を得。）然れども此れ又た先儒の未だ有らざる所を刱《はじ》む。互体と言ふに如かず。大壮は三より五に至って兌☱を成す。兌を羊と為す。故に爻辞は並びに羊を言ふ。

朱子学者で義理易を信奉する顧炎武が、互体に対しては、以上の見解のように、互体を認めたほうが良いとし、程伝朱義を批判しているのは、実事求是を標榜する清朝考証学の碩学顧炎武の優れた一面を垣間見ることができる。

4　六爻は位を言ふ

顧炎武は卦体を構成する六爻が、それぞれ位を占めるとし、次のように論じた。(10)

易伝の中、位を言ふ者に二義有り。貴賤を列する者は、位に存す。五を君の位と為し、二・三・四を臣の位と為す。故に皆な功を同じうして位を異にす。而して初・上は、位無きの爻と為す。之を人に譬ふれば、初は未だ仕へざるの人と為す。上は則ち隠淪の士にして、皆な臣為らざるなり。(原注―明夷の上六を位を失ふの君と為す。乃ちその変例なり。其れ但だ初終の義に取る者は、亦た尽くは拘らず。）故に乾の上に曰く、貴くして位无しと。需の上に曰く、位に当らずと。(原注―王弼、需の上六に注して曰く、位无きの地に処《お》るは、位に当らざる者なり。程子の伝も亦た云ふ、此れ爵位の位にして、陰陽の位に非ずと。）若し一卦の体を以て之を言はば、則ち皆な之を位と謂ふ。故に曰く、六位時に成ると。曰く、易は六位にして章を成すと。是れ則ち卦爻の位にして、象を人の位に取るに非ず。此の意は已に王弼の略例に見ゆ。但だ必ず彼を強ひて、此れに合して、初・上に陰陽の定位無しと謂ふは、則ち通ずべからず。記に曰く、夫れ言は豈に一端のみならんやと。夫れ各《おのおの》当る所有るなりと。

一卦の体を構成する六爻は、これを人の貴賤の位を表す場合は、初・上を除いた五・四・三・二爻がこれに該当するが、初爻は野人とし、上爻は世を逃れて隠れる人とし、その根拠を乾の卦の上九と、需の卦の上六の小象の一文に基づくとする。そして、陰陽の位を表す場合は、これとは異なり、顧炎武は、六位の存在を認めるべきだと主張し、その根拠を乾の卦の彖伝の「六位時に成る」、説卦伝の「易は六位にして章を成す」（陽爻と陰爻が交錯して、燦然としてあや模様を呈している）の一文に求めている。しかし、これに拘泥して初爻と上爻には、陰陽の定位がないとするのは、通用しないと断じ、『礼記』祭義篇に見える、孔子が祭義に関する子貢の疑問に答えた名言、「夫れ言は豈に一端のみならんや。夫れ各《おのおの》当る所有るなり」（言葉は一端に限定すべきではなく、それぞれ該当するものである）を引用して、柔軟な解釈の必要性を強調したのである。

5　己日について

己・已・巳の三字は、中国の版本でも区別せずに用いられ、文章の前後関係で判断せざるを得ないが、困難を伴う場合も有り得る。例えば、革の卦辞「革は己日に、乃ち孚とせられる。元いに亨る。貞しきに利し。悔い亡ぶ。」の己を己《つちのと》とするか、已《おわ》るとすべきか、実に諸説紛々として難解である。これに因り、解釈も大いに異ならざるを得ないからである。顧炎武はこれを問題にして取り上げ、次のように論じている。[11]

「革は己《つちのと》の日にして、乃ち孚とせらる」と。六二は己の日にして、乃ち之を革む。朱子は発《はじ》め読んで、戊《つちのえ》・己の己と為す。天地の化、中《なかば》を過ぐれば、則ち変じ、日、中すれば、則ち昃《かたむ》き、月、盈《み》つれば、則ち食（蝕）す。故に易の貴ぶ所の者は中なり。十干は、則ち戊己を中と為す。己に至れば、則ち中を過ぎて、将に変ぜんとするの時なり。故に之を受くるに庚を以てす。庚は更なり。天下の事は、中を過ぐるに当りて、将に変ぜんとするの時に当り、然る後に革まりて、人、之を信ず。古人、己を以て変改の義と為す者あり。『儀礼』少牢饋食礼に、「日は丁・己を用ふ」の注（鄭玄）に、「内事には柔日（十干のうち、乙・丁・己・辛・癸にあたる日。その他は剛日という）を用ふ。必ず丁・己なる者は、その令名に取る。自ら丁寧にし、自ら変改す。皆な勤敬を為す。」而して『漢書』律暦志も亦た謂ふ、「己を理紀し、庚に斂更す」とは是なり。（原注―納甲の法は、革䷰の下卦の離☲は己を納る。）王弼謂ふ、「即日は孚ならず。已《おわ》る日は、乃ち孚なり」と。己を以て「事を已《や》めて遄《すみや》かに往く」（損の卦の初九の爻辞）の已むと為す。恐らくは未だ然らず。

顧炎武は朱熹が、最初は己を己《つちのと》と訓んだと解説しているが、その出典根拠は明らかではないが、恐らく朱熹が義理易を標榜する一方、占筮を肯定したので、顧炎武は必然的にかかる見解に到達せざるを得ないと推断したからであろう。しかし、朱熹は『周易本義』の中で、程頤と同様、これを「已《や》む日」（終える日）と訓んでおり、『朱子語類』を見ても、特にこれに言及していない。こうして顧炎武は文末で王弼が損の卦の初九の爻辞を根拠に、己を「已む」とする説を否定し、『儀礼』少牢饋食礼と『漢書』律暦志の記述を根拠に、これを己と訓む説に左袒しているのである。因みに、明代の来知徳・何楷や、清代の勅撰の『周易述義』、清末の兪樾もこれに同調する。つまり、義理易を主張した王弼・程頤・朱熹らの説と、これを批判した漢代象数易を主張する学者の対立ともいえる。しかし、顧炎武は朱子学を信奉するにも拘らず、「已る」説を批判して「己《つちのと》」を採用したのは、占筮、つまり象数易を肯定する以上、義理易の王弼と同じ見解に立つことを不当としたからである。朱熹の易学を貫徹すれば、まさに顧炎武と同じ見解にならざるを得ないのである。これは卦変と互体を肯定する顧炎武の見解と親しむものである。

6　形而下、之を器と謂ふ

形而下のものは、形態あるもので、器物という。これに対し、形而上のものは、知覚の対象となり得ない、無形なものを指す。実に形而上学はメタフィジックスの訳であり、まさに哲学的宇宙論である。そして、この道器論は、宋代性理学のテクニカルタームである理気二元論の出典根拠であり、道は理であり、器は気を指す。この一文は『周易』繋辞伝上の末尾に見え、極めて重要である。これにつき顧炎武は次のように論じている。[12]

「形よりして上なる者、之を道と謂ひ、形よりして下なる者、之を器と謂ふ。」器に非ずんば、則ち道の寓する所無し。説は孔子の琴を師襄に学ぶに在るなり。已にその数を習ひて、然る後に、以てその志を得べし。已にその志を習ひて、然る後に、以てその人と為りを得べし。是れ孔子の天縦と雖も、未だ嘗て之を象数に求めずんばあらざるなり。故にその自ら言ひて、下学して上達すと曰ふ。

顧炎武は、繋辞伝のこの一文を引用しながら、いわゆる宋儒の道器論には何ら言及せず、この説の根拠を、孔子が師襄から琴を習った説話の中に見出しているのは、看過できない。ここで「数を習う」と記し、さらに孔子の天縦と雖も、未だ嘗て之を象数に求めないわけにはゆかないと断じているのである。つまり、孔子と象数との関係の中に、道器論を位置づけているのである。したがって、理気二元論は否定され、琴の宮・商・角《かく》・徴《ち》・羽《う》の音曲と易の天地人の陰陽思想とを統一的に把握する特異な理論を構成したのである。

『礼記』楽記篇に、「礼は事を殊にして、敬を合する者なり。楽は文を異にして、愛を合する者なり。礼学の情は同じ。故に明王以て相沿《よ》るなり。故に事、時と並び、名、功と偕《とも》にす。」とあり、また、「礼楽は天地の情に偵《よ》り、神明の徳に達す。上下の神を降興して、精粗の体を凝是《ぎょうし》し、父子君臣の節を領《す》ぶ。是の故に大人、礼学を挙ぐれば、則ち天地将に為に昭ならんとす。天地訢合《きんごう》し、陰陽相得て、万物を煦嫗覆育《くうふいく》す。」とある。つまり、天地と礼学の関係と、天地と易学の関係をパラレルに捉えれば、これも道と器の関係とまさに親和性、若しくは一体性を持つ。したがって顧炎武が、絃の数に基づく琴の音曲を、易の象数理論に比擬し、これを道器論の中に位置づけたのではあるまいか。これに因り礼楽と易理論の親和性、若しくは一体性を説いたものと思われる。これは上述の楽記篇の記述と符節を合する者である。要するに、朱熹の易学思想を敷衍すれば、必然的にこのような見解に到達するという、顧炎武の自信の程が窺われ、極めて興味深い。

7　易は逆数なり

顧炎武は説卦伝に見える「往を数ふる者は順、来を知る者は逆、是の故に易は逆数なり」の一文につき、次のように論じている。(13)

往を数ふる者は順なり。造化人事の迹《あと》は、常有りて験すべく、順以て之を前に攷《かんが》ふるなり。来を知る者は逆なり。変化云為《うんい》の動は、日に新たにして窮り無く、逆《あらかじ》め以て之を後に推すなり。聖人は神以て来を知り、知以て往を蔵し、易書を作為して、以て民の用に前《すす》む。設くる所の者は、未だ然らざるの占ひにして、期する所の者は、未だ至らざるの事なり。是《ここ》を以て之を逆数と謂ふ。然りと雖も、若し八卦已に成るの迹に本づかざれば、亦た安んぞその会通を観て、之を爻象に繋《か》くる所あらんや。是を以て天下の性を言ふや、則ち故《ふる》きのみ。

劉如佳《じょすい》曰く、天地間は一理なり。聖人はその理に因りて、画して卦を為《つく》りて以て之に象《かたど》る。その象に因りて、著して変と為して、以て之を占ふ。象《しょう》は体なり。その已に然る者に象るなり。占は用なり。その未だ然らざる者を占ふなり。已に然る者を往と為す。往は則ち之に順ふの義あり。未だ然らざる者を来と為す。来は則ち之を逆《むか》ふるの義あり。天に象りて、画して乾と為し、地に象りて、画して坤と為し、雷・風に象りて、画して震・巽と為し、水・火に象りて、画して坎・離と為し、山・沢に象りて、画して艮・兌と為すが如し。此れ皆な変を陰陽に観て卦を立て、剛柔を発揮して爻を生ずる者なり。之を往を数ふる者は順と謂はざるか。如《も》し筮して乾を得て、乾は元いに亨り、貞しきに利《よろ》しきを知り、筮して坤を得て、坤は元いに亨り、牝馬の貞に利しきを知り、筮して震を得て震は亨る、震来るとき虩虩《げきげき》たり、笑言唖唖《ああ》たるを知り、筮して巽を得て、巽は小しく亨る、往く攸《ところ》有るに利しく、大人を見るに利しきを知り、筮して坎を得て、習坎は孚《まこと》有り。維《こ》れ心亨る。行けば尚《とうと》ばるること有るを知り、筮して離を得て、離は貞しきに利しく亨り、牝牛を畜《やしな》へば吉なるを知り、筮して艮を得て、その背《せ》に艮《とどま》れば、その身を獲ず、その庭に行きて、その人を見ざるを知り、筮して兌を得て、兌は亨る。貞しきに利しきを知る。此れ皆な神明の徳に通じ、万物の情に類する者を知るなり。之を来を知る者は逆と謂はずやと。

夫れその順にして、已往を数ふるは、正に逆《あらかじ》め将来を推す所以なり。孔子曰く、殷は夏の礼に因《よ》る。損益する所、知るべきなり。周は殷の礼に因る、損益する所、知るべきなりと。往を数ふる者は順なり。その或は周を継ぐ者は、百世と雖も、知るべきなり。来を知る者は逆なり。故に易は逆数と曰ふなり。若し邵子《しょうし》（邵雍、康節）の説の如くんば、則ち是れ義・文の易なり。已に判れて二と為る。而して又た震・離・兌・乾を以て已に生ずる数ふるの卦と為し、巽・坎・艮・坤は、未だ生ぜざるを推すの卦と為す。殆ど孔子の書を強ひて、以て己の説と就《な》すを免れず。（銭氏曰く、先生は康節の先天の学を信ぜず。その識は元・明の諸儒よりも高きこと遠しと。）

易は逆数であるという説卦伝の一文につき、顧炎武は劉汝佳の見解を詳細に紹介したが、これらの所説に飽き足らず、むしろ『論語』為政篇に述べられた孔子の見解を引用し、これこそ正に易は逆数であると断じた一文に対するヒントであると指摘した。そして程頤・朱熹が尊敬する邵雍の先天の学を批判し、是々非々の態度を闡明にした。

8　説卦・雑卦の互文

説卦伝に関しては、司馬遷の『史記』孔子世家にも、「孔子晩にして易を喜《この》み、彖・繋・象・説卦・文言を序す」

とあり、百三十七の象が見える。顧炎武は特に説卦と雑卦の互文（二つの文または句で、相互に補い合って、意味を完全にする表現法。例えば天長地久を天地長久と解する）に着目し、次のように論じている。(14)

「雷以て之を動かし、風以て之を散じ、雨以て之を潤し、日以て之を晅《かわか》し、艮☶以て之を止め、兌☱以て之を悦ばし、乾以て之に君たり、坤以て之を蔵《おさ》む。」（説卦伝）上の四は象を挙げ、下の四は卦を挙ぐ。各《おのおの》その用に切なる者を以て之を言ふなり。万物を終へ、万物を始むる者は、艮より盛んなるは莫し。崔憬曰く、艮は山と言はず、独り卦名を挙ぐる者は、動撓《どうとう》燥潤の功を以てなり。是れ風雷水火は、万物を終始するに至るも、山に於ては、則ち然らず。故に象を舎《お》きて卦を言ふ。各《おのおの》便に取りて論ずるは、之を得たり。古人の文に譬《たと》へを広くして之を求むる者あり。隅を挙げて之に反する者あり。今ま夫れ山は一巻石の多きなり。今ま夫れ水は一勺水の多きなり。天地の外、復た山水を言ふ者は、意に尽さざる所有ればなり。坤やは地なり。西南の卦を言はざるは、兌は正秋なればなり。西方の卦と言はざるは、六方の卦を挙げて之を見《あら》はせばなり。意は言に尽く。虞仲翔（翻）以為へらく、坤道は広く布かれ、一方を主《つかさど》らず。兌の象は西に見はれざる者に及びては、妄なりと。

「豊《ほう》䷶は故《こ》（ふるいなじみの人）多きなり。親しみ寡《すくな》きは旅《りょ》䷷なり。」（雑卦伝）先づ親しみ寡しと言ひ、後に旅と言ふは、韻に協ふを以てなり。猶ほ楚辞の「吉日は、辰良し」のごときなり。虞仲翔が以て別に義ありと為すは非なり。

『音学五書』を著した顧炎武は、易学の記述を文章論や音韻学の観点から考察し、漢易の権威である虞翻の見解を批判しているのは看過できない。顧炎武は実事求是を標榜する考証学に止まらず、『詩経』の研究面でも、考証学に止まらず、むしろ政治学の観点から立論し、その実践的行動派の一面が垣間見られるのは、一層興味を引く。

9　序卦・雑卦

明の来知徳は、序卦を文王の作として、これを金科玉条として尊重する。しかし、朱熹のように、これを疑問視する学者もいる。この「序卦伝」と「雑卦伝」につき、顧炎武は次のように論じている(14)。

> 序卦・雑卦は、皆な旁《あまね》く通ずるの説なり。先儒は疑ひて、以て夫子の言に非ずと為す。然れども、否䷋の大往き小来るは、泰䷊の小往き大来るを承くるなり。解䷧の西南に利しは、蹇䷦の西南に利し、東北に利しからずを承くるなり。是れ文王已に相受くるの義あるなり。益䷩の六二は、即ち損䷨の六五なり。その辞に皆な十朋の亀と曰ふ。姤䷫の九三は、即ち夬䷪の九四なり。その辞は皆な臀《しり》に膚《はだえ》無しと曰ふ。未済䷿の九四は、即ち既済䷾の九三なり。その辞に皆な鬼方を伐つと曰ふ。是れ周公已に反対するの義あるなり。必ず六十四卦は皆な然りと謂はば、則ち易書の本意に非ず。或る者は夫子嘗て之を言ふ。而して門人これを広む。春秋の哀（公）の十四年、西狩して麟を獲る以後の続経の作の如きのみ。

顧炎武は、序卦伝と雑卦伝が、先儒によって孔子の言にあらずと断じられたことを批判して、これは六十四卦にあまねく通じる説であると明言したのである。序卦伝の配列は、漢易では反卦と称され、否・泰の卦のように、相反するものである。明の来知徳は、これを二つの卦の関係として卦変と称する説を批判して、これは一つの卦であるとし、特に綜卦と称した。そして、雑卦伝の配列も、序卦伝と同じく綜卦であるとした。これにつき顧炎武は、卦辞は文王が作り、爻辞は周公が作ったと言う見解に基づくが、序卦伝と雑卦伝は、孔子の作であるが、その中には、弟子が孔子の見解を広めた内容もあるとし、その例を『春秋』の続経に比擬したのである。

10　孔子、易を論ず

宋代の欧陽脩は、孔子が繋辞伝以下を作ったと言う説を否定したが、近年は孔子と『易経』の関係を否定する学者も現れた。これは司馬遷の『史記』の「孔子晩にして易を喜《この》み、韋編三たび絶つ」の記述を疑い、『論語』述而篇の「我に数年を加へ、五十以て易を学べば、以て大過無かるべし」の易は亦であるとし、漢碑の記述を正当視する。唐の陸徳明の『経典釈文』もこれに従う。また、清末の公羊学者皮錫瑞も『漢碑引経攷』を著し、これに同調した。しかし、康有為の『新学偽経考』のように、古文を劉歆の偽作と断じて排除するのを別としても、疑問視する考えは根強い。これにつき顧炎武は、次のように論じた(15)。

孔子、易を論じ、論語に見ゆる者は二章のみ。曰く、「我に数年を加へ、五十以て易を学べば、以て大過無かるべしと。」曰く、「南人言へる有り。曰く、人にして恒無くんば、以て巫医と作るべからずと。善い夫《かな》。その徳を恒にせずんば、或は之に羞《はじ》を承《すす》むと。子曰く、占はざるのみと。」（子路篇）是れ則ち聖人の易を学ぶ所以の者は、庸言庸行の間に過ぎずして、図書象数に在らざるなり。今の図象を穿鑿して、以て自ら能くすと為す者は、畔《そむ》けり。

記する者、夫子の易を学ぶの言に於て、而して即ち之に継ぎて曰く、「子の雅言する所は、詩書執礼、皆な雅言なりと。」（『論語』子路篇）是れ知る、夫子は平日、易を言はざれども、而もその詩書執礼を言ふ者は、皆な易を言ふなり。人苟も詩書執礼の常に循ひて越えざれば、則ち「天より之を祐け、吉にして利しからざる无し。」（大有の卦の上九。繋辞伝上）故にその繋辞伝を作り、悔・吝・咎无しの旨に於て、特に諄諄たり。而して大象の言ふ所、凡そその之を身に体し、之を政に施す者は、易を用ふるの事に非ざるは無し。然れども辞は象に本づく。故に曰く、「君子居れば、則ちその象を観て、その辞を玩ぶ」と。（繋辞伝上）之を観る者《こと》浅きも、之を玩ぶ者深し。その民と患《うれ》ひを同じうする所以の者は、必ず辞に於て之を著す。故に曰く、聖人の情は辞に見はると。（『繋辞伝』下）「天一地二」、「易に大極あり」（繋辞伝上）の二章の若きは、皆な数の起る所を言ひ、亦た易の遺《わす》るべからざる所を賛するも、而も未だ嘗て専ら象数を以て人に教ふるを学と為さざるなり。是の故に出入には度を以てし、師保ある無く、父母に臨むが如きは、文王・周公・孔子の易なり。希夷（陳摶）の図、康節（邵雍）の書は、道家の易なり。二子の学興りてより、而して空疎の人、迂怪の士、挙げて迹《あと》をその中に竄《かく》れて、以て易を為す。而してその易は、方術の書と為る。聖人の過ち寡なく、身に反るの学に於て、之を去ること遠し。

「詩三百、一言以て之を蔽へば、曰く思ひ邪無しと。」（『論語』為政篇）易の六十四卦、三百八十四爻は、一言以て之を蔽へば、曰く「その徳を恒にせざれば、或は之に羞《はじ》を承《すす》めん。」（『論語』子路篇、『周易』恒の卦の九三）夫子の夫《か》の恒有るに見るを得んことを思ふ所以なり。恒有りて、然る後に以て「大過無かるべし。」（『論語』述而篇）

顧炎武は漢碑の易を亦とする点に関しては、歯牙にも懸けず、『論語』の二篇の記述を根拠に、聖人の易学は、日常の言行の中に活かされて、図書・象数とは無関係であると断じたのである。漢碑の記述よりも、『論語』や『史記』の記述に信憑性ありとして、これを無視しているのである。漢碑のように「五十にして学べば」と読めば、学んだ対象が不明となり、文章論から見ても体を為していない。顧炎武もそのように考えたに違いない。さらに彼は『論語』の子路篇が、その次に「子の雅言する所は、詩書執礼、皆な雅言す」と記している点を重視し、これこそ孔子が平日、易を語らないが、詩書執礼の中で、自ずから易の思想に触れていると推測すると共に、詩書執礼の実践者には、易に記述されたように、天祐により、幸運に恵まれるとし、その因果関係を肯定した。さらに、出入、度を以て自ら律し、父母に接するようにするのは、文王・周公・孔子の易であり、陳搏の図や邵雍の『皇極経世書』は、道家の易学と決め付けた。これは暗に朱熹の易学を批判したものである。朱子学を信奉する顧炎武も、これに関しては是々非々の立場を貫徹した。

11　七八九六

七は少陽、八は少陰、九は老陽、六は老陰である。古代の占筮法は、略筮法とは異なり、十八変ゆえ複雑であるが、顧炎武は、諸説を掲げ、自説を次のように展開している(16)。

　易に七・八・九・六有るも、而るに爻は但だ九・六に繋くる者は、隅を挙ぐるの義なり。故にその例を乾坤の二卦に発し、用九・用六と曰ふは、その変を用ふればなり。亦たその不変を用ふる者あり。春秋伝の「穆姜に艮の八に遇ふ。」晋語に「董因、泰の八を得。」とは、是なり。（原注―杜元凱の注に、謂ふに連山・帰蔵の二易を雑用するには、皆な七・八を以て占ひを為す。故に艮の八に遇ふと言ふ者は非なり。○晋語に公子、筮して貞の屯、悔の豫、皆な八を得たり。本卦は貞と為す。之卦《しか》は悔と為す。沙随程氏曰く、初と四・五と、凡そ三爻変、その変はらざる者は、二・三・上、屯に在りては八と為し、豫に在りても亦た八なり。）今ま即ち艮を以て之を言はば、二爻独り変ずれば、則ち之を六と名づく。余爻皆な変じて、二爻独り変ぜざれば、則ち之に八と名づく。是れ乾坤も亦た用七用八の時あるなり。乾の爻皆な変じて、初独り変ぜざれば、初七、潜竜用ふる勿れと曰ひて可なり。坤の爻皆な変じて、初独り変ぜざれば、初八、霜を履みて堅冰至ると曰ひて可なり。変を占ふ者はその常なり。不変を占ふ者はその反なり。故に聖人は之を九六に繋く。欧陽永叔曰く、易道はその変を占ふ。故にその占ふ所の者を以て爻に名づく。六爻は皆な九六と謂はざるなりと。之を得たり。

　趙如楳の易輯聞に曰く、揲蓍《ちょうし》の策数は、凡て二十八を得れば、乾と為すと雖も、亦た七と称す。凡そ三十二を得れば、坤と為すと雖も、亦た八と称すと。楊彦齢の筆録に曰く、楊損之は蜀の人なり。博学にして善く称説す。余嘗て易は九・六を用ひて、七・八無きを疑ふと。損之云ふ、卦は七・八を画し、爻は九・六を称すと。乾の策は、二百一十有六、坤の策は、百四十有四、亦た是れ九・六を挙げて、以て七・八を該《か》ぬ。朱子謂ふ、七・八の合も、亦た三百有六十なりと。（原注—乾は七に遇へば、則ち一百六十八。坤は八に遇へば、則ち一百九十二。）

顧炎武は、九・六を易の卦の爻に関わらせたのは、その一例で、乾坤の卦に用九・用六が説かれているのは、六爻の変化を用いるためで、その不変を用いる例は、『春秋左氏伝』の襄公九年の条に、穆姜が占わせて得た「艮䷳の八に遇ふ」場合と、『国語』（『春秋外伝』）の晋語の条に、董因が占わせて得た「泰䷊の八を得た」場合を挙示した。そして、原注では、これに関する諸説を挙げ、自説を展開したのである。それは艮の卦の場合、第二爻だけが変じた場合は、これを六と名づけ、第二爻以外が皆な変じた場合は、これを八と称し、乾・坤の場合も、用七・用八があり得ると断じた。したがって、乾の爻が皆な変じて、初爻だけが変じない場合は、「初七、潜竜用ふる勿れ」と曰ってもよく、同様に、坤の爻が皆な変じて、初爻だけが変じない場合は、「初八、霜を履んで堅冰至る」と曰ってもよいとした。つまり、変化を占うのが易の常態であり、不変を占うのは常態に反するとした。だから易を作った聖人は、これを九・六に関係づけたと解説したのである。そして、『易童子問』の中で、「繋辞伝以下は、孔子の作に非ず」と断じた、宋の欧陽脩の見解を無視したにも拘らず、顧炎武は、彼の「易の道は、その変化を占うもののゆえ、その占ったものを爻に名づけ、特に六爻は皆な九・六であると言わないだけである」とした見解を納得しうるとして、これを支持したのである。

因みに、『春秋左伝』の襄公九年の条には、襄公の祖母（成公の母、宣公の夫人）である穆姜が東宮で亡くなったと記し、かつて穆姜が東宮に移された時、その吉凶を占わせたところ、艮の卦の八（その第二爻が少陰で不変）と言う結果が出た。これは艮䷳の第二爻は不変で、他の爻が変るから、艮の卦から随䷐に変る（変卦という）。そこで随の卦を見ると、「随は元いに亨る。貞しきに利し。咎无し」とあるので、占者は「随は出てゆくもので、夫人は必ず東宮を出られるのが良い」と告げた。すると穆姜は、「出るには及ばぬ。周易の随の卦では、元亨利貞の四徳を備えていれば、咎はないと言う。しかし、私は婦人でありながら、謀叛にくみし、女の身分で仁徳もなく、元・亨とは言えない。私は道に反した行為で東宮に幽閉され、義の利を得たものでもなく、さらに夫人の地位も忘れて男と遊ぶはしたなさ、貞操に反します。これでは随の卦にあてはまらない。咎を受けないわけにはゆかぬ。ここで必ず死にましょう。東宮を出ることはできない」と語った。つまり、周易の古占法に基づく説話である。

12　卜筮

顧炎武は最後に卜筮を掲げ、『周易』と卜筮との密接不可分な関係を強調した。朱子学を標榜する彼は、朱熹と同様、義理易と卜筮の折中を重視したことがわかる。卜筮の諸問題につき。次のように論じている。[17]

> 舜曰く、官占は惟《こ》れ先づ志を蔽《さだ》めて、昆《のち》に元亀に命ずと。詩に曰く、爰《ここ》に始め、爰に謀り、爰に我が亀を契すと。洪範に曰く、謀るに乃《なんじ》の心と及《とも》にし、卿士と及にし、謀るに庶人と及にし、謀るに卜筮と及にせよと。孔子の易を賛するや、亦た曰く、人謀り、鬼謀ると。（原注―祖伊、紂に告げて格人元亀と言ひ、亦た

人に先んじ、亀に遅れよと。）夫れ庶人は至って賎しきなり。而れども猶ほ蓍亀《しき》の前に在り。故に人の明を尽して、決する能はずして、然る後に之を鬼に謀る。故に古人の人事に於けるや、信じて功あり。鬼に於けるや、厳にして涜《けが》さず。

子の必ず孝、臣の必ず忠なるは、此れ卜を待たずして、知るべきなり。その当に為すべき所は、凶と雖も、而も避くべからざるなり。故に曰く、霊氛の吉占に従はんと欲するも、心は猶豫して狐疑すと。（『楚辞』離騒十三段卜居の末尾の句）又た曰く、君の心を用ひて、君の意を行へと。亀策も誠に此の事を知る能はずと。善き哉、屈原の言、其れ聖人の徒なる歟《か》。

卜居は屈原が自ら作りて、問答を設為して、以て此の心は鬼神の吉凶の得て移す所に非ざるを見《あらわ》すのみ。王逸の序に乃ち曰く、心迷ひ、意惑ひて、為す所を知らず。往きて太卜の家に至り、之を蓍亀《しき》に決し、異策に聞きて、以て嫌疑を定めんと冀《こいねが》ふと。則ち屈子の旨と大いに相背戻す。洪興祖の補注に曰く、此の篇の上句は皆な屈原の従ふ所にして、下句は皆な原の去る所なり。時の人、その当に従ふべき所を去りて、その当に去るべき所に従ふ。その謂ふ所の吉は、乃ち原の謂ふ所の凶なりと。屈子の心を得たりと謂ふべし。

礼記の少儀に、卜筮を問はんとすれば、義か志かと曰ふ。義なれば、則ち問ふべく、志なれば、則ち否《しか》せずと。子の孝、臣の忠は義なり。害を違《さ》り、利に就くは志なり。卜筮は、先王の人をして利を去り、仁義を懐ふ所以なり。

石駘仲卒す。適子無く、庶子六人有り。後と為る所以の者を卜す。曰く、沐浴して、玉を佩《お》ぶれば、則ち兆《きざし》あらんと。五人の者、皆な沐浴して玉を佩ぶ。石祁子《せききし》曰く、孰か親の喪を執りて、沐浴して玉を佩ぶる者あらんやと。沐浴して玉を佩びず。石祁子に兆あり。衛人は亀を以て知有りと為すなり。（『礼記』檀弓篇下）南蒯《なんかい》、将に叛かんとす。之を枚筮《ばいぜい》（指定せずして、広く吉凶を占う）するに、坤の比に之《ゆ》くに遇ふ。曰く、黄裳元いに吉と。子服恵伯曰く、忠信の事は、則ち可なり。然らずんば、必ず敗れん。外彊《つよ》く内温かきは忠なり。和以て貞に率《したが》ふは信なり。故に曰く、黄裳元いに吉なりと。黄は中《ちゅう》の色なり。裳は下の飾りなり。元は善の長なり。中《うち》、忠ならざれば、その色を得ず。下、共にせざれば、その飾りを得ず。事、善ならざれば、その極を得ず。且つ夫れ易は以て険を占ふべからず。猶ほ闕《か》くこと有ればなり。筮は吉なりと雖も、未だし。（『春秋左氏伝』昭公十二年）南蒯果して敗らる。是を以て厳君平の卜筮や、人子に与へて言はば、孝に依り、人弟に与へて言はば、順に依り、人臣に与へて言はば、忠に依る。而して高允も亦た筮する者有れば、当に爻象に依付し、勧むるに忠孝の論を以てすべし。其れ卜筮の旨を知れり。

中鑒に、或るひと卜筮を問ひて曰く、徳なれば斯《ここ》に益し、否《しか》らずんば、斯に損すと。曰く、何の謂ひぞやと。吉にして済ひ、凶にして救ふ、之を徳と謂ふ。吉にして恃《たの》み、凶にして怠る、之を損と謂ふと。君子将に為す有らんとするや、将に行ふこと有らんとするなり。焉《これ》を問へば、而《すなわ》ち以て言ひ、その命を受くるや、嚮《むか》ふが如く、その為《しわざ》を告ぐるなり。「死生命有り、富貴天に在りと。」（『論語』顔淵篇）是《かく》の若《ごと》くんば、則ち為すべきこと無きなり。行ふべきこと無きなり。当に問ふべからざれば、問ふも亦た告げざるなり。易は以て民用に前《すす》むるなり。以て人の為に前に知るに非ざるなり。前に知らんことを求むるは、聖人の道に非ざるなり。是を以て少儀の訓へに曰く、未だ至らざるを測る毋れと。（後略）

顧炎武は『尚書』・『楚辞』・『礼記』・『春秋左氏伝』・『申鑒』に見える卜筮に関する記述を引用し、それぞれの見解を示して、自説を披瀝する。そこには卜筮の妥当性を吟味して、合理的な易学思想を確立する意図が窺われる。卜筮を否定せず、その歴史的・社会的役割を評価しているのである。ここに義理易と象数易を折中する姿勢が見られる。顧炎武は実事求是の考証学を標榜するが、経世致用の学問を重視するのである。

おわりに

顧炎武は清朝考証学の碩学として知られるが、経世致用の実学を志向し、書籍を積んで全国を視察し、『天下郡国利病書』を著した。これは実に類稀な研究心であり、各地の現状を的確に把握し、具体的な政治的対処法を有効に達成させる方法である。これは机上の空論を排して、当意即妙な具体的成果を生み出す。ここに顧炎武の学問姿勢が看取される。したがって、易学の研究も、東漢許・鄭の訓詁学とは異なり、易学適用の有効性に着目し、義理易を踏まえながら、朱熹の卜筮尊重の姿勢を踏襲し、さらに漢代象数易の精華は取り入れ、卦変・互体などを採用し、互体を認めない朱熹を批判する朱子学者であった。したがって、荒唐無稽と思われる漢代象数易は排除し、陳摶や邵雍の易図は、道教の亜流として批判した。『易図明辨』を著した胡渭が、顧炎武の『日知録』の見解を引用し、これを高く評価したゆえんである。

私が最も興味を抱いたのは、顧炎武が「七八九六」の中で、『春秋左氏伝』に見える古代占筮法の「艮の八に遇ふ」と出た文言を解説した部分である。これにつき『春秋左氏伝』の解釈本や訳本では、具体的な説明はなく、何故に艮䷳が随䷐となったかが不明であった。しかし、顧炎武はこれを明確に解説し、異説も紹介して、古代易占法の難解さを明らかにしている。艮の卦の第二爻は、八（少陰）で不変であり、他の爻が変わるから、随の卦となるわけである。加藤大岳著『春秋左伝占話考』では、これを「得卦は艮䷳の初・三・四・五・上の五爻の変ずるもの」と解説され、実にわかりやすい。

本稿では、まだ取り上げるべき項目もあるが、紙数の関係で割愛せざるを得ない。

〈注〉

(1) 趙爾巽等撰『清史稿』儒林二　巻四八一　中華書局　一九七七年。
(2) 支偉成『清代樸学大師列伝』三頁　台湾藝文印書館。民国五九年。
(3) 王鍾翰点校『清史列伝』巻六八　儒林伝下一　五四三七頁　中華書局。
(4) 顧炎武『日知録』二頁『国基本叢書四百種』所収　商務印書館　民国七三年。
(5) 顧炎武　前掲書　二頁。
(6) 濱久雄『東洋易学思想論攷』「来知徳の易学」九〇―九二頁「毛奇齢の易学思想」二一三頁　明徳出版社　平成二八年。
(7) 鈴木由次郎『漢易研究』（増補新版）二五八―六二頁　明徳出版社　昭和四九年。
(8) 顧炎武　前掲書　七頁。
(9) 顧炎武　前掲書　六―七頁。

(10) 顧炎武　前掲書　七―八頁。
(11) 顧炎武　前掲書　一四―五頁。
(12) 顧炎武　前掲書　二一―二頁。
(13) 顧炎武　前掲書　二三頁。
(14) 顧炎武　前掲書　二五頁。
(15) 顧炎武　前掲書　二五―六頁。
(16) 顧炎武　前掲書　二六―七頁。
(17) 顧炎武　前掲書　二七―九頁。
(18) 加藤大岳『春秋左伝占話考』一六〇頁　紀元書房　昭和四二年。

第五章　荘存与の易学思想

はじめに

清代常州学派の創始者である荘存与は、礼部侍郎となった学者官僚で、西漢公羊学に開眼し、清代公羊学を標榜する常州学派の創始者となり、荘述祖・劉逢禄・宋翔鳳ら一門の優れた後継者に恵まれた。そして乾隆・嘉慶時代には、恵棟の呉派、戴震の皖派とともに、常州学派はその存在を天下に知らしめた。これは正に西漢公羊学の再生と称すべきもので、清代末期には、康有為らの戊戌変法運動により、公羊思想は時代思潮となった。

私は嘗て荘存与の公羊思想を研究したが、彼の『味経斎遺書』には、『彖伝論』・『彖象論』・『繋辞伝論』・『八卦観象論』・『卦気論』等の易論があるので、他日、これを纏める予定であったが、今回、その機会に恵まれた。この遺書は『皇清経解』を編修した皖派の阮元が序文を認め、荘存与が礼部左侍郎に昇進し、科挙の座主となって、邵懿辰・孔広森らの弟子を育成した事実をも披瀝している。『皇清経解』に常州学派の学者の著書が多く収載された所以である。

存与の学風は、彼が王室の子弟を教育する役職に任じた関係から、実に柔軟な学識を駆使した。したがって、西漢今文学を標榜しながら、『尚書』に関しては、『偽古文尚書』の大禹謨篇を採用した。これには邦儒海保漁村も批判せざるを得なかった。しかし、彼は子弟教育の有効性を重視した。したがって、公羊学者を蛇蝎のごとく嫌って、左伝学を貫徹した章炳麟でさえ、宋翔鳳を批判するけれども、存与に対しては、実に好意的で、「苟くも恢詭を為さず、然もその辞義温厚にして、能く覧る者をして説繹《えつえき》せしむ」[1]と評価している。

本稿では、荘存与の学問形成の経緯を明らかにし、上述の易論を通して、清代公羊学の創始者が、易学に関し、いかなる見解を披歴したか、その一端を明らかにしたい。

一、荘存与の学問形成

荘存与（一七一九、康熙五八―一七八八、乾隆五三）は、字を方耕といい、養恬と号した。江蘇省武進県（現常州市）の出身である。乾隆一〇年、一甲二名の進士（榜眼）で、翰林院編修となった。三四歳で侍講に昇進し、南書房に入直し、皇族子弟の教育に当たった。さらに翰林院侍読学士、湖南・山東・河南の学政、内閣学士を歴任し、晩年に礼部左侍郎・礼部右侍郎となり、乾隆五一年、七〇歳で卒去した。彼は三世翰林の誉れ高い高級官僚で、「幼より『尚書古文疏証』を著した閻若璩の学問を伝え、尤も『尚書』に長じ、立論平允、独り微言を悟り、宏深にして粛茂」たる学究であった。[2]

学問は六経を貫通し、易学では、漢易の孟喜の六日七分を経とし、司馬遷・班固の天官・地理・律暦の各書を緯とした。その文章は辨じて精、醇にして肆、旨遠くして義は近く、大を挙げて小を遺《のこ》さず、能く諸儒の言う能わざる所を述べた。『易経』では、『彖伝論』一巻、『彖象論』一巻、『繫辞伝論』一巻、『序卦伝論』『八卦観象論』一巻、『卦気解』一巻がある。『書経』では、今古文の文字の同異を分けず、経義を剖析して、深く孔子が『尚書』に序し、孟子が世を論ずるの意を得たものであった。『毛詩』においては、変雅に詳しく、大義を発揮した。およそ毛亨・鄭玄の異説は、多く毛亨を是として、鄭玄を非とした。『毛詩説』二巻、『仝補』一巻、『仝附』一巻を著し、毛亨の伝と、鄭玄の箋に左袒し、朱熹の『詩経集伝』を批判した。礼においては、独り『周礼』を重んじ、経籍に基づき、伝記・諸子を博采し、『周官記』五巻、『冢宰記』五巻を著す。春秋は専ら公羊高・董仲舒を主とし、略《ほぼ》『左伝』・『穀梁伝』、及び宋・元の諸家の説を採用し、何休が批判した「経に倍《そむ》き、意に任せ、伝に反して違戻する」諸弊が無かった。元の趙汸《ちょうほう》の『春秋属辞』の例に基づいて、その条を櫽括《いんかつ》し、その義を正列して、一家の言を成し、『春秋正辞』一一巻を著した。『挙例』一巻、『要旨』一巻に至っては、尤も家法を闡明にし、『公羊春秋』を治める者に途径を示した。四書においては、虚語を崇ばずして、本を六経に帰した。(3)

荘存与は、清代において漢代公羊学を再生させた常州学派の創始者であるので、当然、前漢の董仲舒、東漢の何休の公羊学を継承し、特に何休学を否定するものではなかったが、これを前面に出して強調しなかったので、誤解される面があった。しかし、『春秋正辞』では何休学を引用しているのである。また、王室の子弟を教育する関係で、『書経』の大禹謨の名言を採用し、今文学者としての一貫性を疑問視される一面があった。これも彼の柔軟な学風によるものであった。しかも、科挙の座主となった関係で、弟子には『礼経通論』を著した邵懿辰や、『春秋通義』を著した孔広森がおり、特に孔広森は、董仲舒や何休の公羊学を否定し、独自の体系を構築した。したがって、荘存与の後継者である劉逢禄・荘翔鳳から痛烈に批判された。これも荘存与の学問に対する柔軟な姿勢に影響されたものであろう。つまり経世致用の公羊学が、時代の推移の中で、天下の注目を集めたのは、嘉慶時代に劉逢禄が『何氏釈例』・『公羊何氏解詁箋』・『左氏春秋考証』を著し、荘存与の公羊学を顕彰したからである。梁啓超がいみじくも彼を「実に今文学を治むる者の不祧《ふちょう》の祖なり(4)」と称したゆえんである。なお、存与に関する詳細は拙著を参照されたい(5)。

ところで、周知のごとく『易経』と『春秋』は密接不可分の関係があるが、荘存与の易学は、経伝に関する通釈などは無く、没後に上梓された『味経斎遺書』に収載された『彖伝論』一巻、『彖象論』一巻、『繋辞伝論』二巻、『八卦観象・卦気解』一巻のみである。当時は易学研究が盛んで、清代初期では、明代の来知徳の易学も、隠然たる影響力があったようであり、これを批判した毛奇齢の『推易始末』や『仲氏易』があり、遅れて呉派の恵棟は、『易漢学』など、多くの漢代易学に関する専著を上梓した(6)。したがって、屋上屋を架するような専著を著す必要も無かった。しかし、簡にして要を得た易学の総括的考察は、易学研究に有効であると判断したに違いない。そこで、如上の著述を試みたのである。次にその一部を紹介し、彼の易学認識の特色を明らかにしたいと思う。

二、荘存与の易学思想

1 彖伝論について(7)

彖、五を以て断ずるは、典常なり。大いに終始を明らかにするは、乾䷀の五なり。君子の行ふ攸《ところ》は、坤䷁の二と五となり。文言に謂ふ、乾の五は聖人、坤の二・五は、則ち皆な君子なりと。侯《きみ》を建《た》つるに利しきは、屯《ちゅん》䷂の五なり。初は則ち建つる所なり。以て亨り、時中を行ふは、蒙䷃の五なり。時中は艮、剛中は坎なり。五は正なり。正を養ふは上なり。天位に位するは、需䷄の五なり。正は之を言ひて天位と曰ひ、乾の上に在るなり。中正を尚《たっと》ぶは、訟䷅の五なり。剛来って中を得るは、二なり。

需に曰く、険、前に在るも、五は則ち険ならず。尊位に在ればなりと。訟に曰く、上剛にして、下険なりと。二は終《つい》に之が淵と為る。下位に在ればなり。爻は下を変ずと言ふも、訟の上は、則ち患《わざわ》ひ至るは、彖言ふか。象は剛来って中を得、爻も亦た凶訟の凶を言はざるは、克たざるの謂ひに非ず。剛中にして応ずるは、師䷆の丈《ママ》（大）人二なり。爻は変を言ふ。下（自《よ》り）、上を訟《うった》ふれば、則ち患《うれ》ひ至る。（訟の九二の小象）象は象を言ふ。剛来って中《ちゅう》を得。爻も亦た凶訟の凶を言はざるは、克くせざるの謂ひに非ず。剛中にして応ずるは、師の丈人の二なり。此れを以て毒して、天下従ふは王なり。大君なり。五なり。象に万邦を懐《なつ》くと曰ひ（師の卦、九二の象）、象に天下を毒すと言ふは（師の卦、彖伝）、是れを之れ謂ふ。民を視ること傷むが如きは、比䷇の剛中の五なり。比は上下、尊者に応ずれば、則ち広く之を言ふ。

師の二は惟だ五に応ずれば、臣は必ず君に応ず。師は五、衆を以て正すと言ふ。比は二の中正を言はず。剛を尚びて、五を貴ぶは、典常なり。五に逮《およ》びて、上、中を使ふと曰ふ。師は中行を以て君父を尊び、臣子を卑しむと言ふ。比の二は彌《いよいよ》卑し。（比の卦の）初には、終に来りと曰ひて、その先為《た》るを奪はず。上、未だ嘗て応ぜずんばあらず。必ずその後為るを斥け、順逆観《み》るなり。先に四を言ふ者は、小畜䷈にして名を称す。此れを以て四は以て主為るを知るなり。（小畜の卦の六四に「孚《まこと》有り。血《うれえ》去り惕《おそ》れ出づ、咎《とが》无し」とあり、六四は成卦の主爻）二五は皆な剛中にして、志行は必ず五に在り。乾は尊く、五は貴きは、典常なり。履䷉は辞を名に繫けて別たず、名を称して決せず。名の名を称する所以は、三は独り之に当る能はざる所以なり。六三は虎の尾を履むなり。説いて乾䷀に応ず。是を以て人を咥《くら》はず。人を咥はざれば、何ぞ遽《にわ》かに亨《とお》るや。その必ず剛中正にして、帝位を履みて疚《やま》しからざる者なるか。乾の上に在りて、惟だ需は天位と曰ひ（需の卦、彖伝に「天位に位して正中」とある。）乾の尊を体す。惟だ履は帝位と曰ふ。是を舍《す》つれば、則ち聖人の辞に否《あら》ず。

文王は小大、乾を尊び、坤を卑しむは、天地の常なりと言ふ。孔子は上下、五を尊び、二を賤しむは、君臣の位なりと言ふ。上と言ひ、且つ外と言ふ、上は惟だ五なり。六四・上六は、称するを得ず。外は惟だ上六のみは、小人にして、此の一人に在り。その剛徳無くして、尊者の上に在ればなり。六四は五を承く、豈に小人ならんや。外は則ち末に処《お》りて泰䷊なり。内は則ち本を離れて否䷋なり。辞もて之を断ず。尊卑貴賤は、皆な正に之を命じて否と曰ふ。往来を言へばなり。往は消え、来は長ず。小人の道、長ずれば、位に在らざる者、焉《いずく》んぞ君子為らざるを得んや。その消するに及ぶや、位に在る者は、焉んぞ小人有るを得んや。爻は小人と曰ひ、彖は人に匪《あら》ずと曰ふ。その辞を尽せばなり。爻は大人と曰ひ、彖は君子と曰ふは、その辞を尽さざればなり。

夫れ大人は、世の汙隆を以てせずして、消長有るなり。大人の君位に在るは、共工・驩兜《かんとう》なり。内に処《お》るは、有崇・有苗なり。外に処《お》るは、舜及び元愷なり。皆な下位に在り。君子の道は長じ、小人の道は消ゆ。未だ改むること或《あ》らざればなり。彖は往来を言ひ、君子に之を遠ざくることを告ぐ。爻、往来を言はざるは、大人を以て之を正し、未だ天すら且つ之に違はざるを聞かず。大人は五に在りて、之を道消ゆと謂ふ者は、尭、舜を挙げて、否を休《や》むればなり。孔子、春秋を作るは、否を傾くればなり。大人は天命を受けて、以て作《おこ》る有り。世と消長を為さず。否を観ざるの大人は、則ち曰く、唐虞の際は、未だ嘗て春秋の季を乱さず。未だ嘗て治めずと。人に匪《あら》ずんば、焉んぞ在らんや。乃ち三に在らずして、二に在り。

易は以て疑ひを断ず。中ならず、正しからざる小人は、疑ふ無し。中且つ正、順ふに上に在るの大人を承くるを以てす。聖人すら且つ之に吉を告げざる能はず。小人の疑ひは、君子に於て、竟《つい》に此《かく》の如くならんや。その吉や、以て君子に順ふ。故に聖人は、能く之に順はざることを教へんや。乃ちその君子の貞に利しからざるも、亦た惟だ君子に順ふの故を以て、太甲（『尚書』偽古文の篇名）には既に聖人の志有り。言ひて巽《したが》ふ有り。尹《いん》告げて曰く、必ず諸《これ》を非道に求め、之に順へば利しからざること此の如しと。伊尹に非ずんば、孰か之を知らん。尭に非ずんば、孰か恭なるに象《に》て天を滔《あなど》る（『書経』尭典）を知らんや。舜に非ずんば、孰か巧言令色の、孔壬《こうじん》なる（甚だしくねじけていること）の畏るべきを知らんや。彼は人に匪ず、他に非ず、自ら以て聖者と為すなり。小人の中庸に反するは、固より小人の中庸なり。苟も此の如くならずんば、亦た焉んぞ能く君子の志に順って、諸《これ》を非道に納めて、以て天下を害せんや。同人䷌はその二と名づくる所以を言ふ。（繋辞伝にも「二人、心を同じくすれば、その利きこと金を断つ」とある。九五と六二を指す。）辞は、則ち之を別ち、同人は惟だ乾のみ之を行ふを以ての故に、二は専らにするを得ず。乾は悔いに在れば、行くに天、水と与にすと曰へば、則ち違ふ。行くに天、火と与にすれば、同行と曰はずして、同人と曰ふ。同の中に違ふ有り、日に天に違って退くなり。日、天に麗《つ》き、火、地に麗けば、人の離（䷝）るる能はざる所なり。中正にして応ず。二・五は皆な君子にして、二人は心を同じうするなり。他は与せず。二は能く号咷《ごうとう》（さけび泣く）し、五は能く笑ひを為す。後者は之が主《しゅ》（主爻）為《た》り、先者はその難きに処《お》り、之に賛するに中直を以てす。二に告ぐるに宗に于《お》てするの吝《りん》を以てし（同人の卦、六二の爻辞）、之を通ずるに野に于てするの亨を以てす。固《もと》より文明の君子なり。上に苟も乾行の君子無くんば、天下の志、何遽《なん》ぞ通ぜんや。乾に応ずる者は、五に応ずるのみ。大《とうと》びて五と名づくる所以なり。位は尊位を曰ふ。中は大中と曰ふ。応は上下応ずるを曰ふ。且つ必ず天に応ずるを曰ふ。五を貴びて、乾を尊ぶなり。剛は則ち賢にして、乾剛は乃ち益《ますます》貴し。離䷝の五は、他に過ぐる無く、柔と曰ふも、進んで上行する者なり。之を尊んで天に応ずと曰ふ。而して時に行き、時に六竜に乗じて、以て天に御するなり。謙䷎は、三、人位に在りと言ひて、之を尊んで天道と曰ふ。彖（謙の卦、彖伝の末尾に「謙は尊くして光り、卑《ひく》くして踰《こ》ゆべかず。君子の終りなり」とある。）に謂ふ所の君子なり。天道下済《かせい》（万物を生成化育する）して、君子之を奉ずるなり。下済する者は、上行を止むる者なり。順ひ止まる者は、万民の順ひ止まる者なり。服せざる有りて、之を征するに至る。之を盈《えい》と謂はずして、之を謙と謂ふ。

三旬降《くだ》らず、師を班《わか》ちて旅を振ふ。舜、禹に命じて徂《ゆ》きて征せしめ、その下の民を忘れず。益《ますます》禹に賛して、その道を拝するは光明なり。昼夜朔望は虧盈《きえい》（月が欠けたり満ちたりする）の大なるなり。河・済・淮・江は変流の大なるなり。式廓《しきかく》（高位にあって大政を行う）之を憎み、小心之を顧みるは、福を害するの大なればなり。天下は親戚に順ひ、好悪に畔《そむ》くの大なるなり。皆な文王と紂との事なり。豫䷏は、（九）四の剛、応じて、志行はるるを言ふなり。（豫の卦、九四に「由りて豫《たの》しむ。大いに得ること有り。疑ふこと勿れ。

朋盍簪《ともみなあつま》らん」とある。）謙して上に応ずと言はざるは、位無ければなり。豫は上下応ずと言はざるは、初（六）は言ふに足らざればなり。剛応ずれば、必ず皆な応ず。然れども、上下応ずと曰はざるは、臣を卑しんで、君の五を尊ぶことの明らかにする所なり。人を明らかにする者に非ざるなり。応と云はん哉。柔、位を得るも嫌《うたが》はれざるなり。剛は位を得ざれば、則ち嫌はるるなり。聖人はその位を得ざるを疵とせざるは、嫌ふの義を明らかにすればなり。惟だ謙䷎は、（謙の卦に「謙は亨る。君子終り有り」と。）勢ひを忘れ、彖は五を表さず。豫の志、行はれ、君を得て民と之に由れば、順以て動く者なり。何ぞ天地は之を天道の如しと言ふや。道既に謙の如くんば、亦た豫の如きなり。

日月星辰の行くや、東に升りて、西に降る。山川百物の気を生ずるや、東に動きて、西に遷り、雷動に始まり、坤蔵に終るは、天地の常経なり。息まざるを著す者は天、動かざるを著はす者は地、地は曷《なん》ぞ順を以て動くと言はんや。震は之れ地を出づるの動なり。万物は震に出づるは、地、実に之を啓き、孟春に始まりて、以て響きてこれを效《いた》す。日は次《つ》いで婁に降る。人は之を聞き、寿星に次いで入る。極に淵に入り、出でて雲に乗るは、憑依する所なればなり。記に曰く、地は神気を載す。神気は風霆、風霆、形を流《し》き、庶物露生す。天、時雨を降らし、山川、雲を出だすは、天地の順を以て動くを言ふなり。風雨寒温清濁、日月に応じ、四時にして之を效す。日月或は過ぎ、必ず諸《これ》を景《かげ》に徴す。景は天の動なり。風雨寒温、或は忒《たが》へば、必ず諸を響きに徴す。響きは地の動なり。景は正に歴を以てし、響きは正に律を以てす。天地は之の如し。聖人は竜に乗ずるに必ず時を以てし、始めを倡《とな》へて生に施すは、必ず四時の政に順ふ。曷ぞ専ら刑罰を言はんや。師《いくさ》を行《や》るは、刑の大なる者なり。侯《きみ》を建《た》つれば、則ち将は弓矢斧鉞を以て之を賜はる。天威は敢て閉さず。その人に非ずして之に予《あた》ふれば、順はざること焉《これ》より大なるは莫し。聖人は順を以て動きて、之が侯《きみ》を建《た》て、その師を行り、剛応ずるに在りて、志行ふ者は、その人なり。時雨の降り、清風の行くは、惟だに民畏れ、惟だに民豫《よろこ》ぶのみならず。文王は名を挙げて辞を繋け、利しきは豫より先なるは莫しと曰ふ。孔子曰く、而るを況んや侯《きみ》を建《た》て師《いくさ》を行《や》るをやと。義、辞に過ぐるが若きは、豫を舎《お》きて此れ無きなり。夫子、来世に罕《まれ》に侯《きみ》を建つるに利しきを言ふを憂患して、宜しと曰ふ。且つ師を行るに寧《やす》んぜざれば、宜しと曰はず。必ず豫《よろこ》ばざる色有り。然れども、文王は侯を建てて、師《いくさ》を行《や》るを以て豫びと為すに非ざるなり。豫ぶが如きの徳有らば、豫ぶが如きの人有り。夫れ而る後に之を宜しとす。豈に一二臣の利ならんや。夫れ豫は順以て動きて、天地之《かく》の如くす。一官一事の豫びに非ず。必ず聖人は疑ひ無きなり。然らば、則ち聖人に非ずして、自ら豫びを為す者は、先んじて、之に後《おく》るるべきに非ず。必ず後るるも之に先んずべし。蒙䷃は時中を言ふ。（蒙の彖伝に「蒙は亨るとは、亨るべきを以て時中を行へばなり」とある。）豫に及んでは、乃ち時義を言ふ。蒙は聖功を言ひ、豫に及んでは、乃ち聖人の時を言へば、則ち之を宜しとす。実に聖人は、侯を建てて、師を行る人なり。童蒙已に貞を疑って疾《にく》めば、則ち爻の動に非ざるなり。彖は則ち皆な聖人を以て之を言ふ。男女の配は随ふより先なるは莫し。蠱䷑・随䷐は、剛来たると言ひ、長男を尊ぶなり。惟《ただ》に来ると言ふのみならず、且つ柔に下ると言ひ、初を主とするなり。（両卦の彖伝は、ともに「剛来たって柔に下る」と言い、主爻は、ともに初爻である。）柔上ると言はず、少女は微なり。微者をして貴に従は使め、動きて説《よろこ》ぶなり。是を随と曰ふ。随ひて実に過ちを生ずれば、何を以て過ちを補はんや。元亨利貞より善きは莫し。乾の徳にして、天の時なり。徳は坤に合するなり。天地に肖《に》るは屯《ちゅん》䷂なり。他の辞有り。随は則ち惟だ咎無きを之れ云ふ。随は何遽《なん》ぞ咎無く、大いに亨るや。貞なれば、乃ち咎無し。随は何遽《なん》ぞ大いに亨るや。貞なれば必ず天地の道に随ひ、天地の時に随ふ。故に弟ならざるを随と曰ひて、必ず時に随ふを曰ふ。天に時有りて、人逆へば、則ち天下は随はず。随は必ず時に随ふ。時は天の為《しわざ》なればなり。之を受くるを天命と曰ふ。若し之を天道と曰はば、天は下民を監し、厥《そ》の義を典する者なり。義を知る者は、道を知り、道を知る者は、命を知り、命を知る者は、時を知る者なり。屯䷂は造るを言ふなり。臨は道を言ふなり。无妄䷘は命を言ふなり。革䷰は時を言ふなり。何ぞ必ずしも利を曰はん。随は剛中にして応ずと曰はざるは、震☳、内に在ればなり。男女の義を著はす。无妄は、則ち剛中にして応ずと曰ふは、乾☰、上に在ればなり。父子の親を明らかにすればなり。无妄の剛中は父なり。厥《そ》の子に応ぜざれば、則ち何ぞ大いに亨りて、天の命を正すと謂はんや。臨も亦た剛中の臣を曰ふなり。大君に応ぜざれば、則ち何ぞ大いに亨りて、以て天の道を正すと謂はんや。屯は剛中を言はざるも、適するを立てて、以て長ぜしむ。文王は一時の権を以て、万世の経を易へず。革の応を言はざればなり。二女同居して、志相得ず。君臣父子の一体と異なる。聖人の文は、天文なり。損益すべからざるなり。蠱は剛上るを言ひ、少男を貴ぶなり。下に極まれば、則ち兼ねて柔下るを言ふ。巽は小しく亨る。蠱は何を以て元いに亨るや。巽は常に初无きを患ふるなり。初に子有りと曰ふ。子は則ち初あり。五は正に上の元子（天子の嫡子）を体するなり。元いに亨る、又た何ぞ疑はんや。父子は一体にして、首足なり。柔下って、伏して聴き、剛上って指使すれば、上は止まり、能く止まり、衆止まり、下に伏する者、端《たん》を更《あらた》めて事を起すの象なるか。孰か蠱は事を壊す者と為すと謂はんや。事有れば、皆な之を蠱と謂ふ。事ならざるに、乃ち之を事と謂はば、天地の事は、必ず人以て之に任ずる有り。慎みて強ふる毋くして索《もと》むるなり。その端は窮まる毋く、上に非ざれば止まず。物の数は、之を万と謂ふ。盈つれば、則ち屯と曰ふ。事の幾《きざし》、之を万と謂ふ。飭《いまし》むれば、則ち蠱と曰ふ。父母の事は、事を壊すと謂ふべけんや。往きて事有らば、功と言はず。功を貪れば、則ち壊る。咎を畏るれば、則ち亦た壊る。甲は日の始めなり。三日は至って近きなり。先後は慎むに至るなり。先んずれば、事を蚤《はや》くせず。蚤ければ、則ち災ひを召き、後るれば、事を生ぜず。生ずれば、則ち怨みを速《まね》く。終れば、則ち始め有るは天行なり。人は以て端を生ずるべけんや。天に事《つか》ふる者は、天の命に順ひ、父に事ふる者は、父の志に儀《のっと》れば、元《おお》いに亨《とお》りて、天下治まる。天子は天を得て、子は父を承《う》くるなり。（以下省略）

荘存与は、特に六十四卦の卦辞を解釈した彖伝の記述を中心に、易学の歴史的背景に基づき、政治論的観点から独自の解説を試みている。それは高級官僚として、王室の子弟の教育を担当した経験に鑑み、『尚書』の記述を引用するなど、該博な知識を駆使する。したがって、その出典根拠を明らかにし、括弧に多くの注記を示し、参考に供した。荘存与の文章は、本書も『春秋正辞』と同様に難解であるが、易学の構造的機能に着目したと思われる記述は、単なる解釈論とは異なり、示唆に富んだ内容が散見する。これは彼の易学の特色を理解するのに有効と言わざるを得ない。なお、本書は一巻であるが、段落はなく、読み難いので、然るべき段落を施した次第である。

2　彖象論について(8)

本書は、坎の卦から解説されているが、前述の『彖伝論』の末尾にも、荘存与は需の卦がいかに重要であるかを知らしめるように言及し、『尚書』酒誥篇の「厥《そ》の父母慶び、自ら洗腆《せんてん》（ご馳走の膳を設ける）して、致すに酒を以てせん」を引用し、「文王と紂との事は、酒誥感じて之を言ふ。周公の心は、文王の心なり。六十四卦、三百八十四爻は、一辞として此の心の若《ごと》くならざるは無し。忠恕のみ。」と結んでいるのである。(9) これは実に経世致用を標榜する常州学派の創始者にふさわしい易学思想と断ぜざるを得ない。

坎の初（爻）は、毎《つね》に失有り。習坎は、則ち道を失ふ。師《いくさ》出づれば、則ち律を失ひて、解き緩めばなり。緩めば必ず失ふ所有り。何を以て咎无《とがな》からんや。坎の失ふは、険なるを以てなり。夫れ物の険なる者は、常に之を急ぐに失ふなり。獄急ぐ者は、則ちその枉《ま》げて道を失ふを恤《あわれ》まざるなり。師《いくさ》急ぐ者は、則ちその敗れて律を失ふを慎まざればなり。険に走ること鶩《は》するが如し。解くこと険中の動に在れば、乃ち免るるを得。険を辟くる者なればなり。険を辟けて、急がざるべからざるが若きは、吁《ああ》凡人なり。少しも須《ま》たざれば、衆は懼れて尽きん。夫《か》の血に需《ま》つ者を見ざるか。（需の卦、六四に「血に需《ま》つ。穴より出づ」と。）夫の樽酒を見ざるか。（坎の卦、六四に「樽酒、簋貳《きじ》あり。缶《ふ》を用ふ。約を納《い》るるに牖《まど》よりす」と。）坎の四（六四）や順なり。剛柔の際なり。初は、則ち否《しから》ず。能くその解するに在らんや。其れ来復、吉にして中を得る者は、之を主《つかさど》る。而るに初は柔の際を以てす。緩以て之を須《ま》つは、坐して苦しむ者に非ざるなり。之を発けば或は吝《りん》ならんも、需は之れ必ず吝に至る。動かざれば、則ち険は免れず。初《しょ》は已に解するか。未だ解せざるか。四動きて、しかる後に解するなり。已に解すれば、則ち何ぞ之に告ぐるに咎无しと曰ふを待たんや。未だ解せざるも、終に解せざる無くんば、則ち必ず之に咎無しと曰ふを告ぐ。その緩以て之を待たんことを欲して、その急ぎ解するの義を用ふる無きこと此の如し。天下安んずれば、意を相（宰相）に注ぎ、天下危うければ、意を将（将軍）に注ぐ。将相和調すれば、則ち士は豫《よろこ》びて附く。士豫び附かば、天下に変有りと雖も、而も権は分かれず。陸生（漢の高祖の説客となり、天下を定めた陸賈）微《な》かりせば、誰と与《とも》にか際を為さんや。此れ聖人の謂ふ所の義にして、その能く天下の難を解くを謂ふなり。何の咎か之れ有らんや。

井《せい》（井戸。井の卦に「邑を改むれども井を改めず」とある。）は、一家の養、一世の業に非ざるなり。王明らかなれば、則ち汙者《おしゃ》は渫《さら》ふ。之を甃《しゅう》（瓦で井戸の壁を造る）せざれば、久しからずして悪し。之を脩むるには、必ず先づ之を浚《さら》ふ。之を浚って、その悪を渫《さら》ふなり。之を渫って、必ず将に之を甃せんとす。之を甃して、その美を完うするなり。古者《いにしえ》は室を築いて甃せず。土を合するの利を省きて、その害を慎むなり。井は豈に能く尽《ことごと》く甃せんや。井は深くして、しかる後に、泉に至る。且つ甃を為《つく》る能はざれば、井の甃は、坎の高き者にして、旱に近づきて、水用足る無し。易は甃を為りて、乃ち相率ゐて之を治む。之を治むる者は誰か。王の明を承くる者なり。木なる者は、以て久しと為すなり。甃なる者は、以て漏れずと為すなり。石なる者は、以て上に出づと為すなり。辨を剛柔の際に立て、数十世敝《やぶ》れざるの法を立てて、終《つい》に隙無し。幹はその底深く、その上に出でて、腐って傾かざるを崇《とうと》ぶなり。汙穢《おわい》せずして入るなり。天光之を照らし、霜露降る。咎无きの道なり。旧井は多し。之を脩むれば、則ち廃せず。因りて害を改めざる者は福なり。爰《ここ》に古井の尚ほ今に存する有り。之を脩めて力むるなり。奚《なん》ぞ必ずしも鑿《さく》して飲まんや。自ら以て功と為す。豈に福なる哉。泉は、則ち皆なその食する者なり。冽は可なり。曷《なん》ぞ寒泉と言はんや。夏日なればなり。六飲の上を水と曰ふ。王公に羞づるも、惟だ夏は是れ宜しければ、惟だ寒は是れ宜しく尊を養ふ所なるべし。食ふか、食はざるかは、卑者は敢て知らず。その辞を断じて食ふと曰ふは、之を信ずればなり。之を喜べばなり。惟だ中正は、克く寒泉を以て自ら益し、味を別ちて、甘きを尚び、志を養ひて、洌寒の美たる、以て内に熱すに勝るを尚ぶ。理義の清微を誦し、善く嗜慾の味に入り、渙然として冰釈す。明王の心は、信《まこと》に此《かく》の若《ごと》くなるか。

　愚にして神なる者は、民の孚《まこと》なり。王者の孚有れば、則ち之を相保ち、相受け、相和するに比す。司徒九比の法に親しむは、咎无きの道なり。水、下を潤し、缶《ふ》（酒を入れる素焼きのかめ）以て之に注ぎ、上は民を利せんことを思ふ。夫れ人は下流に待ちて、恵みの必ず将に至らんとするを知る。民にその信有りて、缶に盈《み》つ。方《まさ》に来って縦《ほしいまま》にして、遽《にわ》かに来たらざるも、終に来たらざらんや。終に来たらば、則ち吉なり。曷ぞ他の吉有りと曰はんや。沢遠くして、自他溢るる有り。徳遠くして自他望み有り。声遠くして自他聞く有り。書に云はずや、並びに其れ邦を有つと。厥《そ》の鄰《りん》、乃ち曰く、我が后《きみ》を徯《ま》つと。（『偽古文尚書』、太甲篇の中）而れども王者の心は遂げずして曰く、我が畜民を作すや、之を名づけて他有りと曰ふ。而れども人を牧する者は、是《ここ》に於てか、各《おのおの》宇を寧《やす》んずる有り。

　春秋はその国を内にし、諸夏を外にす。内を虚《むなし》くして、外に事ふれば、則ち之を譏る。諸侯は天子の守臣と為って、柔に正しくして、以て利しからずんばあらず。自ら疏んじて、天子の為に民を得て、以て天子に得らる。順従なる者は、咸《み》な応じて之に比《した》しみ、内より独り王の親しむ所と為るは、柔中なればなり。維れ君子の民を失はざら使むる者にして、自ら失はざればなり。

「その国を内にして、諸夏を外にす」とは、後漢の公羊学者何休が著した『春秋文謚例《ぶんしれい》』の三科九旨の一つである。また、比の卦、六二に「之に比しむこと内自《うちよ》りす、貞しくして吉」とある一文とパラレルに関連させて、論じているのは、一層興味深い。これは正に荘存与が何休学を重視した証左というべきである。ここに常州学派の創始者の易学思想の特色を見る。存与を以て何休学を否定するかのごとく解説するのは誤りである。

　下、順従なる者は、常人なり。奚《なん》ぞ独り人に匪《あら》ずと為さんや。上の下に比《した》しめば、必ず分別して、人に匪ずとして、之を遠ざく。又た何を以てか比しまんや。之に比しむ者は、之に遷るなり。爾《なんじ》を遐逖《かてき》（遠方）に移さば、事に比しむ臣、我が宗は多く遜《ゆず》りて、克く亨けて吉なるか。克く亨けずして凶なるか。その人の敬するか、敬せざるかを視よ。殷の頑民すら且つ猶ほ之に比しむ。吾れ乃ち今ま周公の徳と、周の王たる所以とを知るなり。而して聖人の心は、以て傷む無しと為すに忍びざるなり。天を念へば、即ち殷に於て大いに誥《こう》に戻《もと》る爾《のみ》。多士も亦た傷まずや。

　名を正して曰く、上は之を外と謂ふを得ずと。二は遠く、四は近きも、弥《いよいよ》自他を得ず。五に於てして之を外とす。外、之に比しむを名と為す。当らんか。曰く、名に当るなりと。内は則ち父子、外は則ち君臣なり。名を策して質に任せば、父母は以て子と為すを得ざるは公義なり。私恩に非ざるなり。賢に比しみて、敢て不肖を以てせざる者は、之に事へて私を以て公を害せず。家事を以て王事を辞せず。父子は恩を主とし、君臣は敬を主とす。夙夜、公に在りて犯すこと有るも、隠すこと無きは、臣の貞なり。方伯は連《しき》りに万国の保伍を率ゐるなり。方千里を規して、以て九服中の天下を弼成して、四海の民を立定す。顕らかに比の道なり。文教武衛、事を講ずるに於て、材を取り、之が順を見はして、以て上に従ふ。皆な吾の教士なり。王は三駆を用ひ、既にその習変を観、又たその命を犯さざるを観る。士果たして命を用ふれば、則ち必ず前禽を失ふ。王誠に礼を用ふれば、則ち士は命を用ひざるは莫し。不軌不物は之を民に行ふを得ず。邑人は天子の邑人なり。孚《まこと》有りて缶《ふ》に盈《み》つ。奚ぞ事に臨んで、しかる後に誡めんや。

天下の服し聴く所の柔は、乃ち独りその上に拠るか。未だ之に比しむに首无き如き者有らざるなり。（比の卦、上六に「之に比しむに首无し。凶」とある。）名は比しむの実なれば、則ち之が土竜（雨乞いに用いた土製の竜）芻狗《すうく》（わらを結んで作った犬）の名有るに乗る。曽て何ぞ天を楽しむ者を礪《みが》き介《たす》けて、光《かがや》き顕らかにするに足らんや。四海は大なりと雖も、頓に斯の人の地を置かんや。徒《いたず》らにその身を以て戒めを万国に為すのみ。凶人も終に終る所无くんばあらざるなり。その大首に施し、その余民を宥《ゆる》し、彼を以て人に匪《あら》ずと為すも、しかも之を畜《やしな》はずんばあらざるなり。

教へを設くる者は、其れ務めて童観を知るか。王者の教へは、必ず法を天地に取る。而して先聖を観るに、大いに上に在るを観る。上智すら且つ猶ほ之を履む。しかる後に詩書礼楽は諸《これ》を行事に見《あらわ》すを知る。而して業を肄《なら》ふの諸《これ》を有道有徳に付する者は、以て天人の道の備はるを相示すなり。一童子すら之を知るか。此れ童観に非ずや。末師の口説は況《たと》ふる毎に愈《いよいよ》下る。俯して之に就けば、道は固《もと》より未だ是《かく》の如く其れ速成する者有らざるなり。日に先王の道を脩めて、以て教へを天下に為す。顧ふに三尺の童子をして、斐然《ひぜん》として公卿に意有りて、以て君子を進め、小人を退けんと欲す。亦た難からずや。初六の「童の観る」は、小人の道なり。（観の卦、初六に「童の観るがごとし。小人は咎无し。君子は吝なり」とある。）先王は民を観て教へを設くること此の如くならず。又た何ぞ夫《か》の闚《うかが》ひ観て、（観の卦䷓、六二の小象に「闚ひ観る。女の貞」（六二）とは、または醜づべきなり」とある。）聖人が天下の動言を見るを知らんや。奇衺《きじゃ》（奇邪）、日に新たに、月に盛んなり。戯豫、変を増し、興を益すと言はん。祭祀の賓客は、斉・魯すら且つ以て婦人の戒めを観る。春秋に在りては、貞なりと雖も、亦た醜《は》づべきなり。子仲の子、南方の原俗の流失は、鬼神に依れば、則ち先を争って之を覩る。孰か盥《そそ》ぎて薦《すす》めざるの潔すら、敬は一変して此に至るを知らんや。礼に曰く、幼者は聴きて問はざれば、則ち童観も聖人の門に行はれずと。又た曰く、婦女の観ること毋きを禁ずれば、則ち闚ひ観ることは、貴戚近習の家に兆さず。謂ふ所の典礼なればなり。

人の生や、一に終日乾乾として反復する道なり。進むこと有りて、退くこと無くんば、知至る。至れるの知、終れば、之を我が生の上に在るを終ふ。之を若何《いかん》ぞ進退と爾云《しかい》はんや。七十子は天下の英才にして、至聖の輔なり。之を語って惰ならざる者は、惟だ顔子のみにして、その余は猶ほ観る有り。必ず進むこと有り、必ず退くこと有り。進むは道に在るなり。退くも亦た道に在るなり。寧《いずく》んぞ岐路有らんや。人は自ら知らざるに苦しむ。又た好んで人の師と為って、自ら誣《し》ふるなり。且つ道を誣ふるなり。常に我が生を観れば、則ち進退を誣ふべからざる者有り。我と人と偕に斯の世に生まれ、人生を観るは、我が生を観るに孰若《いず》れぞや。世の升降を見るは、我が生の進退を観るに孰若れぞや。孔子曰く、未だ道を失はざるなり。未だ進むこと有りて、退くこと無き能はざればなりと。能く道を考へて、以て失ふこと無しと為すなり。

観の卦、六三に「我が生を観て進退す」とあり、その小象に「我が生を観て進退すとは、未だ道を失はざればなり」とある。十翼は孔子の作とする見解に基づき、子曰くとしたのである。この一文は、観の卦の六三の爻辞と小象を踏まえ、孔子の七十子に言及してる。

陽鳥の居る攸《ところ》、初歳は北に遂げ、輩、輩と作《な》るは、後先に止まる、稌蓏《とら》（もち米とうり）の実を率ゐること多し。此れ汝の見ざる所に非ず。大爵は黄口に殆《あやう》し。人は宦情に昏《くら》からざるも、半余を失はんと欲す。子は禄を欲し、牙《きば》もて礪《と》ぎ歯《は》もて碬《と》ぐ。禁禦蚤《はや》からざれば、逞しくして患《うれ》へを成す。之に徐行を誨《おし》ふること、彼の鴻雁の漸《すす》むこと、干《みぎわ》に始まるが如くす。（漸の卦䷴、初六に、「鴻《かり》、干《みぎわ》に漸《すす》む。小子《しょうし》は厲《あやう》し。言有り。咎无し」とある。）下に処《お》れば、則ち善く速かに成って牢《かた》からず。奚《なん》ぞ盍旦《こうたん》（夜鳴いて、朝を求める鳥）と為らんや。維れ鴻に磐に序《つい》ずる有れば、（漸の卦、六二に「鴻　磐《いわお》に漸《すす》む。飲食衎衎《かんかん》（和楽のさま）たり。吉」とある。）則ち従ふ。維れ鴻、磐に群がる有れば、則ち容《い》るるなり。維れ鴻、磐に別るる有れば、則ち嚶《よう》す（鳥の声が和らぐさま）。安富尊栄は、その君の用なり。孝弟忠信は、子弟従ふなり。三老、学に在れば、農を明らかにせざるなり。野に遺賢無く、辟雍《へきよう》（中国古代の大学）を楽しむなり。万邦の黎献（かしこい人民）は、偕に来りて宗とするなり。官を建つるに、惟れ百職冗ならざるなり。克く徳心を広めて、天職崇ぶなり。十士に一官、競って争端を啓き、遷る者は流るるが如し。淹《とどま》る者は、尚ほ繁く、彼の広沢に逝く。盍《なん》ぞ磐を観ざる。耕さざるの問ひは、豈に解せんや。檀を伐る（『詩経』の篇名）は何事ぞ。是れ為すべきを疑ひて永く歎ず。鴻漸むは、胡為《なんすれ》ぞ木に于《おい》て位を得るや。（漸の卦、六四に「鴻、木に漸む」とある。）位を得るに否《あら》ざるなり。位近き者は、益《ますます》恭しくし、敢て寧居せず。詩に曰く、温温たる恭人、木に集まるが如しと。懼れ多ければ、曽て衎衎として楽しまんや。或はその桷《たるき》を得るは、曷《なん》為《す》る者ぞや。三公九卿は事を承け、天子は必ず徳を同じうするの一人有りて、以て上帝を尊ぶ。その責は君よりも難き者は、益《ますます》大にして、木に漸む者、宜しく之れ有るべし。而れども豈に恒に有らんや。世に聖人無きも、君子を見れば、斯《ここ》に可なり。敢て自ら其の人と謂はんや。要《かなら》ず敢てその志気を恢宏せずんばあらざるなり。君子は誠に一人に非ず。至尊に近くして、その桷《たるき》を得しむる者は、一二人に過ぎず。必ずその人無しと曰ふべからず。亦た必ず此の人と曰ふべかず。故に之を或はとするなり。国に斯の人を生ずるは、君の福なり。往けば功有るなり。以て邦を正すべきなり。其れ斯の人に在るか。亦た惟れ善く過ちを補ふのみ。敢て曰はん、子《し》に勝《まさ》る莫《な》き哉と。

漸の卦は、徐々に進んでやむことの無い道を説いたものであるが、この卦を通して、荘存与は天子を補佐する傑出した人物に比擬して、その活躍の偉大さを礼賛したのである。礼部侍郎に出世した自身を回想して、この解説を試みているようである。さらに漸の卦につき、次のように解説している。

大なる陸を阜と曰ひ、大なる阜を陵と曰ふ。北陵、西に隃《こ》ゆれば雁門なり。鴻は之を陽鳥と謂ふ。陸に漸み、乃ち陵に漸む。日に北に至りて、北陵に居るなり。日に之が徳を漸むは、小成の徳なり。寒暑を極めて、皆な天地の至和に宅《お》る。陽を愆《あやま》れば居らず、陰に伏せば処らず。君臣夫婦は、往来相際す。道は茲《ここ》に在るか。以て言はんか。臣或はその桷（棟《むね》から軒《のき》に渡す材木）を得たるに、何《な》遽《ん》ぞ之に勝《まさ》る莫《な》くして以て言ふや。婦は則ち后妃夫人の徳なり。海内の望みを塞ぎ、神祇の心に順ひ、願ふ所は大なり。子孫の祥も為さず、晩暮に何ぞ汲汲たるか。婦の来たるや、その勝を欲するのみ。舅姑《きゅうこ》の至願は、飲食寝興、之を蘄《もと》む。勝つ者は、誰と与に勝ちてか、斯《ここ》に可ならんや。之に勝つ莫きは、敢て知らざる所にして、終に之に勝つ莫きも、此に到らざることを念ふ。三歳、婦と為りて、以て孕まざれば、（漸の卦、九五に「鴻、陵に漸む。婦、三歳孕まず。終に之に勝つ莫し。吉」とある。）重ねて長老の心に縈《めぐ》る。識者之を見て、終に之に勝つ莫しと曰ふは、気を善くすればなり。遐福《かふく》（大いなるさいわい）なり。且つ盛徳なり。その吉は定まる。（以下省略）

『彖象論』は、彖伝と象伝との関連に着目して、その重要な問題点を論じたものであるが、一般の易学とは異なり、荘存与の独特な観点から記述したもので、看過しやすい論点を指摘し、納得せざるを得ない。紙幅の関係で、全てを掲載できず、残念であるが、その一斑を見て全豹を憶測して戴きたい。

3　その他の易学関係書

（イ）『繫辞伝論』二巻は、繫辞伝に対する見解であるが、冒頭の一文は、荘存与の易学に関する基本認識を吐露しており、欧陽脩が『易童子問』で展開した、孔子の繫辞伝制作の否定論など、全く歯牙にも掛けないことを物語る。次に冒頭の一文を掲げる。[10]

天尊く地卑きは、天地の間に在る者は、胥《み》な之を乾なり坤なりと知る。包羲氏、天始めて之を作り、文王之を序《つい》ず。聖人に非ずんば、定むる能はざるなり。天の道は尊し。天の命は尊し。天の象は尊し。惟だ聖人のみ之を知る。その知らざるべからざるを知る。又た知るべからざると、天下の有とを知る。至徳の者は之に事《つか》へ、惟だ聖人のみ能く天を尊べばなり。地の道は卑《ひく》し。天、地に命ずる有らば、その事に事ふる有りて卑し。天に象有り、地に法有り。形に著はれ、その法は卑く、その形は卑し。惟だ聖人のみ之を察し、天下の人をして、各《おのおの》能く知る所を以て之に事へ使む。惟だ聖人のみ能く地に親しむなり。地に親しみて、地の卑高・動静・方物は、聖人胥な之を察す。……凡そ天の下に在り、地の上に在れば、その形は必ず地に在り。その象は必ず天に在り。二を以て変化すべからざる者は、陰陽の為す所にして、天の道なり。坤の文言に曰く、天地変化して、地は命を天に受くるなりと。乾の象に曰く、乾道変化して、大いに乾道を始むるなりと。大を以て終るは、乾道に非ずや。聖人は陰陽を尊びて、言を尽くさず。その知らざるべからざるを知る。故に之を言ひて、その知るべからざるを知る。故に言を尽くさず。嘗て窃かに地上の蟻蝨《ぎしつ》の臣（微賎の臣下）が、その小知を以て図天の載《こと》を洪惟《こうい》して、罪を天に獲たるを歎ずるなり。変化は天に原《もと》づき、地に降る。剛柔の陰陽の徳を体する所以なり。八卦、地の八方に位するは、天の神気を載する所以なり。相摩して卦の小成相盪《うご》きて、卦は大いに陰陽の変化を成す。眇乎《びょうこ》たる神気、之を鼓するに雷霆を以てし、之を潤すに風雨を以てするは神気なり。（以下省略）

（ロ）『八卦観象解』は、巻頭に八卦観象図を掲げているが、これは二十八宿、二十四気、六十卦を円形にしたものので、卦気図とも称されるものである。本書は一巻であるが、上下二篇に別け、上篇は二十八宿につき詳述し、下篇は六十卦の主要部分につき解説しているが、参考のため、末尾の一文を紹介したい(11)。

天道は舒《の》ぶることを貴びて、恒に施すことを尚ぶ。日月の天に在るは、臣道なり。疾けれども、以て舒びざるを得ず。天は君道為り。施して報ゆる勿れ。舒びて迫る勿き者なり。履䷉の乾の位を左《たす》け、上下辨ず。履は乾に復《かえ》る。上下何を以てか辨ぜんや。聖人は之を辨じて、履、兌䷹に之くと曰へば、則ち元いに吉なり。履、乾に之けば、則ち凶を得。乾、姤䷫に之けば、竜の潜なり。姤、乾に之《ゆ》けば、豕《いのこ》の羸《よわ》きなり。その上下の六爻を辨ずれば、皆な此《かく》の如し。乾の象に曰く、元いに亨る、貞しきに利しと。一辞をも加へず。六十四卦の君なり。兌の象に曰く、亨る。貞しきに利しと。亦た一辞をも加へず。是の若きは嫌《うたが》はんや。否《しから》ざらんや。乾は至尊なればなり。宜しく君たるべし。兌は至って卑し。以て乾に之きて、その宜しき所と為るを得ず。（以下省略）

（八）『卦気解』(12)はわずか十葉に過ぎないが、『皇清経解』続編にも収載され、経世致用を標榜する常州学派の易学にふさわしいものである(13)。それは農事暦と深く関わり、農耕に従事するものにとって貴重なものである。漢易の短所は筮竹の判断が恣意に流れ、荒唐無稽な言辞を弄するようになったからである。しかし、卦気説は農耕に従事する者にとり、必要欠くべからざるもので、存与の甥に当たる後継者の荘述祖が、『大戴礼記』の夏小正に着目して、さらに夏時等例(14)を作成して、農事暦に新たな資料を提供した。それは兎も角、中国古代の易や礼に関する農事暦の役割は、極めて興味深い。

おわりに

清代常州学派の創始者である荘存与は、西漢今文学の公羊学に開眼し、『春秋正辞』を著し、経世致用の実学を標榜し、特に漢代の春秋公羊学を再生させた。これは特筆大書すべきことである。当時の清朝は、明王朝が滅亡し、征服王朝によって支配された。つまり、漢民族にとって、実に屈辱的な時代であった。したがって、黄宗羲や顧炎武らの遺臣は、清王朝による招聘を固く拒絶した。そして当時、すでに呉派の恵棟は『易漢学』を著し、漢代象数易の学問を天下に明らかにし、易学を通じて民族意識を高揚させた。

また、皖派の戴震も、東漢許・鄭の学を振興することに努めた。かつて梁啓超が『清代学術概論』を著し、これを文芸復興と断じたゆえんである。特に荘存与の常州学派は、一族の荘述祖・劉逢禄・宋翔鳳らの俊秀の活躍により、魏源・龔自珍らの弟子が輩出し、道光時代の激変期に、公羊学の政治思想は天下に注目され、魏源の『海国図志』は、わが幕末の志士にも影響を与えたのである。したがって、荘存与の易学思想はいかなるものであったか、興味は尽きない。しかし、当時は黄宗羲・毛奇齢・顧炎武・胡渭・恵棟らの特色ある易学が注目され、一方、勅撰の程伝朱義に基づく『周易折中』も流通していたので、荘存与は独自の観点から、彖伝と象伝に着目し、さらに繫辞伝の記述を敷衍して、既述の如く、総合的観点から易学の機能的側面を捉え、高級官僚の視点から、政治的側面を重視した易哲学を解明したのである。逐条的解釈の方法は取らず、自由な発想で易学の両卦の関係を重視し、上卦と下卦との往来変化などから、易の消息の特色を解説している。前漢今文学を代表する公羊学は、

『易緯』八種とも関連するが、存与はこれらの著述には言及せず、あくまでも『易経』上下経と十翼に関して論述している。既に恵棟の『易漢学』が普及しているため、漢代象数易に関しては、『卦気解』があるのみであるが、僅かに十葉にすぎない。図表を添えて簡潔にその内容を記述したものである。

ところで、常州学派の劉逢禄は、皖派の張恵言と親しく、没後に子息が遺著の『虞氏易言』の補完を彼に依頼したことは、すでに論及したが、[15]当時、皖派の学者が、常州学派の学者と、学問認識に共通点があったことの証左である。さらに興味あることに、同じく皖派の碩学である焦循は、『孟子正義』を著し、孟子は易学を能く理解していたと断じているが、[16]これも看過できない点である。おしなべて、思想史を研究する場合、例えば『孟子』を一読する中で、易学に関する引用が無い場合でも、その文章の行間に秘められた思想を把握することが重要である。これも孟子が始めて『春秋』の経典の重要性を披瀝し、孔子と『春秋』の関係を明らかにし、「吾を知る者は春秋なるか、吾を罪する者も春秋なるか」と道破した、孟子の驚くべき発言が、いみじくも幼少の時から『孟子』を教育された焦循の心に影響し、『周易』と『春秋』を統一的に把握する学問的認識を涵養したからである。さらに興味あることに、彼の『易通釈』は、公羊学を嫌った皖派の王引之に推賞されて上梓したという。これらの事実を平心に判断すれば、容易に理解される。しかしながら、学者によれば、孔子の『春秋』制作説を否定し、孟子の発言を否定する学説も存在する。さらに孔子と易との関係をも否定するに至っているのである。

〈注〉

(1)　章炳麟『検論』巻四　二五葉「論清儒」。

(2)『武進陽湖県史』第二三　人物　荘存与。
(3)支偉成『清代樸学大師列伝』二三七—三八頁　上海泰東図書局　民国四四年。
(4)梁啓超『中国学術思想変遷之大勢』九六頁　台湾中華書局　民国四五年。
(5)濱久雄『公羊学の成立とその展開』一七五—九九頁　国書刊行会　平成四年。
(6)濱久雄『東洋易学思想論攷』一五九—二一五頁　明徳出版社　平成二八年。
(7)荘存与『彖伝論』一—三葉『味経斎遺書』所収　陽湖荘氏蔵板　光緒八年。
(8)荘存与『彖象論』一—七葉。前掲書所収。
(9)荘存与『彖伝論』六五葉　前掲書。
(10)荘存与『繫辞伝論』一葉。前掲書所収。
(11)荘存与『八卦観象解』四七—八葉。前掲書所収。
(12)荘存与『卦気解』一—一〇葉。前掲書所収。
(13)濱久雄『東洋易学思想論攷』三四—四一頁　明徳出版社　平成二八年。
(14)濱久雄　前掲書　四二一—六頁。
(15)濱久雄　前掲書　二三四—五頁。
(16)濱久雄　前掲書　二九五頁。

第六章　程廷祚の易学思想 —『大易択言』を中心として —

はじめに

程廷祚（一六九一、康熙三〇—一七六七、乾隆三二）は、かつて『禘祫辨誤』二巻を著し、古代礼の禘と祫につき、聚訟紛々たる情況に一石を投じた。彼は礼学にも関心を抱き、さらに易学を巡る漢代象数易と義理易の対立にも新境地を拓き、程伝朱義にも飽き足らず、独自の義理易を貫徹し、漢代象数易を否定するに至った。私が特に彼の易学研究の集大成である『大易択言』に興味を抱いたのは、礼学の学説の対立に興味を抱いた彼が、易学研究方法にも情熱を傾け、独自の立場を開拓した動機は、易と礼の重要性を認識したからであろう。更に彼は『春秋』にも関心を抱き、『春秋識小録』九巻を著しているので、ますます興味を抱いた。

もっとも、易と礼を窮めた学者には、『易伝』と『三礼注』を著した後漢の鄭玄がおり、下って宋代では、朱熹が特に『儀礼』の重要性に着目して『儀礼経伝通解』を著し、さらに『周易本義』を上梓した。降って清朝では、皖派の張恵言が『易礼』を著しているので、一層、興味をそそられる。とにかく、このような経緯で、私は敢て易と礼と春秋を研究した清朝の程廷祚の易学を取り上げ、彼の易学研究が実践躬行の実学を標榜する顔李学派の思想的背景の下で、どのような展開を示しているか、その研究方法と理論的特色につき論述してみたい。

一、程廷祚の学問形成

程廷祚は初めの名は黙、字は啓生、江蘇省上元の人で、諸生（学政使が行う試験に合格して、府県学に入学した者）となった。初めて惲鶴生と知り合い、実践を重んじる顔李学派の学問を聞いた。その後、康熙五九年に、李塨《りきょう》が南京に遊んだとき、彼はしばしば訪問して学問を尋ねた。そこで顔元の『存学編』を読み、その書物の後にこう記した。「古への害は、道、儒の外に出づ。今の害は、道、儒の中に出づ。顔氏が燕・趙より起り、四海倡和して、翕然として風を同じうするの日に当り、乃ち能く折衷至当にして、以てその非を斥くる有り。蓋し、五百年に一人のみ」と。こうして、顔氏の勢いは、孟子には敵わないが、その功績は孟子に倍すると言うに至った。したがって、務めて異説を斥け、顔元を主として、顧炎武と黄宗羲の見解を参照した。顧炎武は朱子学者で、清朝考証学の泰斗であるが、諸国を旅して『天下郡国利病書』を著した行動的な考証学者であり、黄宗羲は劉宗周に師事し、野孤禅を排した実証的な陽明学者であった。したがって、いずれも尊敬すべき碩学であった。彼の読書は極めて広く、皆な実用を旨とした。乾隆元年に博学鴻詞科に応ずるよう召された。しかも、ある要人が彼の名を慕って、「我を主とすれば、翰林は得べきなり」と勧めたが、彼はこれを拒んだという。一六年に、江蘇の巡撫である雅爾哈善が再び経学を以て推薦したが、また辞退して帰った。そして乾隆三二年、七七歳で卒去した。

程廷祚は経学に造詣深く、良くはっきりと、言う所を言い、依付（よりすがる）する所が無かった。嘗て「宋学を墨守するは、已に非なり。漢学を墨守するは、尤も非なり」と語った。これは陽明学と同じように、実践躬行を重んじ、さらに経世致用を標榜した顔李学派の学問研究の姿勢を端的に表白したものである。易を論じては、勤めて象数を排し、唯だ義理を以て宗とした。そして漢人の卦変・互体・飛伏・納甲の諸法、宋人の河・洛、先天の諸図、及び乗・承・比・応の諸例は、尽くこれを一掃した。著書には『大易択言』三六巻、『易通』一四巻、『易説辯正』四巻、その他、『尚書通義』三〇巻、『青渓詩説』二〇巻、『礼説』二巻、『禘祫辨誤』二巻、『春秋識小録』九巻、『魯論説』四巻があり、『尚書』に関しては、毛奇齢の『古文尚書冤詞』の説を攻撃し、『春秋』においては、官名、地名、人名を考え、頗る精核とされた。ただ学は顔元・李塨を宗とし、好んで程頤・朱熹を非義した。後に桐城派の姚鼐《ようだい》は、彼の著書を見て、程廷祚を「好学深思、博覧強識にして、持論は稍《や》や偏るも、休寧の戴震と頗る相似たり」と評価したという。以上は『清史列伝[1]』の記述に基づいて纏めたものであるが、彼の学問形成の経緯と、彼がいかに立身出世を考えない淳儒であったことを物語る。易の代表作である『大易択言』の序文の中で、彼は易学に対する最も重要な認識と研究方法につき、次のように語っている[2]。

> 六経は皆な道を明らかにし、教えを立つるの書にして、箋注の多きは惟だ易を最と為す。その故は得て言ふべきなり。夫れ典謨の訓詁には、剛柔九六の象無く、風・南・雅・頌に吉凶悔吝の文無し。而るに易には之れ有り。後の人は迂怪の説を以て、之を詩・書に加ふる能はず。而るに易に於ては、則ち至らざる所無し。蓋し、徒《た》だ体貌の同じからざるを見る有りて、道を明らかにし、教えを立つるに、未だ嘗て二致有らざるを知らざればなり。孔子、伝を作り、首《はじ》めに易簡を明らかにして、此れに像《かたど》ると曰ひて、之を象《しょう》と謂ふ。此れ

に效《なら》ひて之を爻と謂ふ。蓋し、易道の晦蝕を群言に慮って、その本原を掲げて以て万世に詒《のこ》す者は至れり。乃ち後の儒者は、象数の名を慕ひて之を求め、惟だ之を得ることを得ざるを恐る。而れども一象一爻の用を補ふ无し。夫れ箋疏の作は、以て経を明らかにするなり。若しその平易を舎《す》てて、その艱深に就き、周《あまね》くその是に似たるを納めて、その本に付著し、之を説くに論無く、繁興適《たまたま》ま以て経を蔽ふのみ。学者の当に慎思明辨すべき者、孰《いず》れか是より大ならん。

国朝の御纂周易折中は、千古易を説くの家をして粋然として一《もっぱ》ら正に由り、日月出でて天地明らかなら使む。第《つい》で学者先入の言は、猶ほ頗る群書に見ゆ。若し稍《や》や釐訂を加へ、その従違を別たざれば、則ち異を見て遷り、その未だ然らざるを防ぐ所以に非ざるなり。乾隆壬戌（七年、一七四二）、望渓方先生南帰し、慨然として六条を以て五経集解を編纂し、後学に嘉恵せんと欲す。而して首めに易を以て廷祚に属して曰く、子の易を研精すること久しと。夫れ廷祚、豈に易を知る者ならんや。先生の言を聞き、退いて悚息する者《こと》累月、乃ち敢て命を承けて之を為す。十年を閲して書成る。命じて大易択言と曰ふ。夫れ仰観俯察、数を極め象を定むる者は、上古の作易の事にして、今の学者の及ぶ所に非ざるなり。大伝に曰く、聖人の情は辞に見はると。（繫辞伝下）辞に因りて以てその義を求め、義を得てその用を明らかにするは、訓詁に非ずんば、功を為さず。六経の中、惟だ大易に聖人の訓詁有れば、則ち後世の易を説く、或は智を鑿して経を強ひ、異説多端、致詰《ちきつ》すべからず。或は絵画して象を立て、自ら画前の秘に命じて、以て相授受する者は、皆な以て択ぶ所を知らざるべからざるのみ。廷祚は易を知らざる者なり。竊《ひそ》かに是の編の終りに于《おい》て、その見る所を著すこと此の如し。以て夫の志有る者の論定を俟たん。

この長文の自序文により、本書成立の経緯が判明し、特にこれが桐城派の碩学方望渓の六条に基づく『五経集解』の上梓の一環として完成されたのである。彼らの学問姿勢がその中核となっているのである。したがって、漢代象数易を拒否し、宋代の程伝朱義に基づく勅撰の『周易折中』を高く評価する。また、大伝、つまり十翼に基づいて解釈する方法を金科玉条とする。これは前漢初期の田何の易学とその揆を一にする。この序文は乾隆一七年（一七五二）九月一日に認《したた》められ、程廷祚が数え年六一歳の時であった。

二、『大易択言』の構成の特色

本書の構成は、彼が冒頭に、「例略」と称する二大方針を掲げ、これに因ってその方針が貫徹されている。それは「易の比例を求むるを論ず」と題する五か条と、「論ずるに六条の編書を以てす」と題する正義・辨正・通論・余論・存疑・存異がこれである。既述のごとく本書は、方望渓の授ける所であり、それは先儒の説を論次して、纂書者の論点が、条に随って附見され、皆な「愚案ずるに」とする自説と区別したと記している。

ところで、易の比例を求める五か条は、

① 経の卦を定むるに健・順・動・入・陥・麗・止・説を以てす。八者は経の卦の本義なり。即ち真象なり。平菴の項氏曰く、謂ふ所の神明の徳、万物の情は、皆な此に萃る。孔子、彖辞を釈するに、専ら之を用ひ、

其れを以て八卦の由りて生ずる所と為すなり。而して諸の爻象の蘊は、蓋し皆な焉を外にする能はず。八者の得失は、則ち値ふ所の重卦を以て断と為す。重卦既に各体象有るを以て、而して経卦或は内に在り、或は外に在り、六位或は剛に宜しく、或は柔に宜しきなり。

② 重卦を察するに反対を以てす。天地万物は、皆な相反するを以てして用を成す。聖人の序卦は、その反対を取る。蓋し此れを以て其の端は雑卦伝に見ゆ。学者は泰・否・剥・復に於て、能くその義を挙げて誤らざる者は、反対明らかなればなり。小畜・小過に于《おい》て、皆な言ふ能はざる者は、その反対の義を失するを以てして、小畜と大畜と、小過と大過とは、論を同じうするを以てなり。然らば則ち、反対を舎《す》てて卦の真解を求むるは難し。

③ 六位を稽ふるに貴賎を以てす。易の大例に三有り。卦には陰陽を曰ひ、爻には剛柔を曰ひ、位には貴賎を曰ふ。故に曰く、貴賎を列する者は、位に存すと。此れ大伝の明文なり。漢の後、註家は初・二・三・四・五・上を以て一陽一陰と為す。故に陽爻・陰位・陰爻・陽位の説有り。夫れ二・三・四・五は、亦た奇耦の数と雖も、而かも奇耦を以て用ひず。奇耦を以てするは、惟だ九・六が之に当たるなり。故に下に在る者は、一と曰はずして初と曰ひ、上に在る者は、六と曰はずして上と曰ふ。聖人も亦た後世、誤りを察せざるを慮り、六位を以て六数と為して、九・六の義を致し、反《かえ》って以て明らかならざるなり。六位の説、明らかにして、剛柔中正の説、明らかならざるは无し。

④ 爻の義を求むるには本爻を以てす。爻に三義有り。剛柔性有り、情の拠る所の卦に体象有り。六位に貴賎優劣有り。三者合して文を為して、義備はる。吉凶悔吝は、その理、在るに随って、具さに位を越ゆる

を仮りず、相謀ること謂ふ所の乗・承・比・応の如き者は、変体・互卦の諸論を案じ、用ふるに占筮を以てするは、春秋の時に起りて、孔子に黜《しりぞ》けらる。乗・承・比・応の若きは、則ち左（伝）・国（語）すら尚ほその説无し。その漢の後の付会為ること疑ひ无《な》し。（折中は以て経を談ずる弊と為す。至れる哉、斯の言や。百世以て俟ちて惑はず。）

⑤　彖・爻の辞を明らかにするに二伝を以てす。案ずるに孔子が易を論ずるの全体の大例は、則ち繫辞・説卦・雑卦の諸伝、彖・爻を発明する有れば、則ち彖・象二伝は、固より宜しく彖・爻と相比して、相違毋《な》かるべし。孔子の易は、文王の易に非ずと謂ふべからざるなり。乾坤の二卦は、文言の義、存して推広す。故に乾の四徳は、即ち彖辞と異なる有り。大象の一篇は、乃ち特出の筆にして、君子の用を明らかにする所以なり。易は法に同じからずして、道に同じ。その義を取るは、卦爻と侔《ひと》しからざる者は尤も衆し。蓋し、経を釈する為にして作るに非ざればなり。今ま此の書は、仍ち程伝本を用ひて、古本に従はざる者は、彖・象を明らかにせんと欲すれば、当に伝を以て経の義に従ふべしと云爾《しかいう》。

以上の諸説は、廷祚、自著の易通の内辯論に于て甚だ詳なり。今ま書中に散見するも、而かもその大略を此に括す。望渓先生言へる有り、吾れ易を治めて二十年、大全は硃墨の五色を以て之を別つ者、凡そ七周、宋・元の経解、及び未だ刻せざる者、詳定する所、十に六七に幾《ちか》きも、卒《つい》に未だ易の要領を得ること有らず。去って周官・春秋に従事すれば、輒《すなわ》ち獲《う》る所有り。蓋し、二経の比例は見易きも、而かも易の比例は明らかにし難きなり。竊かに謂へらく、治経を善くする者は、必ず経を以て経を解し、経を以て経を解するには、宜しく経の比例の諸説を求むべし。其れ即ち先生の謂ふ所の比例なる者か。

ところで、特に注目すべき点は、②の中で、彼が漢易の反卦を重視して肯定していることである。これは程頤も明夷の卦で認めているので、合わせて興味を引く。朱熹はこれを卦変としたが、これは来知徳が、朱熹の卦変説を否定して、綜卦と称したものである。次に彼は「六条を以て書を編するを論ず」と題して、以下の六条を掲げて論じている。(3)

① 正義　経義に当る者、之を正義と謂ふ。経義の当否は、未だ敢て定めずと雖も、而かも必ずその正に近き者を択び、首めに之を列す。先儒を尊べばなり。

② 辨正　辯正は前人の有する所の異同辨にして、その正を得る者なり。今ま或は正義闕如して、書を纂する者の見る所を以て之を補ふも亦た此の条に付す。

③ 通論　論ずる所、此に在りて、類を連ねて以て彼に及ぶを通論と曰ふ。今ま旧説に于て正義に協はざるも、而かも理の通ずべき者も亦た焉《これ》に入る。故に通じて二義有り。

④ 余論　一言の当る有るも、而かも資りて以てすべきも亦た録する所なり。

⑤ 疑ひを存す

⑥ 異を存す　理に両是旡なければ、その非は已に見はる。恐らく人は従って之を是とすれば、則ち疑ひを存すと曰ふ。又たその甚だしき者は、則ち異を存すと曰ふ。

以上の六条は、乃ち望渓先生の授くる所にして、以て先儒の説を論次す。書を纂する者の論の若く、条に随って付見する者は、皆な愚案ずるにを以て之を別つ。廷祚識す。

以上の記述により、本書成立の背景や、本書執筆の傾向と特色が明らかとなった。最後に「例余」と題して、別の角度から本書の特色を弟子の玉生が、次のように補足的に述べ、その中で程廷祚の易学を礼賛している。(4)

①是の書の原纂五十余巻は、梓に臨むの日に、厳に沙汰を加へて去る者三四なり。蓋し、宋・元以下の儒者は、理を談ずるを以て長を見はし、遂に論説の滋《いよいよ》多きを致して、経指に転因して以て晦塞する者有り。故にその帰を簡明に求めざるを得ざるなり。大抵、折中の録する所の外は、今ま増採する所は一二に過ぎず。

②漢・唐諸儒の説にして、今日存する者は、幾ばくも旡《な》し。凡そ一語の録するに足るは、表して之を出ださざるは莫し。学者をして往古の経師も亦た瞽宗・楽祖の義有るを知らしむと云爾。その分辨の精厳なる、具さに案中に見ゆ。又た未だ嘗て少しも依阿（阿り従う）する有らざるなり。

③先儒の説、下経の採る所は、上経よりも少なし。旧説、未だ安からざる者多きを以てなり。朱子も亦た、下経は理会し難しと云ふは是《ぜ》なり。

④剛柔・往来・上下を以て卦変と為し、乗・承・比・応を以て爻の義を取り、陽爻・陰位・陰爻・陽位を以て当・不当と為し、爻の五の位を以て、必ず君道と為す。易を説く者は、相沿ひて例と為し、牢として更むべからず。

謹んで案ずるに、折中に往来・上下・乗・承・比・応は、皆な虚象なりと曰ふ有り。又た曰く、爻の位の当・不当は、蓋し之を借りて以て処《お》る所の位の当・不当を明らかにすと。又た曰く、五は尊位と雖も、聖人は未だ嘗て卦卦、君道を以て之を言はずと。至れる哉、言ふこと。世の学者は、誠に能くこの数端を執って、之を推広すれば、則ち以て旧説の封錮を破るべし。而して潔静精微の指帰、漸く窺見すべし。青渓先生（廷祚の雅号）は、自著の易通の内に于《おい》て、已に再三剖辨して、雨雲を撥《ひら》きて天日を覩《み》る。今ま是の書に于て、尤も極力発明して、以て天下の読を示す。

さらに、『周易折中』に引用された文献につき、次のように解説している。

① 折中は諸儒を引用するも、敢て用ひず。

② 折中の名を称するの例は、宋・元以後は、倶に別号有らば、姓氏の上に冠すべし。漢より唐に迄《いた》れば、則ち郷里を以てす。若しその郷里と別号とを得ざれば、則ち之に字す。又たその字を得ざれば、則ち之に名いふ。名、得べからざれば、之に氏いふのみ。玉生述ぶ。

以上の記述により、本書成立の 背景や、制作意図と、その内容の特色が明らかとなった。これらを踏まえて、果して程廷祚はどのように六十四卦を解釈したか、いささか興味を引くが、紙幅の関係で、次に乾坤二卦のほか、二、三の卦につき、論述したい。

三、乾坤二卦について

乾坤二卦は、易の基本的な卦であり、これから六卦が生れた。六子説がこれである。乾の卦は、「乾は元《おお》いに亨《とお》る。貞《さだ》しきに利《よろ》し」とある。これにつき、程廷祚は「正義」として、程頤の『易伝』の一文を引用し、さらに「辨正」・「存疑」に言及する。(5)

伊川程子（程頤）曰く、乾は天の性情にして、乾は健なり。健にして息《や》む无《な》き、之を乾と謂ふ。紫陽朱子曰く、元は大なり。亨るは通るなり。利は宜なり。貞は正にして固なり。文王以て乾道大いに通じて至正なりと為す。故にこの卦を筮し得て、六爻皆な変ぜざる者に於て、その占ひ当に大いに通ずるを得べし。而して必ず利しく正固に在り。然る後に以てその終りを保つべきなり。此れ聖人の易を作りて、人に卜筮を教へて、以て物を開き務を成すべき所以の精意なり。余卦は此れに放《なら》へ。又た曰く、元いに亨るは、是れ卦たる所以の意、貞しきに利しきを示す。是れ因りて以て戒めと為す。次崖林氏曰く、乾道大いに通りて、正に至るは人に在り。容《まさ》に不正有るべき者の故なり。聖人は因りて以て戒めと為すと。

次に程廷祚は「辨正」を掲げて、次のように述べている。

紫陽朱子曰く、元亨利貞の四字は、文王の本意、乾坤に在る者は、只だ諸卦と一般なり。孔子、彖伝・文言を作るに至り、始めて乾坤を以て四徳と為す。而れども諸卦は自ら其の旧の如し。二聖人の意は、同じからざる有るに非ざるなり。蓋し各是れ一理を発明するのみ。今ま学者は且《しばら》く当に心を虚しくして玩味し、各本文の意に随ひて、之を体得すべし。其の同じからざる処は、自ら相妨げず。遽《にわ》かに己の意を以て、横《ほしいまま》に主張を作すべからざるなりと。

又た曰く、人は只だ夫子が乾坤の文言に於て、解して四徳と作すを見よ。他卦は只だ大いに亨るに正を以てすと云ふ。便《すなわ》ち須らく乾坤の四徳説に於て、他卦よりも大なら教《し》むるを要すべし。畢竟、本は皆な占辞なりと。

これに対し、彼は次のように自説を吐露している。

愚案ずるに、文言は元亨利貞を以て四徳と為す。義を取る、自ら後儒と別ち、承け用ひて以て彖辞を釈せざるは无し。朱子始めて彖辞と諸卦と例を一にすと謂ふ。其の見は卓れり。蓋し、乾は天道に属すと雖も、而れども卦は、則ち人の乾道を用ふる者と為す。而して聖人が既に乾の元いに亨ると言ふを設けて、又た貞しきに利しを以て訓と為し、人を六爻の時位の殊なるに見はす。処の各その正を得るに非ざれば、即ちその元いに亨るを全うする能はざるなり。謂ふ所の物を開き、務めを成すの誠意は此に在り。謂ふ所の知者はその彖辞を観れば、則ち思ひ半ばを過ぐる者も、亦た是に於て見るべし。

次に彼は「存疑」を掲げて次のように論じている。

衡水孔氏曰く、この卦の徳を言ひて、この四種有るは、聖人、当にこの卦に法って善道を行ひて以て万物を長じ、物はその生存を得て元と為るなり。又た当に嘉美の事を以て万物を会合し、開通して亨ることを為さ令使《し》むべきなり。又た当に義を以て万物を協和し、物をして各《おのおの》その理を得て、利しきことを為さ使むべきなり。又た当に貞固を以て事を幹し、物をして各その正を得て、貞しきことを為さ使むべきなり。聖人は乾に法って四徳を行ふ。故に元いに亨り、貞しきに利しと曰ふなりと。

横渠張子（張載）曰く、乾の四徳は、万物を終始すと。伊川程子曰く、元亨利貞、之を四徳と謂ふ。元は万物の始め、亨は万物の長なり、利は万物の遂なり、貞は万物の成なり。唯だ乾坤にこの四徳有り。他卦に在りては、則ち事に随って変ず。故に元は専ら善大と為り、利は正固を主《つかさ》どり、亨貞の体は、各その事を称す。四徳の義は広く、大なりと。

藍田呂氏曰く、元は本づく所以なり。亨は交はる所以なり。利は功を成す所以なり。貞は主ることを為す所以なりと。（案ずるに朱子以前は、並びにこの説の如し。今までその概を存すること此の如し。）

次に紙数の関係で、乾の卦の九二と九五の爻辞に関し、その記述を取り上げたい。九二の、「見竜、田に在り、大人を見るに利し」に対し、「正義」は次のように述べている(6)。

山陽王氏曰く、潜を出でて隠を離る。故に見竜、地上に処《お》ると曰ひ、田に在りと曰ふ。徳施、周普して、中に居りて偏らず。君位に非ずと雖も、君の徳なり。初（爻）は則ち彰らかならず。三は則ち乾乾。四は則ち或は躍る。上は則ち亢《たかぶ》るに過ぐ。大人を見るに利しきは、唯だ二・五のみと。

新蔡干氏曰く、二は地上と為す。田は地の表に在りて、人功有る者なり。陽気、将に施さんとし、聖人、将に顕れんとす。故に大人を見るに利しと曰ふと。

衡水孔氏曰く、初と二とは、倶に地道と為す。二は初の上に在り。田と称する所以なり。見竜、田に在るは、是れ自然の象なり。大人を見るに利しきは、人事を以て之に託す。言ふこころは、竜見はれて、田に在るの時は、猶ほ聖人の久しく潜して、稍《よう》く出づるに似たり。君位に非ずと雖も、而も君徳有り。故に天下の衆庶は九二の大人を見るに利しと。

紫陽朱氏曰く、九二は未だ位を得ずと雖も、而も大人の徳、已に著はれ、常人は以て之に当るに足らず。故にこの爻の変に値《あ》ふ者は、但だこの人を見るに利しと為すのみ。蓋し、亦た下に在るの大人を謂ふなりと。（朱子又た云ふ、乾の卦の他の爻は、皆な自家身上の説と作すべし。惟だ九二・九五は、自家の説と作さば、此の意に即《したが》ふを得ずと。）

虚斎蔡氏曰く、凡そ大人は皆な是れ徳・位、兼ねて之が称を全うす。九二は未だ位を得ずと雖も、而も大人の徳、已に著はる。謂ふ所の仁に居るは義に由るは、大人の事、備はる。故に亦た之を大人と謂ふ。

次に「余論」として、次の説を紹介している。

紫陽朱子曰く、六爻は必ずしも限定の説ならず。且つ潜竜、用ふる勿れの如きは、若し是れ庶人之を得れば、自ら当に用ひざるべし。人君之を得ればなり。当に退避すべし。見竜、田に在り。是の若《ごと》くんば、衆人之を得て、亦た事を用ひて、大人を見るに利し。如今、謂ふ所の宜しく貴人に見ゆるべしの類なり。易は是れ、底物《なにもの》なるかを限定せず。

次に「存異」と題し、次のように諸説を引用している。

草廬呉氏（呉澄）曰く、三画卦を以て言へば、二は人位と為す。九、二に居る。故に大人と為すと。

雲峰胡氏曰く、三画を以て二と五との本人の位を言ふ。故に九二・九五は、大人に象どると。

愚案ずるに、以上の二説は皆な非なり。卦に三才の象有り。六画卦の如きは、則ち初・二を地と為し、三・四を人と為し、五・上を天と為す。三画の比すべきに非ず。況んやその説の如きは、則ち爻の初と上とは、本《も》と皆な人位に在らず。何を以て他卦の初・上の両爻、多く君子を言ふ者有らんや。而れども蹇の上六、何を以て大人を見るに利しと曰ふや。

次に九五の爻辞、「飛竜、天に在り。大人を見るに利し。」に就き、「正義」は、次のような数説を掲げている。(7)

北海鄭氏曰く、五は三才に于《おい》て、天道と為す。天は清明无形《むけい》にして、竜は焉《ここ》に在りて飛ぶの象なりと。

新蔡干氏曰く、聖功既に就《な》り、万物皆な覩《み》る。故に曰く、大人を見るに利しと。

衡水孔氏曰く、聖人に竜徳有り、飛騰して天位に居ると言ふは、万物の瞻覩《せんと》（見る）する所なり。故に天下は此の上位に居るの大人を見るに利しと。

誠斎楊氏曰く、九は天徳、竜の象なり。五は天位なり。飛んで天に在るの象なりと。

紫陽朱子曰く、剛健中正、以て尊位に居る。聖人の徳を以て聖人の位に居るが如し。故にその象は此の如し。而して占法は九二と同じ。特に見るに利しき所の者は上に居るの大人のみと。

「辨正」　平菴項氏曰く、或ひと二は五を見るに利しく、五は二を見るに利しと謂ふは非なり。文言を熟玩すれば、その説、自ら明らかなり。二は世を善くして伐《ほこ》らず、徳博くして化すを曰ふ。又た曰く、見竜、田に在れば、天下の文明、皆な二の徳盛んにして、神に化して、人は之を見るに利しきを言ふなり。五は聖人作《おこ》りて、万物観《み》るを曰ふ。又た曰く、天すら且つ違はず、況んや人に於てをや。皆な五の位、尊くして道行はれて、人、之を見るに利しきを言ふなり。二は其れ孔子・文王の事なるか。五は其れ二帝三王の事なるか。

他の卦は大人を見るに利し。各一事を主として之を言ふと雖も、此の如きの広大なる能はず。然れども亦た卑しき者、暗き者も、徳位の高明なる者を見るに利しきなり。（案ずるに、二は五を見るに利しく、五は二を見るに利し。以て推広の説を為すは、固《もと》より礙《さまた》げ无《な》し。）

愚案ずるに、胡雲峰は中正純粋を以て、専ら九五に属す。この説は誤れり。爻位に優劣有りと雖も、而も之に処るは、各その当を得たり。即ち往くとして中正純粋に非ざる无し。故に曰く、六爻発揮して、旁《あまね》く情に通ずるなり。又た曰く、時に六竜に乗じて以て天を御すと。雙峰饒氏謂ふ、一爻には一爻の中有りと。その論は善しと。

蜀郡揚氏曰く、竜の潜・亢は、中《ちゅう》を得ず。中を過ぐれば、則ち惕れ、中に及ばざれば、則ち躍る。二・五は其れ中なるか。故に天下は之を見るに利しと。

紫陽朱子曰く、太祖、一日、王昭素に問うて曰く、九五、飛竜、天に在り、大人を見るに利しは、常人何ぞこの卦を占ひ得んやと。昭素曰く、何ぞ害せんや。若し臣等占ひ得れば、則ち陛下は是れ跳竜、天に在り、臣等は大人を見るに利しと。この説は最も好きを得たり。此れ易の用、窮まらざる所以なりと。

以上で乾の卦に関する、程廷祚が重視した諸見解の傾向を知りえたが、紙幅の関係で、敢て解説しなかったが、問題の所在は、すでに十分に理解されたと思われる。つまり、訓読漢文の威力は、原文の風韻を留めて、易学理論の妙を巧みに伝えるのに十分であり、その効果は正に特殊日本的文化遺産と称すべきもので、訓読法を開拓した先人の叡知に驚嘆せざるを得ない。かつて梁啓超が、この方法を体得して、明治時代の文語体の学術書を翻訳し、哲学の語を逆輸入した事実を想起するにつけ、その効用の偉大さを痛感する。

次に坤の卦の六二と六五に関する記述を紹介し、程廷祚の見解を明らかにしたい(8)。

六二　直方大、習はずして、利しからざる无し。

「正義」　伊川程氏曰く、二は陰位にして下に在り。故に坤の主と為す。統べて坤道を言ふ。中正にして下に在り。地の道なり。直・方・大の三者を以て、その徳用を形容す。地の道を尽せり。直・方・大に由る。故に習はずして利しからざる所无《な》し。習はずとは、その自然を謂ふ。坤道に在りては、則ち之を為すこと莫《な》くして為すなり。聖人に在りては、則ち従容として道に中《あた》るなりと。

沈氏守約曰く、坤は至柔にして動くなり。剛直なればなり。至静にして徳方なり。方なればなり。万物を含みて化す。光大なればなり。坤の道は至簡なり、至静なり。天を承けて行き、物に順って成る。初めは修習を仮《か》ること无きなり。是《ここ》を以て習はずして、利しからざる无きなりと。

紫陽朱子曰く、柔順正固は、坤の道なり。形を賦するに定まる有るは、坤の方なり。徳、無疆《むきょう》（無窮）に合するは、坤の大なり。六二は柔順にして中正、又た坤道の純を得る者なり。故にその徳は、内直《うちちょく》に外方《そとほう》にして、又た盛大なり。学習を待たずして、利しからざる无し。占者にその徳有れば、則ちその占ひは是《かく》の如きなりと。

「通論」　厚斎馮氏曰く、乾の六爻は、五より盛んなるは莫《な》く、坤の六爻は、二より盛んなるは莫きは何ぞや。中《ちゅう》にして且つ正、乾は尊く、坤卑く、各《おのおの》その道を尽せばなりと。

折中に曰く、方は坤の徳なり。直と大との若《ごと》きは、則ち乾の徳なり。六二は坤徳の純を得て、方固はその質なり。而して始めは直と曰ひ、終りは大と曰ふ者は、蓋し、凡そ物の方は、その始めは必ず直を以て根と為し、その終りは、乃ち大を以て極と為す。坤は惟だ乾の徳を以て徳と為す。故に直に因りて以て方を成し、方に因りて以て大を成し、天理の自然に順って、その間に増加造設する所无し。故に習はずして、利しからざる无しと曰ふ。即ち謂ふ所の坤は簡を以て能くする者とは是なりと。

「存疑」　潁川荀氏曰く、物唱ふれば、乃ち和し、敢て先んぜず。習ふ所は、陽の唱ふる所なり。従って之に和し、利しからざる无きなりと。

徐氏曰く、習ふは、重ねて習ふなり。卜は習はずして吉なり。此に重ねて占ふを待たず。自ら利しからざる无しと言ふは、人道を以て之を言ふと。

愚案ずるに、習はざるを以て、学習を待つ无しと為すは、自ら正解に属す。然れども、荀氏は坤順の戒めを存し、徐氏は占卜の情に合ふ。二説は皆な理有るに似たり。之を存して以て知者を俟《ま》たん。

次に六五の爻辞、「黄裳なり。元いに吉。」につき、「正義」・「辨正」に関する諸説、ならびに程廷祚の見解を紹介したい(9)。

「正義」紫陽朱子曰く、黄は中色、裳は下飾なり。六五は陰を以て尊に居り、中順の徳、諸《これ》を内に充たして、外に見《あら》はる。故にその象は此《かく》の如くにして、その占ひは大善の吉と為すなり。占者の徳、必ず是《かく》の如くんば、即ちその占ひも、亦た是の如し。

「辨正」或ひと問ふ、伊川は解して聖人戒めを示すと作《な》し、女媧・武后の事を挙ぐ。今ま本爻を考ふるに、この象无し。這《こ》れ又た是れ象外に教へを立つるの意なるや否やと。朱子曰く、伊川は要《かなら》ず議論を立て、人をして別の処に向って説か使む。硬く配して易の上に在って説くべからず。この爻は、何ぞ曽《かつ》て這《こ》の義有らんや。都《すべ》て是れ硬く説き得て絮《じょ》し（くどくどしい）了《おわ》る所以に入るなり。

折中に曰く、易中の五は、固《もと》より尊位なり。但だ聖人の象を取る、未だ嘗て卦は、皆な君道を以て之を言はず。九五すら猶ほ然り、況んや六五をや。故に小過䷽の六五は、則ち公を言ひ、離䷝の六五は、則ち王公を言ふ。大概、尊貴の位に居る者は、卦義と相当れば、則ちその当たる所の義を発《ひら》く。程子の説は、朱子が蓋しその非を議するなり。

愚案ずるに、爻の二五の位は、尊卑有りと雖も、その義は、則ち多く中《ちゅう》の為す所を取って、人に示すに至当不易の則を以てするなり。この爻の象の如きは、文、中に在りと曰ふ。文言に曰く、君子は黄中もて理を通ずと。又た曰く、美、その中《ちゅう》に在りと。之を中と謂ふ者は、六五を以て坤道の極と為す。柔順を用ひて、その至当を得る者は、固より未だ嘗てその君為《た》り臣為るを定めざればなり。若し九五の剛中は、方《まさ》に君道と為さば、六五の柔中は、即ち臣道と為す。古への賢王は、貴を以て賤に下り、君は柔を取る無きに非ず。大学の礼は、天子に詔すと雖も、北面の臣无し。剛且つ大を取って之を有する无きに非ず。六五の柔は、尊位を得、大中にして上下之に応ず。将《は》た亦た之を臣道と謂ふも、而も君道に非ざらんや。之を要するに、坤道は人君之れを用ふれば、則ち時憲（時《こ》れ憲《のっと》る意。天の法則にのっとる）の賢君なり。人臣之を用ふれば、則ち欽若《きんじゃく》（つつしみ従う）の純臣なり。臣に一《もっぱ》らなる者に非ざるなり。此れその義なり。程子豈に之を知らざらんや。惟《おも》ふに爻位の見を執って立言すれば、大過无くんばあらず。若し其れ黄裳を以て中を守って下に居ると為さば、未だ嘗て是を以て能く是の如くんば、則ち吉、是の如くなる能はずんば、則ち凶ならずんばあらず。又た豈に凡ての卦、凡ての爻の通義に非ざらんや。雙湖胡氏謂ふ、善く観る者は、当《まさ》に益《ますます》その戒めを致すべしとは是なり。程伝は仍《すなわ》ち余論に入る。

「通論」平菴項氏曰く、陰は下に在るを以て正陽と為し、上に在るを以て正陰と為す。故に二五は皆な中にして、乾の天徳は、独り以て五に属し、坤の地道は、独り以て二に属す。下は陽の位に非ず。故に乾の九二は、下に在りて、陽徳有る者と為す。上は陰の位に非ず。故に坤の六五は、上に在りて陰徳を乗《と》る者と為す。黄は地の色、裳は下の服文ある者にして、坤の象、皆な陰に属するなりと。

「余論」伊川程氏曰く、坤は臣道と雖も、五は実に君位なり。故に之が戒めを為して、黄裳元いに吉と云ふ。黄は中色、裳は下服、中を守りて下に居れば、則ち元いに吉なり。その分を守るを謂ふなり。元は大にして善なり。爻の象は唯だ中を守り、下に居れば、則ち元いに吉にして、尽くはその義を発せざるなり。黄裳は既に元いに吉なれば、則ち尊に居りて、天下の大凶と為る。知るべし、陰は臣道なり、婦道なり。臣にして尊位に居るは、羿《げい》（尭の時代、弓の名人）・莽《もう》（王莽）、是れなり。猶ほ言ふべきなり。婦にして尊位に居るは、女媧氏・武后、是れなり。非常の変、言ふべからざるなり。故に黄裳の戒め有るも、而も言はざるなり。（媧・武は、蓋し当時、朝に臨むの女主と為して言ふ。故に朱子は以て論を立て、人に教ふと為す。）

四、明夷の卦について

黄宗羲に『明夷待訪録』の名著があるが、明夷䷣の卦は、上卦の坤の象は地であり、下卦の離の象は火であり、太陽であるから、日が地下に入り、暗黒の夜を表象する。この卦は暗黒の世に処する道を説く。黄宗羲が亡国の悲運に際会して、漢民族国家の再建を意図した所以である。

明夷の卦辞は、「明夷は艱貞に利し」である。これにつき、「正義」・「通論」は、次のように説く。(10)

「正義」　衡水孔氏曰く、至って暗しと雖も、世に随って邪に傾くべからず。故に宜しく艱難堅固、その貞正の徳を守るべしと。

伊川程子曰く、卦為る、坤☷上にして、離☲下なるは、明、地中に入るなり。晋䷢に反するを明夷と成す（反卦）。故に義は晋と正に相反す。晋は明盛の卦、明君、上に在り、群賢並び進むの時なり。明夷は昏暗の卦、暗君、上に在り、明者、傷《やぶ》ら見《る》るの時なり。日、地中に入る。明傷れて昏暗なり。故に明夷と為す。君子、明夷の時に当り、利は艱難なるを知りて、その貞正を失はざるに在るなり。昏暗艱難の時に在りて、能くその正を失はず。君子為る所以なりと。

紫陽朱子曰く、夷は傷るなり。卦為《た》る、離を下にし、坤を上にす。日、地中に入り、明にして傷《やぶ》ら見《る》るの象なり。故に明夷と為す。又た上六は暗の主為り。六五はこれに近し。故に占者は、艱難以て正を守り、自らその明を晦《くら》くするに利《よろ》しきなり。

雲峰胡氏曰く、二体を以てすれば、則ち明を離るるなり。これを傷る者は坤なり。六爻を以てすれば、則ち初より五に至るまで、皆な明なり。これを傷る者は上なり。上は暗主為り。而して五はこれに近し。故に本義は、彖伝に従ひて、以て艱貞に利しきを五と為すと。

「通論」隆山李氏曰く、易の卦の諸爻、噬嗑《ぜいこう》の九四、大畜の九三は、艱貞に利しと曰ひ、未だ一卦も全体に艱貞に利しを以て義と為す者有らず。此れ蓋し、君子の明傷るを観《み》て懼《おそ》るべしと為して、危辞以て之を戒む。その時、知るべきなりと。

次に乾坤二卦と同様に、明夷の卦の九二・九五の爻辞に言及したい。

六二の爻辞、「明夷る。左股を夷《やぶ》る。用《もっ》て拯《すく》ふに、馬壮《さかん》なれば、吉なり。」は、次のように述べている。[11]

「正義」童渓王氏曰く、六二は文明の主なり。六を以て二に居る。柔順の至りなり。文王これを以てすと。

紫陽朱子曰く、傷れて未だ切ならず。これを救ふこと速かなれば、則ち免れんと。

愚案ずるに、六二は世に用ひらるるの位に居りて、昏闇の時に当る。謂ふ所の外柔順にして、以て大難を蒙る者にして、柔順を以て難を救ひ、柔順を以て難を免るるに非ざるなり。紂の悪を以てして、文王、位に在りて、未だ甚だしきに至らず。用て拯《すく》ふに、馬壮《さかん》と為さば、吉なりと曰ふ。嗚呼、此れ以て文王の心を見るべし。程伝が拯ふを以て自ら拯ふと為すは、甚だ誤れり。

「存異」伊川程子曰く、左股を夷るとは、その行ひを傷り害して、甚だしくは切ならざるを謂ふなり。然りと雖も、亦た必ず自ら免るるに道有り。拯ふに壮健の馬を用ふれば、則ち免るるを獲ることの速かにして吉なり。君子、陰闇の傷る所と為る。その自ら有道に処る。故にその傷ること甚だしからず。自ら拯ふに道有り。故に免るるを獲ることの速かなり。

次に六五の爻辞「箕氏の明、夷る。正しきに利し。」につき言及するが、資料が少ないので、六五の小象も合わせて紹介したい。[12]

「正義」紫陽朱子曰く、至闇の地に居りて、至闇の君に近し。而して能くその志を正しくするは、箕子の象なり。貞の至りなり。貞しきに利しとは、以て占者を戒むと。又た曰く、爻は貞を説きて、艱を言はざるは、蓋し箕子を言へば、則ち艱は見るべくんば、必ずしも更に之を言はずと。

次に六五の小象、「箕子の貞とは、明、息《や》むべからざるなり。」につき、述べてみたい。

「正義」伊川程氏曰く、箕子晦蔵して、その貞固を失はず。艱難に遭ふと雖も、その明、自ら存す。滅息すべからざるなり。若し禍患に逼り、その守る所を失はば、則ち是れ明を亡《うしな》ひて、乃ち滅息するなり。古への人、揚雄の如きは是なりと。

東坡蘇氏曰く、六五の上六に于《お》ける、之を正せば、則ち力、能はず。之を去れば、則ち義、可ならず。此れ最も処し難き者なり。箕氏の如くにして、而る後に可なり。箕子の此の身を処するは、辱づべきなり。而れども明は息むべからざるなりと。

ところで、『易伝』の中で、程伊川が晋の卦の反卦が、明夷の卦であると断じているのは、看過できない。つまり、伊川は漢代象数易を集大成した虞翻が唱えた反卦を肯定しているからである。これは文王の序卦を金科玉条とする来知徳が綜卦と称したものである。程廷祚が記述の「比例」の②の中で、同じく文王の序卦を重視しているのは、来知徳の影響思われる。これもすでに程頤も反卦を認めていたからであろう。しかし、朱熹は文王の序卦に疑問を抱き、これを卦変としたのである。つまり、程頤の反卦を批判したのである。わが国でも序卦を尻取りと断じて、軽視する学者も現れた程である。

これに対し、来知徳は卦変は二つの卦の関係概念に基づくもので、反卦の場合は、本来、一つの卦であるから、卦変と称するのは誤りで、綜卦と称すべきだとした。実に卦変を巡る見解の対立は微妙かつ複雑で、毛奇齢は来知徳が卦変を否定したと断じ、彼の易学は漢易を称するが、その漢易は十分の一に過ぎないと酷評した。

程廷祚は、漢・唐の易説は多く残っていないとし、いずれも宋・明時代の学者の見解が引用され、『周易折中』の記述に基づき、王弼の老荘的義理易は、歯牙にも掛けないのである。ここに程廷祚の易学思想の特色が見られる。清代では、康熙帝の時代に、勅撰の『周易折中』が上梓され、乾隆時代に勅撰された『周易述義』は、漢代象数易に基づき編集されたため、『周易述義』の引用は見られない。

清代の経学は、西漢今文学の中心である公羊学や、東漢許・鄭の学と称される訓詁学が再生し、正に文芸復興というべき現象で、実事求是の考証学が隆盛となった。特に清代初期では、明代の来知徳・何楷らの漢易研究の影響が残り、さらに呉派の恵棟が『易漢学』を著し、漢代象数易の隆盛をもたらした。

しかし一方、顧炎武のように、程朱学を信奉する一方、実証主義的方法で、漢代象数易に対しても是々非々の立場を貫徹し、清代考証学の旗幟を鮮明にした。程廷祚の易学は、このような学問的風土の中で、顔李学派の実学を背景に、特異の易学を展開したと言える。

おわりに

清代の乾隆時代の経学は、易学書の勅撰に『周易述義』が登場したように、漢易の隆盛を無視し得ない学問的傾向が見られた。しかし、顧炎武の『日知録』に記された程伝朱義の易学に基づく、漢易批判の影響も大きく、胡渭の『易図明辨』にも、顧炎武の説が多く引用されている。したがって、漢易との相克は、清代の初期から顕著であった。それは易学のほか、特に『古文尚書』の真偽を巡って展開された。閻若璩は『尚書古文疏証』を上梓し、王鳴盛は『尚書後案』を著し、『偽古文尚書』の存在が明らかとなった。

一方、毛奇齢のように、『古文尚書冤詞』を著し、閻若璩の批判を展開した。彼はさらに顧炎武・胡渭の諸説をも批判した。清末の章炳麟が、彼を蛇蝎のごとく嫌い、経学者とは言えないと批判したのも当然であった　その後、学者の中には、漢学と宋・明の程朱学の長所を汲み取って、所謂漢・宋兼采の学風が成立した。陳澧の『東塾読書記』に見られる経説は、その代表的なものである。

ところで、清代初期の易学を巡る見解のうち、程廷祚の『大易択言』が、敢て程伝朱義に基づいて、「正義」・「余論」・「通論」・「存疑」・「存異」などの項目を設け、さらに自説を展開しているのは、注目に値する。彼が易学研究の方法として、漢易を排除した理由は、その内容が複雑で、占筮を中心とするため、牽強付会におちいったためである。つまり、漢易の短所を克服して、魏の王弼が義理易を確立した経緯を理解すれば、義理易の長所が明瞭となる。しかし、王弼が老荘思想に基づき、易義を解釈した方法を、宋代に至り、程頤が儒教的解釈に軌道修正した意義を理解すれば、これを以て最高の到達点と考えざるを得ない。程廷祚もこのような判断に基づいたものと思われる。しかも、当代の碩学顧炎武でさえ、かかる易学を基本とし、漢易の長所も取り入れ、実証主義の観点から止揚したのも、注目すべき易学研究方法と言える。一方、邦儒伊藤東涯も、古学派でありながら、漢易や王弼の易学を採用せず、儒教的義理易を貫徹した程頤・朱熹の易学を選んだ。しかし、古学派である以上、宋学が金科玉条とする理気二元論は、一切、無視したのである。(13)

ところで、漢易は、象数易で、消息・卦気・世応・爻辰・月体納甲・卦変・旁通・互体などがあり、時に八宮など複雑な構成も見られ、実に難解である。しかも、理論構成も牽強付会と思われるものも多く、程伝朱義のように平易ではない。したがって、漢易研究の著述も少なく、鈴木由次郎氏の『漢易研究』と、小澤文四郎氏の『漢代易学の研究』があるのみである。一口に易といっても、漢代象数易、王弼の義理易、程頤の『易伝』と、朱熹の『易本義』があり、そのほかに、歴代碩学の著述も多く、正に応接に遑《いとま》無いほどである。かてて加えて、宋代の邵雍が著した『梅花心易』や、易の経伝とは無関係な『五行易』がある。以上、易学の変遷にも言及したが、かかる学問的背景の中で展開した易学につき、その多様性の魅力と、理論構成の巧みさに、改めて興味を抱かざるを得ない。

〈注〉

(1) 王鍾翰『清史列伝』巻六六 儒林伝上 一 五三三〇頁 中華書局。
(2) 程廷祚『大易択言』自序『四庫全書珍本初集』経部易類 商務印書館。
(3) 程廷祚 前掲書 巻一 四―五葉。
(4) 程廷祚 前掲書 巻一 一―二葉。
(5) 程廷祚 前掲書 巻一 一―三葉。
(6) 程廷祚 前掲書 巻一 六―八葉。
(7) 程廷祚 前掲書 巻一 一二―三葉。
(8) 程廷祚 前掲書 巻二 一三―一五葉。
(9) 程廷祚 前掲書 巻二 一九―二二葉。
(10) 程廷祚 前掲書 巻一九 一四―五葉。
(11) 程廷祚 前掲書 巻一九 二〇―一葉。
(12) 程廷祚 前掲書 巻一九 二五葉。
(13) 濱久雄『東洋易学思想論攷』三五三―七八頁 明徳出版社 平成二八年。

第七章　翁方綱の易学思想 ―『蘇斎筆記』・『易附記』を中心として ―

はじめに

翁方綱の『蘇斎筆記』は、『易附記』を添えた珍しい写本で、中国でも得難いものであった。かつて藤塚鄰博士が金阮堂の研究をされた過程で、朝鮮において入手されたものである。その写本は、翁方綱が八六歳で亡くなった時、弟子の葉東卿（名は志詵《ししん》）が、金阮堂に持贈したもので、本書の巻頭に阮堂が墨書している。その後、博士より財団法人無窮会図書館の真軒文庫に架蔵されるようになった。そして、後に無窮会において復刻された。したがって、私は夙にこの本に興味を抱き、他日、研究する積もりで、その複写も終え、閑な時には努めて解読するようにした。

藤塚先生には、戦時中の昭和一九年、大東文化学院において、『論語』の講義を拝聴した。それは勤労動員の時で、われわれは浦賀ドックの造船場に派遣され、その宿舎で時々講義を受けた。しかも軍隊に徴兵されるつかの間の期間であった。先生は実に良く通る美声で、『論語』のうち、先進篇の「暮春には冠者五六人、童子七八人、沂《き》に浴し、舞雩《ぶう》に風《ふう》し、詠じて帰らん」の文章が一番好きであるといわれた。実に音吐朗々として読まれ、特に最後の一文は、「吾は点也《てんや》に与《くみ》せんと」読まれ、声は一段と高らかとなった。その美声は思い出すと、今なお明瞭に耳朶の底から蘇るのである。先生は『論語』の中で、孔子が弟子を呼ぶ場合、顔回には回也、曽点には点也と記されているように、也を添えたとするのが持論であった。しかし、一般には「点に与せん」と読まれ、也は読まないのである。

私は大東文化学院入学の当初、輪読会で、高等科の須羽源一さんから、藤塚先生は前漢の劉向《りゅうきょう》を必ず劉向《りゅうしょう》と読ませておられたとうかがい、興味を抱いた。先生の名著『論語総説』は私の学位論文が国書刊行会から上梓されるとき、たまたま佐藤今朝夫社長が研究室に来訪され、何か復刻に価する名著があれば、教えて欲しいと言われたので、私は即座に先生の『論語総説』を挙げたところ、私の『公羊学の成立とその展開』と一緒に、一九九二年六月十日の朝日新聞の広告欄に掲載され、大いに感激したことであった。

本稿では、私が尊敬する藤塚鄰先生が、清朝経学と朝鮮儒学の交流を研究される過程で、翁方綱と金阮堂の交流に着目され、翁方綱の珍しい『蘇斎筆記』の存在に注目して、従来、専ら金石学者と目された翁方綱に、経学に関する名著があることを知り、その多才な碩学を顕彰する意味で、あえてこの希覯本の復刻をされた意図を尊重すると共に、翁方綱の学問形成を探索し、特に『蘇斎筆記』の中に記された易学と、『易附記』を取り上げ、彼の易学思想の特色と、清朝易学史に占める地位につき論じてみたい。

一、翁方綱の学問形成

翁方綱（一七三三、雍正一〇—一八一八、嘉慶二三）は、字を正三、覃渓・蘇斎と号した。順天府大興の出身で、乾隆一七年（一七五二）、弱冠で会試・殿試に合格して進士となり、翰林院庶吉士、編修となった。その優れた才能は、注目に値する。その後、各省の提督・学政を経て、五五年に累進して内閣学士に抜擢された。翌年に山東の督学となり、嘉慶元年には千叟の宴、及び御製詩の珍物を賜わった。しかし、四年には鴻臚寺卿に左遷されたが、一二年には重ねて鹿鳴の宴に招かれ、三品銜を賜わった。一九年には重ねて恩栄の宴に招かれ、二品銜を賜った。そして二三年に卒去した。八六歳であった。

ところで、翰林院庶吉士に任命されてから三年目には、編修に任命されて、翰林院に留まるか否かを決める散館の試験が実施されるが、これは天子が自ら行ったが、その課題は陶淵明の「桃花源記」を訳すことであった。彼が訳し終えた時、たまたま天子が出駕し、彼が跪く場所に赴き、試験の答案を見て、「牙には賽音を拉す」（役所にはよい事をもたらす）と述べた漢語は宜しいと評価され、留館して編修に任命されたという。[(1)] 成績が芳しくない者は、翰林院を出て主事・知県に任ぜられたのである。

その後、彼は同郷の朱珪や、献県出身の紀昀と倶に、宏く風流を奨めることを任務とした。そして劉台拱・凌廷堪・孔広森・王聘珍・馮敏昌らは皆な彼にしたがって遊んだ。彼らはいずれも後に名著を上梓し、経学史のうえに功績を残した碩学である。しかし、彼は書家として知られ、劉墉・梁同書・王文治らと共に帖学派の四大家と称せられた。『樸学大師列伝』では、彼は呉派・皖派のいずれにも属さず、自由な立場で漢宋兼采を貫徹し、顧炎武・銭大昕・孫星衍・王昶・畢沅・阮元らと共に金石学家列伝にその名を連ねている。[(2)]

翁方綱は、平生から経術を精研した。その研究方法につき、「考訂の学は、義理に折衷するを以て主と為す。

その博を嗜み、瑣を嗜み、異を嗜み、已を矜る者は非なり」と述べている。又、「考訂の学は、蓋し、已むを得ざるに出づ。事に歧出ありて、後に之を考訂す。説に互ひに難ずるありて、後に之を考訂す。義に隠僻ありて、後に之を考訂す。論語に曰く、多く聞く。曰く疑ひを闕く。曰く言を慎むと。三者備はりて、之を考訂す。道は是に尽く」と論じ、清朝考証学の華やかな考訂に慎重さを要求した。彼は当時有名であった呉派・皖派・常州学派の研究方法には、いささか顰蹙する所があったためであろう。

かつて銭載が戴震の学問に対し、大道を破砕する者と批判したのに対し、翁方綱は銭載を批判して、「訓詁名物は豈に目して破砕と為すべけんや。詁訓を考訂して、然る後に能く義理を講ずるなり。銭・戴の争ひは、究《つい》に戴説を以て正しと為す。然れども戴は、聖人の道は必ず典制名物に由りて之を得と謂ふは、此れ卻って尽くは然らず」と断じた。つまり翁方綱は、常に中庸を得た学問を貫徹したことを物語る。識者が彼の学問を持平の論と評した所以である。また、興味あることに、方綱は戴震の理説を批判し、「理説、戴震の作を駁す」の一文を草して、次のように論じている(3)。

近日、休寧の戴震、一生の畢力、名物象数の学に於て、博く且つ勤めたり。実は亦た攷訂の一端のみ。乃ちその人、攷訂を以て事と為すに甘んぜずして、性道を談じて以て異を程朱に立てんと欲するなり。その大要に就いては、則ち理を言ひて、力《つと》めて宋儒を詆《そし》りて、以て理を謂ふ者は、是れ密察条析の謂ひにして、性道統挈《とうけつ》（性と道を統括する）の謂ひに非ずと謂ふ。朱子の性即理の訓へに反目し、釈老に入る真宰真空の説は、竟《つい》に敢て文集に刊入し、理の字を説いて一巻の多きに至ると謂ふ。その大要は、則ち此の如し。その反覆駁詰して、諸語を牽繞するも、必ずしも剖説（理非曲直を定める説）に与《あずか》らざるなり。惟だその中、最も彰らかなる者は、経を引くこと二処あり。請ふ略《ほぼ》これを申べん。一は易を引きて曰く、易は簡にして天下の理得たり。天下の理、得て位をその中《ちゅう》に成すと。試みに繋辞伝に問へば、此の二語は、即ち性道統挈の理の字に非ずや。位をその中に成す者は、易道を謂ふなり。則ち人の性即理なるは、疑ひ無き者なり。賢人の徳、賢人の業を上とするに対すれば、則ち此の句の理の字は、人の具はる所の性道統挈を以て之を言ふは、更に疑ひ無きなり。此処《ここ》に正に天地の定位を承けて、易の位をその中に成すと言ふは、豈に遽《にわ》かに凡ての事の腠《そう》理《り》（肌のきめ）条理を以て言ふに暇《いとま》あらんや。此れ辨を待たずして明らかなる者なり。（以下省略）

前述のごとく、銭・戴論争では、戴震に軍配を挙げた翁方綱が、漢宋兼采の立場から、この場合は、朱熹の見解を擁護して、むしろ皖派の総帥戴震を批判し、易に関する知識を駆使して、完膚なきまでに攻撃したのである。つまり是是非非の態度で、問題を正当に解決していることがわかる。これらの記述は、注記で示した文献以外は、専ら『清史列伝』(4)の記述に基づくものである。

二、『蘇斎筆記』に見える翁方綱の易学思想

翁方綱の『蘇斎筆記』の中に記された易学は、正に彼の易学思想の基本姿勢を説いたものであり、その総論的部分といえる。したがって、先ずここに記された易学思想から紹介したい。『易附記』は、さらにその内容を個

別的に詳論し、特に易の主要な卦辞・爻辞につき論じたもので、言わば各論的部分に相当する。したがってその内容も豊富であり、彼の易学思想の全体像を把握する上で重要である。さらに看過できないのは、『蘇斎筆記』の文集の中に、欧陽脩の孔子十翼制作説を否定する見解に対し、逐一完膚なきまでに駁論を展開していることである。これは他の清朝易学者には見られず、彼の易学思想の全貌を知り得る貴重な資料と言わざるを得ない。

ところが、不思議なことに、翁方綱に関する文献を繙いても、彼の易学に関しては、何ら言及されておらず、『清史稿』の儒林伝にも、その名すら留めていないのである。したがって、彼の晩年に完成したこの稿本は、彼の経学思想の全貌を知り得るうえで、極めて貴重な資料と言わざるを得ない。しかも、前述のごとく、弟子の葉東卿が、かつて翁方綱に師事した李朝の金阮堂に持贈したものである。中国と朝鮮の学術交流を物語る秘話でもあり、その稿本が公益財団法人無窮会専門図書館の真軒文庫（三宅真軒）に架蔵されている。これらの事跡に関しては、藤塚鄰先生の学位論文である『朝鮮文化東伝の研究』に詳述されている。(5)

1　翁方綱の易学研究の基本方針

翁方綱の易学は、宋代の義理易である程頤・朱熹の学説を信奉して、自家薬篭中のものとした。しかし、一方、漢代象数易にも着目しながら、承服し得ない見解に対しては、自説を展開して批判する。いわば漢宋兼采と称する折衷的態度を貫徹したと言えよう。したがって、清朝の易学が、呉派の恵棟の『易漢学』によって表象される中で、翁方綱は漢代易学や、当時盛行した清朝考証学に対しても、懐疑的な点は徹底的に批判し、時流に乗って得々とする学者ではなかった。これも二〇歳で進士となり、優秀な成績を収めた満々たる自信があったためであ

ろう。彼は易学研究の基本方針として、経学の総合的理解の必要性を強調して、次のように主張しているのである。(6)

夫れ経を治むるには、宜しく全経に通合して、之を貫徹し、乃ちこの一条の是否を見《しめ》すべし。不《しから》ずんば、則ち専らこの条を筆して、観る者をして矜《ほこ》りて創獲と為して、未だ嘗て上下を合はせて之を精研せざら使む。仍ち是れ人を欺くのみ。是《ここ》を以て愚（謙遜の称）は、経を治むるの条に於て、敢て自ら見る所の某処を挙げて、以て独り得たりと矜らざる者なり。

2　孔子の十翼制定反対説に対する批判

欧陽脩は『易童子問』を著し、十翼を孔子の作とする従来の通説を批判して、これを全面否定した。これに関しては、明代の有名な来知徳・何楷も無視し、従来の学説を踏襲した。同様に、清代考証学の碩学顧炎武でさえ、歯牙にも掛けず、従来の通説にしたがって、何ら批判も試みていない。しかし、わが国では古学派（堀川学派）の伊藤仁斎・東涯父子は、欧陽脩の否定説を妥当な見解として支持した。そして、今日ではこれが通説となっている。しかし、翁方綱は孔子十翼制定説を支持して、次のように論じている。(7)

十翼は孔子の作る所、彖・象に於て、精微も啻《ただ》ならず、指して以て人に告ぐ。後の学者は彖・象伝、繫辞・説卦・文言伝を熟翫して、易道明らかなり。故に曰く、知者はその彖辞を観ると。又たその初、その上、その中爻と曰ふ。又た二と四とは、功を同じうして位を異にし、三と五とは、功を同じうして、位を異にすと曰ふ。即ちこの数節は、是れ聖人、易を繋くるの総発凡なり。彖伝の象伝に於ける、象伝の彖伝に於ける、申繹して遺縕無し。後人、自ら善く領会せざるのみ。故に必ず善く彖・象伝を翫べば、乃ち能く彖・象伝の然る所以を得るなり。

こうして、『欧陽文集』に収載された『易童子問』の孔子十翼否定説と対決し、「欧陽の此の三巻は、繋辞を信ぜず、その罪を聖人に獲ること深し。誠に後の学者、反って欧陽の説を尊信して、以て聖経を疑ふを恐るれば、則ち豈に敢て具さに之を説かざらんや」と断じ、逐一批判を展開した。彼が欧陽脩を批判した見解は、一四葉に及ぶもので、次にその主要部分の六点につき述べてみたい。(8)

（イ）文言は聖人の作に非ずと謂ひ、以て穆姜の言を以て之を証するは非なり。凡そ経文の互ひに見ゆるものは多し。克己復礼は仁なりの如きは、亦た左伝の古志を引く語に見ゆ。豈に聖人が顔淵の仁を問ふに答へしは、聖人の語に非ずと謂ふを得んや。又た切するが如く、磋するが如き者の如きは、道学なり。数句も亦た爾雅に見ゆ。寧んぞ大学が爾雅を襲用すと謂ふを得んや。且つ何を以て乾に四徳無しと謂ふを得んや。此れ尤も差謬なり。

（ロ）謹んで按ずるに、これ皆な空撮の語なり。並びにその何を以て聖言に出でざるの実拠と指す能はず。並びにその一人の作に非ざるの実拠と指す能はず。豈に此の如きの空渾断制なる者有らんや。以下は皆なこの空断の語に似たるのみ。然れども彼れ既にこれ等の空断の語有れば、則ち後の学者の為に、焉んぞ敢て復た之を聴き、置いて論ぜざらんや。今ま行を逐ひ、句を逐ひて之を写し出し、試みにこれを天下の学侶に質さん。苟くも知識有る者、見て髮、指さざる者有らんや。

（八）謹んで按ずるに、此に逓《たが》ひに繋辞伝・説卦伝の言を挙げ、以て繁衍と為して、聖人の文章は簡を以てすと為すと謂ふは、是れ則ち聖人十翼の伝を作り、必ず皆な卦辞・爻辞の句法に仿ひて、而る後に之を繋辞と謂ふか。聖人の文は、猶ほ天の星雲、地の山川のごときなり。雲の流行は一族に非ざれば、未だ重畳を以て繁衍と為す者有らず。水の流行は一科に非ざれば、未だ支派を以て繁衍と為す者有らず。且つ挙ぐる所の諸条は、皆な申明逓《たが》ひに見《あら》はれ、先後各《おのおの》指帰有り。複出に非ざるなり。惟だその逓ひに申し、逓ひに衍して、旨帰は愈《いよいよ》顕はるるなり。且つ文の章次、理の血脈に、浅深分合の同じからざる有り。虚実乗承の互ひに出づる有り。此れ即ち理に深からず、第《た》だ文を為《つく》るの法を以て之を言ふ。亦た未だ繁衍を以て之を目すべからざる者なり。欧陽は固より文を能くする者にして、何為《なんす》れぞ此《ここ》に出づるや。

（三）此れ則ち乖謬《かいびゅう》の極なり。元亨利貞は、之を分かたば、則ち四徳と為り、比して之を言へば、則ち乾元の二字は、何ぞ串《つらぬ》き説くべからざらんや。利貞の二字は、又た何ぞ併せ看るべからざらんや。易の書たる、本と是れ一理なり。亦た読む者に随ひて、分けて看、合せて看て、処々に貫徹し、処々に兼綜し、聖人の道に即して之を合せば、則ち一理は之を散じて万殊と為る。此の理は此の文と同じ。何の異なることか之れ有らん。乃ち欧陽は妄りに肆《ほしいまま》にして、祇《た》だ誹《そし》りて、以て一人の作る所に非ずと為す。且つ経を害し世を惑はすの謬有り。而も自らその経を害し、世を惑はすことを為すを知らず。此れ聖門の罪人に非ずや。

（ホ）六経は、易、最も言ひ難し。惟だ幸ひに繫辞・説卦・文言の存する有るに頼って、黄・赤道の躔《やど》る（日月が位置を占める）度《ど》を借りて、以て天咫《てんし》（帝王のいるところ。京師の意）を仰測す。緯に象どるの経にして、涂《そこな》ふ（害ある）も又た被る（恩恵を）なり。この種の乖謬《かいびゅう》妄説は反《かえ》って疑ひを致す。可ならんや。この三小巻なる者と雖も、僅かに載せて六一（欧陽脩）文集に在り。今の学者も頗る亦た甚だしくは理論せずして、既に此の種の邪説、世を惑はすの紙墨有り。若し剖辨せずんば、その害焉《いず》くんぞ窮まらん。愚の嘿息《もくそく》（黙ってやめる）する能はざる所以の者なり。

（へ）惟だ易学は以て津《しん》を問ひ難し。学者は必ず当に繫辞を奉じて、川を渉るの筏《いかだ》と為すべし。而して竟《つい》に敢て肆《ほしいまま》に狂言すること欧陽の如きもの有らば、豈にその文に盛名有るを怵《おそ》れて、之を辨ぜざるべけんや。

3　程頤に対する批判

惟だ毎卦の大象の一条は、此れ聖人の特に推挙の義を起す。亦た卦義と正に相系はる者有り、亦た必ずしも卦義と相系はらざる者有り。此れ毎卦の中に在り。須らく善く聖人の意を用ふるの処を会すべし。而るに

程伝の凡ての卦は、皆な大象を挙げて、以てその全義を蔽ふ。是れ程伝の未だ深く聖言を体せざるのみ。(9)

4　漢代象数易に対する批判

（イ）易の象を取る、惟だ卦の彖辞、爻の象辞に之れ有り。夫子が十翼の文に至っては、則ちその中に、未だ別に象を取るの説を生ずる有らず。漢学を為す者、処々にその象を取り求め、甚だしきは繋辞伝にも亦た、中に象を取る有りと謂ふに至りては、則ち謬れり。然らば卦辞・爻辞に即して、漢儒が処々に象を取るに泥《なず》むも、亦た多くその指を失せり。且つ即ち説卦伝に挙ぐる所の乾を以て天と為し、圜《えん》と為すの類は、特にその概を約撮して之を言ふのみ。而るに漢学を為す者は、必ず処々に之に泥み取るは、則ち亦た非なり。（白雲郭氏は、漸の卦に于《おい》て云ふ、説卦には鴻を言はず、而れども漸には鴻を称す。因りて天地万物は、易象に具はらざるは無しと謂ふ。説卦は特にその概を挙げ、人をして類に触れて之を長ぜ使むのみと。この条は最も精なり。凡そ漢学を固執し、荀（爽）・虞（翻）の義を墨守する者は、皆な当に白雲郭氏の此の条を書して、之を坐右に置くべし。）

（ロ）漢学の謬りを支演すれば、繋辞上伝の末段に、「神にして之を明らかにするは、其の人に存す」の数語の如きは、乾坤の二卦に分属す。下伝の末段は震☳・巽☴に分属す。六子の卦は、笑ふべきの極みなり。此れ謂ふ所の漢学者は、経に事《つか》ふること千載以前なれば、之を論ぜざるに付して可のみ。乃ち近日の恵棟、易述を撰し、亦た多く之に仿效《ほうこう》（模倣）すれば、即ち「百姓日に用ひて知らず」の条の下に、「乾を百と為し、は何ぞや。

坤を姓と為すと云ふが如し」と。その文理相通ぜず、謬妄此の極に至って異を嗜む者、猶ほその書を称する

（八）卦気の説は漢儒に起って、宋儒復た之を推演す。卦変の説も亦た漢儒に起りて、宋儒復た之を推演す。寔《まこと》に皆な易を学ぶ者の必ず当に心を究むべき所に非ざるなり。胡東樵（渭）の易図明辨《えきとめいべん》の一書は、剖析允《まこと》なり。然れども、学者の読易の法は、則ち又た純《もっぱ》ら空言を以て、口を身を省み過ち寡きに籍《か》りて、一切の陰陽剛柔・外内上下に於て、承・比・応・反を垂れて、心を究めざれば、則ち又た専ら理学を言ふの書に渉るを恐れ、転《うた》た漢学を演測する者の弊を激成するに足るのみ。

凡そ学を為すの要は、自ら必ず程朱を恪守するを以て正路と為すなり。易は則ち程伝の理、極めて精醇なり。而して朱子の時に、或は同異有る者は、朱子心を用ふること尤も精密なり。惟だ是れその大端に就きて之を言へば、則ち朱子に邵子（雍）を過信する処有り。説卦伝の「万物は震より出づ」の節の如きは、恐らくは、反《かえ》って邵子の謂ふ所の先天方位を以て、易卦の方位を疑へば、則ち経を害するの最も甚だしき者なり。本義は是れ朱子が未定の本のみ。項氏（宋の項安世）の玩辞（周易玩辞十六巻）、胡氏（宋の胡方平）の通釈（易学啓蒙通釈二巻）の二書は、皆な朱子の功臣なり。（因みにこの二書は、納蘭成徳の『通志堂経解』に収載されている。）

愚竊《ひそ》かに座隅に二言を私記して曰く、馬（融）・鄭（玄）を博綜するも、程朱に畔《そむ》いて斯の義を兼ぬること勿れ。以て古人に対《こた》ふるに足り、以て今人に質《ただ》すに足る。若し漢学の博く訓詁考証を稽ふる実際を精研せ

ずして、徒《いたず》らに程朱を株守するを事とする者は、是れ程朱を尊びて、未だその尊ぶ所以を知らざる者なり。（漢宋兼采の翁方綱の研究方法が躍如として語られている。）

（ニ）東呉の恵棟は、易に於て本義辨証の一書有り。亦た頗る見る所有り。而れども世人、甚だしくは之を伝へず。世に伝ふる所の者は、恵棟の周易述にして、その書は異を嗜み、博を炫《てら》ひ、竟《つい》に敢て「富有之を大業と謂ふ」以下四十六字を斥《しりぞ》けて、後師の訓む所と為す。又た天一、地二以下の二十字は、後人に出づと謂ふ。又た説卦伝の乾は健なり以下は、後人に出づと謂ふ。是れ則ち吾が学侶の当に見て髪指《かみさ》すべき所の者なり。易を詠む者、聖言を侮る有れば、当に髪指すと為すべき者は、先に欧陽が繋辞を疑ふより始まる。愚更に後巻の欧文を論ずるの内に於て、之を詳かにす。

（ホ）近日の学者、易学に於て既に諸家の説を虚衷研核する能はず。顧ふに転《うた》た荀（爽）・虞（翻）を高談せんと欲する者は、蓋し徒らに異を程伝朱義に立てんと欲するの外、故《ことさ》らに此れを為して以て矯むるのみ。その実、据る所の荀・虞の説は、初めより未だ荀・虞の全書を見ざるなり。未だその全書を見ずして、但だその流伝の一二を摘し、初めより未だその某条の上下に云ふは何なるかを知らずして、据《よ》りて以て説を為さんと欲すれば、則ちその事更に宜しく慎むべし。此れ李資州（鼎祖）の易解（周易集解）が輯むる所に就きて、その僅かに存する者を得たるに過ぎざるなり。その中、固より亦た攷据に資すべきの処有らん。然れども、李氏が易解の中に採る所の諸家の説は、攷据に資すべき者は、時々之れ有るも、僅かに荀・虞のみならざるなり。即ち鄭康成の説の如きは、宋の王浚儀、嘗て抄集して巻を為す。近日、恵氏棟も又た之を増輯す。学者善く択ばば可なり。……近日、恵棟の周易述は、之を申して曰く、鄭は六日七分に拠り、中孚は十一月の卦と謂ふ。辞に「豚魚も吉なり」と。巽を魚と為す。巽は風を以て天を動かす。故に云ふ、天地を感動すと。井は五月の卦、九二、位を失って微かにして、陰未だ応ぜず。故に魚の至ること小なりと云ふ。此れ真に槃を扣《たた》き、籥《ふえ》を捫《ひね》り、笑ふべきの尤なる者なり。而るに居然として自ら以て経を説くと為す。漢学を傅会するの謬、此の如き者有り。（翁方綱が漢易の卦気説の六日七分説を敷衍した、清朝漢易の代表的学者恵棟の易説を一笑に付したのである。）

（へ）王輔嗣は象を取らずして、況喩（たとえ）を虚言とし、孔疏（孔穎達の疏）は渙の象伝に於て之を発す。（渙の卦、象伝の孔穎達の疏に「王は象を用ひず、直ちに況喩の義を取る」とある。方綱はこれを指摘したのである。）朱子は必ず比爻を取りて以て卦変を言ふ。雲峰胡氏も亦た煥の彖伝に於て之を発す。この二条は発凡と為すべきなり。（漢易の象数易を否定した王弼の義理易が、象を直ちに比喩と捉えた点と、朱熹が反卦を取って卦変を説いたこの二点を、方綱は評価したのである。）

三、『易附記』に見える易学思想

『易附記』は、翁方綱の『易経』の上下経及び十翼に関する見解を詳述し、『蘇斎筆記』で述べた易学思想の問題点の外、『易経』の全般にわたる部分を、更に詳述したものである。しかも、上下経及び十翼の解説の中で、一般の易学書とは異なり、特に唐代の李鼎祚が撰した『周易集解』の記述を踏まえ、漢代易学の引用が目立つ。つまり博引傍証、異説を引用した上で、漢易に関する恵棟らに対する批判を展開する方法が見られる。したがって、翁方綱が易学に関し、いかに造詣が深いかを物語る。紙幅の関係で、乾坤二卦と他の主要な卦・爻辞につき言及したい。

1　乾の卦に関する見解

翁方綱は漢易にも精通し、程伝朱義を踏まえ、清代易学の碩学恵棟の易学をも批判し、博引旁証、尋常の易学研究者の域を越えた鴻儒である。乾の卦䷀の冒頭に次のように問題提起しているのは、実に彼の易学の研究方法を特色づけるものである。(10)

孔氏（穎達《ようだつ》）の正義（『周易正義』）、李氏（鼎祚）の集解（『周易集解』）は、皆な子夏の易伝の「元は始めなり。亨は通るなり。利は和なり。貞は正なり」を引く。今ま行はるる所の子夏易伝に此の語無し。孔祭酒（穎達）と李資州（鼎祚）は、皆な唐人にして、見る所の子夏易伝は、未だ是れ何本なるかを知らずと雖も、然れどもその説は已に古し。許氏（許慎）の説文に、「利は和に従ひ、和を省きて、然る後に利あり。易の利を引く者は、義の和を訓へと為す。是れその義なり」と。程伝（程頤の『易伝』）に「元は万物の始め、亨は万物の長ずる、利は万物の遂ぐる、貞は万物の成るなり」と。朱子の本義（『周易本義』）に至り、乃ち改めて「元は大なり、利は宜なり、貞は正しくして固なり」と云ふ。故に周貴卿の問ひに答へて謂ふ、「只だ大いに亨りて正しきに利しと説くのみにして、以て四時に分配せず。孔子始めて分ちて四件と作す」と。

方綱謹んで案ずるに、元・亨・利・貞、春・夏・秋・冬の四時に分配する者は、此れ特に講家の推説のみ。然れども孔子は既に「君子は此の四徳を行ふ」と言へば、則ち四徳は是れ本義にして、推説に非ず。朱子謂ふ、「大いに亨りて、正しきに利しければ、則ち併せて二層と為るに似たるか」と。孔疏に曰く、「此の卦の徳に純陽の性有りと言ふは、自然は能く陽気を以て始めて万物を生じて、元始めて亨通するを得て、能く物の性をして和諧せ使め、各《おのおの》その利有り。又た能く物をして堅固貞正にして能く終りを得しむ」と。此の卦は自然に物をして此の四種有らしめ、その所を得せしむ。故に之を四徳と謂ふ。言ふこころは、聖人も亦た当に此の卦に法《のっと》って、善道を行ひて、以て万物を長じて、物は生存するを得て、元と為るべし。又た当に嘉美の事を以て万物を会合し、開通して元なり、亨なりと為すべし。又た当に義を以て万物を協合し、物をして各その理を得て利と為さしむるなり。又た当に貞固を以て事に幹たり、物をして各その正を得て、貞と為らしむべきなり。按ずるに此の段は、上には四徳と言ひ、下には聖人之に法ると言ふ。二層は固より義に於て備はる。然れども愚以為《おも》へらく、経を説くには、宜しく経に依って義を立つべし。即ち道を説くに、聖人は乾に法る一層も亦た尚ほ自ら次第有り。蓋し象伝に謂ふ所の君子、文言に謂ふ所の君子も、皆な已に卦徳の中を具ふと雖も、而も此の卦辞は、則ち専ら卦徳を以て之を言ふも、尚ほ未だ遽かに引きて之を申して、君子が乾に法るに説き到らざるなり。近日、光山の胡氏（元の胡震、『周易衍義』十六巻）の約注に云ふ、「乾の四徳は須らく対象の辞を実にして之を解すべし。人事に粘著するに非ざるも、亦た直ちに占卜と言ふに非ず。

亦た説いて戒辞と作すべからず」と。此の説、最も之を得たりと為す。而るに近日、元和の恵氏（棟）の易述（『周易述』）は、又た虞翻の革の卦の注義を執りて、以て乾道変化は、各性命を正し、太和を保合すと為す。乃ち利貞は直ちに既済を用ひて、以て乾卦の義を詰《よ》むは、則ち迂滞なり。朱子は「潜竜、用ふる勿れ」を論じて謂ふ、程子は聖人の側微（身分がいやしいこと）を以て解と為すも、是れ易の本旨に非ずと。愚按ずるに、凡そ諸の卦爻は皆な然り。凡そ経を説き、推衍して義を見《あら》はす者は、皆なその本旨に非ざるなり。朱子の此の条は、全経の総例を釈すと為すべし。

顧氏炎武曰く、「夫子が十翼を作るは、未だ嘗て一象も増設せず。荀爽・虞翻の徒は、穿鑿付会し、象外に象を生じ、語るとしてその象を求めざるは無し。而して易の大旨は荒《すさ》めり。聖人の言を立つ、何ぞ当に象に屑屑《せつせつ》（勤め励むさま）たるべけんや」と。愚以為へらく、卦辞の文辞は、象を観るを以て文を為すと雖も、亦た事を過ちて推求し、処処に傅会するを庸《もち》ふる無きのみ。王輔嗣（王弼）の略例（易略例）に云ふ、「馬を乾の案文に定め、卦に馬有りて乾无きを責むれば、則ち偽説滋漫し、互体も足らず、遂に卦変に及ぶ。変も又た足らず、五行を推致す。蓋し象を存して義を忘るるに之れ由《よ》るなり。此れ実に経を説く者、榛塞《しんそく》（草木が生い茂って塞《ふさ》ぐ）を廓清するの大端なり。

2　坤の卦に関する見解

坤の卦䷁に関しても、諸説を紹介して、次のように論じている。[11]

坤の初六、本義の陰陽の一段は、深く聖人の陰陽を言ふの旨を得たり。学者は此れらの大義に於て、必ず之を朱子に求むる所以にして、前後の諸家の能く及ぶ所に非ざるなり。

李氏の集解に、「崔憬（唐の人、『周易探元』を撰す）曰く、乾坤交《こもごも》会し、乾を大赤と為す。陰柔を伏するが故に、血と称す」と。按ずるに、経文に血玄黄と言ひて、この解は乃ち説卦伝の乾を大赤と為すを以て之に当つれば、則ち経文の元と言ひ、黄と言ふの外、又た加ふるに赤色の文を以てして可ならんや。且つ説卦伝は震に於ては、言ひて玄黄と為す。豈に此の爻も又た震の象に援《と》るべきか。即ち此の一条は、後人が象の類を執りて、以て経文を詁《よ》みたるを見るべし。句を逐ひ、字を逐ふに至っては、皆な説卦伝の推益する所の象を執って、以て之を傅会す。聖人が卦の象を体して、以て訓言し、初めより成例無きを知らず。必ず若し先に各象を設けて一の傯例《そうれい》（総例）と為して、しかる後に諸卦・諸爻、取って以て文を成すは、聖人、是《かく》の若《ごと》く泥《なず》まざるなり。後来の講家は、甚だしきは孔子の十伝の文を併せて、亦た一々傅会して象を取る。而して荀の九家、虞の逸象は、推広徴引して、類出窮まらず、以て凡て経文を説くを致す者、目に触るるは皆な象にして、一字一句も之れ象に非ざる無し。それ亦た固なりと謂ふべし。即ち崔氏憬の説の如きは、尚ほ資州李氏の集解の前に在り。而してその坤の上爻の一条を説くは、已に支衍《しえん》（ささえ広げる）此の如し。此れ以て諸家が処々に象を言ふ者の明鑒《めいかん》と為すべし。故に因りて此の一条を挙げて之を発《ひら》く。

坤の卦において、翁方綱は象の解釈が、拡張解釈され、象外に象を生ずるような混乱を招いたと論断して、その弊害を訴えているのである。坤の卦の解釈の中で、このような指摘を展開した学者は、存在しなかったのではあるまいか。

３　泰の卦について

泰の卦䷊は、地天泰と称され、地の気は下に向かい、天の気は上に向って、その気は交流融合して、結びつく目出度い卦であり、易者の看板にも掲げられている。翁方綱はこの卦の冒頭に、朱熹と恵棟の見解を引用し、『易漢学』を著し、漢易研究に先鞭をつけた呉派の碩学を批判して、次のように述べている。[12]

朱子の本義に、「天地交はりて二気通ず。故に泰と為す。小は陰と謂ひ、大は陽と謂ふ。坤往きて外に居り、乾来たって内に居るを言ふ。又た帰妹䷵より来たれば、則ち六、往きて四に居り、九、来たって三に居るなり」と。近日、恵氏の本義辨証に云ふ、「復・臨・泰・大壮・夬・乾は、六月を主る。之を息卦と謂ふ。姤・遯・否・観・剥・坤は、六月を主る。之を消卦と謂ふ」と。此れ漢儒の十二辟卦の説にして、坎・離・震・兌を四正卦と為し、四時を主どり、余りの四十八卦を雑卦と為す。消息を君と為し、雑卦を臣と為し、四正を方伯と為す。此の十二辟卦、消息の説は、朱子も之を用ふ。然れども、消息卦は乾卦より来たる。当に卦変と言ふべからず。而れども本義は、泰・否の二卦に於て、仍ち帰妹より来たり、漸より来たると言へば、則ち是れ泰・否の例に従はざるなり。恵氏は則ち曰く、此の解は甚だ庸にして、荀注に非ざるに似たり。蓋し、五、二に降り、二、五に升るなり。その易述に曰く、「二・五、位を失ひ、二は五に升り、五は二に降る。天地交はり、万物通じ、既済と成って定まる。故に吉にして亨る」と。愚按ずるに、恵は嗜んで異説を為すこと、往々此の如し。此の卦は小往き、大来たり、是より坤上りて小往くと為し、乾下りて大来たると為す。卦辞の彖伝も皆な極めて明白顕著なり。而るに後人は顧《かえ》って異説を生ずる者は何ぞや。然るに朱子は、小往き大来たるに於て、兼ねて泰を指して、帰妹よりする者は、則ち多く枝節を生ずるに似たり。……易の書たる、剛柔相変はり、惟だ変の適する所のままなりと雖も、然れども卦変の図に在りては、或は以て彼此互ひに推して、卦辞の訓に在りては、則ち必ず二義を以て兼ね取る容《べ》からざるなり。此れ則ち何の怪ぞや。恵氏は坤は上昇し、乾は下降するの説に病みて、以て甚だ庸と為す。而るに必ず二五升降の説を是れ取る者なり。

4　革の卦について

革の卦䷰は、上卦が沢、下卦は火で、沢火革と称せられ、革命の原理・原則を説く。

その卦辞に「革は、己《つちのと》の日に乃ち孚《まこと》とせらる。元《おお》いに亨《とお》る。貞しきに利し。悔い亡ぶ」とあるが、異説には、己は已であり、「おわる」と読み、革命が成功裏に終った日とする。王弼や程頤・朱熹の見解で、わが伊藤東涯もこれに左祖する。己は十干の順序からして、真ん中を過ぎた位置であるので、革命の機会が熟した時であるから、猪突猛進せず、熟慮の末の行動ゆえ、結果的には、あまり差は生じないように思われる。そして、九三の爻辞に、「征けば凶。貞しけれども厲《あやう》し。革言三たびにして就る。孚有り」と記され、改革の議論を再三行い、熟慮の上、断行すれば革命は成功し、人民に支持されて真実性を持つ。これは正に近代政治学が説く、革命の正当性の認証に他ならない。この革の卦につき、翁方綱は如上の異なる見解や、その他の易説を紹介し、「已る」とする見解に左祖し、諸説を引用して批判し、次のように述べている。(13)

諸家は多く六二を以て成卦の主と為す。蓋し已《おわ》るの日に乃ち之を革《あらた》むと、卦辞の已るの日とは、乃ち孚相《まことあい》同じなるを以てなり。又た多く卦辞の已るの日を以て、君道の革と為し、六二の已るの日を以て、臣道の革と為すは、則ち二は下体に居りて、五と応ずるを以てなり。竊《ひそ》かに按ずるに、二と五と相応ずるの義は、自ら征《ゆ》きて吉の内に在り。已るの日、乃ち之を革むるは、その革の実義・実功にして、自ら必ず上、五爻に応ずるを以て、然る後に見て之を行はば嘉有りて、已るの日に之を革むるは、則ち自ら六二の爻位に就きて之を言ふ。如《も》し必ず上体に合して乃ち革と言ふべしと謂はば、専ら下体を以て革と言ふべからず。則ち何を以て象伝に文明以て説くと云ふ。此れ文明は下体を指すに非ずや。初九の為すこと有るべからざるは、猶ほ未だ中《ちゅう》に位せざればなり。二は則ち既に初を過ぎて、中に居る。

以上は革の卦の主爻である六二を中心に、「已」の読みについて論じたものであるが、この六二と正応で、同じく主爻である九五につき、次のように論じている[14]。

竜渓王氏曰く、革の五爻は、革の主なり。特に爻辞に顕らかに之を言はざるのみと。愚按ずるに、二爻は下体の文明の主たり。既に已《おわ》るの日、乃ち之を革むと言へば、則ち五爻は革の上体と為り、説いて之が主たるを信じ、更に言ふを煩さざるなり。且つ革め去るが故なり。二爻、甫《はじ》めて革まる時、故に言を質《ただ》して、乃ち革至る。九四は、則ち竟《つい》に命を改むと言ふ。五・上の両爻は、則ち変を以て言ふ。変ずと雖も、亦た改革の義にして、気象発越すれば、則ち大いに精神を著す。大人は即ち乾の九五の大人にして、飛竜はその位を以て言ひ、虎変はその文を以て言ふ。象伝は文に於て又た炳と言へば、則ち革道の表著、斯に於て至る。胡氏の通釈に曰く、未だ占はずして孚ありとは、諸家は皆な以て占決を待たずして、人は自ら之を信ずと為す。本義は然らず。蓋し、占は未だ革まらざるの先に在りて孚あり、又た未だ占はざるの先に在りて、則ちその孚や久しと。胡氏は本義の旨を発明して甚だ精なり。此れ宋儒の学、高く前賢に出づる所以なり。然れども胡氏は又た謂ふ、九五の象占は之を美とするが若しと雖も、実は之を戒むるを含むと。愚竊《ひそ》かに謂《おも》へらく、此の爻も亦た未だ必ずしも果して戒むる義有らざるなり。而れども未だ占はずして孚有るは、実に全卦の精蘊を通摂す。卦辞の已る日に乃ち孚ありとは、正に五爻の未だ占はずして孚有りと、廻環貫徹し、卦義爻義を合して、直ちに一句と作《な》して之を読んで可なり。

翁方綱が朱子の『易本義』の説を継承した胡氏の見解を評価する一方、胡氏の所説を批判して、是々非々の立場を堅持している。

5　豊の卦について

豊の卦䷶は、上卦は震で、動の象があり、下卦は離で明の象がある。つまり、聡明で行動し、豊かで盛大となる。また、震の象は雷で、離の象は火であり、電光を意味し、雷鳴が轟き、稲妻が発し、陽気の盛大さを象徴する。したがって、この卦は盛大なる時に対処する道を説くのである。この卦の卦辞に「豊は亨る。王之に仮《いた》る。

憂ふること勿れ。日の中するに宜し」とあるが、翁方綱は、冒頭に次のように論じている。(15)

この卦は注疏より諸家、皆な未だ王之に格《ママ》（假《いた》）る。憂ふること勿れの二句の義を喩らざれば、則ち卦の義、何に由りて釈かんや。注疏に謂ふ、大にして亨る者は、王の至る所にして、王者の徳有るに非ずと。之に至る能はざるは、此れ義に於て空言と為す。朱子の本義に云ふ、王者はこの語に至って、王者に類すと。この極大の底の時節に至っては、此れ義に於て半句と為すは虚冒なり。兪氏泛馬の大を釈するや、孟子の「王、請ふ之を大にす」を引くも亦た非なり。艸廬《そうろ》呉氏の纂言に曰く、王之に仮《いた》るとは、諸侯の国に就いて言ふ。王者のその国に至る有るなり。外の震は諸侯に象どり、内の離は日と為し、王に象どる。離の日は、下、居を照らして、内、主と為ると。蓋し、天子は侯国を巡守して、その国内に入りて主と為る。謂ふ所の天子に客礼無きなり。諸家の説、惟だ艸廬の此の説は之を得たり。然れども、この説は乍ち見はれ、未だその支衍を疑はざる者有らざるも、仍ち是れ艸廬之を言ふも。未だ詳らかならざるのみ。請ふ之を申べん。此の卦の象伝に曰く、明以て動く、故に豊かなりと。只だこの五字は、已に明析の至りなり。蓋し、卦は下離上震を以て、豊大の義と成せば、則ち君位に就いて以て卦主を言ひ、卦主に就いて以て卦徳を言ひ、全く二五の両爻に在り。夫れ卦位は五を最も尊しと為す。而るに此の上体の五は乃ち陰爻なり。若しその未だ以て五の尊位に当つるに足らざる者を疑ふは、その応位に就いて言ふ。而るに下体の二も又た陰爻なり。また若しその未だ以て五の尊位を承くるに足らざる者を疑はば、聖人は則ちその明以て之を動くを指して、之れ豊は亨ると為す。而して此の六二の位は、即ち六五の位と曰ふなり。この陰爻の位は、即ち中の位に居るなり。朱子は萃の卦に於て、(『礼記』)祭統の「公、太廟に仮《いた》る」を引き、仮は至るなりと。古の鍾鼎款識《かんし》に、多くこの文有り。大書して曰く、王之に仮る者は、特にその辞を隆重して、以て王来たって此の地に処《お》ると言ふなり。此れ六二の陰柔は、陰柔を以て論ずるを得ざるなり。直ちに即ち是れ五爻の尊、茲に臨局して以て中明に居りて万象を照らすなり。故に天下を明照すと曰ふ者は、正にその来りて下体の中に居ると謂ふなり。之の字は、実に卦体に就いて之を言ふ。是れ止《た》だ下体に就いて説くと雖も、而れども体を通じて光被して、上下に徹す。即ち此の六五の動は、即ち此の六二の明なり。豈に復た稍《や》や陰柔を以て疑慮と為さんや。疑慮は即ち謂ふ所の憂ひなり。疑ひと言はずして、憂ひと言ふ者は、憂ひは幽陰闇昧に在り、明に対して言ふなり。一は則ち二・五は皆な陰なるを以て、惟だその弱きを恐れ憂ふるなり。一は則ち離、震の下に在るを以て、惟だその闇きを恐れ憂ふるなり。(胡氏の通釈は豊は明夷に似たりと謂ふは、則ち又た非なり)此の憂ふる勿れは、特に日の中するに宜しと為す。之を言ひて以て日の中するを之れ豊大と為すを見《あら》はすのみ。日の中するの義を以て、更にこの憂ふるの字に繳《かかわ》るに非ざるなり。象伝の「日、中すれば、則ち昃《かたむ》く以下は、正に是れ日の中するに宜しの義を発明す。或は乃ち象伝の末段に因りて、豊大の中を言ふ。亦た道を憂ふる者有るは、この経の旨に非ざるなり。

翁方綱の引用文は、原典の通りではなく、要旨を述べているので、聊か困惑するが、とにかく博引旁証、他書には見られない。実に詳細を極めた易学研究の名著で、弱冠にして会試・殿試の難関を突破した秀才の書にふさわしい内容である。紙幅の関係で、主要な卦を取り上げたに過ぎないが、一斑を見て全豹を類推してもらいたい。

おわりに

翁方綱は乾隆一七年に、弱冠で会試・殿試の難関を克服した秀才であるが、当時の呉派・皖派にも所属せず、常州学派の登場にも、あまり関心を示さなかったに違いない。彼は経学研究者ではなく、書家として知られ、金石学家の列に名を列ねていた。しかし、嘉慶二三年まで、八七歳の長寿を保ち、『経義考補正』の名著もあり、晩年には、朝鮮の金阮堂と交流し、晩年の力作である『蘇斎筆記』・『易附記』を没後、弟子に命じて金阮堂に寄贈しているのは、実に特筆に価する学問的業績と言わねばならない。これも彼が当時の実事求是の学風とは異なる独自の学風を自負していたに違いない。弱冠で進士となった自信が、時代の風潮に同調することを拒んだからであろうか。とにかく、彼の易学は漢・宋兼采で、特に易学では、納蘭成徳の『通志堂経解』に収載されている宋・元の学者の易説が引用されている。

彼の時代に隆盛を極めた恵棟の『易漢学』なども批判的に読み、安易に妥協せず、自説を展開する。恐らく清代学術の漢代復帰の機運を熟知し、これらの時代思潮に超然として、むしろ冷ややかに観察し、金石学に興味を傾注していたに違いない。特に彼は易学に関し、宋代の碩学欧陽脩が『易童子問』の中で、孔子の十翼の中、繫辞伝以下を否定したことにつき、清朝の碩学が、誰も批判を展開せず、彼の尊敬する朱熹でさえ、批判しながら徹底的な論陣を張らなかったことに不満を抱き、自らこれを完膚なきまでに批判した。それは『蘇斎筆記』・『易附記』の随処に見られるが、今日では、欧陽脩の見解が通説となっている。確かに繫辞伝には、「子曰く」とあり、矛盾を感じるが、孔子制定説を立証する客観的資料がないため、孔子の継承者である七十子の弟子が伝えたことになっている。しかし、これを以て直ちに孔子制定説を否定するのも、易経の権威性から見て、疑問無しとしない。したがって、朱熹も欧陽脩の見解に批判的であった。翁方綱がこの二書の中で、終始批判を展開した所以である。明代でも、来知徳・何楷らは、欧陽脩の見解に関しては、歯牙にもかけず、清朝の考証学者顧炎武でさえ、繫辞伝の記述をいささかも疑わないのである。

一方、『論語』述而篇の「我に仮すに年を以てし、五十以て易を学べば、以て大過無かるべし」の一文に関しても、後漢の熹平石経を根拠に、易は亦とする説が優勢で、陸徳明の『経典釈文』や、皮錫瑞の『漢碑引経攷』もこれを肯定する。こうして『史記』孔子世家の「孔子晩にして易を喜み、韋編三たび絶つ」の一文も空文化する。さらに孔子と『周易』を無縁とするのは疑問無しとしない。金石学の権威が、敢て『蘇斎筆記』・『易附記』を完成させた所以である。その意味で、翁方綱の経学思想は、特筆大書すべきであると思う。

本論考では、六十四卦のうち、僅かに五つの卦辞を取り上げたが、翁方綱の易学の方法と解釈の特色が見られる。その基本姿勢は程伝朱義であるが、漢易でも参考にすべき点は紹介し、宋・元時代の学者の見解も紹介する。博引旁証といわれる所以である。また、呉派の易学者恵棟を批判し、学問的見識には自負の念が横溢している。これも天賦の才能に恵まれ、位、人臣を極めた翁方綱が、晩年に至って、当時の学風に飽き足らず、敢て易学に晩年の情熱を傾け、朝鮮の儒学者である金阮堂との学問的交流の中で、この大著を完成させたに違いない。彼の易学の全貌を明らかにしたいが、取り敢えず、その一斑を紹介するに止め、今後の研究課題としたい。

〈注〉

(1) 徐世昌『清儒学案』巻九〇　第一葉　台湾世界書局　民国五五年。
(2) 支偉成『清代樸学大師列伝』四九四―九六頁。
(3) 除世昌　前掲書　三六―七葉。
(4) 王鍾翰点校『清史列伝』第一七冊　巻六八　儒林伝下一　中華書局。
(5) 藤塚鄰『朝鮮文化東伝の研究』三〇三―〇五頁　国書刊行会　昭和五〇年。
(6) 翁方綱『蘇斎筆記』第一　易　一葉　財団法人無窮会　真軒文庫　昭和八年。
(7) 翁方綱　前掲書　第一　易　二葉。
(8) 翁方綱　前掲書　第七　文集　一三―二六葉。
(9) 翁方綱　前掲書　第一　三―七葉。
(10) 翁方綱『易附記』巻第一　一―二葉。
(11) 翁方綱　前掲書　巻第一　八、一〇葉。
(12) 翁方綱　前掲書　巻第二　一―二葉。
(13) 翁方綱　前掲書　巻之六　一一―二葉。
(14) 翁方綱　前掲書　巻之六　一三―四葉。
(15) 翁方綱　前掲書　巻之六　四四―五葉。

第八章　紀磊の易学思想

はじめに

紀磊という学者の名は、従来あまり知られておらず、生卒年も不明であるが、易学の研究を三〇年にわたって怠らず、『周易消息』と題する易学書を著した。清代末期の同治時代の学者であるが、家も貧しく、諸生で終わり、進士出身の顕官でもないため、『清史稿』・『清史列伝』にも掲載されず、『清続文献通考』の「経籍考一」に、その名を留めている。

私が紀磊の『周易消息』と出会ったのは、たまたま書肆で、景印『経学粋編』の第一に本書が配列され、台湾力行書局より上梓されたものであった。かなり昔のことである。本書に関しては、特に研究者が取り上げず、従来、無視されていたが、民国七六年に、徐芹庭氏が『易学源流』二冊を台湾国立編訳館から上梓し、その中に「紀磊、深く消息の道を観る」と題し、わずか一頁であるが、その特色を紹介している。

彼が三〇年にわたる易学研究を「周易消息」の観点から、どのように集約したかは、いささか興味を抱かざるを得ない。そもそも『経学粋編』一五冊を刊行した編集者の意図は、『通志堂経解』や『皇清経解正続』に収載されなかった歴代経学の遺珠のうち、清末民初の名著を収集したと云う。そして、本書の紹介欄には、次のように記されている。

> 古へより費直、易を伝へ、但だ十翼を以て経を説き、王弼これに本づく。陳蘭甫（陳澧の字）の謂ふ所の此れ千古治易の準的なる者なり。紀氏の是の書の釈する所は、並びに十翼の解を為すに依る。漢儒の爻辰・納甲の如きは、皆な采る所に非ず。而して卦象を詮解するに、皆な説卦より推出し、荀（爽）・虞（翻）の諸家とも亦た略《ほぼ》異同あり。消息を推闡するに至っては、最も鮮明と為す。爻変升降は、巻を展けば瞭然たり。是れ誠に漢易を淩轢（おしのけて、ふみにじる）して、上、周秦の古義を追ふ。

本稿では、紀磊の『周易消息』一五巻を中心として、彼の易学思想研究の意図と、その特色を探索し、貧困の中、三〇年にわたり研鑽した易学の成果を明らかにしたいと思う。

一、紀磊の易学研究の意図と方針

紀磊は烏程の人で、字は位三、又の字は石斎で、著書には、『漢儒伝易源流』・『周易本義辨義補訂』・『荀虞易義』があり、漢宋兼采の学者である。紀磊は三〇年の歳月を費やし、易学を陰陽消息の観点から研究した。本書の序文の中で、次のように語っている。[1]

伏義は十言の教えを伝へ、消息を先と為す。文王は六画の辞を演じ、吉凶以て断じ、既に天地を弥綸《びりん》し（つくろいおさめる）、自ら陰陽を該括す。然れども、道に至微あり、理は遽《にわ》かに喩《たと》え難く、生々として絶えず。誰か性命の源を窺はんや。亹亹《びび》として相尋ぬるも、孰《たれ》か神明の奥を測らんや。唯だ我が夫子、志を韋編の源に矢《ちか》ひ、一画の先に敦厚し、憂患を二篇の内に洩らす。剛柔、本を立て、造化、悉く乾坤より出づ。変通、時に趨き、神を尽して鼓舞を離れず、既に文言の蘊を述べ、復た雑卦の篇を伝し、易は其れ至れるかな。孰か此れに与《あずか》らんや。秦に逮《およ》び、烈燄《れつえん》を逃れ、卜筮に因りて、僅かに存す。漢は学官に列し、讖緯《しんい》に儕《ひと》しくして雑多し。或は卦気を伝へ、或は爻辰・納甲を尚ぶ。納音、既に象り、日月を懸け、世主の応を主《つかさ》どり、亦た位は璣衡《きこう》（渾天儀）に協《かな》ふ。各《おのおの》夫《か》の一偏を得て究むるも、未だ全体を晢《あきら》かにせず。王（弼）・韓（康伯）の虚寂に洎《およ》び、孔（穎達）・陸（徳明）の迂疎に迄《いた》る。筌蹄《せんてい》既に忘れ、図書何ぞ有らん。況んや経世を主張するをや。復た図象を先天に滋《ま》し、本を推して為す無く、遂に卦爻を大極より別ち、夫の錯綜駁雑と交互に支離し、均しく未だ三聖の心を窺はず。究むるも孰か六爻の変を測らんや。某や年已に知命、質猶ほ童蒙なり。雅《つね》に同人を慕ふと雖も、敢て妄りに夫《か》の大過を祛《のぞ》き、唯だ是れ十年、字《はら》まず。空しく女子の貞を懐き、三たび接するも縁無く、絶えて康侯の錫（武王の弟の康侯が馬を献上する。晋の卦辞。）少なく、既に彙《あつ》め征《ゆ》きて望みを失ふ。遂に業に居りて心を潜め、艮を体して時に行ひ、乾に法って息はず。盈虚を剥䷖・復䷗に参し、感応を咸䷞・恒䷟に験す。国を開き、家道を承くるも、君臣父子に外ならず。仰観俯察するも、理は幽明死生を越えず。楽しめば、則ち行き、憂ふれば、則ち違《さ》る。既に潜竜の妙を識り、気は相求めて、声は相応ず。還た品物の亨らんことを思ふ。否䷋・泰䷊循環し、坎䷜・離䷝交媾す。既済䷾の漸䷴に由るを欣び、家人䷤の睽《けい》䷥に反するを惕《おそ》る。遂に乃ち三古の微を抉り、一篇の要図を扼《おさ》へて、震䷲の義を宗《とうと》び出《いだ》し、中爻を辨じて、京（房）・焦（贛）の游魂を黜《しりぞ》け、荀（爽）・虞（翻）の逸象を補ふ。民用を十有八変の内に前《すす》め、周天を六十四卦の中に範す。乃ち知る、六日七分の法は、猶ほ微杪《びびょう》に差あり。一十二万言、更に荒唐に近し。既に数に倚りて爻を生じ、遂に理を窮めて、以て命に至る。賾《さく》（奥深く見えにくいもの）を探り、隠を索め、敢て心聖の心を言ひ、両地参天、聊か易の数を数ふべし。豈に我を知る無きも、請ふ策を挟んで、太昊の天を嬉《たのし》まん。如し従遊する有らば、願はくば書を持して、中古の世を論ぜん。

同治元年歳次壬戌、春王正月、烏程の後学、紀磊位三氏、北麻の豊玉堂に序す。

この序文により、彼が二〇歳から易の研究に志し、五〇歳を過ぎて脱稿上梓したことが判明した。したがって、彼の生まれも、同治元年（一八六二）を遡る五〇年前の一八一二年（嘉慶一七）頃であり、卒年のみ不明となる。年齢も最も充実した頃であり、彼の文章を一読すると、正に詰屈聱牙、いささかその迫力に圧倒される。末尾の一文は、同好の士を期待し、太昊の天を嬉しみ、中古の世を論じたいと表白し、意気軒昂たるものを感ぜしめる。

彼の易学は、漢代象数易を「一偏を得て究むるも、未だ全体を晳かにせず」と批判し、漢易を否定して、老荘的義理易を確立した王弼・韓康伯の易学を虚寂と批判し、さらにこれを継受して『周易正義』を著した唐の孔穎達や、『経典釈文』を著した陸徳明を迂疎と批判し、それは魚やうさぎを獲得した者が、その道具であるふせごや、わなを忘れて放棄したもので、まさに易の象を捨てて、義理易を確立し、河図洛書を無視した非を強調した。さらに、漢代象数易の碩学である京房・焦贛（延寿）の游魂[2]（六十四卦を八宮に分けた世応の説。八宮は一世・二世・三世・四世・五世・游魂・帰魂。）を排除して、荀爽・虞翻の逸象を補充した。また、卦気説はこれを認めた。つまり、彼は漢代象数易の妥当な精華に基づき、荒唐無稽な理論は排除し、陰陽消息を中心に理論構成したのである。

紀磊は『周易消息』の巻首に、凡例を掲げ、本書執筆の基本姿勢を明らかにした。[3]

① 河図洛書は、漢儒は言はずして、末儒は之を言ふ。或る者は猶ほ以て疑ひと為す。然れども、易中の象数の学、実に天一・地二の一節は、噎《いっ》に因りて食を廃すべけんや。

② 河図は是れ数なり。故に一より十に至るまで、皆な数なり。洛書は是れ文なり。故に一より九に至るまで、皆な文なり。謂ふ所の聖人之に則るとは、河図は即ち天地位を定むの一節は、乃ち雑卦の方位、変化を以て既に成るの言なり。洛書は即ち帝は震に出づの一節にして、謂ふ所の大いに終始を明らかにし、六位時に成るなり。（乾卦彖伝）変化を以て言ふなり。今ま特に図を前に絵《えが》きて、以て参考に備ふ。

③ 雑卦の一篇は、即ち古への卦変消息にして、皆な此れより推出す。故に今ま釈する所の者は皆な雑卦を以て説と為す。而して先づ五図を篇首に列す。

④ 説卦の一篇は、即ち雑卦を釈するの説なり。故に総て一図に絵きて、以て学者の自ら察するを待つ。（即ち雑卦の第四図）

⑤ 乾坤は父母なり。六子は皆な此れより出づ。故に象を取る。乾坤を先にし、六子を後にす。

⑥ 乾の三爻は、即ち震・坎・艮、坤の三爻は、即ち巽・離・兌なり。故に象は、即ち此れより取る。乾の初は即ち震、二は即ち坎、三は即ち艮なり。坤の初は即ち巽、二は即ち離、三は即ち兌なり。然れども、初は反って上に即き、二は反って五に即き、三は反って四に即く。故に六画卦は、又た即ち反を以て之を取る者は、且に乾の一・三・五を乾と為し、二・四・上は即ち坤と為し、坤の二・四・上を坤と為し、一・三・五を乾と為さんとす。陰陽互ひに易り、一説を以て拘る能はざるなり。先例に因り、象を前に体して、以て尋覧に便にす。

⑦ 凡そ注の中、象を取るは、皆な説卦より推出す。先儒と少しく異同あり。幸ひに荀・虞の諸家を執って、以て相詬病すること勿れ。

⑧ 凡そ経伝中の句読、及び文に、異同ある処は、皆な諸《これ》を先儒に本づく。敢て妄りに竄改を為すに非ず。

⑨ 孔子の十翼は、経を釈する所以なり。故に今ま釈する所の者は、並びに十翼に依りて説を為す。漢儒の爻辰・納甲等の説は、概して敢て濫入せず。

⑩ 彖・象上下の四伝は、先儒並びに経の後に付すは、その便を尋繹に取る。故に今ま亦た之に従ふ。但だ並びに乾坤の例の如きに過ぎず。文言伝の如きは、則ち仍ほ原本に依り、繋辞伝の後に次す。

⑪ 繋辞・説卦等の伝は、大意を泛論するが若きと雖も、然れども孔子は、並びに象に依りて説く。故に今ま亦た象に従って解く。故らにその取り難きに非ず。その領略し易きのみ。読者幸ひにその鑿を嫌《うたが》ふ勿れ。

⑫ 伏羲、卦を画し、文王は彖辞、孔子は伝を作る。班氏（固）の謂ふ所の人は三聖を更へ、世は三古を歴たるなり。周公と絶えて干渉する無し。爻辞を以て周公の作と為すは、唐の孔穎達より出づ。付会にして未だ

拠と為すに足らず。故に今ま特に之を削る。詳しくは読書随筆を見よ。
⑬　経伝中の字は、凡そ異読無き者は、概ね音注せず。省《はぶ》くに従へばなり。

特に注目すべきは、彼は河図・洛書を重視し、雑卦は古代の卦変消息であるとし、説卦は雑卦を釈したものと認識していることである。そして、欧陽脩の『易童子問』を無視し、十翼は孔子の作とし、これで上下経を解釈する漢代初期の方法を支持し、漢代象数易を貫徹するが、爻辰・納甲などは否定する。特に周公が爻辞を作ったとする通説は、唐代の孔穎達の見解で、根拠がないとして否定した。

なお、紀磊は、巻首に河図・洛書の図を掲げ、次のように論じている。(4)

河、図を出だし、洛、書を出だし、聖人之に則るとは、経に明文有れば、則ち聖人の易を作るは、並びに図書に則るは、知るべきなり。然れども十を以て図と為し、九を以て書と為すは、先儒に是の説有りと雖も、而れども謂ふ所の之に則るとは、多く未だ明確ならず。故に終に以て世人の疑ひを解く無し。今ま雑卦より之を推して、説卦の一篇は、即ち聖人の図説なるを知るなり。因りて具《つぶさ》に後に詳しくして、以て後の易を読む者を俟たん。

河図に則るとは、即ち天地位を定むるの一節なり。河図の一六は北に居り、既済の初に即《つ》くなり。既済の初、乾の初は、坤の上に伏すなり。初は即ち天一、上は即ち地六、乾上坤下、故に天地は位を定む。雑卦を以て之を言はば、即ち否泰なり。否泰は即ち乾坤、謂ふ所の「乾以て之に君たり、坤以て之を蔵むるなり。」

（説卦伝）二七は南に居り、即ち既済の二なり。既済の二、坤の五は、乾の二に伏するなり。五は二を兼ね、即ち天の七なり。二は即ち地の二、上を離とし、下を坎とす。故に水火相射《いと》はず。雑卦を以て之を言はば、即ち既・未済なり。既・未済は、即ち謂ふ所の「雨以て之を潤し、日以て之を晅《ママ》（烜《かわか》）す（説卦伝）」なり。三八は東に居り、即ち既済の三なり。既済三、乾の三は、坤の四に伏す。三は即ち天の三、四は即ち地の八、上を震にし、下を巽とす。故に曰く、雷風相薄《せま》ると（説卦伝）。雑卦を以て之を言はば、即ち恒なり。恒は即ち震・巽の謂ふ所の雷以て之を動かし、風以て之を散ずるなり。四・九は西に居り、即ち既済の四なり。既済の四、坤の三は、乾の四に伏す。其の三を三にすれば天の九なり。四は即ち地の四、上を兌とし、下を艮とす。故に曰く、山沢気を通ずと。雑卦を以て之を言はば、即ち咸なり。咸は即ち艮・兌なり。謂ふ所の艮以て之を止め、兌以て之を説《よろこ》ぶなり。五十は中に居る。即ち既済の五なり。既済の五は、乾の五、坤の二に伏するなり。五は即ち天の五なり。其の五を二にすれば、即ち地の十にして、亦た即ち地を転ずるなり。蓋し五は一に即けば、十は即ち六なり。神妙は中に居れば、則ち乾坤と為る。謂ふ所の天に在りて象を成すなり。変化は下に在れば、則ち既済・帰妹と為る。謂ふ所の地に在りて形を成すなり。然らば則ち河図に則る者は、変化を以て既に言を成すなり。洛書は即ち帝、震に出づるの一節（説卦伝）なり。洛書の三は東に居り、即ち震なり。震の天三は東南に居り、即ち巽なり。巽は地の六二、四を六二と為す。即ち四なり。九は南に居る。即ち離なり。離は地の二にして七を兼ぬれば、則ち九と為す。二は西南に居り、即ち坤なり。坤は地の四、四は即ち二なれば、坤は地に始まるなり。七は四に居り、即ち兌なり。兌も亦た地の四にして、艮と易り、三を兼ねて言へば、則ち七と為す。六は西北に居り、則ち乾なり。乾の天五は、巽と易れば、則ち六と為る。一は北に居れば、即ち坎なり。坎は天一なり。八は東北に居り、即ち艮なり。艮も亦た天三、中五を兼ねて言へば、則ち八と為る。五は中に居り、亦た即ち乾なり。中に居りて運り化す者なり。即ち謂ふ所の大いに終始を明らかにし、六位、時に成るなり（乾の卦の彖伝）。然らば則ち洛書に則る者は、変化を以て言ふ者なり。変化の時、剛柔交易す。故に数に斉《ひと》しからざる有り。その既に成るに及べば、則ち一六は北に位し、二七は南に位し、三八は東に位し、四九は西に位す。五十を中と為す。謂ふ所の五位相得て、各合ふなり。蓋し、河図はその体にして、洛書はその用なり。用を行ひて体立つ。謂ふ所の聖人之に則る者は、了然ならざらんや。

紀磊が河図・洛書に関し、その図を敢て前面に出し、このように詳細に解説したのは、『論語』子罕篇に、「子曰く、鳳鳥至らず、河、図を出ださず。吾れ已んぬるかな。」とあり、洛書は禹の時に、洛水に現われた神亀の背に有った文書で、『尚書』洪範の起源となったものであり、決して荒唐無稽と一笑に付し得なかったからである。

二、乾坤二卦に関する見解

乾䷀の卦に関し、紀磊は乾の卦辞、「乾は元いに亨る貞しきに利し」につき、陰陽消息の機能的特色に着目して、次のように解説している(5)。

乾は天なり。即ち伏羲の画する所の卦なり。伏羲、卦を画し、一奇一偶より始む。奇は天にして、一を陽と為す。天に象る所以なり。偶は地にして、二を陰となす。地に象る所以なり。然れども、一奇一偶は、以て変化を為して、鬼神を行ふに足らず。故に奇を積んで乾と為し、以て三才に象る。謂ふ所の象を成す、之を乾と謂ふなり。偶を積んで坤と為し、亦た以て三才に象る。謂ふ所の法に効《なら》ふ、之を坤と謂ふなり。然れども、天地交はらざれば、万物生ぜず。是れ由り乾道は男と成り、一索再索三索して、震・坎・艮を得。坤道は女と成り、一索再索三索して、巽・離・兌を得。震は雷為《た》り、坎は水為り、艮は山為り。三者は天に本づく者なり。巽は風為り、離は火為り、兌は沢為り。三者は地に本づく者なり。乾坤と並びに八卦と為りて、易象は即ちその中《うち》に見《あら》はる。謂ふ所の八卦、列を成し、象その中に在るなり。然れども、八卦は乾坤の交に見はるるも、而も乾坤の交、六子と八卦の各自と交を為すは、猶ほ未だ見はれざるなり。故に八卦の上に因り、各《おのおの》八卦を重ね、乾坤より既・未済に至るまで、八八六十四卦を得て、天地の変は始めて尽くさる。謂ふ所の因りて之を重ね、爻、その中に在り。此れ伏羲画卦の大略なり。この卦は上下皆な乾、即ち謂ふ所の重卦にして、以て天に象る者なり。天に四時十二月有り。子より巳に至るまでは、陽息するの時なり。午より亥に至るまでは、陰消するの時なり。一消一息、歳功成る。天の象は此《かく》の如し。人事も亦た此の如し。故に文王は即ち伏羲の画する所の卦に因りて、易の乾坤十二爻を作り、分ちて十二月を主る。剛柔相推して、変化を生ず。乾の六爻は、即ち天一・地二・天三・地四・天五・地六なり。一・三・五は、陽の陽なり。二・四・上は、陽の陰なり。坤の六爻も亦た、天一・地二・天三・地四・天五・地六なり。二・四・上は、陰の陰なり。一・三・五は、陰の陽なり。乾元は一に始まり、坤元は二に始まる。一に始まる者は、初より上に至るまで、剛柔相当り、既済の象なり。二に始まる者は、二より初に至るまで、剛柔相反し、初・上、位を変え、帰妹䷵の象なり。然る所以の者は、乾の用九は、参天なればなり。坤の用六は、両地なればなり。天三にして地両なる者は、陽饒《ゆた》かにして陰乏しきなり。故に位は六有りと雖も、数は五に止まる。六は則ち一の配なり。故に坤は上に至れば、則ち初《しょ》に反《かえ》る。此れ初・上、位を変ふる所以なり。故にその変化既に定まり、乾は既済䷾と成り、坤は帰妹と成り、周して始めに復《かえ》る。循環窮まらずして、変変化化、此れより究まる。謂ふ所の剛柔相推し、変、その中《うち》に在るなり。その変に当りてや、吉有り、凶有り。吉凶悔吝は動に生じ、その動に因りて之を告げ、吉に趨《はし》りて凶を避けて、咎无《とがな》きを要《ねが》ふ。此れ易の用なり。謂ふ所の辞を繋けて之に命じ、動、その中に在るなり。此れ文王、易を作るの大旨なり。元いに亨り、貞しきに利しきは、文王の繋くる所の辞なり。之を彖辞と謂ひて、以て一卦の吉凶を断ずる者なり。謂ふ所の彖は象を言ふ者なり。而して変、その中に在り。此れ変を以て言ふ。六十二卦は、皆な乾坤より出づ。故に乾坤の二卦は、即ちその変化の象なり。然れども、坤も又た乾の偶にして、順承に過ぎざるのみ。故に変化は皆な乾より出づ。而して乾の変化は、則ち三に在り。三変すれば、則ち諸爻は之に随って変じ、而して既済成る。謂ふ所の乾道変化し、各性命を正しくするなり（乾卦の彖伝）。乾の初は元為り、中は亨ると為す、上は（上声）は利しと為す。五は貞しと為す。亨は通なり。坤に通ずるなり。貞は正なり。乾を正すを謂ふなり。元いに亨り、貞しきに利しとは、消息を兼ね、始終を該《か》ねて言ふなり。消息は比䷇・師䷆に始まり、既済・帰妹に終る。比は既済に至るを息と為す。師は帰妹に至るを消と為す。元いに亨るは、始めを以て言ひ、比・師を謂ふなり。貞しきに利しは、終りを以て言ひ、既済・帰妹を謂ふなり。帰妹は既済の伏なり。上は既済と成れば、則ち下は帰妹と成る。故に又た専ら既済を以て言ふなり。此れ乾の六爻変化の象なり。故に乾は元いに亨り、貞しきに利しと曰ふ。

易学を修めた者も、一見、理解し難い内容と思われる。その一例は、剛柔が互いに推しあって変化を生ずるという認識で、乾の六爻は、天一・地二・天三・地四・天五・地六となり、一・三・五は陽の陽であり、二・四・上は、陽の陰である。そして同様に、坤の六爻もまた、天一・地二・天三・地四・天五・地六となり、二・四・上は、陰の陰であり、一・三・五は陰の陽である。そして、乾元は一に始まり、坤元は二に始まると考える。こうして、一に始まる者は、初爻から上爻に至るまで、剛柔が互いに当って、既済䷾の象となる。これは、卦体、つまり卦の形が、陰陽の順が交互になっている。紀磊はここに着目して、このような理論構成を試みたのである。したがって、第二爻に始まる者は、第二爻から初爻に至るまで、剛柔、つまり陰陽が相反しているが、初爻と上爻が、その位置を変えているに過ぎない。つまり帰妹䷵となっていると解説したのである。とにかく、一般の易学とは、全く異なる観点から捉えているのである。

次に坤䷁の卦辞は、「坤は、元いに亨る。牝馬の貞に利し。君子往く攸《ところ》有れば、先んずれば迷ひ、後るれば主を得。西南に朋を得、東北に朋を喪ふに利し。貞に安んずれば吉。」と記され、これに就いて紀磊は、次のように論じている。[6]

坤は地なり。即ち伏羲の画する所の偶なり。天に配して変化を成す所以の者なり。即ち乾の伏なり。初は元と為す。剛柔応じて亨ると為す。乾は利しと為し、馬と為す。坤を牝と為す。五を貞と為す。牝馬は牝を馬に謂ふなり。元いに亨り、牝馬の貞に利しきも、亦た消息を兼ね、終始を該《か》ねて言ふなり。元いに亨るは、始めを以て言ふ。即ち比・師は牝馬の貞に利し。終りを以て言へば、即ち既済・帰妹なり。然れども、陰の消は、即ち陽の息なり。故に亦た既済を以て言ふなり。既済䷾は漸䷴より来る。元《も》と漸の上、坤の二を伏すなり。坤の二は、即ち初なり。蓋し乾元は一に始まり、坤元は二に始まる。故に二は即ち初なり。牝馬は漸の四、乾の二を伏すなり。乾の二は、即ち坤の二なり。故に牝馬は元いに亨ると為す。坤の二を以て牝馬の貞を謂ひ、乾の二を以て、坤の二と言ふ。動いて既済に之《ゆ》けば、五は伏して乾の五に合し、乾の二は動いて、既済に之き、二は伏して坤の五に合す。坤の二を以て言はば、則ち元いに亨ると為す。元は坤の二を謂ひ、亨るは乾の二を謂ふなり。乾の二を以て言はば、則ち牝馬の貞に利しと為す。牝馬は乾の二を謂ひ、貞は坤の二を謂ふなり。故に元いに亨り、牝馬の貞に利しと為す。此れ坤の変化の象なり。君子、往く攸有る以下は、乃ちその事を言ふ。申ねて之を明らかにする所以なり。艮䷳は君子と為し、坤は往くと為す。君子は四を謂ふ。乾の四を伏せば、坤の四は、即ち乾の三なり。故に君子と為す。乾を先と為し、主と為し、坤を後と為し、迷ふと為す。先んずれば迷ふは、既済の四を以て言ふなり。既済の四は、坤の三、乾の四に伏すなり。乾の四は、漸の三なり。動いて既済の四に之き、伏して坤の三に合す。乾四は乾を体し、坤三は坤を体す。故に先んずれば迷ひ、後るれば得と為す。主は既済の三を以て言ふなり。既済の三、乾の三は、坤の四に伏すなり。地四・漸三は伏なり。動いて既済の三に変ずれば、伏して乾三・坤四に合して、坤を体す。乾三は乾を体す。故に後るれば、主を得と為す。此の二句は、総て君子の変化を言ふなり。故に君子、往く攸有れば、先んずれば迷ひ、後るれば主を得と為す。喪は亡ふなり。利の字は、概ね下の両句に、西南に朋を得と言ふは、帰妹の四を謂ふなり。帰妹は既済の伏なり。上、既済と成れば、則ち下は帰妹と為る。故に帰妹は即ち既済の伏なり。此れ上の君子、往く攸有りを承けて言ふなり。帰妹の四・乾の四は、坤の三に伏すなり。朋は二・乾二を謂ふ。乾二は兌䷹を体し、乾の四・頤䷚の二は伏なり。乾の二・頤の五は、伏なり。乾の四、動いて帰妹の四に之けば、坤の三に合す。乾の二、動いて帰妹の二に之けば、坤の五に合し、四は兌の二に当り、離䷝に当る。故に西南に朋を得るに利しく、東北に喪ふと為す。既済の四を謂ふなり。既済の四・坤の三は、乾の四に伏すなり。朋は初を謂ひ、坤の上に伏し、坤の上も亦た兌を体す。乾の四は漸䷴の三なり。坤の上は漸の初なり。乾の四、動いて既済の四に之けば、伏して坤の三に合す。坤の上、動いて既済の初に変じ、伏して乾の初に合す。四は震䷲に当り、初は坎䷜に当る。故に東北に朋を喪ふ。此の二句は、変化の事を言ふなり。坤は安しと為し、五は貞しと為し、貞は吉と為す。安貞にして吉とは、上の既済を承けて言ふなり。即ち牝馬の貞なり。五、坤の二に伏すなり。坤の二・漸の上は伏なり。動いて既済の五に之けば、伏して乾の五に合す。故に安貞と為す。安貞なれば、則ち既済と成る。故に吉なり。吉は乾の五を以て言ふ。乾の五・漸の二は伏すなり。此の数句は申ねて元いに亨る牝馬の貞に利しと言ふなり。此れ坤の六爻変化の象なり。故に坤は元いに亨る。牝馬の貞に利し。君子、行く攸有れば、先んずれば迷ひ、後るれば、主を得。西南に朋を得、東北に朋を喪ふに利し。貞に安んずれば吉と曰ふ。

以上の解説も同じく、陰陽の消息が二つの卦に伏在すると言う観点から捉え、いささか理解に苦しむ点も見られるが、微妙な陰陽の消長を具象化する見解は、傾聴に値する。紙幅の関係で、乾坤二卦の各爻の解説は、省略に従う。

三、泰・否二卦に関する見解

次に泰の卦と否の卦に関する見解を紹介したい。泰の卦辞は、「泰は、小往き大来る。吉にして亨る。」と記されている。これにつき、紀磊は次のように論じている[7]。

泰䷊は息卦なり。家人䷤より来るなり。否䷋と反易（反卦）、四月の卦にして、乾を泰と為す。泰は通るなり。天地交はるを謂ふなり。否泰は消息卦なれば、即ち消え、即ち息す。泰は復䷗より来り、否は剥䷖より来る。剥復否泰は反易の卦なり。剥は渙䷺に至って止み、復は節䷻に至って止む。渙は解䷧に変じて蹇䷦に反し、節は蹇に変じて解に反す。蹇は一陽消え、解は一陽息するなり。解は睽《けい》䷥に変じて家人に反し、蹇は家人に変じて睽に反す。睽は二陽消え、家人は二陽息するなり。睽は否に変じて泰に反し、家人は泰に変じて否に反す。否は三陽消え、一陽息し、泰は三陽息し、一陽消ゆれば、即ち消え即ち息す。消息して反易、謂ふ所の否泰は、その類に反するなり。泰は家人より来り、否と反易なり。初・二・三は上に在り、四・五・上は下に在り。初・二・三を地と為し、四・五・上を天と為す。下を天とし、上を地とし、交はるの象有り。五を以て名づくなり。五は坤五、乾の二に伏すなり。（坤の二に反し、乾の五に伏す）坤の五は、即ち二にして乾の五なり。(乾の二に反す)乾の二は、即ち二、坤の二に伏す。(坤の五に反す)坤の五は家人の五伏すなり。乾の二は、家人の初なり。乾の上、動いて五に之き、伏して坤の五に合す。乾の二は乾を体し、坤の五は坤を体す。乾を天と為し、坤を地と為す。故に卦は下を乾とし、上を坤とし、天地交はるの象有り。故に泰と為す。泰は来を以て言ふなり。坤を小と為し、乾を大と為す。息を吉と為し、通るを亨ると為す。小往き大来るとは、卦の全体の内象を以て言へば、則ち小は四・五・上を謂ひ、大は初・二・三を謂ふ。(反を以て言ふ)全体の外象を以て言へば、則ち小は上の坤を謂ひ、大は下の乾を謂ふ。成卦を以て言へば、則ち小は五の伏するを謂ひ、大は二を謂ふなり。五、乾の二に伏すは、家人の初なり。二は乾の五、家人の五なり。乾の二、動いて五に之けば、伏して坤の五に合し、乾の五、動いて二に之けば、坤の二に合す。剛柔応ず。故に小往き大来る。吉にして亨ると為す。吉は五・坤五を以て言ふ。亨るは二・乾五を以て言ふなり。此れ泰の象なり。故に泰は、小往き大来る。吉にして亨ると曰ふ。

冒頭に泰の卦と否の卦は反易であると記されている。つまり、泰・否の卦体は反対となっている。これは反卦と称されているもので、卦変とも称され、漢代象数易の一つである。これに関しては、紀磊は何ら言及していないが、これに就いて、明代の来知徳は、この種の卦体は、二つの卦ではなく、一つの卦であると断じ、卦変と称すべきではなく、綜卦と称すべきであると主張した。[8] 朱熹はこれを卦変とし、漢代象数易に反対して、義理易を主張する伊藤東涯も、これを卦変とした。反卦、つまり卦変を綜卦と名づけた来知徳を批判した清代初期の碩学毛奇齢は、卦変を認めずに、漢代象数易を標榜する来知徳の易学は、十分の一に過ぎないと痛罵した。[9] ある学者は、「来知徳は反対（反卦）を以て綜卦と名づけて卦変を説く」(10)と称し、いささか微妙な表現を用いているが、来知徳にしてみれば、決して承認し得ないものと思われる。因みに、略筮法のいわゆる之卦は、卦変とは言わず、変卦という。なおその他、荀爽の卦変説や、十辟卦の卦変を論じた虞翻の説もあり、卦変の態様には、一義的に論定し難いものがある。

次に否の卦䷋は、「之を否《ふさ》ぐは人に匪《あら》ざればなり。君子の貞に利しからず。大往き小来る。」と記されている。否の卦は、陽が外に行き、陰が内に来て、君子の道が衰えて、小人の道が盛んに成る象である。これにつき、紀磊は次のように論じている。(11)

否は消卦なり。睽より来るなり。泰と反易、十月の卦なり。坤を否ぐと為す。否は塞ぐなり。天地交はらざるを謂ふなり。二を以て名づくなり。二は坤の二、乾の五に伏すなり。（坤の五に反し、乾の二に伏す。）坤の二は、睽䷥の二の伏なり。乾の五は睽の上なり。坤の二は、動の二にして、乾の五に合す。坤の二は即ち五、乾二乾五は、即ち五、坤の五に伏すなり。上を剛にし、下を柔にし、上下交はらず。坤の二は、坤を体し、乾の五は、乾を体す。坤を地と為し、乾を天と為す。故に卦は下を坤とし、上を乾とし、天地交はらざるの象有り。故に否と為す。否は来を以て言ふなり。坤を否と為し、人に匪ずと為す。乾を利しと為し、艮を君子と為す。五を貞と為し、否を坤の二と為す。（坤の五に反す）人に匪ずは、三・坤三を謂ふ。（坤の四に反す）君子は三、乾の四に伏すを謂ふ。乾の四は、艮䷳を体す。（乾の三に反す）坤の三は、睽の四の伏なり。坤の三は、動の三にして、乾の四に合す。故に之を否ぐは人に匪ざればなり。君子の貞に利しからずと為す。乾を大と為し、坤を小と為す。大往き小来るは、卦の全体の内象を以て言へば、則ち大は初・二・三を謂ひ、小は四・五・上を謂ふ。（反を以て言ふ）全体の外象を以て言へば、則ち大は乾を上とし、小は坤を下にす。成卦を以て言はば、則ち大は二、乾の五に伏すを謂ひ、小は二、坤の二を謂ふ。此れ上の「之を否ぐは人に匪ざるなり。君子の貞に利しからざるなり」を承けて言ふなり。乾の五、即ち五は坤の五に伏す。乾の五は睽の上なり。坤の五は睽の五なり。坤の二は、即ち五、乾の二・坤の二・睽の初は伏なり。乾の二は、睽の二なり。坤の五、動いて変じ、五は伏して乾の二に合す。坤の二は、動の二、乾の五に合す。故に大往き小来ると為す。此れ否の象なり。故に「之を否ぐは人に匪ざればなり。君子の貞に利しからず。大往き小来る。」と曰ふ。

以上の見解も、陰陽消息の過程を、陰陽の消長原理に基づいて、特にその伏在の態様に着目して解説し、いささか理解しにくい面もあるが、実にユニークである。

四、革の卦と鼎の卦の見解

革の卦と鼎の卦は反卦で、既述のごとく、紀磊はこれを反易と称した。そして特に困の卦の冒頭に、「按ずるに、反易に二義有り。卦反して、仍《な》ほ変を以て言ふ者あり。萃䷬・升䷭の如き是なり。卦反して、即ち反を以て言ふ者あり。困䷮・井䷯の如き是なり。[12]」と記している。これは紀磊独自の微妙な見解である。果して革の卦と鼎の卦に関しては、これをどのように解するのであろうか。革の卦は、「革は、已《おわ》るの日（己《きのと》の日）に、乃ち孚《まこと》とせらる。元いに亨る。貞しきに利し。悔い亡ぶ。」と記され、紀磊はこれにつき、次のように論じている。(13)

革䷰は消卦なり。大有䷍自《よ》り来る。（同人䷌の反）七月の卦にして、坤、革と為る。革は変ずるなり。改まるなり。その故《ふる》きを革《あらた》むるなり。二、名を伏するを以てなり。二坤にして五、乾の上に伏するなり。坤の五は上に即き、乾の二を伏す。（二・五は易る）坤の五は、大有の五。乾の二は、大有の初なり。乾上りて、上の坤の初に即く。（初・上は易る）乾の上は、大有の三なり。坤の初は、大有の三、伏すなり。坤の初、動きて上に之《ゆ》き、乾の二に合す。坤の五、動きて上に之き、乾の上に合す。柔を以て剛を変じ、坤の五は離☲を体し、坤の初は兌☱を体す。離は火為り、兌は沢為り。離下って兌に合し、兌下って離に合す。故に卦は下を離とし、上を兌とす。沢有りて、中に火有り。水火相息《あいや》むの象有り。故に革と為す。革は来るを以て言ふなり。離を日と為し、乾を孚と為す。已は訖《おわ》るなり。終るを謂ふなり。孚は信を謂ふなり。合するなり。已るの日は、乃ち孚《まこと》とせらるとは、二、坤の五なるを以て言ふなり。孚は初を謂ふ。乾の初、坤の五は、離を体す。大有の五なり。乾の初、乾を体するは、大有の二なり。坤の五、動いて二に之き、乾の上に合す。乾の初、動いて初に之き、坤の上に合す。坤の上は、即ち二、乾の上に伏し、初・上、交易す。故に已る日、乃ち孚とせらると為す。初は元と為す。剛柔応じて亨ると為す。乾を利しと為し、五を貞しと為す。元いに亨る。貞しきに利しとは、二、乾の上に伏するを以て言ふなり。貞は五を謂ふ。乾の三、乾の上は、初に即《つ》きて乾初なり。初乾は、大有の二なり。下、坤の三に合す。乾の上、動いて二に之き、伏して坤の五に合し、坤の三、動いて五に之く、伏して乾の三に合す。初・上、交易し、剛柔相応ず。故に元いに亨る、貞しきに利しと為す。坤を悔いと為す。悔いは上坤・初坤と為す。初は大有の三にして、乾の上に伏するなり。動いて上に之き、乾の二に合す。故に悔い亡ぶ。此れ革の象なり。故に已る日に、乃ち孚とせられ、元いに亨る、貞しきに利し。悔い亡ぶと曰ふなり。

革の卦の「己日」の訓みを巡って、漢易では「己《きのと》の日《ひ》」と訓むが、王弼・程頤・朱熹は「已《おわ》る日《ひ》」と訓む。前者は半ばを過ぎた時と解し、後者は事が終って時と解する。紀磊は漢易を主とするが、王弼・程伝朱義に左袒している。特に紀磊は、革の卦䷰が大有の卦䷍からは出ていると断じ、同人の卦䷌とは反卦（綜卦）であると明記する。これは消息卦の展開を根拠とする彼独自の理論と言えよう。伏卦を説いて陰陽消長の妙を発揮しているのである。いささか理解し難い点も見られるが、参考すべきである。

次に革の卦の反卦である鼎の卦は、「鼎は元いに吉。亨る」とあり、次のように論じている。[14]

鼎䷱は息卦なり。同人䷌自り来るなり。（大有䷍の反）正月の卦にして、坤を鼎と為す。鼎は宗廟の器にして、物を盛る所以の者なり。五、名を伏するを以てなり。五は坤の二にして、乾の初に伏すなり。坤の二は同人の二なり。乾の初は同人の四なり。坤の二、動きて五に之き、乾の初に合し、乾の初、初に即く。坤の上は巽☴を体し、坤の二は離☲を体す。巽は木為り、離は火為り。故に卦は下を巽にし、上を離とす。木を以て火に巽《したが》ひ、烹飪《ほうじん》の象《しょう》有り。故に鼎と為す。鼎は来を以て言ふなり。初を元と為す。息を吉と為す。剛柔応じて亨ると為し、元いに吉にして亨る。皆な五、乾の初に伏するを以て言ふなり。乾の初、即ち乾の上に上《のぼ》る。乾の初は、同人の四なり。下、坤の上に合す。乾の上は同人の五なり。下、坤の四に合す。元は乾の初を以て言ひ、吉は坤の上を以て言ひ、亨るは坤の四を以て言ふ。乾の初、動いて五に之《ゆ》き、伏して坤の二に合し、乾の上、動いて上に之き、坤の初に合し、坤の上、動いて初に之き、乾の五に合し、坤の四、動いて二に之き、伏して乾の四に合し、剛柔互ひに易り、二・五相応ず。故に元いに吉にして亨る。此れ鼎の象なり。故に鼎は元いに吉にして亨ると曰ふ。

鼎の卦は息卦で、大有の卦の反卦である同人の卦から出ており、正月の卦であると解説するするのは、まさに独特である。そして、五は坤の二で、乾の初に伏すとする。これも消息の流動的変化の実体を捉えたものである。次に鼎の卦の中で、重要な九二と六五の爻辞の解説を紹介したい。九二の爻辞、「鼎に実有り。我が仇に疾有り。我に即くこと能はず。吉。」につき、次のように述べている。[15]

鼎の二、乾の四は、坤の四に伏するなり。乾は同人の初より来り、坤は同人の五より伏して来るなり。乾動いて中孚の三に之き、伏して坤の三に合す。坤動いて中孚の二に変じ、伏して乾の上に合す。二も亦た往を以て言ふなり。坤を鼎と為し、乾を実と為す。鼎に実あるは、坤の四に伏するを以て言ふなり。坤の四は、上って乾の四に合す。故に鼎に実有りと為す。坤を仇と為し、剛柔当らざるを疾と為す。仇は三を謂ふ。三は乾三にして、坤の三に伏すなり。坤の三、動いて変じ、三は乾の四に合し、乾の三は動いて四に之き、伏して坤の初に合す。故に我が仇に疾有りと為す。即は就くなり。乾の四、往きて坤の三に合し、坤の四、変じて乾の上に合す。故に我に即く能はずと為す。息を吉と為す。我に即く能はず。故に吉なり。此れ二の象なり。故に九二に曰く、鼎に実有り。我が仇に疾有り。我に即く能はず。吉と。

この記述により、前述の内容が明らかになったようである。次に天子の位である六五の爻辞、「鼎黄耳にして、金絃あり。貞しきに利し」につき、次のように解説している。(16)

鼎の五・坤の二は、乾の初に伏するなり。坤は同人の二自《よ》り来る。乾は同人の四自り来って伏するなり。坤動いて中孚の上に之き、伏して乾の初に合す。乾動いて中孚の上に之き、坤の二に合し、五も亦た来るを以て言ふなり。坤を鼎と為し、黄と為す。坎（☵は鼎の卦䷱の約象）を耳と為す。乾（☰は鼎の卦の互体）を金と為し、鉉《げん》（つる）と為す。鉉は耳を貫く所以の者なり。鼎の黄耳。金鉉は坤の二を以て言ふなり。坤の二は四に即き、乾の二は坎を体し、同人䷌の二なり。乾の初は即ち乾の上に上る。乾の初は、同人の四なり。乾の上は同人の五なり。乾の初、動いて五に之き、伏して坤の二に合し、乾の上、動いて上に之き、坤の初に合す。初・上、交《こもごも》易はる。故に貞しきに利し。此れ五の象なり。故に六五に曰く、鼎黄耳にして、金鉉あり。貞しきに利しと。

漢易の互体・約象を通して、陰陽の消長・推移を明らかにし、陽窮まって陰に転ずる特色を説明する。これは自明の理であるが、これを二つの卦の関係概念、つまり鼎の卦が、同人の卦から来ていることを明らかにした点は、紀磊の易学理論の特色と言える。

五、未済の卦に就いて

『周易』の最後は、既済の卦䷾と未済の卦䷿である。前者は水火で完成を意味し、後者は火水で未完成を意味する。かつ両者は反卦である。特に未済を最後にしたところに、易理の無窮を象徴し、その循環して息むなき易学の最後を飾り、実に興味深い。未済の卦辞、「未済は亨る。小狐汔《ほとん》ど済《わた》らんとして、その尾を濡す。利《よろ》しき攸《ところ》无《な》し」につき、紀磊は次のように解説している。[17]

未済は消卦なり。既済より来るなり。五月の卦は、剛を以て柔を益し、済と曰ふ。未済は、剛未だ柔を済さざるなり。二を以て名づくるなり。二つの乾の初、坤の五に伏するなり。乾の初、五に即きて、乾の四に伏す。乾の初は、既済の初なり。乾の四は、既済の四、伏するなり。坤の五、五に即き、坤の二・坤の五は、既済の二なり。坤の二は、既済の五、伏すなり。乾の初、動いて二に之き、坤の五に合し、乾の四、動いて五に之き、伏して坤の二に合す。柔上り、剛下って、剛未だ柔を済《な》さず。坤の二、二に即きて、坤の五に伏して離☲を体す。乾の四、二に即き、乾の初、坎☵を体す。坎は水と為し、離は火と為す。故に卦は、下を坎にし、上を離とし、火、水の上に在るの象有り。故に未済と為す。未済は来を以て言ふなり。剛柔応ずるを亨ると為す。亨るは、二、坤の五に伏するを以て言ふなり。坤の五は五に即き、坤の二・坤の五は、上って乾の初に合し、坤の二は下って、乾の四に合す。二・五交《こもごも》易り、剛柔相応ず。故に未済は亨る。坤を小狐と為し、乾を済《わた》ると為し、汔《ほとんど》を幾《ほとんど》と為すなり。小狐汔ど済《わた》るは、上《のぼ》って坤の上に伏するを以て言ふなり。坤上りて、既済の初に伏するなり。動いて上に之き、伏して乾の五に合す。故に小狐、汔ど済ると為す。兌を濡ると為し、艮を尾と為す。その尾を濡らすは、初、乾の上に伏するを以て言ふなり。乾上って上に即き、坤上って艮を体し、既済の上に伏するなり。動いて初に之き、伏して坤の初に合し、坤の初は兌を体す。故にその尾を濡らすと為す。乾を利しと為し、その尾を濡らす。故に利しき攸《ところ》无し。此れ未済の象なり。故に曰く、未済は亨る。小狐汔ど済り、その尾を濡らす。利しき攸无しと。

紀磊は、未済の正応である第二爻と第五爻を、剛柔相応ずとし、故に未済は亨ると判断する。そして陰陽の昇降に関しても、陰陽の伏在過程を重視しているのである。その意味で一般の易学書には見られないきめ細かい記述が見られる。

次に紙幅の関係で、未済の六五のみに言及したい。六五の爻辞、「貞しくして吉。悔い无し。君子の光あり。孚有り。吉。」につき、紀磊は次のように解説する。[18]

未済の五・坤の二は、乾の四に伏すなり。坤は既済の五に即き、伏して乾に来り、既済の四より伏して来る。坤動いて坤の二に之き、乾の二に合し、乾動いて坤の四に之き、伏して坤の四に合す。五も亦た来を以て言ふなり。五を貞と為し、息を吉と為し、坤を悔いと為す。貞しくして吉は、坤の二を以て言ひ、悔い无しは乾の四に伏すを以て言ふ。坤の二は上の乾の五に即き、既済の五、伏すなり。乾の四は四に即き、乾の三・既済の四伏するなり。坤の二、動いて五に変じ、乾の四に合す。故に貞しくして吉。悔い无しと為す。艮☶を君子と為す。坤を光と為す。君子の光は、四・乾の三を以て言ふなり。乾の三は艮を体し、光は五を謂ふ。乾の四に伏す。乾の四は、四・乾三に即き、乾の三は、既済の三なり。乾の四は、既済の四伏するなり。乾の三、動いて四に之き、坤三に合し、乾の四、動いて五に之き、伏して坤の二に合す。故に君子の光と為す。乾を孚《まこと》と為し、息を吉と為す。孚は信なり、合するなり。孚有り、吉とは、坤の二を以て言ふなり。坤の二、変じて乾の四に合す。故に孚あり、吉と為す。此の二句は申《かさ》ねて貞しくして吉、悔い无しの故を言ふ所以なり。此れ五の象なり。故に六五に曰く、貞しくして吉。悔い无し。君子の光、孚有り、吉と。

おわりに

『周易消息』の跋文を記した紀磊の高弟である劉承幹は、紀磊の学問の特色を漢宋兼采とし、漢代の師を主としたと述べている。そして、漢代の易学では、鄭玄の爻辰説、荀爽の升降説、虞翻の消息説を信奉し、特に虞翻の説を重視した。清代に呉派の恵棟が『易漢学』等の易学書を著し、虞翻の易義を闡明にしたが、欠落が多く、未完成であったが、その後、皖派の張恵言が、虞翻に関する多くの著書を上梓し、恵棟の誤謬を訂正し、欠落を補充したので、虞翻の易義はほぼ完備するに至った。紀磊はこれを参考にしたが、独自の心得が多く、恵棟・張恵言の師法とは異なる、別個独立の固有の易説を展開した。弟子の目から特に着目した点は、紀磊が本書の巻頭に述べた、「昔の卦変・消息の理論は、皆な雑卦篇から出たものであり、説卦篇は雑卦篇の意味を解釈したものであり、その「天地、位を定む」の一節は、河図の変化、既に成るについて述べたものであり、「帝は震に出づ」の一節は、洛書の変化を述べたもので、変化の時に、剛柔交《こもごも》易る。故に数に斉しからざるものがあり、その既に成るに及んでは、一・六は北に位し、二・七は南に位し、三・八は東に位し、四・九は西に位し、五・十は中に位し、謂う所の五位相得て、各合う有り、河図を体と為し、洛書を用と為し、邵康節の先・後天の節を破るに足る」とした見解を高く評価した。こうして、紀磊は河図洛書によって説を立てたが、弟子の評価では、なお半ばを得、半ばを失った結果に終った。かつ象に関しては、説卦伝により、荀爽・虞翻の易説と互いに出入する所があったが、これより多年精思し、漢代象数易の欠点である穿鑿付会とは異なるものを修得できたようである。

以上の既述により、紀磊の易学の全貌が明らかになったが、既述の陰陽の来往・消息を中核とする展開過程を通じて、その易学の特色を理解すべきである。これらは従来の易学書とは異なるものであり、いわば清代易学の後勁として評価し得るものである。

〈注〉

(1) 紀磊『周易消息』(一) 一—三頁 台湾力行書局 民国五九年(一九七〇)。
(2) 鈴木由次郎『漢易研究』(増補新版) 二〇七—一五頁 明徳出版社 昭和四九年。
(3) 紀磊 前掲書 九—一二頁。

(4) 紀磊　前掲書　一五―八頁。
(5) 紀磊　前掲書　一五〇―五四頁。
(6) 紀磊　前掲書　一七六―七九頁。
(7) 紀磊　前掲書　三〇〇―二頁。
(8) 濱久雄『東洋易学思想論攷』九〇―二頁　明徳出版社　平成二八年。
(9) 濱久雄　前掲書　一九九頁。
(10) 小澤文四郎『漢代易学の研究』二〇一―二頁　明徳印刷出版社　昭和四五年。
(11) 紀磊　前掲書　三一五―一七頁。
(12) 紀磊　前掲書　巻七　七六三頁。
(13) 紀磊　前掲書　巻七　七九〇―九二頁。
(14) 紀磊　前掲書　巻七　八〇五―六頁。
(15) 紀磊　前掲書　巻七　八〇八―九頁。
(16) 紀磊　前掲書　巻七　八一二―三頁。
(17) 紀磊　前掲書　巻八　九九一―三頁。
(18) 紀磊　前掲書　巻八　九九六―八頁。

第九章　中井履軒の易学思想 ―『周易逢原』を中心として ―

はじめに

中井履軒（一七三二、享保一七 ― 一八一七、文化一四）が生れた年に、古学派（堀川学派）の伊藤東涯が、漢代象数易を否定した魏の王弼の老荘的義理易にも満足できず、本来、受容できない理気二元論を唱える宋代の程伝朱義の儒教的義理易を選択し、『周易経翼通解』を上梓した。一方、古学派の易学に関しては、荻生徂徠にも専著はなく、わずかに「辨名」・「辨道」の二篇に、その易説を留めているに過ぎない。もっとも、徂徠の高弟で、晩年には徂徠の古文辞学を否定した太宰春台は、『易学撥乱』と題する小冊子を著し、さらに『周易反正』を完成させたが、上梓に及ばず、写本として流通した。春台は易学書に敢て撥乱・反正と題し、『春秋』に秘めた孔子の撥乱反正の精神を、易学に投影し、易学の正統派を以て自認したのである。このような江戸漢学の易学研究の中で、折衷学の自由な観点から、『七経雕題』の意欲的な研究を確立した中井履軒の易学は、いささか興味を抱かざるを得ない。既に折衷学の始祖である井上金峨は、『易学辨疑』を著したが、小冊子であるので、十分に易学研究の全体像を示さなかった。その意味で、『周易逢原』を著し、易学の体系的考察を試みた中井履軒の研究は、言わば折衷学派の易学を知る上で興味を抱かざるを得ない。本稿では、中井履軒の学問研究の成立過程を探索し、特に『周易逢原』を中心として、その易学思想の特色を明らかにしたい。

一、中井履軒の学問形成

中井履軒は、江戸時代の大阪の人で、名は積徳。字は処叔。通称は徳二といった。履軒はその号である。甃庵の第二子で、竹山の弟であり、いずれも当時の優れた儒者であった。彼は五井蘭洲に宋学を学び、甃庵も程朱学を信奉したが、履軒は広く漢・唐の訓詁学や、宋・明の性理学を修め、広く古書を渉猟した。そして竹山の没後、大阪の懐徳堂で子弟に教授した。八六歳の長寿を保ったので、浩瀚の書を著した。『七経逢原』三二巻・『七経雕題』五六巻、『七経雕題略』一九巻、『老子雕題・世説雕題』一〇巻・『小学雕題』二巻・『荘子雕題』一〇巻・『古文前後集雕題』三巻・『中庸天楽楼定本』一巻・『諧韻瑚璉』一巻・『水哉子』一巻・『履軒古韻』一巻・『履軒古風』五巻・『履軒弊帚』三巻・『履軒雑説彙編』二巻・『昔々春秋』一巻などがある。(1)『周易逢原』のみは、履軒の高足であった岡田著斎の没後百年に当る大正一五年に、その玄孫が自費出版し、履軒の曽孫中井天生が序文を認めている。残りは上梓できず、抄本で残された。

履軒は広く古書を読み、一家の説を樹立した。『七経逢原』は『七経雕題略』を改修したもので、『七経逢原』が完成されたものであったが、草稿のまま家に蔵されていたため、むしろ『七経雕題略』の方が人々に知られ、『左氏伝雕題略』は、夙に上梓されていた。履軒は幽人を以て自ら居り、著す所の書に名を署せず、また妄りに人に示さず、予は後の子雲を俟《ま》つと言った。子雲は前漢の揚雄の字で、『揚子法言』を著し、孟子の再来と称された学者である。また栄達を求めず、松平和泉侯が、使いを遣わし、履軒を招聘したが、彼は物置小屋に隠れて、これを避けたと言う。また韓愈の「三たび宰相に上るの書」を評して、乞丐文《きつかいぶん》（物もらいの文）と評した。また、潔癖の性格で、ある時、骨董店に過ぎり、古鐔《ふるつば》を見て、価を問わず、金一両を与えこれを求めた。門人が強いて二両で譲るよう請うて許された。すると履軒は、直ちに骨董店にその差額を与えたという。実に真面目な学者であった。このほか、安井朴堂は、履軒の学問を評価して、「武断を免れない所が多いが、古人の未発の説も往々あり、これも古書精読の成果であったが、文字訓詁の外に出ないのは、惜しむべきである」と述べている[2]。

二、中井履軒の『周易逢原』について

履軒が『周易逢原』を著した自序は無いが、大正一五年三月に、曽孫の中井天生が撰した「刊七経逢原序」の中に、『七経逢原』の成立に関する経緯が見られ、『周易』にも言及しているので、参考のため、次に掲げることにした。

周室微にして、孟子歿するも、尭舜文武の道、尚ほ方策に存し、金匱《きんき》玉版、旧文を喪ふ靡《な》し。秦、書を燔《や》きて書を禁じ、図籍散亡す。漢興り、献書の路を開き、篇籍を天下に求む。是に於て残経の遺文、稍稍《ようよう》間《ま》ま出づ。而れども簡編の脱乱訛闕、偽文贋書も亦た、紛雑混淆し、学究の世に上りて、識、衆智に超ゆるに

非ざるよりは、悪《いずく》んぞ能く真仮を辨ぜんや。歴代の鴻儒、取捨論辨するも、擇びて精ならず、疑ふも克く断ずる少なし。吾が曽祖王父履軒先生文清君は、二千数百載の下に生まれ、一千数百里の外に在りて、古への残欠して、聖道の明らかならざるを閔《あわれ》み、隠居して経を治め、稽古精微、独見高識、偽を去って真を取り、経文を点竄し、断乎として憚《はばか》る無く、壮歳、逢原の著有るも、草本塗竄し、読むべからず。乃ち細かに写して、本経の上頭に在り。命名して雕題と曰ふ。後三十年、又た刪改を経て、丹鉛狼藉、余白を留めず。是に於て、雕題を鈔録して、七経雕題略と曰ふ。晩年、旧書の纂する所の諸家の氏号を削り、断ずるに私説を以てし、会萃して一家の言を為す。

周易は翼伝を崇ばず。謂ふ所の大象は、邈として孔子以前に在り。その余は、則ち田何以後の書なり。象伝・繫辞伝・文言・序卦・雑卦の大伝《ママ》（説卦伝）を序して、経の後に列し、悉く旧名を復し、周易逢原を作る。尚書は尭典・皐陶謨・禹貢・甘誓を合して、夏書と為し、その余を削りて、尚書逢原と作す。古詩は孔氏の刪本にして、秦火に滅し、韓・魯・毛詩は、未だ夫子の刪を歴ず。試みに三十八篇を刪るも、雅・頌の混淆も亦た、頗る釐正す。曰く、嗟乎、吾何人ぞ。僭聖の業を敢てせんやと。蓋し以て学者と講明せんと欲するのみ。古詩逢原を作る。古詩は編する所の古詩の古色を得て、焉《これ》に付して、以て古への体製を見《あら》はす。孔子の春秋は、秦火に先んじて亡ぶ。今ま在る所は、則ち孔の前の旧春秋なり。曰く、我の業は其れ正に春秋に在るか。左伝逢原を作る。礼楽泯滅し、詩書欠亡紛乱す。孔子の春秋も亦た散逸す。孔子の道を伝ふる者は、唯だ論語・孟子・中庸のみ。論語孟子中庸逢原を作る。大学雑議は焉に付す。遂に旧名に復して、七経逢原と曰ふ。共に三十有二巻、書成りて巾笥に秘し、水哉館にて読を受くるを許されし者は、高足の弟子三人のみ。曰く、名は其原、字は子逢、崑山と号す、三村氏。曰く、名は正己、字は子発、橘隧と号す、早野氏。名は列松、著斎と号す、岡田氏。三家は、各一本を蔵す。文清君歿して一百有余年、未だ世に梓行されず。天生、その散逸を憂ひ、不朽と為さんと期し、茲《ここ》に年有り。往歳懐徳堂記念会、論語を刊し、東洋図書刊行会、学庸論孟を刊す。而れども未だ七経を専刊するに及ばず。天生、居を北摂に移し、文学士稲東君聴松、文学士岡田君柛衛と相識る。岡田君著斎は先生の玄孫なり。稲東君は為に天生の志を諗《つ》げ、勧むるに七経逢原を刊するを以てす。大正十四年、適《たまたま》著斎先生の歿後一百年に値《あ》ふ。岡田君は祖徳を追念し、貲を捐てて之を刊して、以て厥《そ》の恩に報貽《ほうい》せんと欲す。輙ち周易逢原を刊す。天生感激して、七経の巻を成すを俟つ。

大正十五年丙寅春二月、曽孫天生成文敬撰

以上の記述により、『周易逢原』が上梓されるに至った経緯が明らかとなり、『周易』は十翼を尊ばず、いわゆる大象、つまり経辞の象伝は、はるかに孔子以前にあり、それ以外は、前漢の田何以後に作られたものだと断じた。そして、象彖伝・繫辞伝・文言・序卦・雑卦・大伝《ママ》（説卦）を序して、経の後に列し、悉く旧名に復したと述べている。いささか信じられない点もあるが、安井朴堂が武断に逸すると評した所以である。本書の巻頭に「朱子の本義に拠る」と記されているので、履軒は漢代象数易を取らないことは明瞭である。中井履軒は折衷学を貫徹したようであるが、折衷学の祖と称せられる井上金峨も、易学に関しては、漢代象数易を排除し、古占法に関しても、朱熹の新例を採用していることは、当時の折衷学の易学は、義理易と占筮を統一的に把握した朱熹の研究方法を折衷的と判断したようである。事実、義理易と占筮は矛盾する。何故ならば、義理易は占筮を肯定する漢代象数易を否定して成立したからである。王弼の義理易は、まさに画期的であった。しかし、老荘的解釈が見られるので、儒教的易学とは相容れない。宋代に程頤が、義理易をを採用しながらも、王弼とは異なる儒教的義理易を確立した所以である。朱熹は程頤の義理易を肯定したが、占筮を否定する易学に疑問を抱き、この二律背反する宋代易学に、新生命を吹き込んだ。これはある意味では、まさに義理易と象数易の折衷である。したがって、漢唐訓詁学を背景に、宋代性理学に反発する第三の折衷学派が誕生するのは、まさに学術の必然的展開でもあった。こうして大田錦城の高足、海保漁村が登場したのである。

三、中井履軒の易学に関する見解

中井履軒の学風が、折衷学を標榜し、多くの古書を通じて、前人未踏の見解を披瀝し、独自の研究領域を開拓した功績は、周知の事実である。そして易学に関しては、朱熹の『周易本義』に基づいて自説を構築したことを明らかにしている。つまり彼は朱熹の占筮的義理易に基づき、漢代象数易の牽強付会な研究方法を否定し、独自の研究領域を開拓したに違いない。果して彼は占筮的義理易に対し、いかなる観点から自説を特色付けようとしたのであろうか。易学に関する研究姿勢を次のように述べている。(3)

篇題は旧《も》と経の字有り。今ま之を削る。蓋し経は緯有るに因りて名を獲たり。その後、緯廃れて仍ほ経と称する者は、伝に別つを以てなり。然れどもその義を失ひ、今は既に古易を以て編すれば、則ち当に経の字を題すべからず。但だ称呼は之を用ひて可なり。

十翼の説は、後集に在り。之を要するに、晁氏（宋の晁公武。『郡斎読書志』・『昭徳易詁訓伝』を著す）の定むる所にして、実に古文の体を得たり。呂氏（宋の呂祖謙。『古周易』を著す）は、宜しく更むべからず。且つ十翼は、何ぞ孔氏の旧か之れ有らん。

事を占ひ、疑ひを決するは、人情の免れざる所なり。固より聖人を待たずして、後に焉《これ》あり。鶏卜・羊卜、鹿肩・牛蹄の如きは、夷蛮戎狄も国として有らざるは無し。児女の釵筵《さえん》の竹節《ちくせつ》に曁《およ》んでは、その義は一なり。知るべし、伏羲以前は、固より雑卜有りて多し。亀卜も亦た其の一なり。往々道を乱し、義理を捨てて利害に趨る。臧会《ぞうかい》が信僭《しんせん》を卜す（春秋時代の魯の人である臧会が信と不信を占ったこと。『春秋左氏伝』に見える。）如きは是なり。唯だ伏羲の画する所は至精至妙にして、天人の理を発揮す。此れ聖人の作たる所以なり。伏義、始めて教ふるに占事決疑を以てするに非ずんば、文王以前は、易も亦た雑占有らん。特《ただ》に連山・帰蔵のみならず、春秋伝の記する所の若きも是なり。往々道を乱して、聖人の至正の道を失ふ。故に文王・周公は、辞を繋けて以て教へを寓す。要するに、人道の正に帰するのみ。是の故に貞敬の吉有りて、不順不義の吉無し。此れ聖人の辞たる所以なり。夫れ義理を捨てて、利害を擇ぶは、聖人の大いに悪む所なり。

文王・周公の後、周易も又た雑説有りて、往々道を乱し、文王・周公の旨を失ふ。故に十翼作るなり。十翼は未だ敢て孔氏の書と謂はずと雖も、然れどもその要は、人道の正に帰すれば、則ち聖経を補翼するの功も亦た偉なり。

占ひの事に於ける、吻合せざる者多し。洪範の人筮の従逆、春秋の葬を卜して、雨ふりて克くせず、戦ひを占ひて、迭《たが》ひに勝敗有るの類の如きは、以て見るべきのみなれば、則ち聖人の作は、原《も》と平実にして、奇怪無くして、教へに施すの大なる者なる、乃ち知るべきなり。荀卿曰く、善く易を為す者は、占はずと。漢の厳君平は、卜を成都に売る。以為へらく、卜筮は賎業なれども、以て衆に恵むべしと。人に邪悪有りて、正に非んば、則ち蓍亀に依って、為に利害を言ふ。人の子と言へば、孝に依る。人の弟と言へば、順に依る。人の臣と言へば、忠に依る。各《おのおの》勢ひに因りて、之を道《みちび》くに善を以てす。君平は蓋し易に邃《ふか》き者なり。然らずんば、何ぞ其れ聖人が卦を設け、辞を繋くるの意と符合せんや。

以上の記述により、中井履軒の易学に関する基本認識が判明するが、不可解な点もある。特に十翼に関しては、履軒は「翼伝第三」の中で、次のように述べている[4]。

翼伝に孔子の筆無し。欧陽子（脩、『易童子問』）既に成説有り、今更めて言はず。十翼の数は、妄のみ。論ずる勿くして可なり。按ずるに、漢書儒林伝に、田何は王同・周王孫・丁寛・服生に授く。皆な易伝数篇を著す。今の翼伝は、大象を除く外は、蓋し皆な此の数人の手に出づるなり。又た曰く、費直は卦筮に長じ、章句亡し。彖・象・繋辞・文言の十篇を以て、上下経を解説す。按ずるに魏史に高貴郷公問ひて曰く、彖・象は経文と相連ならざるに、註は之を連ぬるは何ぞやと。淳于俊対へて曰く、鄭玄、彖・象を経に合するは、学者をして尋省、了し易から使めんと欲すればなりと。

また、引き続いて、「象三の一」の中で、次のように述べている。(5)

象は篇名なり。篇題は当に更に伝の字を添ふるべからず。又た大象と称する者は、其の小象の付麗有るを以て、分ちて之が目と為せばなり。小象は元《も》と古名に非ず。是れ謬に因りて謬を生ずる者なり。然れども、正文は已に改正すれば、則ち辨論解義は、仍ほ大小の象の称を用ひざるを得ず。蓋し、此れに非ずんば、紛乱益《ますます》甚だしき故なり。是れ謬を知りて謬に循ふ者なり。

按ずるに左伝、昭公二年に、晋の韓起、魯に如《ゆ》き、書を大史氏に観て、易と魯の春秋を見て曰く、周礼は尽く魯に在りと。謂ふ所の象は、即ち是れ篇なり。爻辞を指すに非ず。爻辞は、則ち当時の諸国は皆な之れ有り。占筮の挙ぐる所は、歴々として徴すべし。韓起は何に由りて独り美なるかな魯と嘆ずるや。

大象は卦辞の伝註に非ずして、翼伝に列するは、屈すと謂ふべし。今ま之を如何ともすべからず。又た其の作は邈《ばく》として孔子の前に在り。故に且らく序して第一と為す。而れども小象の付麗を除く。大象は別に機軸を出だし、卦辞と相踏襲せずして、易道を発揮すること少小ならず。その辞は健確、その義は深遠、卦辞と抗行すと曰ふと雖も、可なり。豈に彖伝・小象の比倫ならんや。又た決して田何以後の言に非ず。

さらに履軒は、「繫辞伝三の三」の中で、次のように述べている。(6)

古者《いにしえ》の謂ふ所の繋辞は、即ち後世に謂ふ所の小象なり。班固以前は、皆な小象を謂ひて繋辞と為す。未だ嘗て大象と巻を同じうして淆雑せず。費・鄭の徒は、伝文を析《さ》きて経に合す。然れども費氏は尚ほ繋辞の名を存して、諸伝は皆な経文の卦爻辞の辞の後に在り。鄭氏に至り、更に繋辞を以て象に付麗し、又た析して各卦辞・爻辞の辞の下に置き、遂に大・小象の称有り。而して繋辞の名は、他に遷れり。晁・呂氏（前出）は、古易を定め、伝文を駆り出だし、各篇を成す。而れども大・小象の付麗は旧に仍り、篇名も又た復さず。是に於てか、大・小象の称は、益《ますます》牢として解すべからず。永く滓査を留めて、後人に貽《おく》る。是れ晁・呂氏の過ちなり。今な悉く改正し、古へに復す。小象の体製を観るに、唯だ宜しく彖伝に付麗すべし。決して大象に付麗すべからず。付麗すら且つ不可なり。況んや合して以て一篇の書と作すべけんや。

以上の履軒の見解は、独自の認識に基づくもので、いささか理解し難い点もあり、武断に逸すると評される所以であるが、敢てここに紹介した。

1　乾の卦に対する認識と見解

乾の卦の「乾は元いに亨る。貞しきに利し」につき、次のように記している。(7)

乾の字は、元と熯燥《かんそう》を以て義と為す。蓋し、太陽の照らす所、万物燥《かわ》く。故に乾は陽気を形容する所以なり。夫れ陰陽の両字は、語気を以てすれば、古への無き所なり。仮令《たとい》後人辞を繋くるも、其は必ず、陽は元いに亨る、貞しきに利しと曰はん。陽と乾とは、言に古今有るも、而れども義は一なり。謂ふ所の乾は健なりの類は、皆な卦徳を推して賛称す。要は訓詁に非ざるなり。故に唯だ易の中に此れを以て号と為して、他の書に用ふる無し。坤の卦名は此れに放《なら》ふ。当に参考すべし。

元いに亨るは是れ象、貞しきに利しとは、是れ占なり。余卦は並びに此れに放《なら》へ。本義に象・占の辨無し。既に四言を以て象と為し、又た四言を以て占と為すは何ぞや。且つその象、大いに通れば、則ちその占ひも亦た当に大いに通るを得べし。辨ずる無きに失すと雖も、而れども理は、未だ大いに悖らず。若しその占ひの利しきは、正固に在れば、豈に復た此れを以て象と為すを得んや。凡そ象の占ひは、分明なるを要す。是れ読易の第一義なり。本義又た言ふ、然る後に以てその終りを保つべしと。この句は蛇足に似たり。経には、この意を見ず。本義は一陰一陽を見はす。各一陰一陽を生ずるの象ありとは、理に於て通ぜず。豈に邵（雍）の図に据りてこの謬を致すか。蓋し、両儀既に生ず。乃ち共に与《とも》に四象を生ずるのみ。両儀各自別に一陰一陽を生ずるに非ざるなり。

又た再び倍して三なるは、辞を失せり。此れ一以て三に至る者を益《ま》す者なれば、宜しく三倍と言ふべきなり。凡そ一以て一を益すは、之を倍と謂ひ、二以て二を益すも、亦た之を倍と謂ふ。倍は本数を併せて言ふ。益すと同じからず。故に倍するの上を三倍と為し、四倍と為して、以て千万倍に至る。古へに再倍の語無し。若し必ず再倍の語を執らば、その数は四倍と異なる無き者なり。又た言ふ、その画を三倍して、以て六画と成すも。亦た辞を失す。此れ三倍と称するを得ざる者なり。上文の如く、六画卦は八卦相乗じて成る者なり。大伝に謂ふ所の、因りて之を重ぬとは是なり。程伝は一に大伝に据りて解を作すは、允《まこと》に当れり。本義は乃ち邵（雍）説を用ひ、四画・五画、積みて六画と成ると謂ふなり。是《ぜ》に非ず。凡そ本義の邵説に据る者は、皆な従ふべからず。

中井履軒は、本書の冒頭に「朱子の本義に据る」と明言したが、程朱の義理易を貫徹すると共に、朱熹の占筮を肯定するが、邵雍の見解を踏襲する見解は、断固として排除した。つまり、彼の占筮肯定の範囲は、漢代象数易の荒唐無稽な説と、邵雍の見解を排除したものである。これがまさに履軒の易学の基本姿勢である。

初九、「**潜竜、淵に在り**、用ふる勿れ」（太字の「淵に在り」は履軒が、意を以て挿入した言葉。以下同じ）につき、次のように解説する。

旧《も》と「淵に在り」の両字を脱して、下爻に錯入す。今ま試みに改正す。九六は揲《かぞ》ふることを過《す》ぎたるの策数なり。説は大伝に詳し。

九二、「見竜、田に在り。大人を見るに利し」につき、次のように解説する。

田に在りとは、猶ほ陸に在り、野に在りと言ふがごときなり。殊なる義無し。易中に唯だこの卦の爻辞のみ韻を諧《かな》ふ。未だ何の故なるかを知らず。九二は中にして不正なり。本義の中正の句は暁かにすべからず。

大人は専ら九五を指して言ふ。蓋し、九二は才徳有りと雖も、而れども九五の任用を得ざれば、亦た展布に由無きのみ。況んや九二の爻辞に議すべき有るをや。此に論ぜずして可なり。

大人を見るに利しと、大川を渉るに利しとは、語気正に同じ。並びに往く意を帯ぶ。当に本爻を以て大人・大川と為すべからず。本義は蓋し常人は当るに足らざるを以ての故に、この爻を見るに利しの説有り。然れども易道は是の如く拘執すべからず。天子より庶民に至るまで、聖人より凡人に至るまで、皆な用ふる処有り。仮令《たとい》凡人乾の卦を占ひ得ても、凡人の中、自ら潜竜有り、自ら見竜有り、自ら飛・亢・群竜有り。本《もと》より局定に非ず。乾の六爻を以て、聖人・帝王に擬す。

九三、「**騰竜、雲に在り。**君子は終日乾乾、夕べに惕若《てきじゃく》。厲《あや》ふきも咎无《とがな》し」につき、次のように解説する。

此の爻は、旧と象辞を脱す。今ま試みに之を補ふ。君子は終日以下は、並びに占辞と云ふ。竜、方に地を離れ、未だ必ずしも能く達せず、毎に反墜の虞《おそ》れ有り。故に乾乾、夕べに惕若の占ひ有り。諸爻及び用九は、皆な竜の象あり。九三独り竜を廃するの理無し。故にその必ず脱文なるを知るなり。

夫れ竜、将に升らんとすれば、雲気必ず降り接す。故に雲は高きに在る者と雖も、此れは却って卑きに在り。下卦にして九四に在り、山の下に在り。亦た疑ひを容るる所無し。況んや高山大岳は、雲気毎《つね》にその半腹に在り。山下なるは何ぞ嫌《うたが》はん。惕若は、猶ほ惕焉と言ふがごとし。厲ふけれども咎無しとは、猶ほ厲ふしと雖も、而れども咎無しと言ふがごとし。諸卦と例を一にす。本義は、惕は厲の象なりと。並びに皆な之を失せり。惕は本と疼痛の義なり。故に憂慮切《しき》りに至り、心は痛む者の如し。乃ち仮りて形容す。或は之を承くるに若を以てし、或は焉なり。学者は多く習ひて慣れ、直ちに恐懼を以て惕の文義と為すは、之を失せり。先儒は此の爻、惕もて句を断つ。而して若は下文に属する者は、その謬は此れより出づ。訓詁、豈に忽せにすべけんや。

九四、「**躍竜、山**に在り。咎无し。」につき、次のように解説する。

旧と誤りて「或は躍りて淵に在り」に作る。今ま改正を試む。旧文は之を或はとするも、その物を称せず。恐らくは、諸爻の例を失す。且つこの爻は、上卦に在れば、宜しく淵の象を取るべからず。その誤文を知る所以なり。旧解の諸説は、皆な通ぜず。

四は高き処と雖も、而れども未だ雲気を得ざれば、升進する能はず。是れその時、未だ至らざるのみ。但だ剛徳は健羨に堪へず。妄りに跳躍して、自ら試みるなり。剛にして不中不正なれば、安静にして時を待つ能はず。妄意跳躍するも、亦た事を済さず。此れ宜しく咎有るべき者なり。然れども、その位は柔なり。故に固執冒進するに至らず。是を以て咎无きを得るなり。

九五、「飛竜、天に在り」につき、次のように解説する。

在天の下に、旧と「見るに利し」の一句有り。蓋し、衍文なり。今ま試みに削る。九五の位は、徳完備す。故に二は五を指して大人と為す。若し九二に徳有れども位無ければ、九五の尊は、必ず九二を指して大人と為すを得ざるなり。その衍文なるを知る所以なり。是れ文辞の理の自然のみ。敢て僻説を作《な》すに非ず。竜は飛騰の物に非ず。而れども世俗は、火気升騰の者を指して竜と為す。殊に是れ雷火の類にして、生物に非ざるを知らざるなり。易の象を取る、亦た俗説に循ふのみ。窮理の言に非ず。孟子称すらく、聖人の智にして、物に偏《あまね》からざるは、是の類を謂ふなり。回護して説を作す勿れ。

上九、「亢竜悔い有り」については、何ら言及していない。

用九、「群竜、首无きを見る。吉」につき、次のように解説する。

用九・用六は、特に乾坤の二卦の為にして設く。変例と謂ふべし。決して諸卦の通例に非ず。六爻の後に在りて、乃ち用九の二字を掲ぐるは、正に六爻は皆な九を用ふる者なるを謂ふなり。諸卦の百九十二陽爻の若きは、経文は原《も》と九・七の分無し。謂ふ所の初九・九二なる者は、特にその徽号のみ。猶ほ初陽・陽二と言ふがごときなり。人が之を筮するに迨《およ》びては、乃ち或は九を得、或は七を得。豈に一例もて、限るに九を以てすべけんや。通例の説は、殆ど暁《さと》るべからず。用九の辞と、坤の彖伝とは、稍《やや》同じからず。蓋し、乾は純卦の変にして、坤の彖は、未だ以て此れに当つるに足らず。故に別に辞を繫くるなり。乃ち以て一意と為さば、則ち用九の説は、亦た贅ならずや。坤の用六は、義は此れと同じなれば、例もて推すべし。

以上の記述により、履軒が卦辞に対しても疑義を抱き、敢て修正した事実も知り得た。さらに、他書とは異なる見解も知りえた。

2　坤の卦に対する認識と見解

「坤は元いに亨る。牝馬《ひんば》の貞に利し」につき、次のように解説する。(8)

旧と「之貞」の下に「君子往く攸有り」の六句有り。蓋し錯文ならん。且つ彖辞は恐らく両の貞を得ず。今ま試みに徙す。坤の字は、土に従ひ、申に従ふ。申は重ぬるなり。坤は蓋し、重複深厚の義なり。故に象に曰く、地勢は坤、君子は厚徳を以て物を載すと。彖伝に曰く、坤は厚く物を載するなり。坤の字は一は卦名と為す。而れども後世その訓詁を失せるのみ。聖人、豈に卦名と為して、一個の義訓文字無きを撰出せんや。今ま坤の字を解して、地と為し、順と為すは、皆な卦名由りして生ずる者にして、本訓に非ず。「元いに亨る」は、是れ象なり。「牝馬の貞に利し」は、是れ占なり。

牝馬は、唯だその柔順に取る。能く人意に従ふのみ。健の意を帯びず。その貞も亦た、唯だ一意、柔順不易のみ。纔《わず》かに健の字を題す。便《すなわ》ち是れ牡馬なり。牝馬に非ず。夫れ牝馬は、壮なる者有りと雖も、豈に能く牡馬と健を競はんや。十翼以来、易を説く者は、毎に健順を以て乾坤の卦徳を断ず。此れ乃ち更に健を以て坤の牝に帰するは、暁《あきら》かにすべからざる者なり。

初六、「霜を履んで堅氷至る。**安貞なれば吉。君子、往く攸《ところ》有れば、先んずれば迷ひ、後るれば得。利しきを主とす**」につき、次のように解説する。

「安貞」以下の二十四字は、旧と錯して彖辞の中に在り。而れども稍《やや》先后有り。今ま試みに徙す。安貞は安んじ且つ貞しきを謂ふなり。本義は、彖伝に於てこの解を用ふるは、優れたりと為す。安は自ら分に安んずるなり。陰徳は至柔にして、唱ふるを待ちて後に和す。凡そ事は、唱ふるを待たば、物の後と為って、則ち得。若し唱ふるを待たずして、物の先と為らば、則ち迷惑して得ず。孔疏程伝（唐の孔穎達の疏、宋の程頤の易伝）は皆な此の意なり。唯だ本義は、先後を以て始末と為すに似たり。恐らくは之を失せり。

利しきを主とすの利は、是れ形を成し、終りを成すの義なり。猶ほ是れ秋の実りは、春花の業を成すがごときなり。五穀の穫収、庶材の聚畜は、皆な是なり。凡そ事の成績効庸は、例もて推すべし。即ち是れ物に後れて得る者なり。人家の器械財貨、発して運用に出づる者は、男子の事なり。事訖《おわ》って、聚《しゅうしゅうれんぞう》収斂蔵して、以て用を待つ者は、女子の職なり。程伝は万物を利するは、則ち坤を主とし、成功を謂ふなり。

此の利は、義に対するの利に非ず。本義は陽は義を主とするの対説を以てするは、恐らくは之を失せり。且つ陰陽の徳を論ずるに、陽は仁を主とし、陰は義を主とするは、是れ不易の言なり。焉んぞ更むるに義は陽に属するを以てするを得んや。唯だ績庸（功績）の庸は、利を主とするの利と解すべし。即ち是れ俗に徳の字を言ふ。徳は得なり。老聃《ろうたん》の学は、全く坤の卦を以て依帰と為す。唯だその陰を知りて、陽を知らず。時を辨ぜず、人に問はず、一意、坤の卦を崇奉して、金科玉条と為して、他を顧みる莫し。異端に陥る所以にして、易を知らざるの過ちなり。但だ坤の卦を解するに、老聃の言に据れば、失ふ所無しと為す。

諸卦の百九十二陰爻は、老聃は皆な用ひる処有り。若し夫れ百九十二陽爻、毫も係る無し。抑《そもそも》易は陰陽消長、動静進退、錯綜万物の理を以てす。而して老聃は独り陰の静退を死守して、陽の動進を覩《み》ず。是れその易道に於ては、偏枯病客のみ。易を知らざるに非ずして何ぞ。後儒は之を察せず、多く老聃は易に邃《ふか》く、故にその言は、多く易と合ふと言ふ。殊にその合ふ者は、特に陰爻の辞なるを知らざるのみ。陽爻の辞は、合はざること已に甚だし。此れも亦た、以て後儒の易を知らざるを見るべし。

初六は稍《やや》不善の兆しを見はす。亦たその陰柔にして、下に在りて、不中不正なるを以てのみ。然らずんば、陰は何ぞ必ずしも不善ならんや。本義は頗る斡旋を費やして、終に釈然たらざる者は、その不中不正を論ぜざるを以ての故なり。聖人の易を作る、未だ嘗て陽を扶け陰を抑ふるの意有らず。若し夫れ陰陽の淑慝《しゅくとく》（善悪）を分つは、猶ほ昼夜の明暗を象どるがごとし。時に従って象を取れば、則ち之有り。要はその本質を指すに非ず。聖人は何ぞ曽て愛憎を此に存せんや。且つ陽を扶け、陰を抑ふるは、胡氏の春秋解に似たり。又た五行家の厭勝《えんしょう》の術（まじないをして人を伏する術）に類す。恐らくは以て易道を語り難し。爻辞は占者を誡め、微を覩《み》て著を慮《おもんぱか》ら使むるなり。夫れ必至の物は、人力の能く禦ぐ所に非ず。然れども、備豫に方有り。亦た自ら困窮せず。春の末に葛を製し、秋の末に裘を製するの類は是なり。

六二、「直方なり。大なり。習はざれば利しからざる无し」につき、次のように解説する。

直は地面の平直の意に取る。方は地の形、謂ふ所の天は圓《えん》にして、地は方《ほう》とは是なり。地は亦た広大の物なり。故に大と称す。直方大、是の三平語《へいご》（普通の言葉）は、並びに地の形象に据《よ》る。而して坤の徳を賛するなり。当に内外に分属すべからず。直方大は、皆な象を目前に取るのみ。窮理の言に非ず。直方大は、是れ象なり。習はざれば利しからざる无しとは、是れ占なり。夫れ爻の象は、何ぞ内外を之れ言ふべけんや。

程伝の易は、彖・象は旧に仍《よ》り、卦爻の下に列し、文言も亦た然り。故に解中の文字は、多く相避けて、重複せず。本義は古易を用ひて、彖・象・文言を斥出す。故に解中に啻《ただ》に相避けざるのみならず、反って伝文を剪断し、捏合《ねつごう》して解を作《な》す。故に語意は拘束多くして暢《の》びず。又た鶻突《こつとつ》（明らかでないさま）として義を失ふ者有り。此の若《ごと》くんば、柔順正固、徳は无窮《むきゅう》に合し、内《うち》直に外《そと》方なるは、是れ大いに本義の号に乖《もと》る。信《まこと》に憾《うら》むべしと為す。他は多く此れに放《なら》へ。

六三、「章《あや》を含《ふく》みて貞しかるべし。或は王事に従ふも、成すこと无くして終ること有り」につき、次のように解説する。

唯だ「貞しかるべし」の二字は、占と為す。その余は皆な象なり。王事は猶ほ官事と言ふがごとし。或は公事と称するも亦た同じ。天子の事に限らず。詩（唐風・鴇羽《ほうう》）に曰く、「王事　盬《もろ》きこと無し」と。侯国に通ず。成すこと无しは、その不中不正なるを以てなり。終ること有りは、その順徳を以てなり。是れ仕進遂げず、初服の象に反し、成る無きのみ。事を敗ること有る無し。猶ほ終ら令むと言ふがごとし。能くその身を保って以て終るを謂ふなり。王事の終るを謂ふに非ず。

六四、「嚢《ふくろ》を括《くく》る。咎も无く、誉も无し」

この爻は象有りて占無し。本義の象占の句は、未だ円《まどか》ならず。此の誉は、只だ是れ声聞美誉なり。実に過ぐるの意に非ず。蠱《こ》䷑の父の蠱に幹《かん》たり、用《もっ》て誉あり、蹇䷦の往けば蹇《なや》み、来たれば誉あり、豊䷶の章を来せば慶誉有り。旅䷷の終《つい》に以て誉命ありの若きは、皆な是なり。誉の字は、唯だ毀と対する者にして、実に過ぐるの義有りと為す。散用するは否なり。

六五、「黄裳、元いに吉。**永貞に利し**」

「永貞に利し」は、旧《も》と錯して用六に在り。今ま試みに此に徙す。元吉とは、猶ほ大吉と言ふがごとし。是れ吉の元なり。元の吉に非ず。元は是れ最上極至の義なり。当に善と訓むべからず。元吉の元は、元いに亨るの元と意は同じ。並びに当に文言の四徳の元に据り、解を作《な》すべかず。黄の色たる、黒ならず、白ならず、青ならず、赤ならず、闇然たる中に処《お》る。是れ中色たる所以なり。若し夫れ中央は土色なり。是れ五行の配属にして、周末に起る者なり。古へに断の言無し。

恵伯言ふ、外強く内温なれば、和以て貞を率ゐ、並びに坤䷁の比䷇に之《ゆ》くを以てして言ふと。本爻にこの義有るに非ず。此《ここ》に当に援《ひ》くべからず。後世に女帝有るは、全く道理無きも、太后の称謂の若きは、則ち正に黄裳の象に合す。六五の中順の徳は、以て之に尚《くわ》ふる無し。然れども、その位は正しからずして、剛徳も足らず、その操、終らざるに懼れ有り。永貞の誡め有る所以なりと云ふ。

上六、「西南に朋を得、東北に朋を喪ふ」

是の二句は、旧と彖辞に錯入す。而して「竜戦ふ」の二句は、乃ち此に在り。今ま並びに改正す。夫れ純陰、未だ変ぜざれば、安んぞ竜象を得んや。是れ論弁を待たざる者なり。然れども、錯本は天下に満ち、古来、一人も疑ひを生ずる無し。怪しむべきかな。

純陰の極、下行して陰の方に向はば、則ち下の五爻は皆なその朋類にして、相安んずべきなり。若し上行して陽方に向はば、則ち朋類は都《すべ》て喪ひ、孤立して便を失ふ。是れ吉凶昭然として、言ふを須《ま》たざる者なり。南の陰方たる、北の陽方たるは、特に義を堂廷の位に取るなり。君の南面は、陽位なり。その実は北方に在り。臣の北面は、陰位なり。その実は南方に在り。故に南を陰と為し、北を陽と為すのみ。古人の象を取る、往々にして義を目前に取り、必ず実理を推窮すること、日中すれば、則ち昃《かたむ》き、月盈《み》つれば、則ち虧《か》くるが如し。地方の水、東するの類に及んでは、皆なこれなり。

用六、「竜、**野に戦ふ。其の血玄黄**」

是の二句は、旧と上六に在り。此れ唯だ「永貞に利し」の三字有り。占有りて象無し。その錯謬も亦た明らかなり。且つ「永貞に利し」の三字は、乾坤の変に当つるに足らず。又た乾の「元いに亨る、貞しきに利し」と、大いに異なる無し。用六は殆ど虚設と為す。今ま試みに改正す。

坤方《まさ》に変じて乾と為るも、尚ほ弱質を帯ぶ。宜《むべ》なるかな、戦ひて血を見ることや。その吉占に非ざること知るべし。婦人の強盛にして、夫に代はって、家国を摂《と》る者は、この象に当る。人臣権寵にして、遂に君位を纂《うば》ふ者も、亦た類なり。

易の錯文は、乾・坤・大壮を最と為す。先儒は易に於て、錯文の疑ひ無し。故にその解は、往々梗塞して通ぜず。蓋し謂へらく、諸経は皆な秦火に壊され、唯だ易は火阨《かやく》を免れ、故に錯謬無しと。豈にそれ然らんや。毛を吹いて瘢《きず》を求め、風無くして波を生ず。耳を信じて、目を疑ひ、月を邀《むか》へて、仏を見る、噫《ああ》、修羅も亦た中行を得難し。

履軒の易学は、他書では見られない学者の見解も紹介し、群書を博覧した成果が窺われる。また、先儒を批判して、易学に関する見識を披瀝し、大いに参考となる。乾坤二卦が終ったので、次に咸臨丸命名の根拠となった臨の卦を一覧したい(9)。

3　臨の卦に対する認識と見解

「臨䷒は元いに亨る。貞しきに利し。八月に至りて凶有り」

卦体を以て謂はば、地、沢に臨むと為す。大象の説く所は是なり。爻より之を推せば、陽、陰に臨むと為す。彖伝に説く所は是なり。一は以上の位を以てし、一は陰陽の消長を以てす。皆な臨莅《りんり》（その場に臨む）の義と云ふ。本義に、進んで凌逼すとは、文義を失せり。

又た按ずるに、沢の上に地有るは、是れ大象の見解に自《よ》る。経の命名の本旨に非ず。据りて経を解するを得ず。月に配するの説は、当に削るべし。元いに亨るは、当に以て占と為すべからず。卦気説も亦た当に削るべし。且つ八月は、本卦を舎《お》きて、復の卦より数を起して、以て遯の卦に至るは、尤も疎闊なり。果して然らば、臨の卦と何ぞ干渉せんや。此れは是れ臨の卦辞なり。何ぞ七月と称せずして、必ず復の卦に仮りて、八月と称するや。聖人の辞を繋くる、何ぞ此《かく》の如きの迂曲あらんや。八月は夏正の八月を謂ふなり。然らば観の卦と干渉無し。夏正の八月は、是れ暑退き、寒来るの時なり。以て陰陽消長の変を見る。陽方《まさ》に盛んなる時に当り、予《あらかじ》め陽消ゆるの後を慮る。聖人の誡めを垂るること深し。意に謂へらく、臨は是れ陽方《まさ》に盛んなるの卦にして、二・五、中を得て応ず。故に元いに亨るの象有り。宜しく正固にして失する勿《な》くんば、則ち吉なり。然れども、盛んなる者は必ず衰へ、陽消えて陰長ずるの時に至り、将に必ず凶有らんとす。予め備へざるべからず。

初九、「咸じて臨む。貞しくして吉なり」

咸は感の本字なり。王（弼）注に、咸は感なり。程（頤）伝は之に従ふ。本義に「徧《あまね》く臨む」は、之を失せり。初と二とは、並びに上に正応有り。故に並びに感臨の象有り。陰陽相感ずるは、臨の至って篤き者なり。初九は、正しく（陽爻で陽位であるから）して、応を得たり。然れども、下に在りて中《ちゅう》ならず。又た上に甘くして臨むの九三有り。来たって之に比《した》しまんと欲するも、守りを失ふを之れ懼る。故に之を誡めて、貞ならば、則ち吉と曰ふなり。

九二、「咸じて臨む。吉にして利しからざる无し」

感じて臨むは、初九と同じ。二は剛中（陽剛で中庸の位置を占める）なり。故に守りを失ふの懼れ無し。誡めを待たず。

六三、「甘くして臨む。利《よろ》しき攸《ところ》无《な》し。既に之を憂ふれば、咎无し」

陰柔にして不中不正、説《えつ》の主《しゅ》（説は悦。下卦は沢☱で、兌・悦に通ず。主は主爻）にして、二陽の上に居る。彼は正応に非ずして、徒らに陰陽相悦ぶ。耽々然として、焉《これ》に比《した》しまんと欲す。彼は皆な正応を得て往き、我を顧みる莫きなり。故に利しき攸无しと曰ふなり。甘くして臨むは、鼓舌流涎《りゅうせん》の意有り。是れ未だ甘想を食らはず。既に之が甘味を食ふに非ず。本義に、「甘んじ説びて人に臨む」と。未だ円《まどか》ならず。

六四、「至りて臨む。咎无し」　（解説無し）

六五、「知もて臨む。大君の宜しきところ。吉」　（解説無し）

上六、「敦く臨む。吉にして咎无し」

　六三の甘くして臨むは、その陽に近きを以てなり。情は急切にして、彼の正応を奪はんと欲す。故に殆ど咎有るなり。上六は既に陽に遠ざかれば、唯だ意を注いで、之に親厚するのみ。争奪の嫌《うたが》ひ無し。故に咎无きのみ。

最後に、清朝末期に、亡国の危機に直面して、黄宗羲が祖国再建の悲願に燃えて執筆した『明夷待訪録』の出典根拠となった明夷の卦につき、紙幅の許す範囲で言及したい。

4　明夷の卦に対する認識と見解

「明夷䷣は、艱貞に利し」につき、次のように解説する。(10)

艱貞に利しとは、是れ明夷一卦の占なり。猶ほ乾の貞しきに利しのごときなり。当に六五の一爻に据りて解を作すべからず。明は以て夷に終るべからず。時有ってか復す。猶ほ西に没するの日、必ず東に出づるの期有るがごときなり。亦た急迫以て求むべ駆らず艱貞に利しき所以なり。艱貞は正固堅忍、困苦に耐えて、以て時を待つのみ。更に自ら晦ますの意無し。本義の節摘（おさえてなげる）は、宜しきを失ふ。卦名は即ち象なり。

初九、「明夷《やぶ》れて于《ここ》に飛び、その翼を垂る。君子于に行き、三日食はず。往く攸《ところ》有れば、主人言有り」

文辞に卦名を用ふるは、文義に据る者、人有るの者、物有るの者あり。箕子の明夷るは、文義に据る者なり。明夷るの心を獲るは、人の者なり。明夷れて于に飛ぶは、物の者なり。余は此れに放《なら》へ。暗主、上に在り。初九は之を去ること最も遠し。進みて難を見、禍を避けて下に逝く。翼を垂るる者は、下向するなり。傷を被るに非ず。蓋し、六二は尚ほ拯《すく》はれて、夷より免れ、初九を決して更に遠く、その夷れざること必せり。

爻辞は六二に於て股と曰ひ、六四に於て腹と曰ふ。夫れ翼は又た腹の上に在りて、初九の位は趾《あし》に当る。豈に翼の象有らんや。故に翼は別の義に用ひて、股・腹に対せず。或ひと問ふ、此の爻は最下に在りて、更に下るを得ざる者なるに、而れども下向と言ふは、乃ち不可なる無からんやと。曰く、然り。初九は陽性にして上らんと欲す。而れども諸陰、上に在り。又た正応有り。故に亦た嘗《つね》に上行す。故に于に飛ぶなり。将に至らんとして、難を見て下り避く。故に翼を垂ると曰ふなり。下向に非ずして何ぞや。君子于に行き、三日食はず。又た是れ象なり。行く攸有り、主人言有りは、是れ占なり。当に混ぜて説くべからず。言ふ有り、食はざるの由を解するが若き者は、即ち是れ象・占の別なり。義に両項有るに非ずと。言ふ有りは、猶ほ未だ闘ひ傷つくに至らざるがごときなりと。亦た以て翼を垂るるの傷夷無きを知るべし。

六二、「(明夷る。) 左股を夷る。用《もっ》て拯《すく》ふに、馬壮《さかん》なれば、吉なり」

「明夷る」の二字は、疑ふらくは衍文ならん。古へは右を陽と為し、左を陰と為す。二陰柔、故に左股と称す。六四の左股も亦た然り。

九三、「明夷る。于に南狩し、其の大首を得ん。疾くすべからず。貞」

南は陰方と為す。是れ易の例なり。坤の西南に朋を得るが如きは是なり。本義は明に向ふと。従ふべからず。且つ離を以て坤を治む。是れ明より暗に向ふのみ。殊に明に向ふの意を見ず。南狩は陰方に向ふに喩ふるを以て、暗主を除くなり。三と上とは正応なり。乃ち却って敵対の義と作す。亦た是れ一例なり。大首も亦た禽獣を以てして喩ふ。然らずんば、南狩と相応ぜず。湯が桀を放ち、武王が紂を伐つは、事に至難有り。安んぞ貞を疾《にく》むを得んや。

六四、「左腹に入る。明夷の心を獲たり。于に門庭を出づ。

左腹に入るは、左腹を夷るの深きを謂ふなり。明夷の心は、斯の人の心臓を謂ふなり。卦名を用ひて、之に入るなり。文義に拘らず。心の字もて句絶つ。于は于に飛ぶの于と同じ。門庭は、門内の庭を謂ふ。節䷻の卦に詳し。按ずるに小象は心意を獲るなり。意は得・息と韻に諧ふ。即ち是れ臆の字なり。志意の意と同じからず。解する者、多く謬って混同す。本義は意を得たり。亦た沿襲の謬に云ふ、臆は胸骨なりと。（以下省略）

六五、「箕子の明夷る。貞しきに利し」

尚書に据れば、佯《いつわ》って狂するは是れ微子なり。箕子の事に非ず。夫れ紂怒り、囚《とら》へて箕子を奴とするも、亦た明夷ると謂ふべし。当に史記に据りて解を作すべし。

上六、「至って晦し。初めは天に登り、後には地に入る」

「至って晦し」は、旧と「明らかならずして晦し」に作る。蓋し、譌文《かぶん》（誤文）ならん。今ま試みに改正す。旧文の明夷らず、重複して読むべからず。按ずるに、王註に曰く、明夷の極に処《お》り、是れ至って晦き者なりと。而も不明の二字を解さず。此れ譌文の証と為す。

（以下省略）

おわりに

中井履軒の易学は、漢代の象数易を敬遠し、専ら宋代の程伝朱義の義理易を信奉する。そして、『周易逢原』の冒頭に、朱熹の『周易本義』に基づくと明言している。これは占筮を肯定する義理易で、まさに折衷的姿勢である。しかしながら、朱熹が邵雍の易図を踏襲している点には反対し、さらに朱熹の易学で、解釈の妥当を欠く点は批判して取らず、あくまでも是々非々の観点を貫徹する。時には、王弼の義理易でも、妥当と判断する解釈は、これを採用しているのである。ここに履軒の易学の特色を見る。特に珍しい易説の紹介も頻出するが、馬国翰の『玉函山房輯佚書』も未刊時代に、古代の易説にも精通していたようである。しかし、彼の易説には、安井朴堂が批判したように、武断に失する面が見られるのも事実である。とにかく他書には見られない特色がある。

また易の記述の妥当を欠く部分を堂々と改竄しているのは、瞠目すべき点である。

また、中井履軒は、易の解釈に対しても、独自の見解に基づき、いささか興味を引くものが多い。なるべく『周易逢原』の原文を書き下し文で引用し、易学独特の表現を生かすことにした。また、紙幅の関係で、多くの卦につき、言及できなかったが、全豹の一斑を感得することにより、更に履軒の易学に関心を抱いて頂きたい。

〈注〉

(1) 近藤春雄『日本漢文学大事典』四八二頁 明治書院 昭和六〇年。
(2) 安井小太郎『日本儒学史』二〇九頁 冨山房 昭和一四年。
(3) 中井履軒『周易逢原』上巻 一―二葉 岡田利兵衛宅 大正一五年。。
(4) 中井履軒 前掲書 下巻 一葉
(5) 中井履軒 前掲書 下巻 一葉。
(6) 中井履軒 前掲書 下巻 一八―九葉。
(7) 中井履軒 前掲書 上巻 二葉。
(8) 中井履軒 前掲書 上巻 五葉。
(9) 中井履軒 前掲書 上巻 四二―三葉。
(10) 中井履軒 前掲書 中巻 一〇―二葉。

第十章　井上金峨の易学思想 ―『周易辨疑』を中心として ―

はじめに

井上金峨は、徳川幕藩体制の中で、御用学問であった朱子学に疑問を抱き、またその批判哲学であった陽明学にも飽き足らず、更に伊藤仁斎・荻生徂徠らの古学派にも傾倒せず、いわば漢・宋兼采の折衷学を唱えた。ところで、易学には漢代象数易のほか、それを批判した魏の王弼の老荘的義理易があり、唐代にも継承され、孔穎達の『周易正義』がそれを発展させた。しかし、宋代に至り、程頤と朱熹が、王弼の老荘的義理易を批判して、儒教的義理易を唱えた。かかる易学の変遷過程を経て、わが国では、古学派の伊藤仁斎の後継者である東涯は、古学の漢代象数易を批判し、老荘思想的義理易をも棄て、宋学の理気二元論を排除したにも拘らず、次善の策として、程伝朱義の儒教的義理易を採用た。しかし、理気二元論は、明確に排除し、気一元論を貫徹した。したがって、わが国で最初に漢・宋兼采の折衷学を唱えた井上金峨が、果していかなる易学思想を指向したかは、いささか興味を抱かざるを得ない。彼は易学に関し、『周易彙考』があるが、比の卦までで未完である。そのほか、『周易辨疑』一巻があり、『周易』に関する問題意識と疑問点を集約し、折衷学派の易学を知る上で、大いに参考になる。

本稿では、井上金峨の『周易辨疑』を中心に、彼の易学の研究方法と、『周易』に対する問題意識と疑問点を明らかにしたい。

一、井上金峨の学問形成

井上金峨（一七三二、享保一七―一七八四、天明四年）は、江戸の人で、名を立元、字は純卿、通称は文平、金峨と号した。代々医を業とし、金峨に至って儒となった。初め伊予の西条藩の文学、川口熊峰に従って伊藤仁斎の古学（堀川学派）の学問を修め、ついで井上蘭台に師事して、徂徠学を修めたが、その後、漢宋兼采の折衷学を唱えた。詩は中唐・晩唐を好み、文は韓愈・柳宗元・欧陽脩・蘇軾を推して清新流暢を主とし、徂徠の蘐園学派が推賞した明代の李攀竜・王世貞の古文辞学を排撃した。門下には山本北山・亀田鵬斎・原狂斎・吉田篁墩らが輩出し、その学派は一世を風靡するに至った[1]。

二五歳の時、荻生徂徠の『論語徵』を駁論し、『辨徵録』を著し、その名は大いに著明となった。父喜庵は医を以て常陸の笠間侯に仕えていたが、父の没後、江戸の帰り、駒込の吉祥寺付近で、帷を下して子弟に教授し、その数は前後数百人に及んだ。明和二年、多紀藍渓の父某が、幕命を奉じて躋寿館を建て、医生を教導するに及び、金峨を聘して学政を総理させた。その後、二本松の丹羽氏、中村の相馬氏に聘せられ、封内の政に任じ、皆な成績を挙げた。安永九年、東叡王に侍して、経学を講じ、天明四年、五三歳で卒去した。以上は安井朴堂の『日本儒学史』を参照したが、本書によると、多紀藍渓は金峨の著書につき、次のように評価している[2]。

読学則・辨徵録二書は、その版、災に罹り、今皆な亡び、孝経集説は之を更張して重刊せり。論語集説は、災後重刊せず。三礼の相合はざる者を取り、参互して之を定め、三礼断と名づく。詩書亦た集説あれど、未だ稿を脱せず。左伝箋説已に緒に就けり。又周易彙考在り。僅かに比卦に及べり。此の外、漫録・抄録・病間長語・易学辨疑・経義折衷・緒言あり。（経義緒言ならん）

安井朴堂はこれにつき、「此の文に匡正録の目なきは、蓋し松子容に答ふる書の後に出来たる為ならん。匡正録巻末に、「安永丙申之秋、家塾に刻す」とあり。安永五年にして、金峨の卒する八年前なり」と追記している。なお金峨の『周易彙考』は、六十四卦のうち、わずか八卦の解説に過ぎず、『詩経』・『書経』も未刊に終ったのも、五三歳で卒去したためで、実に惜しまれる。しかし、隆盛を極めた江戸儒学の中で、始めて漢宋兼采の折衷学を樹立し、山本北山・吉田篁墩・亀田鵬斎・原狂斎らの俊秀を輩出させた功績は、高く評価されねばならない。

大江文城氏は、特に吉田篁墩が果たした業績を高く評価し、「彼の学問が漢伝唐疏を奉じて、新注を解かず、尤も力を考拠学に費やし、古鈔本・古刊本を蒐集し、古本を観賞し、古書を審定し、四子・六経を比較攻究して、文字の異同を考勘し、我が国考証学の先駆をなし、此に同臭同味のものが、相求め相応じて一団となり、学風一時の流行となった」と論じている(3)。

二、井上金峨の易学思想

金峨の易学思想は、上述の『周易彙考』もわずか八卦の解説に終わり、彼の易学思想を窺うに由無いが、彼が天明四年（一七六七）に著した『周易辨疑』は、小冊子ではあるが、彼の易学に対する基本姿勢と、問題意識を十分に理解し得る。その巻頭に認めた一文は、彼の易学研究の意欲と、問題意識を吐露している。(4)

余幼より先師熊峰川先生より、その易学啓蒙を講ずるを聴き、以て易道は是の如しと為す。乃ち後に稍々《しょうしょう》諸を本経に参し、その未だ尽くは然らざるを知るなり。竊《ひそ》かに謂《おも》へらく、五行は何を以て生成有り、河図洛書は何の由りて来る所ぞ、先天後天も亦た何ぞ古へに見ること無きやと。時既に世の習ひに移られ、浮靡《ふび》（かるはずみで、はでやか）の学は、専ら詞藻を事とし、復た意を置かず。妄りに以為へらく、易は只だ是れ卜筮の書にして、自らその道あるのみと。数年来、自ら前習の是《ぜ》に非ざるを覚え、逾《いよいよ》益《ますます》経藝を研精す。因りて郷者《さき》に疑ふ所を取りて、諸《これ》を古訓に質す。未だ尽くは之を得ずと雖も、略《ほぼ》その梗概を識る。一事を得る毎に、喜んで自ら勝《た》へず、寝と食とを忘るるに殆《ちか》し。客有り、純卿に就きて啓蒙を問ひ、旁ら我が邦の近世の易を言ふ者の説に及べば、純卿因りて、一二その非を指摘し、且つ告げて曰く、啓蒙の四篇は、僅かにその後の両篇を取りて足る。図書に本づく、原卦画の如きは、則ち無知妄作にして、具《つぶさ》に論ずるに暇《いとま》あらずと。物茂卿は自ら称すらく、能く古書を読み、能く宋儒を排すと。而して易に至っては、則ち甚だしくは手を下す能はざるも、猶ほ且つその河図五十有五の数を仮りて、以て夫《か》の適《ゆ》くとして剛柔奇偶に非ざる者無きを明らかにすれば、則ち宋人の帰なる哉。

太宰徳夫は書を著し、啓蒙を斥けて、亦た朱氏を以て朱氏を破る。その異なる所の者は、惟だ理を言はざるのみ。之を要するに、皆な河図・洛書、方位・方円は、易緯に出でて、朱氏に成るを知らず、強ひて之が説を為す者と謂ふべきなり。その納甲・飛伏を以て諸《これ》を考占に混ずる如きは、則ち道を乱すも亦た極まれり。古へ謂ふ所の猶ほ糸を治めて之を棼《みだ》すがごときなり。何の撥乱か之れ有らん。大抵の学者は、実に自ら見ること無く、徒《いたず》らに人に勝たんことを求む。是に於てか、名を換へ物を易へ、終《つい》に自らその言の前後合はざる者有るを知らざるに至る、比々皆な是なり。豈に慎まずや。是に於て客、是の言を録せんことを請ふ。因りて啓蒙の編目に就きて、その紕繆を論じ、且つ徳夫の妄を正す。嗚呼、日月は居らず、回遷流るるが如し。先師の没後、殆ど且《まさ》に十年ならんとす。之を復た九原より起た使むる能はざれば、何ぞ是正する所あらんや。然りと雖も、吾れ豈に敢て知る者と謂はんや。特《た》だ此れを以て自ら勝たんことを好むの心を警むるのみ。

明和丁亥（四年、一七六七）春正月　金峨井純卿識す。

本書は家塾で上梓され、時に金峨は三六歳（数え年）であるが、朱熹の易学を批判し、さらに荻生徂徠、及びその高弟である太宰春台が著した『易学撥乱』を糾弾し、彼が漢易の納甲・飛伏を受容した点を痛罵したのである。つまり、漢宋兼采に基づき、折衷学を標榜した金峨の易学思想の特色は、本書によって確立されたと称し得る。しかも、彼は当時の儒者たちが、自説を掲げて他者に勝ち誇る傾向を批判し、自らも反省しつつ、本書を上梓したことを表白している。次に順を追って、彼の易学思想の重点を、なるべく彼自身の言葉で理解する方法を取り、敢て書き下し文を掲げることにした。なお、太宰春台の易学思想は、拙著『東洋易学思想論攷』(5)を参照されたい。

1　図書に本づく

繫辞に曰く、河、図を出だし、洛、書を出だし、聖人之に則ると。尚書に曰く、天乃ち禹に洪範九疇を錫ふ。彝倫の叙する所なりと。論語に曰く、鳳鳥至らず、河《か》、図《と》を出ださずと。皆な図書の体を言はず。況んやその方位布置の詳らかなるをや。且つ竜馬神亀は頗る怪異に渉る。疑ふべき者の如しと雖も、而れども古来相伝ふれば、必ず承くる所有らん。惟だ経は未だ嘗て馬、図を負ひ、亀、書を載せ、七八九六、此の如く布置すと言はざれば、則ち置いて論ぜざるも、亦た何ぞ傷まんや。且つ易は既に聖人、象を天に観、法を地に観れば、則ち特《ただ》に此れを取るのみならざるも、亦た明らかなり。此の言は、聖人が聡明叡知の徳を以て天命を奉じ、斯の道を制作し、一も意を以て之を造る無し。故に易は佗《た》の経と異なると雖も、必ず則る所有るなり。先王は天の道を敬ひて為すのみ。後世の儒者は徒らに視て以て祥瑞と為し、謂へらく、聖人の易を作るは、一々此に取るなりと。何ぞそれ陋なるや。是に於てか、その黠《かつ》(わるがしこい)なる者は、大衍五十、洪範九疇を以てして、易も亦た河図洛書の語有れば、二図を偽造し、後人を誣ふるに精微の理を以てす。徳夫(太宰春台)の輩は、その術中に在りて知らず。特に書の以て図と為すべからざるを争ひ、好勝の弊、此に至るを覚えざるなり。之を譬ふれば、同《とも》に飲みて人の酔ふを笑ふ。思はざるの甚だしきのみ。

天は一、地は二、天は三、地は四、天は五、地は六、天は七、地は八、天は九、地は十。此れ天地を以て奇偶陰陽を言ふ。猶ほ一を奇、天数の陽と為し、二を偶、地数の陰と為すと言ふがごとし。別に深き理有るに非ざるなり。二数を生成するが如きは、則ちその説は緯書に原《もと》づき、妄誕にして実無し。宋儒は往々にして取りてその説を飾るの陋、固より道《い》ふに足る無し。孔穎達の疏に云ふ、天地の二数は相合して、五十五と為る。此れ乃ち天地陰陽奇偶の数にして、天地の策を言ふに非ざるなりと。宋儒に勝ること遠く甚だし。夫れ用九・用六は、易既に之を言ふ。伝も亦た八に之《ゆ》くの言有れば、則ち七八九六、以て陰陽老少を別つこと久し。況んや古来相伝へ、此れを以て卦を成す。何ぞ必ずしも方位に拘々たらんや。知らざる者は、乃ち河図布置の体有りて、然る後に始めて此の説有りと謂ふ。痴人の夢を説くと謂ふべきのみ。

金峨は河図洛書に関し、その出典が『周易』繫辞伝上、『尚書』洪範篇、『論語』子罕篇に見えることを明らかにした上で、これらの記述があるにも拘わらず、図書それ自体が明言されず、ましてその方位の布置も詳らかでないと疑問視する。さらに竜馬・神亀も頗る怪奇で疑問も多いが、古来から伝承されているので、根拠が有るに違いないとしながらも、経書に従来、馬が図を負い、亀が書を載せたという記述もなく、七八九六もこのように布置されていない。したがって、河図洛書を論じなくとも何ら支障ないとした。かつ、聖人は象を天に観て、法を地に観るので、ただ河図洛書のみに拘泥しないことは明白だと断じた。そして、これは聖人が聡明叡知の徳で、天命を奉じ、易道を制作し、自分の意思で制作した者は一つもなく、だから易は他の経書と異なっていても、必ず法則とする者があり、まさに先王が天を敬う行為であるとした。

ところが、後世の儒者は、徒らにこれをめでたいしるしとして、聖人が易を制作したのは、この河図洛書から取ったものと言うのは、なんと醜い考えではないかと、金峨は嘆いているのである。さらに悪賢い儒者は、大衍五十と洪範九疇を捉えて、易もまた河図洛書があるとして、朱熹などが、河図・洛書の二つの図を偽造して、精微の理を駆使して、後世の人をあざむいている。また太宰春台らのように、その術中におちいり、洛書の図を作るべきでない点を争い、論争に勝つことを好む弊害が、このような害毒を流す結果となることに気づかない。譬えて見れば、一緒に酒を飲み、人の酔うのを笑うようなもので、不見識も甚だしいと言わねばならない。宋学の碩学朱熹と、わが古学派の俊秀太宰春台を痛烈に批判し、折衷学の祖としての面目が躍如としている。

また金峨は、繫辞伝上に記載された、天は一、地は二、天は三、地は四、天は五、地は六、天は七、地は八、天は九、地は十に関し、これは天地を以て奇偶陰陽を言ったもので、それは一を奇、天数の陽と為し、二を偶、地数の陰と為すようなもので、別に深い道理があるわけではないとし、天数・地数の説は、経書ではなく、緯書の説に基づくと論じ、妄誕にして、真実ではないと断じた。ところが、宋代の儒者は、往々にして、これを取り上げて自説を粉飾する醜さは、論外であると批判した。ここで金峨は、『五経正義』を著した唐代の孔穎達の『周易』の疏を引用し、「天地の二数は、相合して五十五とする。これはつまり天地陰陽奇偶の数で、天地の策（占いのめどぎ。筮竹。）を言うのではない」と述べているのは、宋代の儒者に比較すると、はるかに優れていると評価した。孔穎達の疏は、漢代象数易を否定した魏の王弼が、老荘的義理易に基づく註釈を施したもので、ここに金峨の易学認識の特色を認めざるを得ない。因みに、繫辞伝上に「天の数は五、地の数は五、五位相得て各《おのおの》合ふこと有り。天の数は二十有五、地の数は三十、凡そ天地の数は、五十有五、此れ変化を成して、鬼神を行ふ所以なり」とある。

最後に金峨は、乾・坤二卦に述べられた用九・用六に言及し、さらに『春秋左氏伝』の古占法でも、「八に之く」という表現が見られるので、七八九六で老陽少陽、老陰少陰を区別する方法は久しく、これで易の卦が成立しており、何も方位に関係づける必要はないと批判した。そして、理解できぬ者が、河図の布置の実体が存在して、始めてこれらの説が生れたとする見解に対し、正に痴人が夢を説くようなものだと痛罵した。

2　卦画に原《もと》づく

易に大極有り。是れ両儀を生ず。両儀、四象を生じ、四象、八卦を生ず。（繫辞伝上）極は皇極・民極の極にして、謂ふ所の中《ちゅう》なり。凡そ天下の事、礼に従へば、則ち吉にして、礼に逆へば、則ち凶なり。先王、人をして蓍筮《しぜい》（めどぎ。筮竹。）に就きて、その心を定めて、以て礼有るに従は使む。賢者は俯して就くも、而れども不肖者は企てて之に及び、物を開き、務めを成すの道は為るのみ。是れ猶ほ是の故を言へば、必ずしも大極を指して是と為さざるなり。此れ先王が物を開き、務めを成すの道は、礼を本と為すを言ふ。而るに人或は疑ふことすら且つ為さざれば、則ち言の能く喩ふる所に非ず。故に命を鬼神に就くも、鬼神は言はざれば、諸《これ》を蓍筮《しぜい》に仮《か》る。是に於てか両儀・四象・八卦を生じ、敷衍して占を以て之が当否を事とす。仲晦（朱熹）は画を以て儀と為す。是れ徳夫、之が誤りを辨ぜり。その相乗ずるの数に至っては、則ち性理家の技倆は、焦氏（延寿）に淵源し、固《もと》より易に用無きのみ。徳夫も亦た曰く、極は人の準拠する所を以て言を為す。亦た義に当る有りと。此の説は物氏（荻生徂徠）に原《もと》づく。而れども物氏は唯だ民に示すを以て言を為す。その大極は分れて陰陽と為ると言ふに至っては、則ち寒熱昏明、生殺発斂の儀刑在れば、則ちその準拠する所の者も、亦た未だ分かれざるの時に在れば、何の極か之れ有らん。豈に亦た無極にして大極の謂ひならずや。大抵、後儒は礼を視て大いに軽んず。故に斯の謬あるを致すのみ。学者それ諸《これ》を思はんか。

先天後天の図は、皆な偽造に係る。更に数千年の久しき、一人も焉《これ》に言及する者無し。而も独り宋に出づるも、亦た異とすべし。蓋し、説卦に載する所の天地山沢、雷風水火は、両々対説して、方位を言ふが如きも、而れども後節と合はず、故に妄りに此の説を生ず。夫れ経既に明らかに八卦相錯すと言へば、則ちその重卦を指すこと知るべきのみ。理学者流は、好んで精微を言ふ。その弊は終に人を欺くに至る。悲しいかな。その文王、已に成るの卦を観て、その未だ明らかならざるの象を推すが如きは、則ち徳夫これを駁するは是《ぜ》なり。

無極にして大極は、唐の杜順和尚の華厳法界観より出づ。体用一源、顕微無間も亦た唐の清涼国師の華厳の疏より出づ。宋儒は陽に仏氏を排し、陰にその語を用ふること、往々にして此《かく》の如し。程子（頤）は以為へらく、仏氏の言は、尤も理に近しと為すも、学者は当に淫声美色の如くにして、以て之を遠ざくべしと。豈に亦た黠ならずや。

金峨は繋辞伝上に記述された「易に太極有り。是れ両儀を生ず。両儀、四象を生じ、四象、八卦を生ず」を引用し、極は皇極・民極の極を意味し、極は中庸であると解した。そして、礼の重要性を強調し、礼に従えば吉、礼に逆らえば凶と論じた。こうして先王は、人民に占筮を通じて、人心を定め、礼の存在に従事させたが、賢い人物は謹んで礼の精神を体し、愚か者は努力して、礼に就いてゆき、繋辞伝上に示された「物を開き務めを成し、天下の道を冒《おお》ふ」（閉じてふさがっている天下の事物を開いて発展させ、天下の事物の道理を易の中に網羅させる。）ような成果をもたらすのみだと断じた。

先天後天図に関しては、宋代に邵雍によって唱えられたが、程頤・朱熹らも承認したため、疑問を抱かなかったが、清代初期に黄宗羲・顧炎武・胡渭らによって批判された。

これらの見解は、まだわが国に知られなかったのであろう、金峨はいささかも言及せず、「数千年の久しき、一人の言及する無くして、独り宋に出づるも亦た異とすべし」と断じている。そして説卦伝が根拠となっていると指摘し、これを巡る理学家の見解を批判する。

これにつき、宋儒を批判した太宰春台を評価する。常に春台を敵視しているわけではない。「無極にして大極」は、宋代儒学の創始者周濂渓の哲学として知れているが、金峨はこれを唐代の杜順和尚の華厳法界観が、その出典根拠であること明らかにした。また、宋儒がしばしば用いる体用一元、顕微無間の術語は、唐代の清涼国師の『華厳経』の疏に見えると喝破した。そして、宋儒は表面では仏氏を排斥しながら、裏面ではその術語を使用すると批判した。かつ最後に程頤が「仏氏の言は最も理に近いと思うが、学者は当然、淫声美色のように、これを遠ざけるべきだ」としているのは、実にわるがしこいと痛罵した。

3　蓍策《しさく》を明らかにす

大衍《たいえん》の数《すう》は五十、その経に在りては、何の指す所なるかを知らず。而してその用は四十九と言へば、則ちその蓍を言ひて以て大衍と為すを明らかにするなり。衍は敷くなり。易道は大極を以て本と為す。是の故に両儀・四象・八卦有りて、以て六十四卦を生ず。一爻の変否を視て、万事の吉凶を占ふ。豈に敷衍の大ならずや。その一を虚として用ひざるが如きも、亦た経に明文無し。而るに是《かく》の如くならずんば、則ち卦を成さざるのみ。何の紛紛か之れ有らん。その然る所以に至りては、則ち聖人の理を窮むるの事は、吾人の能く辨ずる所ならんや。竊《ひそ》かに謂《おも》ふに、千万の数は一に起る。此れその職《しょく》として由《よ》る所にして、置いて用ひず。その主有るを示す所以なり。此れ則ち臆断にして佗《た》の証すべき無し。或は以て生気と為し、或は以て北辰と為す。諸説紛争、終に帰一する無し。見るべし、その意を以て之を造るのみなるを。大衍の数有りと謂ふが如きに至っては、則ち当に亦た小衍の数有るべし。則ち穿鑿無稽にして、宋儒も亦た言はざる所なり。徳夫は喜《この》んで宋儒を譏るも、而れども図書に原《もと》づきて、以て奇偶を論ずれば、則ち異なる無し。牽合付会にして、目睫《もくしょう》の言を見ざるのみ。

蓍策《しさく》はめどぎ、筮竹である。つまり占筮に用いる筮竹は、五十本であるが、その根拠として、繫辞伝上に、「大衍《たいえん》の数は五十。その用は四十有九。分かちて二と為して以て両に象《かたど》り、一を掛けて以て三に象り、之を揲《かぞ》ふるに四を以てし以て四時に象り、奇を扐《ろく》に帰《き》して以て閏《うるう》に象る。五歳にして再閏あり。故に再扐して而る後に掛く」と記している。

天地自然の数は、既述のごとく五十五であるが、その概数は五十である。そこで筮竹五十本を占筮の数とした。そして、それから一本を取り、これを太極とした。つまり占筮の実数は四十九本となる。これを無念無想で二分し、左を天（陽）に型どり、右を地（陰）に型どる。次に右の筮竹から一本を取り、左手の小指の間にはさむ。これで天地人の三才にかたどる。そして、左手の筮竹を四本ずつ数え、春夏秋冬にかたどる。そしてその余りを薬指と中指の間にはさむ。これを扐といい、うるう月にかたどる。次に同様に、右の筮竹を四本ずつ数え、余りを中指と人差し指の間にはさむ。五年に二回、うるう月がある。(最初の一を掛けるのは一歳に当たり、左の筮竹を数えるのは二歳に当たり、残余を指の間に掛けるのは三歳に当たる。以上は三歳一閏、そして右の筮竹を数えるのは四歳に当たり、残余を指の間にはさむのは五歳に当たる。以上五歳再閏。これを第一変という。)その後、小指にはさんだ一策(筮竹)と指の間にはさんだ残余の策をまとめて下に置き、これを除いた残りの筮竹を合わせて正策とし、同じ方法を三回繰り返し、つまり三変して、一卦六爻の初爻が得られる。したがって、一卦の六爻を得るには十八変を必要とする。(6) 繋辞伝のこの記述は、一卦の初爻を得る記述に過ぎない。本筮法の占いは、このように複雑であり、自然に衰退し、略筮法がこれに取って代り、盛んとなったゆえんである。

以上は、古占法につき、敢て言及したが、金峨が「蓍策を明らかにす」と銘打ったのは、漢代象数易を批判する方便としたのである。そして、繋辞伝に記された大衍の数にも疑問を抱き、経書にも根拠なく、「臆断にして佗《た》の証すべき無し」と断じている。かつ古学派の碩学太宰春台が、河図洛書に基づき、奇偶を論じた牽強付会と同様であり、目とまつげのように、ごく接近した言葉も見えないと痛罵した。ここに象数易を批判し、義理易を正当視する折衷学派の易学を論じたのである。

4　変占を考ふ

凡そ卦の六爻は、皆な変ぜざれば、則ち本卦の彖辞を占ひて、内卦を以て貞と為し、外卦を以て悔と為す。仲晦は因りて左伝の孔成子が筮して、屯に遇ふを引くは、誠に是なり。而るに家語に載する所の孔子、その卦を筮して賁《ひ》を得たる観れば、則ち曰く、山下に火有るは、之を賁と謂ふ。正色の卦に非ざるなり。占辞に非ずと雖も、而れども亦た一卦に就いて之を言ふを見るべし。必ずしも彖辞を取らざるみ。

二爻変・四爻変の占法は、経伝に文無し。仲晦は例を以て之を推すは是《ぜ》なり。惟だ二爻変は、則ち本卦の二変爻の辞を以て占ふ。仍《すなわ》ち上爻を以て主と為し、仮令《たと》へば上下の爻、一吉一凶ならば、何を以てか疑ひを決せんや。此れ後世の議を来たす所以なり。余は則ち謂へらく、古人の占法は、卦爻の辞を取りて断と為すと雖も、而れども亦た或は一卦に就きて体を通じ、或はその爻を互ひにして、以てその義を詳論す。左氏に記する所は以て見るべし。古法既に滅して、経に明証無ければ、且《しば》らく朱氏に従ふも亦た可なり。如し能くその象数を観て、之を参じて之を二卦に本づき、之を上下の二変爻に考へ、因りて以て占断を為さば、則ち一吉一凶有りと雖も、亦た傷《いた》まんや。

四爻変は、則ち之卦の二不変爻を以て占ふ。仍ち下爻を以て主と為す。徳夫は謂ふ、易は必ずその変を占ひ、変ずる者を捨てて、変ぜざる者を用ひて之を占ふと。亦た宜しき所に非ざるなり。夫れ五爻変は、既に之卦の不変爻を以て占へば、則ち四爻変は、之卦の二不変爻を以て占ふも、亦た何ぞ怪しまんや。衆動かば、則ち必ず一の動かざる者の之を主とする有らん。徳夫も亦た意を以て之を言ふ。何ぞ独り仲晦のみを罪せんや。

三爻変は、則ち本卦、及び之卦の彖辞を占ふ。国語に依りて断と為す。仲晦の説は是にして、徳夫之を辨ずるは誤りなり。而して謂ふ所の前十卦、後十卦の如きは、則ちその家言にして、固より信拠するに足らざるなり。

徳夫謂ふ、二爻変・三爻変・四爻変は、皆な卦爻の辞を取らず。惟だ当に先づ象数を明らかにすべし。次に納甲・飛伏・孤虚・王相を考へて、以てその事を占ひ、然る後に断ずるに卦爻の辞を以てすと。此れその意は、蓋し仲晦が専ら卦爻の辞を以て占ひを為さんと欲するを以て非と為すなり。夫れ古人は固より専ら卦爻の辞を取らず。一卦の通体に就きてその象数を観て、以て占断を為せば、則ち此れ誠に以て定法と為すべし。納甲・飛伏・孤虚・王相の如きは、原《も》と術数の妄誕不経に出づ。漢儒は往々にして、此れを以て古書を読む。誤り有る所以なり。徳夫が輩は、その師説を奉じ、自ら喜《この》みて古へを信じ、毎に宋儒の穿鑿付会を譏る。而して此れを取りて以て占法を立て、何故かを知らず。且つ史伝に載する所の記事の次は、勢ひ及ばざるを得ず。故に備はる者有り、遺《わす》るる者有り。豈に筮法と為して之を発するか。今ま徒らにその備はる者を観て、之を遺るる者に推すを知らず、旁《あまね》く不経の説を取りて、以て之を縁飾す。妄に非ずんば、則ち愚なり。易を知らざる者と謂ふべし。悲しい哉。

変化は易の本質であり、繋辞伝においても、「変化は進退の象なり」（繋辞伝上）、「変化を成して鬼神を行ふ所以なり」（同上）「変じて之を通じ、以て利を尽くす」（同上）「変化云為、吉事には祥有り。象事には器を知り、占事には来を知る」（繋辞伝下）と記されている。

しかし、ここで言う「変占」とは、『周易』の古占法で、金峨は、六爻が皆な変化しない場合は、本卦の彖辞で占い、内卦を以て貞と為し、外卦を悔と名づける占法を例示したが、これは朱熹が引用した『春秋左氏伝』昭公七年の、「孔成子、周易を以て之を筮して曰く、元《げん》、尚《こいねが》はくは衛を享けて、その社稷を主らんと。屯䷂に遇ふ」の一文が、これに該当するとした。さらに『孔子家語』好生第十に「孔子、嘗て自ら筮す。その卦、賁《ひ》䷕を得、愀然として不平の状あり。子張進みて曰く、師、卜者に聞く、賁の卦を得るは吉なりと。而るに夫子の色に不平あるは何ぞやと。孔子対へて曰く、その雑なるを以てか。周易に在りては、山下に火有るは、之を賁䷕と謂ふ。正色の卦に非ざるなり」とある。金峨はこれらを踏まえて、これはたとえ占辞ではなくとも、一つの卦に就いて言及したものと見えるので、必ずしも彖辞（卦辞）の記述を取らないゆえ、古占法で六爻が皆な変わらない場合、彖辞で占うと言うのは当たらないとしたのである。

『孔子家語』は魏の王粛の偽作と言われるが、顧炎武も『日知録』において引用しているので、金峨もこの一文を逸書の断片と判断したのであろう。とかく偽書は一笑に付されるが、個別的検討を経て採用することも、あながち失当として、否定すべきではあるまい。太宰春台も『孔子家語』に注解を施し、その重要性を認めているのである。因みに海保漁村は、これに就き、『孔子家語』の外に劉向の『説苑』の反質篇の記述を紹介している。なお「彖を占ふに内卦を以て貞と為し、外卦を以て晦（悔）と為す」につき、海保漁村は、[7]「蓋し亦た夏・商の旧法にして、周家これを用ふ」と論じ、「案ずるに、洪範に曰く、……貞と曰ひ、悔と曰ひ……、（占は）二（を用ひ）衍忒《えんとく》す」と。（占いには、貞と悔の二つを用いて、推し演べ変化させて占う）と。鄭康成曰く、二衍忒は、貞・悔を謂ふなり。内卦を貞と曰ふ。貞は正なり。外卦を悔と曰ふ。悔は之れ晦を謂ふなり。晦は猶ほ終りのごときなり。卦象は変多し。故に衍忒と言ふ」と。（『史記』宋世家）参考にすべき出典である。

ところで、前述の指摘も、金峨は朱熹の見解に基づき、さらに二爻変・四爻変に就いても、経伝には記述されていないが、朱熹に従って肯定しているのである。朱熹は程頤の易学である義理易を祖述するが、占筮の必要性も肯定する。しかし、漢代象数易の牽強付会を否定する。その点で金峨の易学に関する折衷学は、自ら朱熹の見解と親和性を持つ。かかる点に着目しなければ、朱熹の古占法に共鳴する金峨の易学思想は理解できないのである。ただ二爻変は、本卦の二変爻の辞を以て占い、つまり上爻を以て主とする。たとえ上下の爻が、一吉一凶であっても、どうやって疑いを解決しようか。これこそ後世の議論をもたらした理由であると金峨は問題を提起したのである。そして金峨は、古人は卦辞・爻辞で判断するけれども、ある時は、卦の全体を捉えたり、互体を捉えて解釈し、『春秋左氏伝』の記述を参照し、象数を見て、二つの卦に基づき、これを上下の二変爻に考え、綜合的に判断すれば、結果として一吉一凶となっても、心配無用であると断じたのである。

ところが、海保漁村は、二爻以上変例につき、「総べて彖辞を占ふ。仍ち之を八と謂ふ。以てその卦を用ひて、爻を用ひざるを著す」(8)と断じ、『春秋左氏伝』襄公九年の「穆姜、東宮に薨ず。始め往きて之を筮す。艮䷳の八に遇ふ。史曰く、是を艮の随に之くと謂ふ。随はそれ出づるなり。君必ず速かに出でんと。姜曰く、亡《な》し。是れ周易に於て曰く、随は元亨利貞、咎無しと。元は体の長なり。亨は嘉の会なり。利は義の和なり。貞は事の幹なり。仁を体するは、以て人に長たるに足り、貞固は以て事に幹たるに足る。然る故に誣ふべからざるなり。是を以て随と雖も咎無し。今、我れ婦人にして乱に与す。固より下位に在り。有た不仁なり。元と謂ふべからず。国家を靖んぜず、亨と謂ふべからず。作して身を害す、利と謂ふべからず。位を弃《す》て姣《こう》す、貞と謂ふべからず。徳有る者は、随と雖も咎なし。我皆な之れ無し。豈に随ならんや。我は則ち悪を取れり。能く咎無からんや。必ず此に死せん。出づるを得ず」という長文を引用する。(9)金峨はこれにつき言及していないが、この記述は難解である。したがって漁村は、更に次のように解説している。(10)

艮の八に之くは、史は以て艮、随に之くと為す。是れ艮の初六・九三・六四・六五・上九、倶に変じて随に之くなり。而れども史は乃ち随の彖を引きて之を論ず。杜君（預）も亦た謂ふ、義異なれば、則ち彖を論ずと。見るべし、二爻以上が乱れ動く者は、動くと雖も、而れども変ぜず、総じて彖辞を占ふ。仍ち之を八と謂ふ。八は卦を識るの名なり。又た二爻以上変じて、卦を占ふの名なり。是れ古義なり。蓋し、爻は本より動有れば、之を言ふ所以なり。動くと雖も、而れども変ぜず、八を言ふ所以なり。然らば、則ち史は艮の彖を引かざるは何ぞや。艮の彖に曰く、その背に艮《とど》まり、その身を獲ず。その庭に行けば、その人を見ずと。彖伝に曰く、艮は止まるなり。その所に止まるなりと。又た艮を鬼門と為し、宗廟と為すと。是れ姜氏の必ず此に死し、出づるを得ざるや審らかなり。史これを引かざる者は、姜氏の為に諱むのみ。姜氏も亦た己の随の義に当らざるを知る。故に謂へらく、四徳有る者は、随って咎無しと。又た謂ふ、必ず此に死せん。出づるを得ずと。蓋し、専ら艮を主として言を為す。乃ち知る、艮の八に之くは、是れ艮、乱れ動いて随に之くなり。乱れ動く者は、二卦の彖を占ふと雖も、亦た宜しく本卦を以て主と為すべし。宜しく独り変卦を論ずべからず。是れ古義なり。

漁村の如上の解説により、『春秋左氏伝』の古占法の実態がほぼ了解されたに違いない。海保漁村の『周易古占法』の詳細な解説は、後学を益すること大である。金峨の解説は、これに比較すると要点を述べるに止まり、相当の学力がなければ理解し難い。

次に金峨は、四爻変（四つの爻の変化の場合）に就き、之卦の二不爻変（残りの変わらない二つの爻）で占うという古占法を提示し、下卦の爻を主とすると論じた。これは前述の漁村の方法とは異なり、朱熹の方法に従ったものである。したがって、太宰春台が、「易は必ずその変を占い、変る者を捨て、変らない者を用いて占うのは、また妥当ではない」という見解を引用し、「そもそも五爻変は、すでに之卦の不変爻で占うから、四爻変も之卦の二不変爻で占っても不思議ではない」とする。そして、「衆が動けば、必ず一つの動かない者が、この主体となる。太宰春台も意を以てこれに言及しているので、何も朱熹だけを罪すべきではない」と断定したのである。しかし、金峨は一爻変例には言及していないが、海保漁村は、「一爻変は、則ち本卦の変爻辞を以て占ふ」とし、『春秋左氏伝』荘公二十二年の、「観䷓の否䷋に之くに遇ふ。曰く、是を国の光を観る、用《もっ》て王に賓たるに利《よろ》しと謂ふ」を引用し、「此れ観の六四の爻辞なり」(11)とした。

また、三爻変に就いては、金峨は「本卦及び之卦の彖辞を占ふ」として、『国語』(『春秋外伝』)の記述を根拠に断定した。そして、朱熹の説が正しいとし、太宰春台がこれを辨じたのは誤りと批判した。そしていわゆる前十卦・後十卦の如きは、その一家の見解で、固より信拠するに足りないと断じた。

更に太宰春台が、「二爻変・三爻変・四爻変は、皆な卦爻の辞を取らず、惟だまさに先ず象数を明らかにし、次に納甲・飛伏・孤虚・王相を考えて、その事を占い、然る後に、卦爻の辞で断定する」という見解を紹介したうえで、「その意図は、朱熹が専ら卦爻の 辞で占うのは誤りとするためである」と批判した。さらに「そもそも古人は、固より専ら卦爻辞を取らず、一卦の通体に就いて、その象数を観て占断するので、これは誠に定法とすべきである。しかし、納甲・飛伏・孤虚・王相の如きは、もともと術数の妄誕不経から出たもので、漢代の儒者は往々、これで古書を読むから誤るのである」と批判する。こうして金峨は漢代象数易を糾弾し、「太宰春台の輩は、その師説を奉じて、自ら喜んで古えを信じ、常に宋儒の穿鑿付会を誹り、これを取って占法を立て、何の故かも知らず、且つ史伝に載せられた記事の次第も、勢い及ばざるを得ず、故に備わるもの有り、遺失する者も有るのである。したがって、どうして筮法としてこれを発表できようか。今はただその備わる者を観て、これを遺失した者に推察することを知らず、傍ら不経の説を取って、これを縁飾している。これは妄でなければ愚と言うべきもので、易を知らざる者と謂うべきで、実に悲しい」と論じたのである。これは金峨が、漢易を批判して、朱熹の古占法に左袒したもので、漢唐の古周易を支持する学者は、当然、これに反旗を翻すに違いない。易学の古占法を巡っても、学派による見解の対立は、実に深刻と言わざるを得ない。

とにかく『周易』の古占法は、『春秋左氏伝』・『国語』に記載された資料に基づき、その占法を知り得るに過ぎない。井上金峨が折衷学派の易学説の中で、周易古占法を紹介した意義は極めて重要であった。その影響を受けた大田錦城の弟子に、これを集大成した海保漁村がいたことは、偶然とは思われない。かかる記述に触発されたものであろう。尤も漁村の見解は、金峨よりもむしろ太宰春台の見解に近いものがある。漁村は当時の学者の見解は引用していながら、朱熹の易学の見解に対しては、実に学問的立場から、批判しているのである。これは井上金峨の見解を覆す意図から発しているかもしれない。そこで、次に金峨が信奉する朱熹の古占法を批判する漁村の見解を知ることは、古占法を巡る論点を整理し、その相違点が那辺に在るかを明らかにする上で重要である。したがって、これにつき、漁村が「朱子の占法を辨ず」と題する内容を詳述したい(12)。

朱子は二爻以上の変が、彖を占ふを知らず。自ら新例を創めて曰く、二爻変は、則ち本卦の二変爻の辞を以て占ふ。仍ち上爻を以て主と為すと。その説は拠無し。又た曰く、経伝に文無し。今、例を以て之を推さば、当に此の如くなるべしと。然れども謂ふ所の例は、竟に実拠無し。按ずるに、宋の景業、斉の文宣の為に筮して、乾の鼎に之くに遇ふ。是れ乾の初九・九五の二爻変なり。而るに汎《ひろ》く卦体を占ひ、又た乾の象を引きて之を論ず。郭璞は、元帝の為に筮し、咸の井に之くに遇ふと。是れ咸の六二・九四の二爻変なり。而るに亦た汎く卦体を占ひ、未だ嘗て咸の二変爻の辞を占はず。乃ち知る、朱子の云々する所は、その創説に出で、古義に非ざるなり。

　朱子曰く、三爻変は、則ち本卦及び之卦の彖辞を占ふ。而して本卦を以て貞と為し、之卦を悔と為す。前の十卦は貞を主どり、後の十卦は悔を主どると。此の説は最も誤る。案ずるに国語に、乾の否に之くと。是れ乾の初九・九二・九三の凡て三爻変なり。而れどもその占ひは、汎く両卦体を論じ、未だ嘗て謂ふ所の貞を主どり、悔を主どるの説無し。況んや貞悔は、是れ内外卦の称にして、前後卦の称に非ざるをや。他の郭璞の筮する所の遯の蠱に之く、豫の睽に之く、顔之推が筮する所の、泰の坎に之く、高士廉の妾が、坤の泰に之くに遇ふは、皆な三爻変にして、亦た未だ嘗て謂ふ所の貞を主どり、悔を主どるの説有らず。況んや謂ふ所の前十卦・後十卦なる者は、その造る所の卦変図を以て之を言へば、殊に信ずべからざるなり。考ふるに朱子の三十図は、自ら言ふ、焦氏（贛《こう》・延寿）の易林に原《もと》づくと。実は虞仲翔（翻）の説なり。後に李之才は、因りて六十四卦相生図を作る。朱子は又た之を推広し、王輔嗣の説を用ひ、名づけて卦変と曰ふなり。太旨に以為《おも》へらく、六十四卦は互ひに相往来し、両卦の陰陽二爻が位を換ふるを以て言を為す。その説は、穿鑿破砕し、真に易学の蓁蕪《しんぶ》と為す。故に同時の林黄中（栗）は、その説に服さず、以為へらく、聖人は八卦を以て重ねて六十四卦と為すも、未だ復・姤・泰・否・臨・遯を以て変じて六十四と為すを聞かざるなり。（陳直斎の書録解題に載す、栗の周易経伝集解三十六巻に称すらく、その朱侍講と言を違へ、易を論じて合はざるを以て朱公の闢《しりぞ》く所と為ると。）その言は允当にして、近ごろ清の黄宗炎も、斥《しりぞ》けて堆積無稽と為す。（図書辨惑）査慎行も亦た以為へらく、朱子の易は、孔子の易に非ざるなりと。（周易玩辞集解）過論に非ざるなり。蓋し、卦変は固より亦た聖人が易を作るの一義なり。是《ここ》を以て王輔嗣は卦変を信ぜずして、その柔を文《かざ》り、剛を文るを解すれば、則ち乾下り、坤上るを以て言ふ。仍ち卦変の泰より来るを用ふるなり。嘗て竊かに之を詳らかにす。凡そ三陰三陽の卦は、上下交易する者なり。是れ乾坤否泰の変なり。その説は蜀才に見ゆ。（集解）而して程頤・蘇軾、之を用ふ。他は皆な二卦反対にして成るなり。（揚雄曰く、文王は易を重んじ、六爻互ひに用ひて、卦は十二爻なりと。）その説は朱震に見ゆ。（漢上易伝、无妄の彖）漢人は之を反卦と謂ふ。雑卦に曰く、否泰はその類に反するなりと。虞注に云ふ、否は反して泰と成ると。観の卦の注に云ふ、観の反は臨なりと。序卦の注に云ふ、否反して泰と成り、咸反して恒と成ると。繋下の注に云ふ、損に反して益と成ると。繋上に曰く、之を鼓し、之を舞ひ、以て神を尽すと。荀注に云ふ、鼓は動なり。舞は行ひなり。三百八十四爻、動行してその卦に相反するなり。易の蘊を尽くす所以なりと。王輔嗣云ふ、卦に反対有り。（略例）孔仲達（穎達）云ふ、六十四卦は、二二相耦し、覆するに非ずんば、即ち変ずと。（序卦の疏）皆なその明証なり。兪琰（周易集説）・曹学佺（論易剛柔往来上下説。古今議論纂に載す）・来知徳（周易集注）・潘耒（卦変説。遂初堂集に載す）・喬莱（喬氏易俟）・江永（戴氏東原集、江永事略状。銭氏潜研堂集、江永伝）之を用ひて、この二説を兼ぬること、无妄の彖、剛、外より来りて、内に主と為り、渙の彖、剛来りて窮まらず、柔、位を外に得て、上りて同ずるが如し。皆な得て解すべし。若し朱子の卦変に従はんか、他卦は或は強いて解すべきも、无妄・渙の彖は、則ち絶えて通ずべきの理無し。故に語類は、渙の卦変を論じて云ふ、剛来りて窮まらず。是れ九三が来たりて二と做《な》り、柔、位を外に得て、上りて同ず。是れ六二が上りて三と做ると。この説はこの二、穏かならざる有り。却って是の六三の為に、喚んで位を得と做《な》さず。（中略）

　今の本義・啓蒙は、朱子の意を尽さず。故に文集に王子合に答ふる書は、明らかに言ふ、伏義の卦位は穿鑿付会に近しと。劉君房に答ふる書も、又た称す、河図洛書の如きも、亦た尚ほ剰語有るを免れず。而れども今本は皆な此の諸図を載すれば、則ち見るべし、二書は未だ朱子の脩改を経ざるなり。又た案ずるに語類の一条に云ふ、羊を易《さかい》に喪ふ（大壮の卦の六五の爻辞）は、彊場の易《さかい》と作《な》すに若かず。漢食貨志に、彊場の場は正に易に作るべしと。蓋し、後面に羊を易に喪ふ有るも、亦た此の義に同じ。今ま本義に注する所は、只だ是れ従前に説く所にして此の如し。只だ且《しばら》つ旧に仍《よ》るのみ。此れも亦た朱子が明らかに本義の誤りを知って、未だ釐正に及ばざる者なり。他は比の邑人、誡めず、賁の賁如・皤如の如し。皆な語類に説く所にして、本義と同じからざれば、則ち見るべし、朱子の説は数《しばしば》変じ、今本は未だ朱子の脩改を経《へ》ず、未だ朱子の意を尽さざること、明らかなること甚だし。銭一本曰く、朱子は詩書集注に於て、その己を誤り、人を誤ること小ならざるを悔い、又た本義を更定せんと欲して、未だ能はず。後人は朱説を信守するを以て、朱子に尊事することを為す。此れ徒らに小人の心を以て朱子に事ふるのみと。此の言は尤も当れり。然らば則ち、堅く本義・啓蒙を持するは、既に以て朱子の意を尽すに足らず。又た烏《いずく》んぞ以て義・文・周・孔の易を知るに足らんや。……

王懋竑《ぼうこう》の白田雑著に、文集・語類を以て鉤稽参考するに、多く相矛盾するも、信にその門人の依附する所と為ると。その説は尤も明らかなれば、則ち朱子は、当日も亦た未だ嘗て堅くその説を主とせざるなり。（胡渭の易図明辨提要）愚謂へらく、此れに拠れば、今の本義・啓蒙は、朱子の意を尽さざるは、確かに明徴有り。而るに後の学者は、舟に刻んで之を求め、尺寸も踰越《ゆえつ》す容《べ》からず。豈に以て朱子を知るに足らんや。

以上の漁村が引用した資料により、金峨が太宰春台を批判した当否も、その根拠が明らかとなった。要するに、経伝に詳細に渉る記述を欠く周易古占法は、諸説紛々、なかなか難しいが、参考になったと思われる。

おわりに

江戸漢学が、徳川幕藩体制の御用学問として、程朱学が隆盛を極める中で、伊藤仁斎・東涯父子の堀川学派や、荻生徂徠を中心とする蘐園学派の古学派を産み出し、さらに中江藤樹・大塩中斎・山田方谷らの陽明学派が誕生したことは、まさに注目に値する。そのほか、井上金峨が折衷学派として、訓詁・考証を重んじ、宋儒の理気学を批判する新たな学派を築き、山本北山らの俊秀が輩出したことは、江戸漢学の爛熟期の到来をもたらした。

もっとも易学に関しては、古学派の伊藤東涯も漢代の象数易を批判し、さらに王弼の老荘易を批判し、宋代の理気二元論には反対するが、儒教的義理易を標榜する程朱の易学に左袒せざるを得なかった。実に易学を巡っては、なかなか一筋縄ではゆかぬものがある。まして、易学を巡っては、個々の論点を巡っても、諸説紛々、帰一する所を知らない。研究者も敬遠して少数となり、まさに晨星の寥々たる有様である。本稿では、特に折衷学派の創始者である井上金峨の易学を取り上げたが、古占法にも触れて、古学派の太宰春台の見解を批判し、朱子の見解に軍配を挙げている。いささか違和感を覚えたが、易学に関しては、義理易を唱えながら、占筮の重要性を貫徹した、いわば朱熹の易学に対する折衷的姿勢に共感を覚えたに違いない。しかし、むしろ折衷学に近い大田錦城の高弟である海保漁村が、却って金峨の古占法を批判するかのごとく、朱熹の古占法を剔抉し、古学派の太宰春台の易説を支持する見解を吐露しているのは、実に易説の難解さを物語るものである。

私は別稿で「海保漁村の易学思想」を論じたが、紙幅の関係で、重要な論点の一部分を割愛せざるを得なかった。たが、たまたま「井上金峨の易学思想」の中で、その補足部分に言及することができた。これは思わぬ収穫であった。したがって両論文は、まさに補完の関係にあるので、併読することを期待する。これにより、特に古占法につき、朱熹が新例と称する見解を披瀝し、海保漁村の見解と異なる点につき、比較的に理解することが出来るからである。そして、金峨が常に批判の対象にすえた太宰春台の見解が、むしろ漁村に近いことを理解し得る。その意味で、金峨が著した小冊子、『易学辨疑』も極めて重要な役割を果たしていることに気づくに違いない。そして、特に易学に関しては、学派の中でも理論的に特異な研究対象となっている。正に一刀両断的に片付けられない。本論考が、かかる点に着目する機会を喚起し得たことに満足するものである。

〈注〉

(1) 近藤春雄『日本漢文学大事典』四二頁　明治書院　昭和六〇年。
(2) 安井小太郎『日本儒学史』一七五頁　冨山房　昭和一四年。
(3) 大江文城『本邦儒学史論攷』五一三頁　全国書房　昭和一九年。
(4) 井上金峨『易学辨疑』明和丁亥（明和四年、一七六七）家塾。
(5) 濱久雄『東洋易学思想論攷』三三九－五〇頁　明徳出版社　平成二八年。
(6) 鈴木由次郎『易経』下　三四三頁　全釈漢文大系　集英社　昭和四九年。
(7) 海保漁村『周易古占法』上冊　巻二　二―三葉　天保十一年。
(8) 海保漁村　前掲書　巻二　二葉。
(9) 海保漁村　前掲書　巻二　一―二葉。
(10) 海保漁村　前掲書　上冊　巻二　五葉。
(11) 海保漁村　前掲書　上冊　巻二　一五葉。
(12) 海保漁村　前掲書　上冊　巻二　三一―六葉。

第十一章　海保漁村の易学思想 ―『周易古占法』を中心として ―

はじめに

海保漁村は、江戸時代、上総（千葉県）出身の漢学者で、大田錦城に師事し、その学風は考証学で、清代の学術に興味を抱いていた。殊に私が着目した理由は、漁村が珍しく公羊学に関心を持ち、『公羊学考証』を著し、私がたまたま研究していた清代公羊学の創始者荘存与につき、『伝経廬文鈔』の中で、「荘方耕存与味経斎遺書跋」を記し、今文学を信奉する彼が『尚書』・『毛詩』につき、古文学を主とする矛盾を批判したことにあった。これに関しては、後に論ずることにするが、江戸漢学の碩学で、『公羊伝』に関心を抱いた学者には、林羅山・岡本況斎らがいたが、荘存与の著書を一覧した学者は、海保漁村以外には見られないと思う。また特に注目すべきは、彼が中国古代の易学の占筮方法に興味を抱き、『周易古占法』を著したことである。古代の占いに関しては、『春秋左氏伝』にその記録が見え、すでにそれに関する研究書も見られるが、これは海保漁村の研究が、その端緒となっている。その意味で特異な漢学者といえよう。しかし、これらの占筮方法には、定説がないようであるし、果していかなる方法であるか、これらの内容を明らかにする必要を感じたからである。これに伴い海保漁村の学問形成を明らかにし、易学に開眼した経緯などについても考察してみたい。

一、海保漁村の学問形成

海保漁村（一七九八、寛政一〇―一八六六、慶応二年）は、名は元備、後に紀之と改めた。字は純卿・春農、通称は章之助、漁村と号した。江戸時代、上総（千葉県）武射郡北清水村の人である。儒医で古注学者であった父恭斎に句読を受けた。文政四年（一八二一）、二四歳の時、江戸に出て、大田錦城に師事し、兼ねて経世の学を修めた。その学風は考証学を主とした。安政四年（一八五七）三月、幕府の医学館直舎の儒学教授となった。一方、家塾において子弟に教授し、弟子には後に東京大学教授となった島田篁村（重礼）、根本羽嶽（通明）と易学論争を展開した信夫恕軒、財界の巨人で、二松学舎長となった渋沢青淵（栄一）らがいた。文章を善くし、『伝経廬文鈔』・『漁村文話』がある。(1) しかし、海保漁村の業績は、経学の研究し、東漢許・鄭の学と、宋代の濂・洛・関・閩の学、つまり程朱学を両立させ、いわゆる漢宋兼採の学風を堅持した。特に周易では、『周易正義校勘記補正』一巻・『周易象義余録』五巻・『周易漢注考』六巻・『周易古占法』四巻・『漢易解題』一巻・『抱腹談の抱腹』一巻などがあり、その他、『尚書』・『毛詩』・『春秋左氏伝』・『春秋公羊伝』などがある。実に驚嘆に価する。しかも、大田錦城に師事した期間は五年足らずで錦城が歿し、周易の講義は僅かに一年であった。(2) したがって、漁村の易学は正に独自の研究の成果で、漢代の易学を中心に、程伝朱義で折中したものであった。なお、注目すべきは、海保漁村は大田錦城の学説を祖述したものではなく、独自の見解を貫徹したことである。彼は自撰の「漁村海保府君墓碣」の中で、「処士少壮にして大田錦城先生に従って学ぶ。是《ここ》を以て其の経義における、一に師説を恢張するに在り。然れども、その従ひ易からざる者も、亦た必ず論辨補正する所あり、好む所に阿るに至らざるなり」と述べている。(3)

従来、海保漁村は『補注文章軌範』の名著で知られ、冨山房の『漢文大系』に収載され、多大の影響を与えた。しかし、経学の研究に多くの成果をもたらした。かつて安井朴堂は『日本儒学史』を著し、海保漁村の学問につき、『周易古占法』を重視して詳述された。(4) これも周易の古占法が唐代以来、絶学となり、清朝の恵棟の『易漢学』にも見えるが、特に古占法を取り上げていない。朴堂は漁村の古占法を評価し、「一巻二巻は古法に関する者にして、占法を研究する人には参考資料として貴重の書なり。考証も極めて精確なり。三巻以下は付録と見るべき書なり。錦城の考証は汎濫にして要を失ふ観あれど、漁村は頗る著実なり。乾隆比《ころ》の学者に似たる所あり」と述べている。

二、『周易古占法』の成立とその意図

『周易古占法』は、天保一一年の春に上梓された。初めは門人に浄書させたが、その脱繆が多かったので、漁村が手書して上梓した。ただ外題の隷楷の数字は、友人で書家であった巻菱湖《まきりょうこ》が揮毫した。なお、この年の夏に、高松貝陵という者が、佐藤一斎と易義を論じ、問いに答える所を録して、『抱腹談』を著し、自ら能く三千年の秘蘊を発くと豪語したのを見て、漁村はその謬妄誣妄を笑い、戯れにその最も甚だしきもの若干条を筆し、『抱

腹談の抱腹』を著した。易学の似非《えせ》学問を黙視できない一面を物語る。それは兎も角、本書の冒頭に漁村が認《したた》めた「周易古占法題辞」に、次のようにその研究意図を論じている。[5]

周易の占法は、唐以後、幾《ほとん》ど絶学と成る。その今に考見すべき者は、唯だ左氏の内外伝、及び杜元凱《どげんがい》（預）の左伝注あるのみ。蓋し、左氏載する所の周の太史の遺法存す。魏・晋の時に当り、師法具《つぶさ》に在り。是《ここ》を以てその言は、実に京氏の占法、及び鄭氏の易緯の注と相密合す。これを唐以上の史伝の記する所に徴するに及び、諸の古人の占事も、亦た皆な符同せざるは靡《な》し。深く古義の僅かに存するを幸ひとし、以て千余年薶蘊《まいうん》の秘を窺ふを得たり。而して朱子の啓蒙の醇疵錯出する者も、又た拠りて以て之が補正脩改を加ふるを得たり。遂にその見る所を抒し、是の編を著成し、各家の失得も、亦た併せて之を辨ず。揲法《ちょうほう》に至っては、啓蒙略《ほぼ》是正するを得たり。その間、一二未だ古義に協はざる者は、時に訂正の語を出だし、揲蓍解筮儀を著成す。本義の巻首に見ゆる者は、伝へて以て朱子と為す。然れども、王懋竑《おうぼうこう》の朱子を篤信するを以てするも、仍ほ断断《ぎんぎん》辨論して、以て親筆と為さざれば、則ちその朱子の手定に出づるに非ざるを知るなり。今ま専ら儀礼の経文に就きて、之が注を為し、蓍儀筮儀の失を問ふを著成す。必ずしも辨ぜざるなり。愚に素《も》と説卦攷有り。附するに九家、及び虞氏（翻）の逸象を以てし、既に又た以て説卦と為す。夫れ人にして之が逸象を治むるを知らば、則ち儒者、或は之を忽《ゆるが》せにす。若し然らば、則ちその占ひを玩ぶに於て、能く違錯無からんや。治経の家に在りては、寧ろ事を欠くに非ざるか。今ま具《つぶさ》に采入《さいにゅう》を為して、以て海内の古へを嗜むの士と之を共にせん。十二月卦の分卦直日、鄭氏（玄）の爻辰の如きは、固より皆な周秦の古義にして、先儒の未だ孤廃する能はざる所なり。蓋し、止《ただ》に玩占に裨するのみならざるなり。他の諸《もろもろ》の図を待って、義顕らかなる者は、並びに図翼を著成して、以て終ふ。嗟夫《ああ》、愚嘗て錦城先生に従ひ、易義を受くる時、讌間《えんかん》に侍するを獲たり。又た左伝の疑誤の処を聞く。先生の学は墜緒を尋ね、絶学を継ぎ、その周易に於て、功を用ふる最も密に、常に古周易の占法の復し難く、左伝の諸筮の通ぜざる所有るを慨せり。然らば則ち此の区々たる者、未だ敢て遺誤無しと言はずと雖も、亦た先師の墜を尋ね、絶を継ぐの志に庶幾《ちか》からん。儒者の或ひと謂へらく、易は卜筮の為にして作らずと。周公が礼・易を制して、之を太卜に掌らしめたるを知らず。夫子曰く、易に聖人の道四つ有り。卜筮を以てする者は、その占ひを尚ぶと。又た曰く、君子動けば、則ちその変を観て、その占ひを玩ぶと。その論語に在りて曰く、易を学ばば、以て大過無かるべしと。その居りて安楽にして玩ぶを謂ふなり。夫れ君子の身を行ふ、唯だその過ち寡きを之れ務む。而るを曷《なん》ぞ嘗て易を学ばざるべけんや。易を学ばば、曷ぞ嘗て卜筮を講ぜざるべけんや。区々心を用ふれば、漢儒の師法の墜ちずして、易学の体有り、用無きに至らざるに庶幾からん。剞劂《きけつ》（印刷）既に成り、以て同人に持贈すべく、以て正を博雅に望むべし。爰《ここ》に数行を書して、以て簡首に弁ずと云ふ。

天保十有一年、歳は上章困敦春仲に在り。南総海保元備撰。

漁村は、文献に記述された周易古占法が、『春秋左氏伝』とその注解を施した晋の杜預の見解のみであった点に着目し、その研究方法は、魏・晋時代には、まだ漢代の師法の実態が失われていないので、京房の占法や、鄭玄の易緯八種の注解に密合する事実に気づいた。

特に緯書の重要性を認識した点は、漁村の学問を展開する上で、重要な役割を果たしたと言える。彼が『春秋公羊伝』にも興味を抱き、清代公羊学の創始者であった荘存与の『味経斎遺書』を購入し、彼の学風を今文学の観点から批判するほどであった。これは従来、誰も漁村の学問の特色として言及しなかった点ではあるまいか。しかも、漁村はこれを唐代以前の史伝の記述に徴して、実証的に考察し、すべての占事がこれに符合した点に着目し、実証的研究の成果に気づいたのである。彼はこれを「千余年、薶蘊《まいうん》（埋もれかくれていた）の秘を窺ふを得たり」と感激して告白しているのである。つまり、この方法こそ、まさに漁村の実事求是の考証学であった。しかも、この方法によって、朱熹の『周易啓蒙』の誤りを補正改修したのである。

このほか、漁村はすでに『説卦攷』を著し、漢易九家及び虞翻の逸象をこれに付し、更に十二月卦・分卦直日や、鄭玄の爻辰を重視し、これも易占に不可欠な周秦時代の古義を有するという認識に立っていた。また、河図・洛書などの図をも重視した。彼は錦城から易義を受けたとき、先生のそば近くに集まった弟子らと、『春秋左氏伝』の疑問や誤りなどを聞き、錦城の学問が、易学衰微の端緒を尋ね、絶学を継続する意欲に燃え、特に『周易』につき、努力を重ね、古周易の占法が、回復し難く、『春秋左氏伝』に記述された占法が通じないことを慨歎されたと述べている。つまり、彼の『周易古占法』の上梓は、まさに先師錦城の遺志を達成させたものであった。「先師の墜を尋ね、絶を継ぐの志に庶幾からん」と断じたゆえんである。最後に漁村は、古学派の伊藤仁斎・東涯のように、占筮を否定する見解に対しては、周公が礼と易を制して、太卜に掌らせた事実を知らない者であると指摘し、繋辞伝上に、「易に聖人の道四つ有り、以て言ふ者は、其の辞を尚び、以て動く者は、其の変を尚び、以て器を制する者は、其の象を尚び、以て卜筮する者は、其の占を尚ぶ」とある文言の一部を引用して補強し、更に『論語』述而篇の「五十以て易を学べば、以て大過無かるべし」の文言を引用し、痛烈に批判した。そして、易学で卜筮を講ずべき重要性を強調し、漢儒の師法を復活維持した自負を明らかにし、これこそ易学の体用を貫徹するにふさわしいものとした。

三、古占法の成立過程とその方法

海保漁村は、第一巻に「序例」を掲げ、第二巻に「六爻不変例」「一爻変例」「二爻以上変例」「六爻全変例」「統例」「釈象」「七八九六釈義」「朱子の占法を辨ず」の以上の八項目にわたって古占法を論じている。紙幅の許す限り、これらにつき紹介したい。「序例」では、古占法の成立過程を先儒の見解を詳細に示し、次のように論じている。(6)

伏羲の易は卦あるのみ。その辞無きなり。夏・商の易は象を占ふのみ。爻を占はざるなり。文王に至り、始めて彖辞あり。周公は又た爻辞を作りて、以て伏羲の無窮の精義を闡《あき》らかにす。而る後、九・六の占ひ始めて起る。蓋し蓍《めどき》を揲《かぞ》へて卦を布き、必ず七・八・九・六の数を観て、九・六を変と為し、七・八を不変と為す。変は象るべからず。故に卦は七・八を画し、爻は天下の動を効《いた》す。故に辞は九・六を称す。象を占ふ者あり、爻を占ふ者あり。象を占ふ者は夏・商の法なり。而して周家は因りて之を用ふ。爻を占ふ者は、文王の意なり。而して周公は述べて之を広む。その別に四あり。曰く、六爻不変ざるや、彖辞を以て占ふ。曰く、一爻変ずるや、爻辞を以て占ふ。曰く、二爻以上変ずるや、総て彖辞を以て占ふ。曰く、六爻全て変ずるや、亦た彖辞を以て占ふは是なり。九六陰陽の変なり。故に以て爻の変動に名づく。而して又た専ら一爻変を占ふの名と為す。七は蓍数なり。八は卦数なり。故に因りて八を以て卦を識る。而して又た専ら二爻以上変もて彖を占ふの名と為す。是れ占法の大例なり。是れ先儒の古義なり。

鄭康成（玄）云ふ、連山・帰蔵が彖を占ふは、その質性に本づくなり。周易が変を占ふ者は、その流動を効《いた》せばなり。（乾鑿度の注）蓋し、彖を占ふ者は、夏・商の旧法なり。故に専ら之を二易に属するも、而も実に周易は、未だ嘗て彖を占はずんばあらざるなり。変を占ふ者は、周家の創むる所なり。故に専ら之を周易に属す。而れども実は唯に変を占ふのみにあらざるなり。

彖を占ふ者は、夏・商の法なり。故に古人は六爻の不変に遇へば、往々二易を引きて占ひを為す。左伝の蠱《こ》に遇ふ（僖十五年）、復に遇ふ（成十六年）が如きは是れなり。周は二代の旧に因る。故に六爻不変に於て、亦た彖を以て占ひを為す。左伝の屯《ちゅん》に遇ふ（昭七年）が如きは是れなり。若し夫れ爻を占ふ者は、周家の創むる所にして、二易の無き所なり。故に左伝は爻を占ふ者に於て、必ず周易を引き、未だ二易を引く者有らざるを是《ぜ》と為す。（陸佃云ふ、乾鑿度に曰く、皇策を垂る者は伏義なり。義は蓍を用ふれば、則ち卦は固より已に重《かさ》ぬ。然れども、世は質に、民は淳なり。古法は惟だ七・八を用ひ、六十四卦は、皆な動かず。乾は乾に止まり、坤は坤に止まり、変ずる能はざるが若し。夏・商は之に因る。皆な七八を以て占ひを為す。連山・帰蔵は是れのみ。後ち文王に至り、世は益《ますます》澆薄《ぎょうはく》にして、占法始めて九・六を用ふ。蓋し、此の如くならずんば、天下の変に応ずるに足らざればなり。今の易は是れのみと。案ずるに此の説は確核にして、以て愚攷を証するに足る。故に付記す。）

　周易の爻を占ふや、一爻の変を占ふ。是れ爻の九六を称する所以なり。是の故に九六は変を占ふの名なり。亦た則ち一爻変を占ふの名なり。何を以て之を知る。案ずるに、繫（繫辞伝）に曰く、爻は変を言ふ者なり。曰く、辞とは各その之く所を指す。曰く、吉凶悔吝は、動に生ずる者なり。曰く、道に変動あり。故に爻と曰ふ。曰く、爻なる者は、転科の動を效すなり。此れに据りて見るべし、周易の爻辞は、専ら是れ変を論ずるなり。鄭康成云ふ、周易は変ずる者を以て占ひを為す。故に九を称し、六を称す。（易正義）乾鑿度に曰く、陽動いて進み、七を変じて九に之《ゆ》く。陰動いて退き、八を変じて六に之く。鄭注に云ふ、周易は変を占ひ、九六の爻の変動は、（欧陽永叔云ふ、易道はその変を占ふ。故にその占ふ所の者を以て爻に名づく。）此れに据る。見るべし、九六は変を占ふ名なり。

　陸績云ふ、陽、初に在るを初九と称す。初を去り二に之《ゆ》けば九二と称すれば、則ち初は七に復す。陰、初に在るを初六と称す。初を去って二に之けば、則ち初は八に復すと。（漢上易伝）此れに据れば、又た九六は専ら是れ一爻変を指すの名と見るべし。且つ左伝に載する所の諸筮、周の大史の遺法存す。その爻を占ふや、必ず一爻の変に止まる。従って未だ二爻以上の変に遇って、その爻辞を占ふ者有らず。及び伯廖の謂ふ所の周易に在りて、豊の離に之く、（宣六年）蔡墨の謂ふ所の周易に之れ有り、乾の姤に之くに在りて、曰く、潜竜用ふる勿れと。及びその同人、その大有、その夬《かい》は、（昭二十九年）皆な筮せずと雖も、必ず一爻変に拠りて、以てその義を言へば、則ち見るべし、周易の爻を占ふは、必ず一爻の変を占ふ。是れ古義なり。

　周易は唯だ一爻変を占ひ、若し二爻以上変ずる者は、一義を執り定むべからざれば、則ち寧ろ爻を舎《す》て象を占ふ。仍ほ七八と為して変ぜず。是れ先儒の古義にして、唐以後、古学失墜し、斯の義明らかならず。諸儒の付会の説、又た従って之を乱せば、則ち周易占法の沈没して今日に至る所以なり。幸ひに杜元凱の左伝注有りて、一綫未だ絶えず、以て千古の幽秘を発《ひら》くに足る。曰く、易筮は皆な変ずる者を以て占ふ。一爻変に遇ひ、義異なれば、則ち彖を論ず。孔仲達曰く、易筮は皆な変ずる者を以て占ひを為す。伝の諸筮は、皆な是なり。若し一爻独り変ずれば、則ちこの爻を指し論ずるを得。一爻変以上、或は二爻・三爻皆な変ずるに遇へば、則ち毎爻の義は異なる。従ふ所を知らざれば、則ち当に総じて彖辞を論ずべし。（襄九年）案ずるに、二君のこの言は、之を漢の経師の相伝に得たれば、則ち知る、周易の占法、一爻独り変ずる者は、爻辞を以て占ひ、二爻以上変ずる者は、総べて彖辞を占ひ、爻辞を占はず。是れ古義なり。杜君又た云ふ、周礼の大卜は三易を掌ると。然らば則ち連山・帰蔵・周易を雑用し、二易は皆な七・八を以て占ひを為す。故に言ふ、艮の八に之《ゆ》くに遇ふと。此の説は之を乾鑿度に案ずるに、曰く、陽は七を以て、陰は八を以て彖と為すと。鄭君云ふ、連山・帰蔵は彖を占ふと。又た云ふ、経は七・八を画す。七・八は陰陽の彖なれば、則ち知る、謂ふ所の二易は、七・八を以て占ひを為す者は、彖を以て占ひを為すを謂ふなり。艮の八に之くは、史以て艮の随に之くと為せば、則ち是れ艮の初六・九三・六四・六五・上九は、倶に変じて随に之くなり。而るに穆姜は明らかに随の彖を以て占ひを為す。杜君は之を解して、則ち云ふ、義異なれば、則ち彖を論じ、義異なる者は、二爻以上の変を謂ふなりと。則ち知る、周易の占法は、二爻以上変ずる者は、爻を舎《す》てて彖を占ふ。仍ほ之を七・八と謂ふは古義なり。

爻に七・八・九・六有り、以て一卦を成す。而るに経は九・六を以て爻を識《しる》す者は、爻もて変を占へばなり。

七・八を以て卦を画す者は、卦は不変を占へばなり。七・八を以て卦を画すと雖も、而も七は蓍数なり。八は卦数なり。是に於て又た偏《ひとえ》に八を以て卦を識すの名と為す。且つ六爻変ぜざる、之を八と謂ふ。その占ひに彖を用ふるは、則ちその常なり。その知り易き者なり。故に古人は是に於て復た八を言はず。若し二爻以上変ずれば、動くと雖も、而も変ぜず、その占ひは彖を用ふれば、則ちその常に反する者なり。その知り難き者なり。故に専ら之を八と謂ひ、以てその卦を用ひて、爻を用ひざるを著す。蓋し、爻に動く有れば、則ちその占も亦た爻を用ふるを嫌ふ、是に於て専ら八を以て二爻以上の変もて卦を占ふの名と為す。是れ伝の唯だ八を言ひて、七を言はざる所以なり。烏虖《ああ》、周易は九・六を以て爻を識して、又た専ら以て一爻変を占ふの名と為し、八を以て卦を識して、又た専ら以て二爻以上変もて卦を占ふの名と為す。是れ蓋し先儒相伝の古義なり。幸ひに鄭・杜の訓、猶ほ存す。師法未だ墜《お》ちず、用《もっ》てその説を申べて以て大議を明らかにするを得たり。豈に亦た喜ぶべからずや。

　周易は唯だ一爻変を占ふ。之を繋文に案ずるに、固《もと》より亦た瞭《あきら》かなること掌《たなごころ》に指《ゆびさ》すが若し。曰く、吉凶は貞勝つ者なり。天地の道は貞しく観る者なり。日月の道は貞しく明らかなる者なり。天下の動きは、夫の一を貞す者なり。愚謂へらく、此れ以て周易の古法を蔽《おお》ふべし。蓋し、一は一爻なり。変動の一爻を謂ふなり。貞は定なり。言ふこころは、天下の動に万不同ありて、凡そ皆な之を一爻の辞に決定するなり。何を以て一の一爻為り、変動の爻為るを知る。曰く、繋に曰く、聖人に以て天下の動を見る有って辞を繋け、以てその吉凶を断ず。是の故に之を爻と謂ふと。又た曰く、天下の動を鼓する者は、辞に存すと。又た曰く、吉凶悔吝は、動に生ずる者なり。又た曰く、爻とは、天下の動を效《いた》す者なり。是の故に吉凶生じて悔吝著《あら》はるるなり。又た曰く、道に変動有り。故に爻と曰ひ、文当らず。故に吉凶生ず。此れに据れば、繋に凡そ動と曰ひ、吉凶と曰ふ者は、皆な爻を論ずるの詞なり。是れ繋文の恒例なり。此の条も亦た吉凶と曰ひ、動と曰ひ、相対して言を為すは、その爻を論ずるが為なるや明らけし。然らば則ち、謂ふ所の一なる者は、一爻を指すに非ずして何ぞ。繋の爻を論ずる、必ず変動を以て言ひ、経の爻を識す、必ず九・六を以て称す。九・六は一爻変の名を指すなり。然らば則ち謂ふ所の一爻は、変動の一爻に非ずして何ぞ。故に曰く、周易の爻を占ふは、一爻の変を占ふと謂ふは、豈に更に明白ならずや。（愚嘗て錦城先生に従ひ、易義を受く。先生謂ふ、繋辞の一の字は、当に一爻と作して講ずべしと。当時、既にその明快に服せり。今までその説を推演すること此の如し。蓋し、古占法の微は、先生既に之を発明す。惜しむらくは、その詳を聞くを得ざりしなり。）

変爻を占ふは、周家の創むる所なり。故に繋辞の此の条も、亦た爻を主として言を立つ。然りと雖も、変爻を占ふは、一爻の変に止まり、その余の六爻不変、六爻皆変、及び二爻以上変は、総て彖辞を占へば、則ち文は爻を以て主と為し、而して亦た彖を包んで中に在り。蓋し、彖は一卦の義を綜し、爻は各その別を論ず。指す所、同じからずと雖も、而もその用ひて以て占を為す所以、その致は一なり。是の故に占法は唯だ彖を占ひ、爻を占ふの二者在り。彖を占へば、則ち彖を以て主と為し、爻を占へば、則ち爻を以て主と為す。彖を以て主と為せば、則ち敢て爻の義を以て之を紊《みだ》さず、爻を以て主と為せば、則ち敢て彖辞を以て之を乱さず。各《おのおの》自ら主と為す。故に曰く、夫の一に貞なりと。（繫辞伝下）否らずんば則《しか》ち、彼此《ひし》溷淆《こんこう》し、一吉一凶、其れ以て占を為すべけんや。夫子の此の語は、蓋し謂ふに、天下の動を以て之を或る彖、或る爻の一辞に決す。占者宜しく彼を以て此れを紊すべからず。是れ爻と言はずして、一と言ふ所以なり。二爻以上の変に及んでは、毎爻の義異なれば、則ち寧ろ之を一象の辞に決す。王弼が謂ふ所の静能く動を制するの義なり。是れも亦た爻と言はずして一と言ふ所以なり。乾鑿度に曰く、陽動いて進み、陰動いて退く。故に陽は七を以て、陰は八を以て象と為す。易は一陰一陽、合して十五と為る、之を道と謂ふ。陽は七を変へて九に之き、陰は八を変へて六に之く。亦た十五に合すれば、則ち象変ずるの数は一の若《ごと》きなりと。（各本、若しの下に、之の字有り。今ま玉海（宋末の王応麟撰）三に引くに据り、刪る。）然らば則ち象を占ひ、爻を占ふは、截然として別有り。而れども実は、則ちその致は一なり。その数は一なり。是れも亦た爻と言はずして、一と言ふ所以なり。聖言は神妙にして、玩味、得て罄《むな》しうすべからざる者有り。然らば則ち周易の爻を占ふは、一爻の変に止まり、余は皆な象を占ふ。豈に益《ますます》明白ならずや。故に曰く、以て周易の占法を蔽《おお》ふべしと。

夫子の謂ふ所の一は、一爻を謂ふ。吉凶は宜しく一爻の辞に定むべし。京君（京房）は明らかに既に之を言ふ。但だ京は以為《おも》へらく、一爻は即ち成卦の主なりと。その言に云ふ、衆陰にして、一に宗し、一陽、その貞正を得るなり。九二は貞正にして、能く衆の主為りと。師の伝に云ふ、陰道将《まさ》に復せんとして、陽を以て主と為す。一陽、尊に居り、羣陰、之を宗とし、六爻、交《こもごも》分れて吉凶定まる。比の伝に云ふ、陽多く、陰少なければ、少を宗とし、貴しと為すと。易に云ふ、眇《すがめ》にして能く視るとし、跛《あしなえ》にして能く履むとすと。（履の卦の六三）吉凶はこの文を取って準と為す。履の伝に云ふ、吉凶を定め、只だ一爻の象を取ると。陸績の注に云ふ、少を以て主と為すと。姤の伝は是なり。王輔嗣（弼）之に従ふ。又た以為へらく、謂ふ所の主爻は象を挙げて以て明らかにすべきなり。その言に云ふ、象は一卦の体を統論し、その由る所の主を明らかにするなりと。夫れ衆は衆を治むる能はず。衆を治むる者は至って寡なき者なり。夫れ動は動を制する能はず。天下の動を制する者は、夫の一に貞なる者なり。故に六爻相錯するも、一を挙げて以て明らかにするなり。剛柔相乗れば、主を立てて以て定むべきなり。故に卦の名を挙げ、義に主有り。その彖辞を観れば、則ち思ひ半《なか》ばを過ぎん。略例は是なり。今ま案ずるに、周易の変爻を以て占ひを為すは、左伝の諸筮の徴すべき有り。未だ成卦の主に由りて、以て占ひを為す有らず。而るに二家は動爻を置きて、論ぜざるは之を失せり。然りと雖も、その言に頼れば、以て一の一爻為り、吉凶の一爻に定まるを知るを得たれば、則ち漢説の貴ぶべしと為す所以なり。且つ夫子の此の語は、専ら是れ爻を論ず。故に二家は主爻を以て言を為す。王の言ふ所に据れば、則ち彖を包みて中に在るを知るなり。その謂ふ所の動は動を制する能はず、天下の動を制する者は、夫の一に貞なるを観れば、亦た以て二爻以上の変が、彖を占ふの旨を悟るべし。然らば則ち、その説は、実に鄭・杜と発して、確かに経義を伝ふ。烏《いずく》んぞ宝貴ならざるべけんや。

愚の此の説は、実に数十年、閉戸伏読の得る所にして、編録して以て篋衍《きょうえん》（竹製の方形の箱）に蔵すること久し。後に恵定宇（棟）の周易述及び易例を読むに、その京易を述べて曰ふ有り、爻の動は、一ならば則ち正しく、両ならば則ち惑へりと。故に天下の動は、夫の一に貞なる者なり。京氏の筮法は、第六爻を宗廟と為し、縦《たと》ひ動くも変ぜず。その余は、一爻動けば、則ち変じ、乱れ動けば、則ち変ぜず。一爻変は、九・六と為し、二爻以上は八と為す。曰ふ有り、繋辞に謂ふ所の一は、動く所の一爻を謂ふ。左伝に謂ふ所の八は、二爻以上の変を謂ふと。皆な愚説と冥契す。因りて嘆ずらく、鄭（玄）・杜《ど》（預《よ》）の義は、実に京易と相密合すと。又た嘆ずらく、恵は漢学に邃《ふか》く、能く古義を発明すること此の如くなるを。竊《ひそ》かに幸ひに微する所有りて、鄙見の孤ならず、亟《しばしば》為に之を表出す。惜しむらくは、その語って詳らかならず、未だ以て後人を省悟するに足らず。且つその意に以為へらく、唯だ京易にこの説あるも、曽て思はず、鄭・杜の義は、固より既に此《かく》の如し。止《ただ》に京氏一人のみならざるなり。然らば則ち、愚の此の編も亦た未だ始めより恵説の備はらざるを補ふに足らずんばあらざるなりと云ふ。

周易古占法の実体につき、海保漁村は古文献の記述を根拠に、その成立の経緯を詳細に記述し、特に大田錦城によって啓発された点にも触れ、更に漢代の碩学の見解も紹介し、最後に、清朝の乾隆時代に『易漢学』を著した、呉派の恵棟の易説にも及び、彼の古占法の不備を補った研究成果を披瀝したのである。漁村の『周易古占法』の書き下しを通じて、漁村の易学研究のきめ細かい方法や、彼の情熱が行間に躍動している点に着目せざるを得ない。以上で『周易古占法』第一巻の「序例第一」を終わり、次に第二巻に記述された五つの変例を掲げることにする。(7)

四、爻変の諸例について

1　六爻不変例

六爻皆な変ぜざれば、則ちその占ひは彖辞を用ふ。案ずるに、左伝に衛の孔成子、公子元を立てんと欲し、周易を以て之を筮し、屯に遇ひて以て史朝に示す。史朝曰く、元いに亨る。又た何ぞ疑はんと。その繇《ちゅう》に曰く、侯《きみ》を建《た》つるに利《よろ》しと。（昭七年）此れ屯の六爻皆な変ぜざるなり。屯の象に曰く、屯《ちゅん》は元《おお》いに亨《とお》る。侯を建つるに利しと。是れ史朝の拠る所なれば、則ち六爻変ぜざれば、その占ひは象を用ふ。此れその明証なり。故に程可久・朱元晦（熹）は、皆な嘗て之を引きて以て周易は象を占ふの証と為す。良《まこと》に是《ぜ》なり。

左伝に、秦伯、晋を伐つ。卜徒父之を筮するに吉、その卦は蠱《こ》に遇ふ。曰く、千乗三たび去り、三たび去るの余、その雄狐を獲と。夫れ狐蠱は必ずその君なり。蠱の貞は風なり。その悔いは山なり。歳は云《ここ》に秋なり。我その実を落として、その材を取るは、克つ所以なり。実落とし、材亡はば、敗れざること何ぞ待たんやと。（僖十五年）又た曰く、晋侯、将《まさ》に楚と戦はんとし、之を筮す。史曰く、吉なり。その卦、復に遇ふ。曰く、南国蹙《せま》れば、その元を射よと。王厥《そ》の目に中《あた》り、国蹙り、王傷つく。敗れざること何ぞ待たんやと。（成十六年）按ずるに此れ皆な夏・商の易を用ふ。故に周易と言はずして、その占ひは汎《ひろ》く卦の体象を論ず。則ち見るべし、二易は象を以て占ひを為すことを。蓋し、象を占ふは、二易の旧法なり。故に古人は六爻の不変に遇へば、往々之を引用するのみ。而して杜元凱は、蠱に遇ふに注して云ふ、周易に於て、大川を渉るに利しとは、往きて事有るなり。亦た秦、晋に勝つの卦なり。則ち見るべし、周易は六爻の不変に於ても、亦た象を以て占ひを為すことを。故に杜の言、此の如きなり。

2　一爻変例

一爻変ずれば、則ち本卦の変爻の辞を以て占ふ。案ずるに、左伝の、観、否《ひ》に之《ゆ》くに曰く、是を国の光を観る、用《もっ》て王に賓たるに利しと謂ふ。（荘二十二年）此れ観の六四の爻辞なり。帰妹、睽《けい》に之《ゆ》くに曰く、士、羊を刲《さ》くも亦た衁《ち》無きなり。女筐《かたみ》を承《ささ》ぐるも、亦た貺《たまもの》無きなり。（女が竹かごをささげても、何もいただけない。）此れ帰妹の上六の辞なり。大有、睽に之くに曰く、公用て天子に亨せらるると。（僖二十五年）此れ大有の九三の爻辞なり。師、臨に之くに曰く、師出づるに律を以てす。臧《よ》から否《ざ》れば凶なりと。（宣十二年）此れ師の卦の初六の爻辞なり。困、大過に之くに曰く、石に困み、疾藜《しつり》（とげいばら）に拠《よ》る。その宮に入り、その妻を見ず。凶と。（襄二十五年）此れ困の六三の爻辞なり。復、頤に之くに曰く、復るに迷ふ。凶と。（襄二十八年）此れ復の上六の爻辞なり。明夷、謙に之くに曰く、明夷《やぶ》れて于《ここ》に飛び、その翼を垂る。君子于に行き、三日食はず。往く攸《ところ》有れば、主人言有りと。（昭五年）此れ明夷の初九の爻辞なり。坤、比に之くに曰く、黄裳元いに吉なりと。（昭十二年）此れ坤の六五の爻辞なり。泰、需に之くに曰く、祉は録なり。若し帝乙の元子、妹を帰《とつ》がせて、吉禄有らば（我安くんぞ吉なるを得んと）。（哀九年）此れ泰の六五の爻辞に拠るなり。是れ皆な一爻変にして、本卦の変爻辞を占するの明証なり。又た伯廖曰く、その周易に在りて、豊、離に之くなりに曰く、之に過ぎずと。一歳を間《へだ》てて、鄭人之を殺す。（宣六年）此れ豊の上六の三歳まで覿《み》ず。凶なりの辞に拠る。蔡墨曰く、乾、姤に之くに曰く、潜竜、用ふる勿れと。その同人に曰く、見竜、田に在りと。その大有に曰く、飛竜、天に在りと。その夬に曰く、亢竜、悔い有りと。坤、剥に之くに曰く、竜、野に戦ふと。（昭二十九年）此れ皆な筮せずと雖も、必ず本卦変爻の拠りて、以てその義を言へば、則ち見るべし、一爻変は、本卦変爻の辞を以て占す。是れ古義なり。一爻変は本卦・変爻の辞を占ふと雖も、而も亦た兼ねて後卦を論ず。劉炫以為へらく、後卦の義を取らずと。孔仲達（穎達）之を辨じて曰く、屯、比に之くに云ふ、屯、固より比に入ると。帰妹、睽に之くに云ふ、帰妹は睽《そむ》いて孤《ひとり》なり。寇《あだ》、之が弧《ゆみ》を張ると。睽の上九の爻辞なり。又た云ふ、帰妹、睽に之くは、猶ほ相無きなり。明夷、謙に之くに云ふ、明夷《やぶ》れ、于に飛び、その翼を垂ると。又た云ふ、謙して足らざれば、飛ぶも翔《か》けらずと。此等《これら》の類は、皆な前後の二卦を取って、以て吉凶を占ふ。今人の筮も亦た皆な此の如し。故に賈（逵）・服（虔）、及び杜（預）は皆な同じ。劉炫は苟も前儒に異なり、好んで別見を為して、以て杜氏を規《ただ》すは非なり。（荘二十二年の正義）此の説は允当にして、朱子は一爻変もて本卦の変爻の辞を占ふを知るは是なり。而れども兼ねて後卦を取ると言はざれば、則ち是れ直ちに漢の経師の古義を廃して、劉炫の偏見に従ふなり。乃ち不可なる無からんや。

古人の占法は兼ねて後卦を取り、唯に孔疏に挙ぐる所の諸条のみならず、観、否に之くが如く曰く、乾は天なりと。風を天と為して曰く、之を照らすに天光を以てすと。曰く、之を奉ずるに玉帛を以てするは、天地の美具なりと。大有、乾に之くに曰く、同じく父に復り、敬すること君の所の如しと。大有、睽に之くに曰く、天、沢となって、以て日に当り、天子、心を降して、以て公を逆《むか》ふと。師、臨に之くに曰く、衆散じて弱く為り、川壅《ふさ》ぎて沢と為る。盈つれども、而も以て竭《つ》く。夭して且つ整はずと。曰く、行かざる、之を臨と謂ふ。帥有れども従はず、臨、孰《いずれ》か焉《これ》より甚だしからんと。困、大過に之くに曰く、夫は風に従ひ、風は妻を隕《うしな》ふと。坤、比に之くに曰く、外彊く、内温かなるは忠なり。和以て貞を率いるは信なりと。此れに据りて見るべし、一爻変は本卦・変卦の辞を占ふと雖も、而れども亦た兼ねて後卦を取りて、以てその占を広くす。是れ古義なり。左伝載する所も又た単に本卦の変爻の辞を論じて、絶えて後卦に及ばざる者有り。復、頤に之く、屯、比に之く、泰、需に之くが如きは是なり。蓋し義、既に本卦に備はれば、則ち必ずしも汎《ひろ》く後卦を論ぜず。主とする所は、本卦・変卦を占ふに在ればなり。

3　二爻以上変例

二爻以上変ずる者は、総じて彖辞を占ふ。仍ち之を八と謂ひて、以てその卦を用ひて、爻を用ひざるを著す。何を以て之を知る。案ずるに左伝に、穆姜、始めて東宮に往きて、之を筮するに、艮、八に之くに遇ふ。史曰く、是れ艮、随に之くを謂ふ。随はその出づるなり。君必ず速やかに出でよと。姜曰く、亡《な》し。是れ周易に於て曰く、随は元いに亨る。貞しきに利し。咎无しと。四徳有る者は、随って咎無し。我は皆な之れ無し。豈に随はんや。我は則ち悪を取る。能く咎無からんや。必ず此に死なん。出づるを得ずと。(襄九年)曰く艮、八に之くは、史以て艮、随に之くと為す。是れ艮の初六・九三・六四・六五・上九は倶に変じて随に之くなり。而るに史は乃ち随の彖を引きて之を論ず。杜君も亦た謂ふ、義異なれば、則ち彖を論ずと。見るべし、二爻以上乱れ動く者は、動くと雖も、而も変ぜず、総て彖辞を占ふ。仍ち之を八と謂ふ。八は卦を識るの名なり。又た二爻以上変ずるは、卦を占ふの名なり。是れ古義なり。蓋し爻は本と動くこと有るは、之を言ふ所以なり。動くと雖も、而も変ぜざるは、八を言ふ所以なり。然らば則ち史、艮の彖を引かざるは何ぞや。曰く、艮の彖に曰く、その背に艮《とど》まり、その身を獲ず、その庭を行き、その人を見ずと。彖伝に曰く、艮は止まるなり。その所に止まるなりと。又た艮を鬼門と為し、宗廟と為す。是れ姜氏の必ず此に死し、出づるを得ざるや審らかなり。史、之を引かざる者は、姜氏の為に忌むのみ。姜氏も亦た己の随の義に当らざるを知る。故に謂ふ、四徳有る者は、随って咎無しと。又た謂ふ、必ず此に死し、出づるを得ずと。蓋し専ら艮を主として言を為す。乃ち知る、艮、八に之くは、是れ艮の乱れ動きて随に之くなり。乱れ動く者は、二卦の彖を占ふと雖も、亦た宜しく本卦を以て主と為すべし。宜しく独り変卦を論ずべからず。是れ古義なり。

二爻以上変ずる者は、動くと雖も、而も変ぜざれば、則ちその象を占ふや、亦た単に本卦を論じて、絶えて後卦に及ばざる者有り。案ずるに国語に、晋の董因、文公を河に迎ふ。公問ひて曰く、吾それ済《わた》らんかと。対へて曰く、臣、之を筮するに、泰、八に之くを得たり。曰く、是れ天地配して亨り、小往き大来ると。今ま之に及べり。何の済らざることか之れ有らんと。（晋語）曰く、泰、八に之くと。是れ泰の二爻以上変ずるなり。

泰の象に曰く、天地交はるは、泰なりと。彖に曰く、泰は、小往き大来る。吉にして亨ると。是れ董因の拠る所なり。乃ち知る、義既に本卦に備はれば、則ち必ずしも泛然と後卦を論ぜず。及びその幾爻の変りたると、その変りて某卦に之くと為すとは、皆な必ずしも変ぜざるを問はず。概ね之を八と謂ふは、以てその卦を占ひて、爻を占はざるを著すなり。若し兼ねて後卦を論ずれば、則ち亦た或は卦名を著すこと艮、八に之くを以て、艮、随に之くと為し、及び乾、否に之くが如きは是なり。是れ古義なり。

次に海保漁村は、『国語』（『春秋外伝』）に記載された、晋の公子の占筮を掲げ、その注釈者である韋昭の見解を述べ、これに関する清朝の恵棟の見解を紹介する。そして更に『国語』に記載された単襄公の占筮に関する記述を詳述するが、紙幅の関係で割愛せざるを得ず、省略に従う。

4　六爻全変例

六爻皆な変ずれば、則ち乾坤は、用九・用六を占ふ。余卦は観の前後の二象を合せ、二用の辞を以て之を例す。案ずるに左伝に、蔡墨曰く、周易に之れ有り。乾、坤に之くに在りて曰く、羣竜に首《かしら》无《な》きを見る。吉なりと。杜君の注に云ふ、乾の六爻、皆な変ずと。孔仲達（穎達）云ふ、乾の六爻皆な変ずれば、則ち坤の卦と成る。故に用九の辞を謂ひて、坤の辞と為すなり。六爻既に変ずるも、卦下の辞を用ひざる者は、周易は変を用ひ、卦下の辞は変に非ず。夫れ乾の六爻皆な変じて、坤に之けば、乾の用九の辞を占へば、則ち見るべし、坤の六爻皆な変じて、乾に之けば、則ち亦た坤の用六の辞を占ふ。乾坤の六爻皆な変ずれば、直ちに卦下の辞を用ふるべからざれば、則ち又た見るべし、余卦の六爻皆な変ずれば、当に観の前後の二象を合し、二用の辞を以て例と為すなり。

揚子雲の河東賦に曰く、乾坤の貞兆を建て、将に悉く之を総ぶるに羣竜を目《もっ》てせんとす。（『漢書』揚雄伝）按ずるに子雲は、羣竜を以て乾坤の貞兆と為す。然らば則ち、乾の用九の辞は、乾変じて坤に之くを占ふは、明らかなること甚だし。後漢書の朗顗伝に曰く、昔、唐尭上に在り、羣竜を用と為すと。注に云ふ、羣竜は賢臣に喩ふるなりと。鄭玄、易の乾の卦に注して云ふ、爻は皆な乾を体す。群竜の象なり。舜、既に禅を受け、禹は稷・契・咎・繇の属と並んで朝に在りと。按ずるに、羣竜は乾なり。臣の位に在りては坤なり。禹・稷・契・咎・繇の属は、皆な竜徳有りて、臣位に在り。是れ羣竜にして首无きの象なり。然らば則ち、乾の用九は、乾変じて坤と為るを謂ふも、亦た明らかなること甚だし。

欧陽永叔曰く、乾の爻は七・九、坤の爻は八・六なり。九・六変ずれども、七・八は為す無し。易道はその変を占ふと。曰く、用九は七を用ひざる所以を釈す。曰く、用六は八を用ひざる所以を釈す。乾坤に於て之を見る。その余は知るべし。（文集は明らかに童子問を用ふ）案ずるに、陽爻百九十二は、皆な九を用ひて、七を用ひず。陰爻百九十二は、皆な六を用ひて、八を用ひず。知る、用九・用六の云ふは、諸卦、変爻を占ふの凡例と為すなり。然りと雖も、実は則ち用九・用六は猶ほ皆な九、皆な六と言ふがごとし。

六爻皆な変ずるを著す所以なれば、則ち知る、二用の辞は、諸卦、六爻皆な変ずるを占ふの凡例と為すなり。呂与叔曰く、乾坤、用九・用六を称する者は、六爻な皆な九、皆な六なれば、則ち倶に変ず。故に亦た之に繋くるに辞をもってして、吉凶有り。左伝に、蔡墨、乾の用九を以て、乾、坤に之くに遇ふと為す。故に六爻皆な変ずる（集義粋言）を知る。此の説は是なり。朱子は兼ねて両説を采りて曰く、用九・用六は凡そ筮は皆な九・六を用ふる通例と言ふは、欧陽に従ふなり。曰く、聖人は因りて之が辞を繋け、此の卦に遇ひて六爻皆な変ずる者をして、此れに即して之を占は使むるは、呂氏に従ふなりと。

李光地らの周易折中に曰く、凡そ卦の全変する者は、須らく本卦・変卦を合して之を占ふべし。乾、坤に変ずる者は、乾の辞と坤の辞を合せ観るのみ。坤、乾に変ずる者は、坤の辞と乾の辞とを合せ観るのみ。但だ乾よりして坤なるは、則ち陽にして陰に根ざすの義なり。坤よりして乾なるは、則ち順にして健を体するの義なり。卦辞を合せ観る者は、宜しく此の意を知るべし。故に用九・用六の辞を立てて、以て之を発す。蓋し羣竜現はると雖も、而もその首《かしら》を現はさざるは、陽にして陰に根ざす故なり。永くその貞を守って、大を以て終る。順にして健を体するが故なり。此れも亦た乾坤に因りて、以て六十四卦の通例と為す。如《も》し復よりして姤なれば、則ち長じて、その消するを防ぐも可なり。姤よりして復すれば、則ち乱るるも、しかもその治を図るは可なり。固より乾坤のみ独り此の義有りて、諸卦に之れ無きに非ざるなり。聖人は乾坤に於て之を発して、以て例を示すのみと。按ずるに、此の説は是なり。蓋し、乾変じて坤に之くは、是れ剛を変じて柔と為す。然れども本と、柔より来れば、本卦の性は、則ち旧に依って尚ほ在り、本と是れ坤なる者と同じからず。羣竜の辞有る所以なり。坤変じて乾に之くは、是れ柔を変じて剛と為す。然れども本と柔より来たれば、本卦の性は、則ち旧に依りて尚ほ在り。本と是れ乾なる者と同じからず。元いに亨るに足らざる所以なり。余卦は二象を合せ観るも、亦た此れを以て之に例す。二用の辞は、諸卦の発凡たる所以なり。（朱子曰く、六爻皆な変ずれば、之が卦の象を占ふと。知らず、豈に尽く本卦を棄てて観ざるの理有らんや。今ま従はず。）

夫子の彖伝は、多く伏卦を取る。京房の易伝に、又た六十卦飛伏の説有り。（朱子発曰く、凡そ卦の見ゆる者を飛と為し、見えざる者を伏と為す。飛は方に来たるなり。伏は既に往くなり。）虞翻は之を旁通と謂ふ。蓋し、六爻全て変ずれば、必ず二象を合せ観る。故に彖伝の義を取ること此の如し。而れども古人は、相伝へて此の説有るなり。

唐書の藩鎮王廷湊《ていそう》伝に曰く、始め廷湊が賎微の時、鄴に道士あり、卜を為して、乾、坤に之くを得て曰く、君将に土有らんとすと。鎮を得るに及び、事を迎ふること甚だ謹むと。案ずるに、筮して六爻全て変ずるに遇ふは、常に少なし。故に史伝に載する所も亦た罕《まれ》にその例を見ると云ふ。

5 統例

（イ）六爻不変　単に本卦の彖辞を占ひ、専ら質性を論ず。（凡そ義を取る、必ず彖辞に合する者を用ふ。）
（ロ）一爻独り変ず　単に本卦の爻辞を占ひ、専ら流動を論ず。（凡そ義を取る、必ず爻辞に合する者を用ふ。）
（ハ）二爻以上変ず　諸卦は皆な本卦の象を占ひ、兼ねて之が卦の象を取る。
（ニ）六爻全て変ず　乾坤は二用の辞を占ふ。余卦は本卦の卦・象を合せ観る。（本卦を体と為し、之卦《しか》を用と為す。）二爻以上変じ、未だ本質を離れず。故に本卦の象を取るを多しと為す。亦た必ずしも之卦を論ぜざる者あり。六爻全て変じ、既に本質を離る。故に之を卦の象に取ること多しと為し、二用の辞を以て例と為す。

6 釈彖

（前略）彖は全体なり。故に一卦の全象を統論し、之を謂ひて彖と為す。彖は豕《いのこ》の走り決するなり。故に一卦の大義を断決し、之を謂ひて彖と為す。蓋し、爻の言ふ所に限り有り。而れども彖の該《あた》る所は広ければ、則ち多義の旁薄を決し、事物の紛更断たんと欲す。彖に非ずんば、不可なり。故に曰く、知者はその彖辞を観れば、則ち思ひ半《なか》ばを過ぎんと。彖辞は馬融以て卦辞と為す。蓋し、周秦以来、相伝ふるの古訓にして、不磨の言と為すなり。鄭玄は以て爻辞と為すは、之を失せり。（以下省略）

おわりに

周易の古占法は、まさに海保漁村の独擅場《どくせんじょう》であり、博引旁証、実に詳細を極めていると言える。紙数の関係で、その重点を『周易古占法』上冊から引用して、その書き下し文を掲げるに止まったが、これで古占法の特色が十分理解されると思う。従来、『春秋左氏伝』に多く引用され、杜預の解釈などが、その内容を詳述しているが、漁村が指摘するごとく、史伝には引用が少ないことが判明した。とにかく、徳川幕藩体制の中で、漢学は隆盛を極め、朱子学・陽明学、古学、折衷学、考証学などが盛んであった。したがって、易学も程伝朱義が盛んで、古学派の伊藤東涯でさえ、王弼の易学が老荘思想の影響を受けているとし、敢て理気二元論を唱える程頤・朱熹の『易伝』・『易本義』の解釈を採用した。しかし、漢代象数易を考究し、特に周易古占法に興味を示した学者は、実に稀であった。その意味から、本論稿がその概要と特色を紹介することは、有意義であったと考える。

なお、清代呉派の碩学恵棟は、『易漢学』を著し、漢代象数易の全容を紹介し、古占法の擲銭占である火珠林にも言及しているが、[8]この火珠林も京房の納甲法であると云う見解もあり、且つ漢代の古占法に非ずという異論もあり、海保漁村もこれに関しては、『春秋左氏伝』の古占法とは無関係であると判断し、全く言及していない。

とにかく古占法は、いわゆる十八変の筮竹の操作が要求され、その煩雑さの故に、次第に衰退せざるを得なくなり、略筮法が一般化したわけである。これも時代の推移に基づくものである。こうして古占法は、古代の文献、特に『春秋左氏伝』・『国語』（『春秋外伝』）に散見するため、古代史の研究にとっても、重要な役割を果たしたものといえる。

〈注〉

(1) 近藤春雄『日本漢文学大事典』一一七頁　明治書院　昭和六〇年。
(2) 濱野知三郎『海保漁村年譜』七―九頁　漁村先生記念会　昭和一三年。
(3) 海保漁村『伝経廬文鈔』巻頭（海保元起）嵩文院　昭和三年。
(4) 安井小太郎『日本儒学史』二四六―八頁　冨山房　昭和一四年。
(5) 海保漁村『周易古占法』東京書屋　天保一一年。
(6) 海保漁村　前掲書　一―八葉。
(7) 海保漁村　前掲書　一―二一葉。
(8) 恵棟『易漢学』九一―二頁『叢書集成新編』一七冊　新文豊出版公司。

第十二章　礼の起原とその展開 ― 凌廷堪の『礼経釈例』を中心として ―

はじめに

『論語』述而篇に「子の雅言する所は、詩・書・執礼。皆な雅言なり」とあるように、礼に関する知識の実践は、『毛詩』・『尚書』の学習とともに、儒家の教学のなかで、重要な地位を占めていた。こうして、漢代に『儀礼』・『礼記』・『周礼』の三礼が後漢の訓詁学の碩学鄭玄によって研究され、古代中国の礼制度の全貌が一層明らかとなった。一方、唯物史観に基づき、当時の社会を奴隷制社会と規定する学者は、孔子に対し奴隷制社会を擁護する儒者と断じ、礼制度の推進により奴隷制社会を維持強化したと断ずる学者も現れた。ともかく、当時の礼制度が「礼儀三百・威儀三千」、乃至は繁文縟礼と称せられ、儒家の整然たる学問体系として成立したことは、中国古代道徳文化史の観点から見ても、類稀なものとして十分に評価されるべきものである。叡智に富む儒家の学問集団の知的成果の集積なしには、到底考えられない現象である。

しかも、殷周時代に作成された亀甲獣骨文字や両周金文辞によって記された出土文物の解読によって、当時の礼の起原に関する素朴的な記録を知り得るが、その原初的意味の考究も極めて重要である。したがって、中国古代史の研究には、このような貴重な出土文物の諸資料を看過して、ひたすら文献資料のみを金科玉条とするわけにはゆかない。これらの出土文物の正確な解読が求められるゆえんである。したがって、礼の起原に関する研究も、この方法によってすでに解明され、特にホロート・グラネ・モルガンらの文化人類学・民俗学・民族学の研究方法によって、古代中国の原始時代の宗教・習慣・規律などを研究する方法が、先学の努力によってすでに確立され、その成果は充分に発揮されている。

しかしながら、礼制度の歴史的展開に伴う彪大な礼学資料を研究する方法は、礼学の発展過程を知る上で極めて重要である。なぜならば、原始時代の礼の起原と、その後の礼制度の発達を見れば、礼体系発達の質的変化を認めざるを得ないからである。つまり、それは礼の起源とは、まさに別個独立の研究対象であり、礼制度そのものの機能と役割だからである。したがって、従来、後者の研究に重点が置かれたのは、出土文物の未発見のため、研究対象とはならず、専ら古代礼学の文献資料を解読することにより、礼体系の構造を精査考究することに重点が置かれた。朱熹の『儀礼経伝通解』のごとく、『儀礼』を以て礼学の根本原理を説く文献であるとし、『礼記』をその解読資料と断じた名著が現れた。その後、清朝に至り、碩学江永が『儀礼釈例』に研究の歩を進め、残念ながら未完成に終ったが、偶然、同時平行的に、凌廷堪が同様の問題意識と方法により、この研究に着手したことは、実に興味深い。

本稿では、かつて加藤常賢氏が研究された『礼の起原と其発達』を踏まえつつ、その研究方法に対し、従来提示された素朴な疑問点にも言及し、特に『儀礼』を中心とする古代礼学の類型を明らかにし、礼の起原と、古代礼の根本原理である『儀礼』の諸類型を合一的に捉え、清朝の凌廷堪が著した『礼経釈例』を通して、中国における春秋・戦国時代に形成された礼制度の特質とその諸類型に就き考察してみたい。

一、礼の原初形態に関する学説

中国の古代礼制度が成立する以前に、その原初形態ともいうべきものが、亀甲獣骨文字のなかに発見された。これは正に中国原始時代における礼の原初形態とも言うべきもので、加藤常賢氏は「礼の起原は最古まで溯れば、一般原始信仰であるタブーであると考えて居るから、宗教史の立場から謂えば、ダブーの神聖観念が支那に於ては如何なる特異的発展をしたかを明かにするに在るとも謂える」とされ、一〇年後の昭和二六年の再版本では、『礼の起原と其発達』の書名を『中国原始観念の発達』[1]と改題された。これもデ・ホロートの『支那宗教制度』[2]などの影響によるものと思われるが、礼の起原と明言したほうがより具体的で、その展開過程を論述する上からも、改題する必要はなかったのではないかと思われる。もっとも加藤氏は、礼の起原と後代の学者による礼の解釈とは、別個独立のもので、これを混同した学説を批判される。また、文献に見えない事実の歴史を考察しないで、文献の記述を表面から理解する解釈を批判されたので、特にこれを強調する目的意識で、このように改題されたに違いない。

加藤氏は礼の発達を次の三段階に分類した。[3]（1）氏族的儀礼時代（原始儒教。礼時代）、（2）封建的宗族的儀礼、道徳分離時代（前期儒学。詩書礼楽時代）、（3）道徳の内面化時代、道徳の哲学化時代（儒学時代。六経時代、唯心的倫理学、春秋国家学）。そして、（1）を師儒一致時代（老先生時代）、（2）を師儒分離時代（君子儒、小人儒）、（3）を君子儒時代と命名した。ただし、この区分もただ比較的に特徴を把握して列記したまでで、その区画の截然たらざる点が存して居るのは当然とされ、この時代区分に検討の余地を残された。

ところで、加藤氏は礼の教えが、本来、儒教と密接な関係があるので、一般にまず儒の字義に就き文献を通して考察されているが、文献に現れた意味だけを求めても、儒の全歴史は判明しないとされる。こうして、後漢の鄭玄説に基づき、狩野直喜博士が、「儒者が特別の衣服を着し、礼文威儀に従って時勢に迂遠なところから、柔弱の意を包含する嘲笑の語で、他学派の人々が称したに始まって、遂に孔門の人々及び其の学統者も取って以て自らを称するにいたった」とする見解には承服することができなかった。また、胡適の儒に関する説を要約され、「儒は殷服を着て、殷礼を行い、亡国的遺民として柔遜的人生観を有って居た殷代の民族的教士であった。彼らは治喪と相礼とを職業として生活して居た。儒は本来斯様なものであったが、孔子に至って民族部落的柔弱な儒者から脱却して、積極的剛毅な儒となったと謂って居る」とされたが、その見解の妥当な部分が少なくないと評価される一方、「後世に儒と謂われるものが殷の亡国的柔弱人であり、殷文化の保持者で周に征服された被圧迫文化人であったと謂うのは如何であろうか。斯様な文化人が治喪と相礼を職業とするとも考えられない」と批判され、疑問視する。これに関しては諸説紛々、帰一するところを知らないが、加藤氏は次のように自説を展開する。[4]

この殷周の革命の間に儒者の発生の起原を求めるのは妥当でないと思う。むしろ殷代は勿論、周代をも通じて其社会の裏に其起原を求むべきであると思う。後代の記録を見ると、儒と師は両者に分かれて居た。即ち儒とは墨子非儒篇によると、喪礼の専門家として現れて居り、是が論語には小人の儒と謂われて居る。喪礼の専門家と謂い或は小人の儒と謂えば、劣等な人々の如く考えられるかも知れないが、実は喪礼は諸礼の中最も後世まで宗教的儀礼として残り、神聖観念の最も強度に現れて居るものであって、此礼の執行者は本来は社会の全儀礼の指導者であった。殊に郷党に於ける此種の指導者の地位の重要性は、今日の宗教家の地位を考えれば思い半に過ぎると思う。

こうして加藤氏は、得意の仮借（通仮、音通）に基づき、需字と須字との音通を前提として、文献資料を証拠とし、儒字は人と須の会意の字で、有須の老人の意とされ、儒及び儒教の起原は、氏族制時代に於ける郷党に於ける年長老人の教える社会的儀礼の執行、及びそれによる教導に在ったと結論された。これは礼の担い手の側面から、礼の起原を探索されたもので、礼そのものの文字はまだ俎上に上っていない。加藤氏は原始社会の小部落が漸次に併合されて氏族国家が建設されると、祭祀関係の諸礼と政治関係諸礼とが分離し、ここに師と儒の分離が端を発するとされる。(5)

かくて、社会の組織が氏族時代から宗族的封建制へと移ると、礼の型式も氏族制時代のそれを基としつつも、宗族的封建的儀礼へと変型して、礼によって社会的階級を表現し、一層複雑となる。かくてこの時代の師儒はこの変型した儀礼からその意味を抽出する。そしてこの儀礼から意味を抽出したのが礼と徳との分離の始めとなり、延いては礼は儀として軽視され、意味そのものが徳行である如く重視され、所謂倫理の主要題目となった。ここに儀礼儒と道徳儒、小人儒と君子儒とが分れ、師と儒の別が生じたという。そして、加藤氏は、儒学の発達

は礼と礼思想の変化そのものであると断じている。(6)

礼の文字について、加藤氏は『説文』の「履なり、神に事へて福を致す所以なり。示に従ひ、豊に従ひ、豊の亦声《えきせい》なり。」を引用され、これは「豊」に「示」を加えて祭礼の意と見たもので、礼の字の本義は豊の字にあり、五礼共に神聖観念に関係するもので、敢て祭祀のみの意ではないはずで、特に祭りが五礼のうちで最も大きいので、示偏を加えた字が一般に行われるようになったとされ、豊字の意義を重視する。そこで許慎の『説文』の「礼を行ふの器なり」という象形文字説と、阮元の音符説を引用し、これを批判した王国維の豊の殷墟文字に関する見解を紹介し、これは象形文字ではなく、会意であると断じた説に左袒された。(7)

また、加藤氏は礼即ち豊《れい》を履《り》に発音する根拠につき、「原始的な爵即ち蛤或いは蜊は、豊字の凵の形と音とを指していると見るべきで、拝字は蚌或は蛤であって、蛤とは又貝の象形と音とを兼ねて現したものと見るのが妥当な見解」とされ、礼字の最初の意味は飲器の名称であり、後代の経典に現れた礼も、飲食の礼がその中心たる積極的儀礼の核心をなしており、また礼が離《り》の意に説かれているとされる。(8)

加藤常賢氏を批判される白川静氏は、「礼」・「儒」につき、次のように述べている。(9)

> 旧字は禮に作り、声符は豊《れい》。豊は醴で、禮の初文。その醴酒（あま酒）を用いて行なう饗醴などの儀礼を礼という。〔説文〕一上に「履なり」と畳韻の字をもって訓し、「神に事《つか》へて福を致す所以なり」と説き、豊の亦声《えきせい》とする。卜文・金文の豊声の字には、豊の上部を玨《かく》の形に従うもの、二丰《ほう》の形に従うものもあり、玉《ぎょく》や禾穀《かこく》の類を豆《とう》に加えて薦めた。豊は醴の初文とみてよく、祭儀のときには醴酒を用いた。豆にものを載せ

て奉ずるのは豊盛の意で、礼とは声義ともに異なるものである。
声符は需。需は下級の巫祝が雨乞いをすることをいう。儒はその階層から起ったものであるから、儒という。〔説文〕八上に「柔なり。術士の偁なり」とあり、〔礼記、儒行〕の〔鄭目録〕に「儒の言たる、優り、柔なり。能く人を安んじ、能く人を服す。又、儒なる者は濡なり。先王の道を以って、能く其の身を濡す」とするが、これらの義は儒学が国家の正教となるほどの勢力をえたのちの考え方で、墨子学派からみた当時の儒者は、その〔墨子、節葬〕に指摘するように、富家の喪をあてにする葬儀屋であった。儒家の経典に喪葬儀礼に関するものが多いのも、そのゆえである。孔子はそのような巫祝の伝統のなかから、普遍的な人間の道を求めた。

これにより、礼と儒に関する両氏の見解の相違が明瞭となったが、音通の採用も互いに異なり、参考となるが、いずれも古代の祭儀の具である点では一致するのである。

ところで、加藤氏が得意とされる通仮は、その後に著された『真古文尚書集釋』・『老子原義の研究』において、大いにその怪気炎を上げられ、受業の池田末利氏も音通の行き過ぎに対し批判的で、恩師の追悼文の中で、あえて次のように述べておられる。(10)

『礼の起原と其発達』を経て『老子原義の研究』を始め、数々の論文にその（文字学的方向）傾向が著しい。これを通ずる文字学の方法は偏旁の分析を通ずる字形の徹底的追求よりは、どちらかといえば字音による仮借が重視された感じである。儒が須――鬚、仁が忍というようなことから、儒家の春秋期以後の政治的・倫理的解釈を斥け、古代は民族宗教が旺盛で、その担任者が「傴僂人《せむし》」であったという。老子の善・真人・聖人も民族宗教人・シャマンで、柔弱人として一般の信仰を聚めた民間の指導者であった。「文武」も「文献」の転音で、同じく屈服婀娜《あだ》の意とする。論証の一つ一つ辿ればそれなりに通ずるようであるが、読後の不安感を払拭しきれず、体系の斉合性に疑惑を禁じ得ない。そこで「古代の賢人たちを必ず身体障害者にしなければ満足しえないふしぎな学説」（白川静氏）との批判が出て来る。古代文字を一種の考古学的遺物と見なして字形を分析検討することから社会的事実を発掘しゆく（倉石武四郎博士の言葉）方法は、それなりに意義を有する。また、古代に文字の互通仮借の多いのも事実であるから、仮音を通じて原字の発見につとめることも必要である。ただ、問題はその限界にある。最大限、範疇的不確定要素しか判らない古代字音の追跡において、言語学上確認された一定法則の適用は慎重を条件として許されるとしても、それ以外の安易な無制約的適用は、あらぬ方向に暴走する危険が伴う。先生の学説にかかる危険が見られてるというのではなく、さなきだに限定された資料による古代研究の困難はいうまでもないことであるから、私どもは斬新な先生の見解に教えられることが多いが、多少ともそうした不安が残るのなら、これは私ども後学に反省を促すものであろう。加藤文字学の集成した『漢字の起原』は、三十年に亘る先生の努力の結晶であろうが、そうした反省をこめた再検討こそ後学の責任であろう。いささか弁解じみるが、『尚書』訳註において、敢て先生の説に批判的態度をとったのも、そうした反省があった。かつて先生は自ら恩師服部宇之吉博士の説に従わなかったことを述べて、「恩師の説に盲従しているだけでは学問は進歩しない」と強く私を戒められたことがある。

このように、加藤氏の仮借重視の研究方法に対しては、学界においても賛否両論の評価が見られた。事実、『中国原始観念の発達』においても、通仮の乱用と思われる記述が見られるが、このような見解に対し、森三樹三郎氏は次のような疑義を表白されている。[11]

> ただ著者が「礼」をタブーと見る立場から、礼の原義を「離」であるとされたのは、いささか話が巧すぎる嫌いがないでもない。総じて字義の穿鑿は一歩を誤ると、こじつけに陥る恐れがある。たとえそれがある金石文字を依拠とする場合にも、やはり事情には変わりがない。金石文字の形の判断も加成り主観によって左右されるもので、同一の文字が或る人には玉に見えたり、或る人には貝に見えたりする。したがって、よほど明確な形をしているものでない限り、その判断には慎重を要する。著者は「礼」のみでなく、「義」字や「儒」字についても穿鑿を試みていられるが、総体から見ると、その推論にやや屈折が多すぎるかに見受けられる。音通を辿って字義を移すことも、一つや二つならば我慢も出来るが、それが五六度も重なると、少しく眉唾ものの感を免れなくなる。五六度も音通を重ねれば、まず大抵の文字は自分の思う壺に填《は》め込むことが出来るというのが真相ではあるまいか。

要するに、森氏は加藤氏の音通による解釈の方法を乱用と決め付けられ、このような解釈には賛成しかねておられるようである。

かつて明治の著名な法学者穂積陳重は、『祭祀及礼と法律』を著し、その中で「礼の起原」を取り上げ、古来の学者の説として、これを自然に帰するものと、人為に帰するものとの二つに分類される。(12)そして、前者の例として孔子を挙げ、『礼記』礼運篇の「夫れ礼は先王以て天之道を承け、以て人之情を治む。……是故に、夫れ礼は必ず天に本づき、地に殽《なら》ひ、鬼神に列し、喪祭、射御、冠昏、朝聘に達す」を示され、また、『春秋左氏伝』昭公二十五年に、「夫れ礼は天の経なり、地の義なり、民の行なり」とある記述を根拠とされる。さらに西洋の例として、スペンサーが自然発生説を採るとされる。

一方、礼の起原を人為に帰する学者として、性悪説を唱えた荀子を挙げ、『荀子』礼論篇の「人生まれて慾あり。……先王其乱を悪むなり。故に礼義を制して以て之を分ち、以て人の慾を養ひ、人の求めに給す」の一文を示され、ホッブスが国家法律の起因を人類の蛮性に帰して、自然状態における闘争を避ける為に設けたものと、甚だ似ているとされ、太宰春台の『経済録』の思想も荀子の隆礼論を祖述するものとされる。

中国のように出土文物の出現により、原始時代の礼の起原が、その文字学の側面から論議された。しかし、その学問的権威ある学者の間でも見解が分かれ、帰一するところを知らない。一方、『儀礼』のように、古代中国の礼体系を記述した文献が存在しているので、むしろその貴重な資料を駆使して、古代礼の歴史的役割を研究することこそ重要と思われる。したがって、出土文物の存在を知らなかった清朝の考証学者によって考究された礼に関する研究成果は、かえって学問的にも重要な意義があるように思われる。そこには礼の体系化された記述が見られ、まさに古代礼の精華を誇る宝庫だからである。

二、淩廷堪の『礼経釈例』の方法とその意義

『周礼』では、礼を分類して吉・凶・軍・賓・嘉の五礼とするが、この分類に従って、清代の秦蕙田は『五礼通考』を著し、高い評価を受けた。しかし一方、秦蕙田の『五礼通考』の分類を否定する黄以周の『礼書通故』も現れ、その礼制度分類の是非に関しても、必ずしも断定できない状況である。つまり、礼制度の発達により、五礼の分類に親しまない礼解釈が出現するのは避けられない。したがって、五礼もある発達段階を示す制度と見れば、その分類も有効と認めねばなるまい。これも中国の長い歴史の発展過程を象徴するもので、まさに特殊中国的現象と見れば、それで十分であると思われる。

淩廷堪（一七五五、乾隆二〇年―一八〇九、嘉慶一四年）の『礼経釈礼』は、夙に春秋・戦国時代に成立した儒教の経典である『儀礼』の重要性に着目し、その典型的礼制度を分類して、当時の礼規範の実体を究明した。これは宋代の朱熹が著した『儀礼経伝通解』が、古代礼制度に関し、『儀礼』がその中核をなし、『礼記』はその解釈を施したものであるという見解に触発されたものであろうが、淩廷堪は百尺竿頭さらに一歩を進め、『儀礼』に見られる礼規範を分類整理し、実に二〇年の歳月を費やして、古代礼の典型例を明らかにした。その功績は高く評価さるべきで、かつて『儀礼』の通釈を著した池田末利氏も、この書物を高く評価され、「是の書あるに由って十七篇を条例を以て貫通することができ、儀礼学史上の圧巻というべきである」とされた。(13) いわば中国古代礼の典型が、この『儀礼』に集約されているといっても過言ではない。したがって、礼の起源の究明も重要である

が、むしろその体系が確立された時期の礼制度の研究に重点を置くべきであろう。かかる観点からも、本書の存在は極めて有意義といわねばならない。朱熹も『儀礼経伝通解』を著し、前述のように『儀礼』の重要性に着目したが、凌廷堪は『礼経釈例』の冒頭に掲げた「復礼」の中で、朱熹の理気二元論を痛烈に批判していることは看過できない。

凌廷堪は、字は次仲、歙《きゅう》県の人で、六歳で孤児となり、元服の礼を終えた二〇歳に至り、始めて書を読んだ。同郷の碩学江永・戴震の学問を慕い、乾隆五五年の進士で、(翰林院庶吉士となり、その後)教職に改まり、寧国府学教授となった。母を養って官職に就き、著述に尽力すること一〇余年に及び、嘉慶一四年、五三歳で卒去した。

廷堪の学問は、窺わざる所なく、六書・暦算をはじめ、古今の境域の沿革や官職の異同に至るまで、すべて条理に適っていた。最も礼学に専念し、こう述べた。

古聖、人をして性に復さしむるは学なり。学ぶ所の者は、即ち礼なり。顔淵、仁を問ひ、孔子これに告ぐる者は、ただ礼のみ。顔子、道の高堅前後を歎ずるも、博文約礼におよび、然る後に立つところ有るが如し。即ち礼に立つの立つなり。礼に節文度数あり。空しく理を言ふ者の託すべきにあらず。

また、『礼経釈例』一三巻を著し、こう語っている。

礼儀は委曲繁重にして、必ず須らくその例を会通すべし。郷飲酒・郷射・燕礼・大射の如きは同じからずして、その献酢酬旅《けんさくしゅうりょ》を為す、酬に算爵なきの例は、則ち同じきも、聘礼・覲礼《きんれい》（秋に諸侯が天子に謁見する礼式）は同じからず。しかして、その郊労執玉、行享庭実の例は、則ち同じきも、特牲饋食《きし》、（祖先の祭りに食物を供える）、少牢饋食は同じからず。しかして、その尸《かたしろ》の飯を為すには、主人が初めに献じ、主婦が亜《つ》ぎに献じ、賓長が三たび献じ、祭畢れば、飲酒の例は、則ち同じ。

そこで、八例に区分して、同中の異、異中の同を明らかにした。通例・飲食例・賓客例・射例・変例・祭例・器服例・雑例などがこれである。礼経第十一篇は、漢より以来説くものが、たとえ多くとも、尊を尊ぶの旨を明らかにしなかったため、経の意味を得ることが希であった。そこで、『封建尊尊服制考』一篇を著し、変例の後に付した。大興の碩儒朱珪《しゅけい》はその書を読み、詩を贈ってこれを推重した。以上は『清史稿』の記述に基づくが、[14] 廷堪の学問の特色を簡潔に語っている。

1　『礼経釈例』執筆の動機と目的

嘉慶四年（一七九九）に寧国府学署の杞菊軒で、凌廷堪が認めた『礼経釈例』の次の序文は、『儀礼』一七篇の記述内容が、礼の体系であることを明らかにしたものである。[15]

儀礼十七篇は、礼の本経なり。その節文威儀は、委曲繁重にして、驟《にわか》にこれを閲すれば、糸を治めて棼《みだ》るるが如くなるも、細かにこれを繹《たず》ぬれば、皆な経緯の分かつべきもの有り。乍《たちま》ちこれを観《み》れば、山に入りて迷ふが如くなるも、徐ろにこれを歴（順序立てる）せば、皆な塗径の躋《のぼ》るべきもの有り。この故にその経緯塗径を得ざれば、上哲と雖も亦その難きに苦しむ。苟も其れこれを得れば、中材も固《もと》より以て勉めて赴くべし。

経緯塗径の謂ひは何ぞ。例のみ。郷飲酒の如きは、これ飲酒の礼なり。而して、有司が祭りを徹し畢りて酒を飲むは、その例も亦これと同じ。尸《かたしろ》は即ち郷飲酒の賓なり。侑《ゆう》（お相伴する）は即ち郷飲酒の介なり。主人尸に献じ、主人、侑に献じ、主人、尸の酢《むく》ゆることを受くるは、即ち郷飲酒の主人、賓に献ずるなり。主人、介に献じ、賓、主人に酢ゆるなり。主人、尸に酬い、奠《お》いて挙げざるは、即ち郷飲酒の主人、賓に酬い、奠いて挙げざるなり。

旅酬（儀式の終わりに会衆一同が酒杯を取り交わす礼）に爵を算ふる無きは、即ち郷飲酒の旅酬に爵を算ふる無きなり。これ異中の同なり。有司は徹して尸に献じ、侑に献じ、及び尸の酢ゆるを受く。豆籩・牢俎・匕《ひ》湆《きゅう》（さじとあつもの）・肉《にく》湆《きゅう》・燔《はん》（あぶった肉）従ふ（添える）の諸節あり。郷飲酒に賓に献じ、介に献じ、及び主人に酢ゆるは、但だ薦と俎とのみ。有司徹して尸に献じ、侑に献ずるの礼には、主人・主婦・上賓は、凡て三たび献ず。郷飲酒は、但だ主人は一たび献ずるのみ。有司徹（去）して、尸・侑に献じ畢れば、復た長賓に献ずる有り。主人は自ら酢い、賓に酬ゆるの儀に及ぶ。郷飲酒は但だ衆賓に献ずるのみ。有司徹して旅酬するには、二人をして觶《し》（中国のますで三升入りの酒杯）を賓に挙げて以て端を発す。郷飲酒は但だ一人をして觶を賓に挙げしむるのみ。有司徹すれば、爵を算ふる無し。賓党すれば、則ち主人が賓に酬する觶を用ふ。主人党すれば、則ち兄弟後生が挙ぐる所の觶を用ひて以て端を発す。郷飲酒は、則ち但だ二人をして觶を賓と介とに挙げしむるのみ。これ同中の異なり。

これを士冠礼に推さば、冠畢れば、賓に醴するに一献の礼を以てす。郷飲酒・郷射は明日、司正を息《やす》ます。特牲饋《き》食《し》の礼は、祭り畢れば賓に献ず。その例は皆な大約相同じ。而して、郷射の郷飲酒に同じきは、更に論無きなり。また聘礼の聘の如きは、覿《てき》（贄《にえ》を持って相見る）を享《う》く。これ賓客の礼なり。而して、聘畢れば卿に問ひ、卿に面す。及び士昏礼の納采・納徴の属は、その例も亦これと同じ。

卿に問ひて束帛を授かり、昏礼に鴈《がん》を授かるは、即ち享礼の璧を授かるなり。卿に問ひ、及び昏礼に徴を納め、庭実（庭にならべる貢ぎ物）に皮を用ふるは、即ち享礼の庭実に皮を用ふるなり。昏礼は、使者が礼畢れば、主人は賓に礼す。即ち聘礼の聘賓の礼畢れば、主国の君は賓に礼するなり。卿に面し、幣に束錦を用ひ、庭実に馬を用ふるは、即ち私覿《してき》（私的な会見）の幣に束錦を用ひ、庭実に馬を用ふるなり。聘礼に卿に面し畢れば、介は面し、衆介も面す。即ち聘礼の私覿畢り、介覿し、衆介覿するなり。これ異中の同なり。

聘には圭《けい》（天子が諸侯を封じたしるしとして授ける、かどのある玉）を用ひ、享には璧を用ふ。卿に面し、及び昏礼には、玉を授くるの事なし。但だ束帛及び鴈を用ふること、享礼の如くするのみ。聘礼に聘賓至り、昏礼に使者至れば、皆な几筵《きえん》（祭りのときの犠牲をのせる机と地にしく敷物）を設く。卿・賓、及び廟門に問へば、筵せず。但だ儐《ひん》（みちびく。主客の間に立って儀式作法を取り扱う）する者は、命を請ふのみ。聘礼、既に享《う》くるも、未だ覿《み》ざるの際は、則ち賓に礼し、卿に問ふこと畢れば、儐せず。但だ卿に面する礼を行ふのみ。

聘礼は賓に礼し、醴を侑《すす》めて以て幣す。昏礼は賓に礼す。但だ醴を酌みて、これに礼するのみ。聘享は聘主国の君を聘す。皆な皮弁服（鹿の皮で作った冠を着用した、朝廷出仕の常服）にして、襲裼《しゅうせき》（かさねと、ひとえのかわごろもで、礼服の下に着る）の殊《こと》なる有り。卿に問ひ、賓を聘する主人は、但だ朝服す。昏礼の使者・主人は、但だ元の端（はじめ）のみ。聘礼は玉を中堂と東楹《とうえい》（東の丸く太い柱）の間に受く。卿に問へば、則ち幣を堂中の西に受く。昏礼は、則ち鴈を楹間《えいかん》に受くるのみ。是れ同中の異なり。これを士見礼、及び聘礼の郊労（他国から来る客に対する礼式で、君と夫人とが、使いに命じ、郊外まで出迎えてねぎらう）・致館（卿に命じ館までおくらせる）・饔餼《ようき》（殺したいけにえと、生きたいけにえ）を（賓・介に）帰《おく》るに推す（類推適用する）。その礼は大約相同じ。而して聘礼の覲礼に同じき者は、更に論なきなり。この故に郷飲酒・郷射・燕礼・大射は同じからず。而れども、その献・酢・酬・旅酬・無算爵を為す例は、則ち同じなり。聘礼・覲礼は同じからず。而れどもその郊労・執玉・行享・庭実を為すの例は、則ち同じなり。特牲饋食《とくせいきし》（一頭の牛のいけにえを、先祖の祭りに供える）、少牢饋食（羊と豚を、先祖の祭りに供える）は、同じからず。而れども尸の飯は、主人の初献、主婦の亜献、賓長の三献、祭り畢りて飲酒を為す例は、則ち同じなり。郷射・大射は同じからず。而れどもその司射（射人）の誘射、初射に獲を釈《お》かず、再射に獲を釈き、勝たざる者に飲ましめ、三射に楽節を以て射て、勝たざる者に飲ましむることを為すの例は、則ち同じなり。その例を会通して、一以てこれを貫かざれば、祇《た》だその膠葛《こうかつ》（もとる、入り乱れる）重複を厭《いと》ふのみ。烏《いずく》んぞ謂ふ所の経緯塗径を観《み》る者ならんや。

長文の引用で、難字に解説を施したため、いささか煩瑣に失したが、『儀礼』の重要ポイントを叙述した廷堪の心意気を感ぜしめるものがある。この文の後に、彼は本書に取り組んだ経緯と、書名を『礼経釈礼』とした理由、及び同様の研究者の存在を知った当惑などにつき、次のように語っている。

廷堪、年将に三十ならんとして、始めて力をこの経に肆《ほしいまま》にし、潜玩既に久しく、その間の同異の文と、夫の詳略隆殺《りゅうさい》（盛んにすることと、簡略にすること）の故とを知る。蓋し、悉く夫の天命民彝《みんい》（人の取り守る常の性）の極を体してこれを出だす。信《まこと》に大聖人にあらずんば、作る能はざるなり。学者これを含《お》きて、奚《いずく》んぞ以て性を節し身を修むるの本と為さんや。肆習《ししゅう》（ほしいままに習う）の余、心に得る所あれば、輒《すなわ》ちこれを冊に書す。初め爾雅《じが》に仿《なら》ひ、礼経釈名十二篇と為す。是の如き者、年あり。漸く他経の比すべきに非ざるを覚り、その宏綱細目は、必ず例を以て主と為す。訓詁名物の能く賅《そな》はる所の者にあらず。乾隆壬子、乃ち蕪《ぶ》を刪《けず》りて簡に就き、杜氏の春秋（杜預の『春秋釈例』）におけるに仿ひ、定めて礼経釈例と為す。已にして婺源《ぶげん》の江氏（江永）に儀礼釈例有るを聞き、また杭氏（世駿）の道古堂集に礼例序あるを見て、その雷同を慮《おもんぱか》り、輟《や》めて作らざる者、歳《こと》を経たり。後に四庫書存目を撿するに、儀礼釈例一巻を載す。提要に云ふ、江永撰、この書は釈例と標目するも、実は釈服の一類に止まる。寥々たる数頁、蓋し未成の書ならんと。また杭氏の礼例序を考ふるに、また周礼・儀礼を合してこれを為さんと欲せし者に似たり。且つ大射を以て天子の礼と為し、公食大夫を以て大夫の礼と為さば、則ち礼経において尚ほ疏なり。然らば則ち、江氏・杭氏は皆な志有るも、未だこれに逮《およ》ばざるなり。ここにおいて重ねて旧稿を取り、証するに群経を以てし、合ふ者はこれを取り、離るる者は則ちこれを置き、信なる者はこれを申《の》べ、疑はしき者は、則ちこれを闕《か》き、区して八類と為す。曰く、通例、上下二巻。曰く、飲食の礼、上中下三巻。曰く、賓客の例、一巻。曰く、射礼、一巻。曰く、変礼、一巻。曰く、祭礼、上下二巻。曰く、器服の例、上下二巻。曰く、雑礼、一巻。共に巻十三と為し、第十一篇に至る。漢より以来、説く者多しと雖も、尊を尊とするの旨を明らかにせざるに由り、故に罕《まれ》に経意を得。乃ち封建尊尊服制考一篇を為《つく》り、変例の後に付す。別に宮室の例を立てざるは、宋の李氏如圭の儀礼釈宮に已に詳らかなるが故なり。草創の初めを回憶するに、矻矻《こつこつ》として十余年、稿凡《すべ》て数《しばしば》易ふ。困学の中、聊か借りて糸を治め、山に登るの一助と為す。礼を知る君子、そのこれを煩に失するを矜《あわれ》みてこれを規《ただ》さば、則ち幸甚なり。

廷堪はこの序文を嘉慶四年（一七九九）、寧国府学署の杞菊軒《ききくけん》で認めた。彼が四〇歳の時であるが、『儀礼』の学問研究の方法として、礼の条例の重要性を明らかにした情熱が行間に横溢していると言えよう。また、本書の末尾に、「右、礼経釈例十三巻、乾隆丁未の歳（一七八七、乾隆五二年）に創始し、嘉慶戊辰の歳（一八〇八、嘉慶一三年）に業を卒ふ。凡て二十有二年、五たび稿を易へて後に成る。力を用ふること既に久し。未だ棄置するに忍びず。録して笥《はこ》に存し、俟《ま》ちて正を有道に就き、并《あわ》せて旧作の七戒の一篇を以て、諸《これ》を簡末に綴りて以て後序に当つ。この年の穀雨の日、凌廷堪記す」と認めている。

2　礼の条例に関する廷堪の類型

（イ）通例上

①凡そ賓を迎ふるに、主人の敵は大門の外に于《おい》てし、主人の尊者は大門の内に于てす。
②凡そ君と臣と礼を行ふは、皆な迎へず。
③凡そ門に入るには、賓は左より入り、主人は右より入り、皆な主人は先に入る。
④凡そ臣の礼を以て見《まみ》ゆる者は、則ち門の右に入る。
⑤凡そ門に入るには、右に将《すす》みて曲がり、揖《ゆう》す。北面して曲がり、揖す。碑に当りて揖す。これを三揖と謂ふ。
⑥凡そ階に升《のぼ》るには、皆な譲る。賓主敵する者は倶に升る。敵せざる者は倶に升らず。
⑦凡そ階に升るには、皆な歩を連ぬ。唯だ公の辞する所は、則ち階に栗《おのの》く。
⑧凡そ門外の拝は、皆な東西に面し、堂上の拝は、皆な北面す。
⑨凡そ室中房中に拝するは、西面を以て敬を為し、堂下に拝するは、北面を以て敬を為す。
⑩凡そ臣と君と礼を行ふには、皆な堂下に再拝稽首す、異国の君も亦たこれの如くす。
⑪凡そ君、待つに客礼を以てするには、下拝すれば、則ちこれを辞し、然る後に升りて拝を成す。
⑫凡そ人の使者たる者は、答拝せず。
⑬凡そ拝送の礼、送る者は拝し、去る者は答拝せず。
⑭凡そ丈夫の坐を拝し、婦人の興を拝するには、丈夫拝すれば、爵《さかずき》を奠《お》き、夫人拝すれば、爵を執る。
⑮凡そ婦人の丈夫に于《お》ける、皆な侠拝す。（士冠礼）
⑯凡そ婦人、重拝すれば、則ち地に扱ふ。
⑰凡そ手を推すを揖といひ、手を引くを厭といふ。

⑱凡そ賓を送るには、主人が敵する者は、大門の外に于てし、主人尊ぶ者は、大門の内に于てす。

⑲凡そ君と臣と礼を行ふには、皆な送らず。(16)

（ロ）通例下

①凡そ授受の礼、同面（並び立つ）する者は、これを並びに授受すと謂ふ。（聘礼。「使者、圭を受くるに、面を同じく（北面）し、繅《そう》（玉を置く敷き皮）を垂れて以て命を受く。」）

②凡そ授受の礼、相郷《むか》ふる者は、これを授受を訝《むか》ふと謂ふ。

③凡そ授受の礼、敵するものは楹間《えいかん》に于《お》てし、敵せざる者は楹間に于てせず。

④凡そ相礼する者の授受は、皆な授受を訝ふ。

⑤凡そ卑者の尊者に於ける、皆な奠きて授からず。若し尊者辞せば、乃ち授かる。

⑥凡そ礼を佐《たす》くる者は、主人に在りては、擯《ひん》といひ、客に在りては介《かい》といふ。

⑦凡そ賓主の人、礼盛んなる者は、階を専らにし、盛んならざる者は階を専らにせず。

⑧凡そ賓に戒《つ》げ、賓に宿《すす》むるには、宿むる者、必ず先づ戒ぐ。礼殺《そ》ぐ者は、宿めず。（殺礼は礼儀を降し略す。殺は減削。『周礼』秋官、象胥に「凶荒には礼を殺ぐ」と。）

⑨凡そ賓、席に升るには、西方よりす。主人、席に升るには、北方よりす。

⑩凡そ礼盛んなる者は、必ず先づ盥《てあら》ふ。

⑪凡そ降りて洗ひ、降りて盥ふには、皆な壱《もっぱ》ら揖《ゆう》し、壱ら譲り升る。（郷飲酒礼）

⑫凡そ賓主、相敵する者は、降れば、則ち皆な降る。（同上）
⑬凡そ一たび辞して許すを礼辞といふ。再び辞して許すを固辞といふ。三たび辞して許さざるを終辞といふ。（士冠礼の注）
⑭凡そ庭の洗は、阼階《そかい》（座敷に上る東側の階段）の東南に設く。南北は堂深きを以てし、天子・諸侯は、東霤《とうりゅう》（屋根の軒の雨水のたれる所の延長線の上）に当つ。卿大夫・士は、東栄（東の栄《やねづま》からその洗《みずいれ》まで）に当つ。水は洗《せん》の東に在り。（士冠礼、注に、洗は盥《たらい》を承《う》けて洗ふ者、水を棄つる器なり。）
⑮凡そ内洗は北堂の上に設く。南北は直室の東隅、東西は直房の戸と隅との間。（士昏礼、饗婦、「舅は南洗に洗ひ、姑は北洗に洗ふ」注に「南洗は庭に在り、北洗は北に在り。堂に両洗を設くるは、酬酢《しゅうそ》を献ずるに、潔清を以て敬と為す。」）
⑯凡そ尊を設くるは、賓主人が敵する者は、房戸の間に于てし、君臣は東楹の西に於てす。両壺を並べ、元酒（新水）あり、禁（尊を承ける器）あり。（士冠礼）
⑰凡そ醴尊は、皆な房中に設く。側尊には元酒なし。（同上）
⑱凡そ堂上の篚《はこ》（四角の竹かご）は、尊の南に在り。東に肆《つら》ぬ。（郷飲酒礼・郷射礼）
⑲凡そ堂下の篚は、洗の西に設く。南に肆ぬ。
⑳凡そ鼎を陳ぬるには、大夫・士は門外に北面して北上す。（士昏礼疏に、「凡そ鼎を外に陳ぬる者は、北面を正と為す。阼階の下は、西面を正と為す。」）
㉑凡そ席を設くるに、南郷・北郷せば、神に于ては西に上り、人に于ては東に上る。東郷・西郷せば、神は則ち

南に上り、人に于ては則ち北に上る。[17]（士昏礼）

廷堪は、以上のごとく、通例上下の各項目に、詳細な解説を加え、その典拠を明らかにしている。そして、次に飲食之例上中下・賓客之例・射例・変例・祭例上下・器服之例上下・雑例の諸例を詳細に解説し、最後に燕楽二十八調説上中下と題し、礼と密接な関係にある音楽につき、音楽理論の変遷を回顧し、その過程における疑義妄論を展開し、その燕楽二十八調の上編に、次のように論じている。[18]

燕楽の源は、隋書音楽志に拠れば、亀茲の琵琶に出づ。惟だ宮商角羽の四均にして、徴《ち》の声無し。一均は分けて七調と為す。四均は故に二十八調なり。その器は琵琶を以て主と為して、衆音これに従ふ。遼史の楽志に曰く、四旦四十八調は、黍律を用ひず。琵琶の弦を以てこれに叶ふ。皆な濁より清に至るとは、是なり。虞世南の琵琶賦に「声は商角を備へ、韻は宮羽を包《か》ぬ」と。段安節の琵琶録と商・角同じく用ひ、宮逐・羽音の二語は、正に同じ。皆な徴声ありと云はず。琵琶は四弦なるが故に、燕楽は四つ均し。第一の弦声は最も濁る。故に以て宮声と為す。謂ふ所の大いに宮を逾《こ》えざるなり。分かちて七調と為す。曰く、正宮、曰く、高宮、曰く、中呂宮、曰く、道宮、曰く、南呂宮、曰く、仙呂宮、曰く、黄鐘宮、これを七宮と謂ふ。この弦は宮声といふと雖も、即ち琴の第七弦を用ひ、名づけて黄鐘と為す。実は太蔟《たいそう》（陰暦正月の律の名）は清声なり。故に沈存中云ふ、夾鐘宮は今ま中呂宮と為す。（黄鐘は太蔟と為す。故に夾鐘は中呂と為す。下同じ。）林鐘宮は今ま南呂宮と為す。無射宮は今ま黄鐘宮と為すなり。第二弦の声は濁に次ぐ。故に以て商声と為し、分かちて七調と為す。曰く、大石調、曰く、高大石調、曰く、双調、曰く、小石調、曰く、歇指調《けつしちょう》、曰く、林鐘商（即ち商調）、曰く、越調、これを七商と謂ふ。この弦は琴中にこの声無し。即今の三弦の老弦にして、琴の散声に二変無し。故に応鐘を以てこれに当つ。各づけて太蔟と為す。実は応鐘の声なり。故に沈存中云ふ、無射商は今ま林鐘商と為すなり。（太蔟は応鐘たり。故に無射は林鐘たり。）第三弦の声は清に次ぐ。故に以て角声と為し、分かちて七調と為す。曰く、大石角、曰く、高大石角、曰く、双角、曰く、小石角、曰く、歇指角、曰く、林鐘角（即ち商角）、曰く、越角、これを七角と謂ふ。この弦は琴中、この声無し。即今の三弦の中弦にして、七商の声と相応ず。故にその調の名は、七商と皆な同じ。謂ふ所の商・角は、用を同じうするなり。名づけて姑洗（十二律の一、陰暦三月に配す。）と為す。実は亦た鐘声に応ず。故に沈存中云ふ、黄鐘角は今ま林鐘角となると。（姑洗は応鐘たり。故に黄鐘は林鐘たり。）第四弦は声、最も清し。故に以て羽声と為す。謂ふ所の細きこと羽に過ぎざるなり。分かちて七調と為す。曰く、般渉調、曰く、高般渉調、曰く、中呂調、曰く、正平調、曰く、高平調（即ち南名調）、曰く、仙呂調、曰く、黄鐘調（即ち黄鐘羽）、これを七羽と謂ふ。この弦は即今、三弦の子弦にして、実は七宮の半声なり。故にその調の名は七宮と多く同じ。謂ふ所の宮逐羽の音なり。名づけて南呂と為す。実は亦た太蔟の声なり。故に沈存中云ふ、黄鐘羽は今ま中呂調と為す。（南呂を太蔟と為す。故に黄鐘を中呂と為す。下同じ。）林鐘羽は今ま黄鐘調と為すなり。（今ま筆談、誤りて大呂調と作すを補ふ。）後の楽を言ふ者、二十八調の何物たるかを知らず、古今律呂の同じからざるは、何の故たるかを知らず、多くこれを置きて論ぜず。即ちこれを論ずるも、亦た茫として風を捕ふるが如し。故に或は琴徽《きんき》（ことじ。琴の糸をささえる柱）に於て声に応じてこれを求め、或は直ちに以て乱れたるを貿《か》ふと為すも、皆なその解を得ずして妄説なり。蓋し燕楽は、宋より以後、儒生の陋《ろう》に汩《しず》む者、数《こと》百年なり。明の魏良輔、水を製して腔を磨き、又た宋の燕楽を高め、六宮十一調の名有りと雖も、その実は燕楽の太蔟の一均のみ。今ま為にこれが陳編を考へ、これが器数を按じ、これを積むに歳月心力を以てし、始めてその条理を得たり。惜しむらくは孤学、独り是とし、独り非とし、未だ敢へて自ら信ぜず。願はくは、世の志を同じうする者と、共にこれを質さん。

廷堪は燕楽二十八調説中編で、「宋は南渡して、燕楽に七角声、及び三高調を用ひざるは、蓋し、東都教坊の遺制なり」と断じ、その下編では、元の周徳清の『中原音韻』、陶宗儀の『輟耕録』の曲論を紹介し、そして末尾に「近世に至り、書を著して曲を度《はか》り、臆を以て妄りに増す者は、皆な典要と為すべからざるなり」と断じて、その真贋に迷わされぬよう警告している。

3　阮元の廷堪に対する評価

皖派の碩儒で、『皇清経解』を編集した阮元が、子息の常生を廷堪に師事させたのは、廷堪の学問に全幅の信頼を寄せていた証左である。彼は次仲凌君列伝を認め、(19)

君の学は博覧強記、識力精卓、群経を貫通して、尤も礼経に深く、寒暑に輟《や》めざること二十余年、礼経釈例十三巻を著す。……漢より以来、説く者多しと雖も、尊を尊とする旨に明らかならざるに由り、故に罕《まれ》に経意を得たり。乃ち封建尊尊服制考一篇を為《つく》り、変例の後に付す。別に宮室の例を立てざるは、宋の李氏如圭ら已に詳らかにするが故なり。君又た魏書音義・燕楽考源・崇実新書・元遺山年譜・校礼堂集を著す。君は文に雄なり。九慰・七戒・両晋辨亡論・十六国名臣序賛の諸篇は、上は騒・選に擬す。郷射五物考・九拝解・九察解・釈牲・詩楚茨考・旅酧《りょしゅう》下為上解の諸篇は、皆な経を説くの文にして、古人の未だ発《ひら》かざる所を発く。その尤も卓然として伝ふべき者は、則ち復礼三篇あり。唐宋以来、儒者の未だ有らざる所なり。嘉慶十一年、君は母の喪を以て官を去り、兄・嫂相継いで没し、哀しみ且つ病む。元、浙江巡撫に復任す。君は喪を免れ、来りて杭州に遊び、著す所の各書を出だして相示す。元、子の常生に命じ、君の学に従はしむ。明年、歙《きゅう》（安徽省の東南部の県名）に帰り、病みて卒す。年五十有五。

阮元の廷堪に対する学問的評価は、まさに最高の賛辞を惜しまない。また、子息の常生が師事した期間は短いが、その学問的影響には並々ならぬものがあった。嘉慶一四年七月に彼が認めた次の『礼経釈例』序文には、本書上梓の経緯も明らかにされ、廷堪を思慕する常生の情感が行間に溢れている。[20]

礼経の一書は、韓文公すら尚ほその難読に苦しみ、人、閣に束《つか》ねて観ざるもの多し。冠昏喪祭より飲射朝聘の儀法度数に及ぶまで、士大夫の日用、闕《か》くべからざる者、悉く是《ここ》に具はるを知らず。吾が師凌次仲先生は、この経に従事し、寒暑昏暁に輟《や》めざること二十余載、探索既に深く、遂に杜征南（預）の春秋に於けるに仿《なら》ふ。……その功は后食・大小戴・慶普諸人の下に在らず。海内の学人、当にその難読に苦しまざるべし。

……今夏、家君、杭州に在りて、師の為にこの書を開雕す。常生、校讐の役を与《とも》にし、刊刻既に竣《おわ》る。吾が師、歙に帰りて禄せず。伏して遺編を誦し、感泣を禁ぜざるなり。

おわりに

中国の古代における礼制度は、『儀礼』に集約的に記述され、まさに礼学思想の根幹をなし、『礼記』はその解説的役割を持つとする見解は、夙に朱熹によって唱えられ、『儀礼経伝通解』の名著を生み出す契機となった。清朝に至り、江永がその礼類型に着目したのも当然であった。しかしながら、未完成に終った業績が、彼を尊崇する淩廷堪によって完成されたのは、実に偶然ではなかった。

礼の起源に関する研究も重要であるが、礼制度が機能してゆく過程の根源、つまり『儀礼』の研究にこそ重点が置かれるべきであろう。後漢の鄭玄が、三礼研究に没頭し、偉大な業績を挙げたが、それは訓詁の面が重視された。これに対し、廷堪の『礼経釈例』は、礼制度を立体化し、組織化して、古代礼の典型を集約的に類型化したものである。これは礼の起源とその展開という視点から考察しても、極めて重要な成果といえよう。

〈注〉

(1) 加藤常賢『中国原始観念の発達』書籍文物流通会　昭和二六年。

(2) デ・ホロート原著　清水金二郎・荻野目博道共訳『中国宗教制度』(The religious System of China 1892—1910) 第一

巻　大雅堂　昭和二一年。
(3)　加藤常賢　前掲書　七―八頁。
(4)　加藤常賢　前掲書　一八頁。
(5)　加藤常賢　前掲書　二二―六頁。
(6)　加藤常賢　前掲書　二六―七頁。
(7)　加藤常賢　前掲書　二九―三〇頁。
(8)　加藤常賢　前掲書　二九―三二頁。
(9)　白川静『字統』九三二頁　平凡社　二〇〇四年。
(10)　池田末利「加藤常賢博士を悼む」『甲骨学』第十二号　四―五頁（加藤常賢博士・島邦夫博士追悼号）日本甲骨学界　汲古書院　一九八〇年。
(11)　森三樹三郎「加藤常賢著『礼の起原と其発達』書評」『維軒加藤常賢　学問とその方法』二四七頁　深津胤房編　加藤さだ発行　昭和五十九年。
(12)　穂積陳重『祭祀及礼と法律』一四九―一六三頁　岩波書店　昭和三年。
(13)　池田末利『儀礼』V　六〇〇頁　東海大学出版会　昭和五二年。
(14)　趙爾巽等撰『清史稿』第四三冊　巻四八一　列伝二六八　儒林二　中華書局。
(15)　凌廷堪『礼経釈例』『皇清経解正編』一二一巻七八四　序文　一―三葉。
(16)　凌廷堪　前掲書　巻七八四　一―二三葉。

(17) 凌廷堪　前掲書　巻七八五　一―三〇葉。
(18) 凌廷堪『礼経釈例』巻一三　二七四頁（叢書集成所収）。『皇清経解』には未収載。
(19) 凌廷堪　前掲書　一六七―八頁。
(20) 凌廷堪　前掲書　一六七頁。

第十三章　禘　祫　考

はじめに

中国古代の礼制度には、天の思想と関連するものが多く、また、漢代の五行思想や讖緯思想も加味され、儒教思想の中でも難しい問題を投げかけている。禘《てい》と祫《こう》の礼制度はまさにその最たるものであろう。しかも、禘・祫を一祭と見るか、二祭とするかの問題以前に、禘祭の概念規定が、学者により見解を異にするため、諸説紛々、一層難解さが増幅するゆえんである。まして祫祭は経書に検出されず、『礼緯』や『春秋公羊伝』に記述されるため、毛奇齢のように、その存在すら否定する見解も現われる。そこには、漢代以降の経学に関する古文と今文に関する問題も介在し、一義的に解決しがたい側面を持つ。とにかく禘祫に関する問題は、実に難解と言わざるを得ない。特に清代に考証学が盛行すると、この問題に関しても、禘祫一祭説（二名一祭説）と禘祫二祭説が対立し、その何れが正しいか、実に帰一し難い課題である。したがって、陸隴其の『読礼志疑』、毛奇齢の『郊社禘祫問』、李塨の『禘祫考辨』、万斯大の『学礼質疑』・『礼記偶箋』、程廷祚の『禘祫辨誤』、恵棟の『禘説』、孔広林の『禘祫觿解《けいかい》篇』、胡培翬の『禘祫問答』、朱大韶の「禘祫一祭説」、などが登場した。これらの見解の相違は、古文献の記述に対する漢・晋の碩学、劉歆・賈逵・馬融・鄭玄・王粛らの見解の相違に基づくことも看過できない。つまり、古代礼制度の展開過程で、それらの見解が、さらにその難解さに拍車をかけた感を深くする。これらの問題に関心を抱いた私は、以前から論文に纏める必要性を感じ、珍しい程廷祚の『禘祫辨誤』を京都大学人文科学研究所図書館で複写する機会も得て、かつてその解読を始めたが、他の当面する研究課題を優先させざるを得なくなり、それらの資料を駆使する機会を失してしまった。今回、改めて意欲を燃やし、あえて執筆することにした。

本稿では、禘祫に関する古文献の記述を明らかにし、これに対する先儒の見解を整理し、問題の所在を明確にした上で、禘祫に関する中国の先儒の見解を考察し、その相違がどのようにして生じたかを確認し、後世の礼学研究展開過程で、それがどのように受容されて行ったかを、特に清代考証学に基づく礼学研究者の見解を中心に明らかにしてみたい。

一、禘祫に関する古文献の記述

中国の古代の礼制度は、『儀礼』・『周礼』・『礼記』の三礼の他、『大戴礼記』などに記述されている。また、『易経』・『詩経』・『尚書』・『春秋左氏伝』・『春秋公羊伝』・『春秋穀梁伝』や『爾雅』などにも断片的記述が散見する。したがって禘祫に関する記述も、これらの古文献を通じて考究する必要がある。しかし、『周礼』には禘祫に関する記述は見られない。もっとも、『周礼』そのものも、後漢の何休のように六国陰謀の書と断じて、周公の書とは認めず、清朝の康有為などは、『新学偽経考』を著し、これを漢代の劉歆の偽作であると断じた。しかし清代の李滋然が『周礼古学考』で論じたように、(1)事実、劉歆による改竄は認められるが、凡て偽作とすべきでないとする見解が通説である。また、毛奇齢の見解によれば、禘祫の文言が『周礼』に検出されなくとも、春官・大宗伯に「肆献祼《てきけんかん》を以て先王を享し、饋食《きし》を以て先王を享す。祠を以て春、先王を享し、禴《やく》を以て夏、先王を享し、嘗を以て秋、先王を享し、烝を以て冬、先王を享す」とあるのは、禘祫に当たるとする。(2)事実、鄭玄も「宗廟の祭りに此の六享あり、肆献祼《てきけんかん》（犧牲を解体し、醴酒を進めて祭る）饋食《きし》（祭祀に熟食を献ず）は四時の上に在り、則ち是れ祫なり、禘なり」と注している。孔広林もこの一文を重視して、(3)禘祫二祭説の観点から、総合的に判断する必要を強調しているのは看過できない。

ところで、禘とは祭りの名で、天子がその始祖の帝王を中心に、その他の祖先を祭ることであるが、夏・殷の時代に行った夏の祭りでもあった。そして、祫とは始祖の大廟に祖先を合わせ祭ることである。したがって、このように定義が明確であるならば、何ら問題は起こらないが、古文献でもその記述に矛盾を来たす文言が見られ、ここにその概念規定も一義的に行かない情況が生じたのである。さらに、これらの矛盾対立した記述を巡って、碩学の見解も分かれ、ここに禘祫を巡る聚訟が未解決のまま続き、清朝に至り、考証学の盛行とともに、学者の研究はまさに諸説紛々、帰一するところを知らないのである。そして、禘祫に関する記述が多いのは、『礼記』である。朱熹が指摘したように、『礼記』は『儀礼』を経とすれば、その伝、つまり解釈に相当するのである。そして、『礼記』に注を施したのは後漢の鄭玄であり、その疏を書いのは、唐代の孔穎達である。これが『五経正義』のひとつである『礼記正義』で、実に詳細な礼制度の記述が見られる。

次に禘祫に関する基本的な古文献の主要な記述文を掲げてみたい。

（イ）『礼記』王制篇に、「天子諸侯の宗廟の祭りは、春を礿《やく》と曰《い》ひ、夏を禘《てい》と曰ひ、秋を嘗《しょう》と曰ひ、冬を烝と曰ふ。」「天子は犆礿《とくやく》し、祫禘祫嘗《こうていこうしょう》し、祫烝す。諸侯は礿すれば、則ち禘せず。禘すれば、則ち嘗せず。嘗すれば、則ち烝せず。烝すれば、則ち礿せず。諸侯は礿は犆す。禘は一たびは犆し、一たびは祫し、嘗は祫し、烝は祫す。」

（ロ）『礼記』曽子問篇に、「七廟五廟に当りて主（木主。位牌）を虚しくする無し、主を虚しくする者は、惟だ天子の崩と、諸侯の薨と、その国を去ると、祖に祫祭すると、主無しと為すのみ。」「祖に祫祭するときは、則ち祝は四廟の主を迎ふ。」「天子の嘗禘郊社五祀の祭りに、簠簋《ほき》既に陳ねて……」

（ハ）『礼記』礼運篇に、「魯の郊禘は礼に非ざるなり。」

（ニ）『礼記』郊特牲篇に、「饗禴《きょうやく》には楽有りて、食・嘗には楽なし。陰陽の義なり。凡そ飲は陽気を養ふ。凡そ食は陰気を養ふなり。故に春は禴して秋は嘗し、春は孤子を饗し、秋は耆老を食ふ、その義は一なり。而して食・嘗に楽なし。飲は陽気を養ふなり。故に楽あり。食は陰気を養ふなり。故に声なし。凡そ声は陽なり。

（ホ）『礼記』喪服小記篇に、「王者その祖の自《よ》りて出でたる所を禘して、その祖を以て之に配す。而して四廟を立つ。庶子の王たるにも亦た之の如くす。」「礼に、王たらざれば禘せず。」

（ヘ）『礼記』大伝篇に、「礼に王たらざれば禘せず。王者その祖の自りて出でたる所を禘して、その祖を以て之に配す。諸侯はその祖に及ぼす。大夫士、大事ありて、その君に省《せい》するときは、干祫してその高祖に及ぼす。」

（ト）『礼記』祭法篇に、「有虞氏は黄帝を禘にして嚳《こく》を郊《こう》にし、顓頊《せんぎょく》を祖にして尭を宗にす。夏后氏は亦た黄帝を禘にして鯀《こん》を郊にし、顓頊を祖にして禹を宗にす。殷人は嚳を禘にして冥を郊にし、契《せつ》を祖にして湯《とう》を宗にす。周人は嚳を禘にして稷を郊にし、文王を祖にして武王を宗にす。柴を泰壇に燔《や》きて天を祭り、泰折を瘞埋《えいまい》して地を祭る。騂犢《せいとく》を用ふ。少牢を泰昭に埋め時を祭る。坎壇に祖迎するは寒暑を祭るなり。」「天下に王あり。地を分ち国を建て、都を置き邑を立て、廟祧壇墠《びょうちょうだんせん》を設けて之を祭り、乃ち親疏多少の数を為す。王は七廟を立つ。一壇一墠あり。……遠廟を祧《ちょう》と為す。二祧あり。享嘗《きょうしょう》して乃ち止む。祧を去るを墠と為す。壇墠には祷ることあるとき之を祭る。祷ることなきときは乃ち止む。墠を去るを鬼と曰ふ。諸侯は五廟を立つ。一段一墠あり。」

（チ）『礼記』祭統篇に、「凡そ人を治むるの道、礼より急なるは無し。礼に五経あり。祭より重きはなし。」（五経は吉・凶・軍・賓・嘉の五礼をいう）「夫れ祭に昭穆《しょうぼく》あり。昭穆は父子遠近長幼親疏の序を別ちて、乱るるなからしむる所以なり。是の故に大廟に事あるときは、則ち群昭群穆咸《ことごと》く在りて、その倫を失はず。此れを之れ親疏の殺《さい》と謂ふ。古は名君、有徳を爵して有功を禄す。必ず爵禄を大廟に賜ふは、敢て専らにせざるを示すなり。」「凡そ祭に四時あり。春祭を礿《やく》と曰ひ、夏祭を禘《てい》と曰ひ、秋祭を嘗と曰ひ、冬祭を烝と曰ふ。礿禘は陽の義なり、嘗烝は陰の義なり。禘は陽の盛んなるなり。嘗は陰の盛んなるなり。故に曰く、禘・嘗より重きはなしと。」「昔者《むかし》周公旦、天下に勲労あり。周公既に没して、成王・康王、周公の勲労せし所以の者を追念して、魯を尊くせんと欲す。故に之に賜ふに重祭を以てす。外祭は則ち郊社是《これ》なり。内祭は則ち大嘗禘是なり。夫れ大嘗禘には、清廟を升歌し、下《しも》にて象《しょう》を管《かん》にし、朱干玉戚《しゅかんぎょくせき》ありて以て大武を舞ひ、八佾《はちいつ》して以て大夏《たいか》を舞ふ。此れ天子の楽なり。」

（リ）『礼記』仲尼燕居篇に、「郊社の義は、鬼神を仁する所以なり。嘗禘の礼は、昭穆を仁する所以なり。」

（ヌ）『春秋』閔二年夏五月乙酉、「荘公を吉禘す。」僖公八年秋七月、「大廟に禘す。」文公二年『公羊伝』、「大事とは何ぞ。大祫なり。大祫とは何ぞ。合祭なり。その合祭は奈何《いかん》。毀廟の主は大祖に陳ね、未毀廟の主は、皆な升せて大祖に合食し、五年にして再び殷祭す。」『穀梁伝』に、「大は是れ事なり。祫嘗を著す。祫祭は毀廟の主、大祖に陳ね、未毀廟の主は、皆な升せて大祖に合祭す。」左氏伝襄公十六年に、「晋人曰く、寡君の未だ禘祀せざるを以て」左氏伝昭公十五年に、「武公を禘す。」同二十五年に、「将に襄公に禘せんとす。万者《ばんしゃ》二人《ににん》のみ。」左氏伝定公八年に、「冬十月辛卯、僖公に禘す。」

(ル)『論語』八佾篇に、「禘、既に灌《かん》してより往《のち》は、吾これを観ることを欲せず。」(欝鬯《うつちょう》。つまり、きびの酒を地にそそぐ灌の儀式。)「或るひと禘の説を問ふ。子曰く、知らざるなり。その説を知る者の天下に於けるや、それ諸《これ》を斯《ここ》に示すが如きかと。その掌《たなごころ》を指《さ》す。」

(ヲ)『爾雅』の釈天に、「禘は大祭なり。」

二、禘祫に関する清儒の見解

1　清朝初期の碩学、陸隴其の見解

陸隴其《りくろうき》(一六三〇、崇禎三―一六九二、康熙三一)は清朝初期の朱子学者で、『読礼志疑』を著し、禘祫につき、次のように論じている。(4)

春には礿と曰ひ、夏には禘と曰ひ、秋には嘗と曰ひ、冬には烝と曰ふ。鄭注は此れを以て夏・殷の祭名と為して、周礼にあらずと。一は則ち証するに周礼宗伯の文を以てし、一は則ち証するに小雅の礿祠烝嘗の文を以てす。而して祭義・郊特牲の春禘を言ふ者に于《おい》ては、則ち直に改めて禴と為す。此れ等の処、集説も亦た以て之を議する無し。

つまり、王制篇に関する後漢の鄭玄の注が、時禘を周礼にあらずとなし、『詩経』小雅の礿祠烝嘗を引用して証明したことに不満を示し、宋の衛湜《えいしょく》の名著である『礼記集説』もこれを批判しないことに疑問と不信を表白している。また、禘祫に関しては、同じく王制篇を引用して、禘祫一祭を主張した晋の杜預《どよ》を批判し、二祭説を主張した。

天子は犆礿《とくやく》（各廟を別々に祭ること）し、祫禘祫嘗し、祫烝す。諸侯は礿は犆す。禘は一たびは犆し、一たびは祫す。嘗は祫し烝は祫すと。この条は集説と鄭注とは同じからず。集説は時祫あり、大祫ありと謂ふ。王制の謂ふ所は、乃ち是れ時祫なり。鄭注は、則ち只だ是れ大祫なり。並びに謂ふ所の時祫なし。集説は祫嘗祫烝と嘗祫烝祫とは変文と謂ふのみ。異なる有るなし。鄭注は則ち云ふ、天子は祫を先にして時祭を後にす。諸侯は時祭を先にして祫を後にす。又た王粛は禘を以て大と為し、祫を小と為す。康成（鄭玄）は、則ち祫を大と為し、禘を小と為す。謂《おも》ふに、禘は則ち太王王季以上は、主を遷して后稷の廟に祭る。その坐位は乃ち祫と相似たり。その文武以下は、穆の主を遷すが若《ごと》く、文王の廟に祭る。文王は東面し、穆の主は皆な北面し、昭の主なし。昭の主を遷すが若く、武王の廟に祭る。武王は東面し、その昭の主は皆な南面し、穆の主なし。又た康成の説、又た練時の禘あり。此れ等の康成の説は、皆な従ふべからず。杜預の、祫は即ち禘なりと謂ふに至ってや、尤も謬れり。康成の魯礼は三年の喪畢りて、太祖に祫し、明年の春に群廟に禘し、自爾の後、五年にして再び殷祭し、一祫一禘、その意は禘祫の年を以て、皆な三年の喪畢りて後に数《たびたび》起ると謂ふが若きは、此れ理に近きに似たり。

2　清代初期の特異な学者毛奇齢の見解

朱子を批判した特異な碩学である毛奇齢（一六二三、天啓三―一七一六、康熙五五）は、顔李学派の俊秀で、かつて毛奇齢にも師事した李塨（一六五九、順治一六―一七三三、雍正一一）の質問に答える形式で、『郊社禘祫問』を著したが、李塨は禘祭二祭の始まる所と、先儒の論争点に関する本質につき、毛奇齢に質問した以下の問答は、実に興味深い。(5)

問ふ、禘祫の大小は、鄭康成（玄）の禘祫志に在り。王子雍（粛）の聖証論は已に門戸を分つ。幸ひに後儒が辨定し、倶に王を是として、鄭を否とするを知る。その両家に在りて説を成す者有れば、固より必ずしも再び請はず。第《た》だ禘祫二祭は、実に未だ了せず、了すること孔氏（穎達）の正義の如きは謂ふ、毛伝は禘祫を説くこと、総じて是れ明らかならず。禘祫二祭の始まる所を知らず。先儒の争執とは、畢竟する所、原《も》と是れ如何と。

これに対し、毛奇齢は次のように答えている。

禘祫の二名は、先儒久しく争執し、予も亦たその大意を論議の間に散見するに、一端にあらず。若し畢竟すれば経伝は、則ち但だ禘ありて未だ嘗て祫あらざるに似たり。即ち春秋伝、礼記は、偶《たまたま》一たび祫に及ぶ。然れども総じて是れ五年の大禘、三年の吉禘と四時の夏禘と為し、称して解説を作す。並びに正祭の名にあらず。蓋し、祫は合なり。合祭の謂ひなり。合祭は祫と称するも、猶ほ之れ特祭のごとく、犆《とく》と称す。但だ是れ虚義にして、並びに実名にあらず。只だ三年の吉禘、五年の大禘と、四時の烝・嘗・禘と倶に、是れ合祭なり。故に吉禘は吉祫と称し、大禘は大祫と称し、烝・嘗・禘は、烝祫・嘗祫・禘祫と称す。而して是《ここ》に于《おい》て竟《つい》に祫祭の一名を諸祭の間に増す。実は則ち並びに此の祭なきなり。

毛奇齢が末尾に「実は則ち並びに此の祭なきなり」と断じたことに対し、李塨は更にそのことに疑問を抱いて、この祭なき理由を質問したが、奇齢は次のように答えた。

蓋し祭名は多しと雖も、虞祔・卒哭・祥練・禫繊《たんせん》の諸喪祭を除く外、その吉祭の名は、約すれば三等有り。国語に日祭・月享・時類・歳祀を云ふも、その日祭は、考ふべからず。月享は即ち朝享にして、毎月の朔、特羊を以て廟に朝し、因りて朔を告ぐ。然れども正祭の名に非ざるなり。惟だ時類四祭は、春礿・夏禘・秋嘗・

冬烝を以て一等と為す。歳祀の二祭は、三年の吉禘、五年の大禘を以て、共に一等と為す。国語に尚ほ禘・郊・宗・祖・報の五名ありと雖も、然れども郊は是れ外祭にして、宗・祖は、報と与にするも、則ち宗は是れ明堂、祖は是れ祖廟なるも、報は是れ祧廟ならず。原《も》と祭等にあらず。惟だ荀子に禘・禴・烝・嘗及び大祫の五祀の名あり。要領を得たるに似たり。然れども禴・禘・烝・嘗は、祇《た》だ是れ時祭なり。大祫は即ち吉禘、大禘は同じく是れ歳祭にして、四時を以て四歳の名を分てば、則ち等なし。三年五年を以て一祭の名に合すれば、則ち等《とう》を躐《こ》ゆ。蓋し、歳時は本《も》と二祭等しくして、その名に三あり。曰く大禘、曰く吉禘、曰く時祭なりと。大禘は天子五年の祭なり。大伝に礼は王たらざれば禘せずと。喪小記に王者はその祖の自りて出でたる所を祭りて、祖を以て之に配すと。爾雅に禘は大祭なりと。曾子問に天子に嘗・禘・郊・社の祭あり。尊に二上なしと。是を以て左伝に、魯に禘楽賓祭ありて之を用ふと。国語に、天子禘郊の事は、則ち烝を合することありと。又た云ふ、禘郊は必ず自らその牲を射ると。又た云ふ、禘郊は牛の繭栗《けんりつ》と。而して学記に、禘を卜せざれば、則ち学を視ずと曰ふは、総じて大を言ふなり。然れども、その祭は、則ち古より之あり。国語に、有虞氏は黄帝を禘して、顓頊《せんぎょく》を祖とすと。祭法に、夏后氏は黄帝を禘して、冥を郊すと。商頌に、長く大禘を発《ひら》くと。周頌（詩経、臣工之什、雝《よう》篇の序文）に、雝は太祖（文王）を禘するなりと。而して魯は、則ち亦た宗国の故を以て、禘は文王に及ぶ。論語に、或ひと禘の説を問ふと。仲尼燕居に、禘嘗の義を明らかにすと。礼運（礼記）に、魯の郊禘と。春秋僖八年に、大廟に禘すと。明堂位に、季夏六月、禘礼を以て周公を太廟に祀ると。凡そ諸経諸伝、その禘を言ふ者は、遍く挙ぐる能はず。然れども、並びに一字も祫に及ぶなきは、已に験すべし。若し夫れ吉禘は、則ち三年の喪畢れば、廟に合祭して以て昭穆を諦視する者は、之を吉禘と謂ひ、亦た之を吉祫と謂ふ。此れ即ち祫を禘に乱すの自りて始まる所なり。然れども、その祭りは僅かに之を春秋に見る。而れども仍ほ祫の名なし。春秋閔二年に、荘公を吉禘すと。文二年に、太廟に事あり。僖公を躋《のぼ》すと。皆な祫を称せず。即ちその礼は諸侯に達す。左氏に、晋に于《おい》ても亦た以て寡君の未だ禘祀せざるの語あり。その或は時禘に及んでは、廟に烝・嘗・禘すの語あり。或は之が禘に事ふる有るに及ぶ。僖公を禘す、襄公を禘すの語の如きも、亦た並びに一の祫の字ある無し。伝文を見るに、時祭に至っては、則ち夏祭を禘と謂ふ。或は称に定名なしと雖も、郊特牲に春禘秋嘗と称し、祭義に春禘秋嘗と称し、祭統に春礿夏禘と称し、王制に春礿夏禘と称し、周礼に祠春禴《やくか》夏と称す。要するに総て是れ時祭の四名にして、互ひに見ゆる有れども、異制なく、必ずしも妄りに解して夏・商の礼と作さず。但だその祫の名なきは、則ち一なり。蓋し、時歳の二祭に三禘あれども、一の祫なし。その誤って祫の名あるを見る者、亦た総ぶるに諸経の三禘を説く時を以てしたる所以なり。偶《たまたま》称して祫と曰ひ易く、而も読む者、深く察せざればなり。

とにかく毛奇齢は、祫の祭は存在せず、祫の名を誤解した者が、多くの経書に説かれた三禘にこれを当てはめ、深く考察しなかったためと断じた。もっとも、禘祫一祭論の李塨は、この結論に納得できず、さらに「然れども諸経に祫無く、周礼は并せて禘無きは何ぞや」と質問したが、紙幅の関係で、その一部分を紹介したい。(6)

周礼・儀礼は皆な禘の名無し。然れども皆なその礼有り。儀礼喪服に曰く、諸侯及びその太祖、天子及びその始祖の自りて出でたる所、此れ禘なりと。周礼は大祭と称し、大人鬼を祀る。大祝・大号も亦た禘なり。

蓋し禘は殷祭と名づく。殷は大なり。夫れ猶ほ是れ歴祭の先王・先公のごとくして、独り大を以て称す。此れ帝嚳・后稷の異なるに非ず。嘗て殷祭は之に当たる莫し。是を以て大宗伯の職は、祠春・禴夏・嘗秋・烝冬に在り。四時の祭りの前、原《も》と肆献祼《しけんかん》を以て先王を享《まつ》りて、廟に親しむこと有り。（以下省略）

3　万斯大の見解

万斯大（一六三三、崇禎六―一六八三、康熙二二）は、『学礼質疑』を著し、程廷祚も夙にその学問的影響を受けたと語っているが、彼は禘祫一事につき、次のように論じている。[7]

　礼の大伝、及び喪服小記、皆な云ふ、礼は王たらざれば禘せず。王者はその祖の自りて出づる所を禘し、その祖を以て配すと。此れ百代不易の典礼なるも、祫祭は経に于《おい》て数見《しばしばあら》はれず。独り春秋文二年八月、大廟に大事ありと。公羊伝に曰く、大事とは何ぞ。大祫なりと。礼緯に云ふ、三年に一祫、五年に一禘と。鄭玄之に因りて祫大禘小と謂ふ。而れども王粛・張融・孔晁の輩は、皆な祫小禘大と謂ひ、確かに禘祫を分ちて両祭と為す。愚を以て之を考ふれば、禘祫は一事なり。夫れ祫の文為《た》る、示に従ひ、合に従ふ。是れ凡そ合祭は皆な祫と為すなり。禘の文為る、示に従ひ、帝に従ふ。蓋し、帝祭の称、その制は帝舜に始まる。而して夏・商・周は之に因りて、その義を改めざれば、則ち諸《これ》を昭穆を審諦するに取る。故に上りてその祖の自りて出づる所を追ひ、下りて毀廟・未毀廟の主に及ぶ。天子の四時の祭は、嘗なり、烝なり。群廟、祫すと雖も、その此れより大なる者有らんや。故に春秋は諸祭に于《おい》て或は事ありと書し、而して禘に于ては独り書して大事と為す。公羊氏も亦た禘の祫を以て特に大なりと為す。而して之を著して大祫と曰ふ。蓋し、別に一例を発《ひら》きて、以て諸経の未だ及ばざる所を補ふなり。先儒は春秋に泥《なず》み、大事と書して禘と書せず。公羊氏は大祫と言ひて、禘と言はず。遂に別に祫祭ありと謂ふ。故に禘の諸祖を大祫するを知ると雖も、而も能く之を指して一と為す者なし。独り杜預のみ左伝に祫祭の文なきを以て、因りて禘を以て大事と釈す。孔穎達は即して之を通じて曰く、祫は即ち禘なりと。その昭穆を序するに取りて之を禘と謂ひ、その群祖を合するに取りて之を祫と謂ふ。斯れ誠に不易の解なり。趙伯循は禘を言ひて、祖を以て之に配すの文に泥み、始祖を以て配すと謂ひて、群祖に及ばず。夫れ始祖而下は皆な祖と曰ひ、祖を以て之を配するも、独り諸祖を包《か》ね有せざらんや。且つ公羊伝は固より云ふ、毀廟の主は大廟に陳べ、未毀廟の主は、皆な升せて大祖に合食すれば、則ち禘の大祫たる昭昭たり。爾雅に云ふ、禘は大祭なりと。若し僅かにその祖の自りて出でたる所を禘して、大いに昭穆を合するにあらざれば、寂寥たる短簡すら、尚ほ之を大祭と謂ふを得んや。善いかな黄楚望の言や、曰く始祖は率《おおむ》ね廟あり。無廟の主も以て共に自りて出でたる所を享《まつ》るは、子孫をして皆なその祖を見るを得しむる所以なり。又た世次を以て、久遠に始祖の功徳を見すを尤も盛んなりと為すなりと。斯の言や深く禘を制するの旨を得たり。曰く、公羊が大祫を言ひて、自りて出でたる所に及ばざるは、果して禘と為すを得るかと。曰く、公羊の言ふ所は魯禘なり。天子に異なる、故に自りて出でたる所に及ばざるなり。（魯禘は別に辨あり）春秋は禘を書すること屡《しばしば》なり。文の二年、何を以て独り大事を書するや。曰く、僖を躋《のぼ》せて逆祀す。故にその文を異にするなりと。曾子問に云ふ所の祫祭、及び王制の三時の祫は、果して何の説ぞやと。曰く、王制は天子四時の祭、禘・嘗・烝を謂ふ。皆な祫して他に祫祭あるにあらざるなり。鄭玄は公羊の言ふ所を以て大祫と為し、王制の毎歳の三祫を小祫と為す。且つ云ふ、天子は祫を先にし、時祭を後にすと。皆な牽合して信ずるに足らざるなり。曽子問に言ふ所の、要は即ち三時祭の祫のみ。夫《か》の鄭玄の若《ごと》きは、祫を以て三年の喪畢るの祭と為す。杜預は禘を以て三年の喪畢るの祭と為す。又た鄭玄は大司楽の圜丘《えんきゅう》・方沢・宗廟を以て天神・地示・人鬼の三大禘と為す。而して祭法の禘を以て冬至圜丘の祭と為し、大伝・小記に言ふ所の禘を夏正の南郊の祭と為す。皆な不経の説にして、吾は取る無しと。

万斯大の所説は、博引旁証、実に明快で、禘祫一祭説を論じている。

4　顔李学派の李塨の見解

上述のように、李塨は毛奇齢に対し、実に禘祫問題に関する高度の理論的な質問を展開したが、自らも『禘祫考辨』を著し、その中で毛奇齢の見解を紹介して自説を述べている(8)。内容が重複するので、紙幅の都合上、割愛せざるを得ないが、彼自身は禘祫一祭論者である。

5　程廷祚の見解

程廷祚（一六九一、康熙三〇―一七六七、乾隆三二）は、顔李学派に属し、実学を標榜し、顧炎武・黄宗義に私淑し、博学鴻詞科に採用されようとしたが、自ら辞退した。彼が著した『禘祫考辨』は、禘祫問題の文献上の校勘を試みたもので、夙に上述の万斯大の見解に影響され、結果的には禘祫一祭論者である。彼はその序文の中

で、禘祫論に取り組んだ経緯とその重要性を強調し、次のように述べている。(9)

禘祫は至大の礼なり。衰周に僭乱せられし自り、経伝に漫漶《まんかん》（はっきりしないさま）として、漢宋の諸儒の論議に支離周章す。蓋し、言ひ難し。その失は禘祫を以て時祭に非ずと為すに在り。而して五年殷祭の語、又た緯書より竄入し、公羊学者は能くその是非を辨ずる莫く、天下を有《たも》つ者、箋注の説を採りて、以て典礼を制し、訛《か》以て訛を承け、二千載に垂《なんな》んとす。豈に細故ならんや。先王父任之公、三礼を研精すること数十年、著に礼記敏求編あり。王・鄭を辨析し、喪祭を言ふ者、尤も詳らかなり。康熙甲子、その稿、火に燬《や》かる。先君子韋華公、少くして庭訓を承け、哀懼して敢て失墜せず。廷祚八・九歳の時、戴記を読み、私《ひそ》かに小紙を以て装して書帙を為り、纔《わず》かに掌大の如し。経中の類を以て従ふべき者を取って、連牽して之をその下に書し、復た論辨の状の若きもの有るも、語を成す能はず。先君子は見て之を止めて曰く、小子躁ぐ毋れと。既に成童にして、乃ち漸く先王父の遺言緒論を以て訓《おし》へ迪《みちび》く。是に於て遂に心を礼学に留める志あり。雍正改元、郷試の後、友人が禘の義を談ずるを聞き、心未だ安んずる能はず。後に前輩の四明の万充宗（斯大の字）の禘祫を論ずる者数篇を得たり。愆《あやま》りを縄《ただ》し、謬《あやま》りを糾《ただ》し、多く疑滞を発し、礼家の未だ有らざる所と為す。廷祚、荒陋を揣《はか》らず、復た先人に聞く所の者を以て、推尋之を久しうす。因りて禘祫辨誤一巻を為《つく》り、万氏の後塵に随ひて、以て正を篤学の君子に就かんと思ひ、併せて淵源の自《よ》る所を述ぶ。而れどもその万一を承くるを獲ざる者は、末に於て以て媿《は》づるを識らん。

彼は博引旁証、先輩の万斯大の方法に従って、その出典を明らかにし、誤りを糾して禘祫一祭の正当性を論じた。したがって、重複を避けて省略に従う。

6　呉派の恵棟の見解

『易漢学』を著し、前漢の易学を紹介した恵棟（一六九七、康熙三六―一七五八、乾隆二三）は、『禘説』を著し、その冒頭の叙首に次のように述べている。(10)

禘に三あり。大禘あり、吉禘あり、時禘あり。大禘は圜丘《えんきゅう》の禘なり。吉禘は終王の禘なり。時禘は春夏の禘なり。吉禘・時禘は明堂に在り。独り大禘は圜丘と南郊とに在り陽位に就けば、同じくして亦た之を禘と謂ふ者は、圜丘を以て明堂と為す、六天の祭の故なり。禘はその祖の自りて出でたる所を禘す。皆な天子が天に配するの典なり。故に爾雅の釈天に、鄭氏の大司楽の注に、之を大祭と謂ふ。明堂の灋《ほう》、明らかならざる自り、後人は止だ春秋の諸侯の禘に拠り、禘は太廟に在りと謂ふ。又た緯書の言に拠り、禘を以て止《た》だ昭穆を審諦し、天に配するの祭に非ずとして、諦の誼は晦し。王粛・趙匡又た謂ふ、その祖の自りて出でたる所を禘し、祖を以て后稷と為し、嚳を以て祖の自りて出でたる所と為す。而して諦礼廃す。後世又た粛・匡を祖述して謂ふ、魯禘は文王を禘し、周公を以て配し、遂に諸侯を以て亦たその祖の自りて出でたる所を禘す。而して禘灋《ていほう》乱る。その誤りは諸侯の礼を推して、天子に致し、禘が太廟に在るを以て、明堂に于てせざるに在り。既に太廟に在れば、遂に禘を以て昭穆を審諦するに止まり、既に天を配するの祭に非ず。既に天を配するに非ず。又た祖の自りて出でたる所を禘するを以て、祖を以て祖を配すと為す。是れ由り禘の説は、得て聞くべからず。而して明堂の灋は、愈《いよいよ》攷《かんが》ふべからず。愚、易を学ぶに因りて、明堂の灋を得、明堂に因りて、禘の説を知る。是に于て六経を刺《そし》りて禘説を為し、後の学者をして攷ふる所を知らしむ。

こうして彼は、「四大祭は皆な天に配す」、「終王の吉禘」、「吉禘の四時に三名あり」、「吉禘の禘は初灌を重んじ、烝・嘗は備物を重んず」、「禘郊の大誼」、「古制の四廟」、「王者は太祖を天とす」、「禘は盛楽を用ふ」、「禘は毀廟に及ぶ」、「禘は功臣に及ぶ」、「禘祫等の礼」などの問題を提起し、それぞれにつき自説を展開している。

7　孔広林の見解

孔子の子孫で、皖派の俊秀孔広森（一七五二、乾隆一七―一七八六、乾隆五一）の兄である孔広林（生卒年不詳）は、『禘祫觿解《けいかい》篇』を著し、序文の中で、題名と執筆意図を次のように語っている。

礼に五経あり。祭より重きは莫し。祭の別は十有二にして、天神を祀るは、郊祭より大なるは莫し。地示《ちぎ》は社享より大なるは莫し。人鬼は禘祫より大なるは莫し。典綦《てんき》は隆なり、義は甚だ精なり。慨すらくは、政焔肆《ほしいまま》に飛び、姫籍半《なか》ば燬かれし自り、礼経淪亡し、礼制欠佚す。作者有りと雖も、厥《そ》の蘊を究《きわ》むる末《な》し。漢京の通人達士、余燼を掇拾し、師承の伝説は、多く魯礼を以て周礼を推し、已に鎬洛の源に泝る能はず。加ふるに讖緯を以てし、百家の雑説錯迕し、重ねて人心を惑はして、人聴を淆《みだ》し、先聖王の礼意は滋《ますます》晦《くら》し。

その尤も泊乱紛拏《ふんだ》、膠轕《こうかつ》して解すべからざる者は、禘祫より甚だしきは莫し。漢魏以後、鄭・王、義を異にし、徒らに両家相持するを以て、違に従ふこと半ばを参し、迄《つい》に未だ能くその謬舛《びゅうせん》を破る有らず。その範囲を出づる者は、唐の河東の趙匡伯循なり。始めて禘祫本義が群障を一洗するを見得たり。宋儒従って之を発揮し、その説類は、互ひに出入有らざる能はざるも、互ひに失得あり。広林の識、既に僕陋、学も亦た蕪浅なるも、曷ぞ敢て妄りに先王の礼制を説かんや。然れども矻矻として経に淹《とど》まり、竊《ひそ》かに漢氏以来の諸君子の禘祫の説を取り、諸《これ》を戴記に攷《かんが》へ、証するに三伝を以てして、周官経に折衷す。是《かく》の如き者年あり。禘祫の一礼、以てその指帰を得たる有る者に庶《ちか》きを覚ゆ。荒昧《こうまい》を揣《はか》らず、筆して觽解二十篇を為る。觽解とは何ぞや。結ばれるを解くの義に取ると爾云《しかい》ふ。

本書の内容は、結論的には禘祫二祭説である。禘祫正名第一、禘祫辨第二、禘祫両事第三、禘は天を祀るに非ず第四、大禘詁義第五、禘祫は皆な殷第六、禘祫は歳挙なり第七、夏禘冬祫第八、時祫第九、時禘第十、大夫士に祫有り第十一、諸侯に大禘無し第十二、諸侯の秋祫第十三、春秋の禘は皆な時禘なり第十四、大禘は午の月を用ひず第十五、魯礼の五年は再殷なり第十六、禘祫辨儀第十七、禘祫は楽を用ふ第十八、吉禘第十九、歴代禘祫の誤り第二十。ここでは最後の一文「歴代禘祫の誤り」を紹介したい[11]。

歴代の禘祫、厥《そ》の誤り五あり。一は則ち禘祫を之れ辨ぜざればなり。漢の光武の建武十八年、高廟に禘し、昭穆を序《つい》ず。章帝の建初七年、光武明帝を禘す。此の時、張純建議し、礼緯の文に拠りて、未だ祫禘の、元始五年の祫を祭るに、異なる所以を考ふる能はず。而して純以為《おも》へらく、禘は爾《そ》れ自《よ》り已後《いご》、禘祫の義は紊れ、諸家の謬りは、蓋し諸《これ》を此れに本づくと。而して歴代相沿ひ、之を或は改むる莫し。明の世宗の嘉靖十年、禘は始めて古に合す。一は則ち祫之を享《まつ》るも、未毀廟に及ばざるなり。張純は漢の旧制に因り、三年に一祫、毀廟の主は高廟に合食して、廟主を存す。未だ嘗て合食せざるも、特に公羊伝の文を引きて以て奏す。而して大祫は仍ち止《た》だ毀廟に及ぶのみ。隋志に至り、始めて遷主・未遷主と称して、大祖に合食し、公羊の大祫の礼に従ふ。一は則ち之を各その廟に禘するなり。鄭君の禘祫志に云ふ、大王・王季以上は、后稷の廟に祭り、その坐位は祫祭と同じ。文武以下の遷主若しくは穆は、文王の廟に祭る。文王は室の奥に居りて東面し、成王は文王の東に居りて北面す。以下直ちに親尽くるの祖に至り、次を以て継ぎて東し、皆な北面す。昭の主若しくは昭無くして、武王の廟に祭れば、武王も亦た室の奥に居りて東面し、康王も亦た武王の東に居りて南面す。亦た次を以て継ぎて東し、直ちに親尽くるの祖に至り、穆の主なきも大禘して合食す。固より禘の義に非ず。即ち以て祫の時と為す。祫は尚ほ昭穆を合して、大祖を食《まつ》り、大いに享《まつ》りて乃ち止む。各《おのおの》その昭穆の廟に於て通ぜざるを知る。隋の禘は鄭の義に従ふなり。一は則ち禘祫の必ず五年三年の期に依る。三を先にし、二を後にし、二を先にし、三を後にす。紛々已まず。迄《つい》に二殷に至り、一歳に并すも、亦た疑ひて協はず。竟《つい》に未だ敢てその説に違ふ者あらず。一は則ち三年の喪畢るの別を殷祭と為すなり。甚だしき者は東晋の升平五年の穆帝の崩の若く、五月の殷を以て、即ち十月を以てす。是れ亦た非礼の尤なり。凡そ茲《こ》の五の誤りは、皆な説礼家が緯書に狃《な》れて、経義に昧《くら》く、之が謬《あやま》りを滋《しげ》くするのみ。夫れ古礼経軼《いつ》して、後人はその制を究むる能はず。漢儒の注に頼りて以て辜《つみ》を存し、較べて又た参するに緯文を以てし、歴代、譌《か》を襲ひて謬りを踵《つ》ぐを致す。間《まま》一二の古義を解する者あるも、亦た得失半ばを参す。吾故に曰く、先聖王の礼意は晦しと。その尤も汩乱《こつらん》紛拏《ふんだ》、膠轕《こうかつ》して解すべからざる者は、禘祫より甚だしきは莫し。鸝解の作は、敢て曰はん、古を学んで獲るある哉と。亦た唯だ是れ経を以て経を解し、錯に偭《むか》はざるに庶《ちか》からん。姑《しばら》く己の見を録して、正を経師に就かんと爾云《しかい》ふ。その前賢の駮辯《はくべん》、予と合ふこと有る者は、概ね復た論ぜず。

8 胡培翬の見解

『儀礼正義』を著した胡培翬（一七八二、乾隆四七―一八四九、道光二九）は、自問自答の形式で著した『禘祫問答』の中で、禘祫の字義を取り上げ、その疑問を自問自答する。禘と祫との字義は、諸儒の訓解も一定していないし、『爾雅』には、「禘は大祭なり」と云い、鄭注には、「凡そ大祭を禘」と曰い、漢の張純は、「禘の言たる諦なり」と云い、賈逵は、「禘は遆なり」と云い、近儒は「字は示に従ひ、帝に従ふ。禘は帝を享《まつ》るの義なり」と謂う、これらは更に直截のように思われると論じ、次のように自説を展開した。(12)

帝を享るの訓は、古に于《おい》て徴する無し。当に爾雅を以て正と為すべし。蓋し祫祭は時祭と倶に始祖に及んで止む。禘は更に始祖の上に及ぶ。故に大祭と為す。張純・何休は諦と訓ず。説文に云ふ、禘は諦祭なり。その祭り逡遠なるを以ての故に、審諦の義有り。賈逵は訓じて遆と為す。後人はその説に本づきて、以て親廟・祧廟《ちょうびょう》・毀廟由り遞《たが》ひに及ぶと為す。義も亦た通ずるを得。若し昭穆を審諦すと云はば、則ち非なりと。

因みに親廟とは、天子のおたやまで、高祖・曽祖・祖・禰の四親廟である。祧廟とは、遷主を納めるおたまやである。毀廟とは、新たに死者が加われば、親系が高祖を過ぎたため、祧廟に合祀され、高祖の廟は毀たれる。また『礼記』王制篇に記されているように、天子は七廟であるから、祖先を昭と穆との順に祀り、三昭三穆で、大祖の廟と合わせて七廟となるのである。

また、胡培翬は本書の冒頭で、先儒の賈逵・劉歆が、禘祫を一祭二名とし、鄭玄・鄭衆らは二祭としたが、いずれが正しいかにつき、次のように答えている。(13)

周礼の祠・禴・嘗・烝は、別に肆献祼・饋食の二礼有れば、則ち固より合して一と為すを得ず。禘の義は礼記大伝・喪服小記に詳し。祫の義は春秋公羊伝に詳し。大伝に曰く、礼は王たらざれば禘せず。王者はその祖の自りて出でたる所を禘し、その祖を以て之に配すと。謂ふ所の始祖を祖とするなり。王者は七廟を立てて始祖を祭りて下る。又た推して之を上して以て始祖の自りて出でたる所に及ぶ。故にその祭りを特に大なりと為す。而も諸侯は干《もと》むべからず。爾雅に曰く、禘は大祭なりと。宗廟の祭り、是れより大なるは莫きを言ふなり。公羊伝に曰く、大祫とは何ぞ。合祭するなり。毀廟の主は大祖に陳《つら》ね、未毀廟の主は、皆な升せて大祖に合食すと。蓋し、時祭は各《おのおの》その廟に於てし、また廟を毀つに及ばず。祫は則ち已毀・未毀廟の主は、皆な大祖の廟に聚食す。故にその祭りは特に義を合に取る。(王制の注に、祫は合なりと。)説文に、祫は大いに先祖の親疏遠近を合祭すと曰ふは是なり。大伝にその祖の自りて出でたる所を禘すと言ふは、此れその義の経に著はるるも、しかも各異なる者なり。

以上の説明により、胡培翬が禘祫二祭説を正当とした理由が判明した。また彼は鄭氏注の『礼記』喪服小記や大伝が、倶に禘を以て天を郊祀すと為し、祖の自りて出でたる所の者は感生帝・霊威仰と謂うが、今ま宗廟の祭りとするのは、その義は何に基づくかと自問し、次のように答えている。(14)

喪服小記に云ふ、王者はその祖の自りて出でたる所を禘し、その祖を以て配し、而して四廟を立つと。大伝に云ふ、王者はその祖の自りて出でたる所を禘し、その祖を以て之に配すの下、又た云ふ、諸侯はその太祖に及ぼす。大夫士（大）事有りて、その君に省するときは、干祫《かんこう》（干は下より上を干《おか》す意。身分の卑しいものが尊者の礼を行う為にいう）してその高祖に及ぼすと。皆な宗廟の事を説き、天を祭ると渉《わた》る無し。儀礼喪服伝に云ふ、都邑の士は、則ち禰《でい》を尊ぶことを知ると。大夫及び学士は、則ち祖を尊ぶことを知る。諸侯及びその太祖、天子及びその始祖の自りて出でたる所は、その文が禰に由り、祖に由り、太祖に由り、推して始祖の自りて出でたる所に至るに拠るは、皆な一に之を親に本づき、天帝を指すに非ず。五経を審らかにする中、何ぞ一字も説き出だすこと無きを得んや。又た云ふ、祖の自りて出でたる所を感生帝・霊威仰と謂ふと。

9　朱大韶の見解

朱大韶（生卒年不詳）は、『春秋三伝徴礼』を著し、礼学に造詣が深いが、「実事求是斎経義二」の中で、「禘祫一祭説」を論じている。[15]

先ず冒頭に「禘祫の聚訟久し」と断じ、三礼注を著した後漢の鄭玄の『毛詩鄭箋』の商頌の玄鳥の注、「古へは君の喪は三年、既に畢れば大廟に祫し、明年に群廟に禘す。此れ自りの後、五年にして再び殷祭す。一禘一祫、春秋は之を大事と謂ふ」。そして『礼記』祭法篇の注、「天を圜邱《えんきゅう》に祭り、嚳《こく》を以て配す。」および『礼記』大伝篇の注、「感生帝を南郊に祀り、稷を以て配す。」さらに『周礼』春官、大司楽の注、「天神・地示《ちぎ》・人鬼の三者を以て、皆な禘は大祭なり。」を引用して、「此れ鄭一家の説なり」と断じた。そして張純が『礼緯』を根拠に、「三年に一祫、五年に一禘」とした見解と共に、これこそ禘祫二祭説の根拠とした。こうして劉歆と賈逵が、一祭二名説を唱えたが、唐の孔穎達が、『礼記正義』の中で、この見解を宗としたことを明らかにした。

孔子の子孫である唐代一流の経学者孔穎達が、「疏は注を破らず」という原則に反してまでも、敢て鄭玄の注に反旗を翻して禘祫一祭の疏を著したことを強調しているのである。朱大韶が百万の援軍を得て、禘祫一祭説を掲げる意気込みが感得される。それは孔穎達が『春秋左氏伝正義』の文公二年の疏の中で、「その昭穆を序《つい》ずるに取りて之を禘と謂ひ、その群祖を合集するに取りて、之を祫と謂ふ。」と断じた一文で、これにつき大韶は、「小戴記は漢初に作られ、郊特牲・祭義は、並びに禘を以て春祭と為し、王制は以て夏祭と為し、大伝は以て自りて出でたる所を禘するの祭と為す。説已に参差《しんし》（ふぞろい）たり。今ま衆説を綜して一是に折衷せんと欲すれば、誠に未だ従ふ所を択び易からず。春秋に書する所に即きて、之を劉（歆）・賈（逵）の説に求むれば、是《ぜ》に近し」と、按語の中で表白している。しかし陳澧が指摘するように、孔穎達は疏の中で、熊氏・皇氏の禘祭・祫祭に関する見解に関し、「知るべからざるものに於て、自ら説を為して、以て経を補ふもの有り。その弊は憑拠なきに在り。

孔疏は之を略す。疑ひを闕くの義を得たり」と高く評価している。(16)

また大韶は、『礼記』曽子問の「廟《ママ》（祖）に祫祭するときは、則ち祝、四廟の主を迎ふ」と「七廟・五廟に当りて主を虚しくするなし」、および『春秋』文公二年「大廟に大事あり」の『公羊伝の「大祫なり。大祫とは何ぞ。合祭なり」、『穀梁伝』の「大は是れ事なり。祫嘗を著す」、杜預曰く「大事は禘なり」、さらに『春秋正義』の昭十五年の「武宮に事あり」、定八年の「先公を従祀す」を引用した上で、「伝は並びに禘と称すれば、則ち此れ大廟に大事有るを知る。大廟に事あるは、皆な禘なり。穀梁は之を祫と謂ひ、杜はこれを禘と謂ふ。その義は同じ。本より禘の外に、別に謂ふ所の祫あるに非ず。然らば則ち曽子問は何を以て祫祭と言ふ。按ずるに王制に云ふ、天子は犆礿《とくやく》し、諸侯は礿は犆《とく》すと。祭れば必ず祫も亦た犆有り。故に（『周礼』）大宗伯に云ふ、肆献祼《てきけんかん》を以て先王を享し、饋食《きし》を以て享すと。饋食は自ら熟を薦む。始めは朝践無く、腥の両節を薦む。その儀稍《やや》簡なり。各廟に於て之を行ふべし。その余は皆な祫なり。故に曰く、天子は祫禘し、祫嘗祫烝し、諸侯は禘す。一犆一祫、嘗祫烝祫すと。……五年殷祭の説も、緯は拠するに足らず。魯禘は礼の説に非ず。小戴も亦た未だ信ずべからず」と断じている。

おわりに

鄭玄は禘祭を「昊天を圜丘に祭る」と解し、「上帝を南郊に祭る」のが郊、「五帝・五神を明堂に祭る」のが祖宗で、「祖宗は通言のみ」と注する。(17) しかし、禘は本来、宗廟の祭で、代々始祖の父を祭る礼であるとされる。鄭玄は三礼研究の碩学であり、今古文学に精通した碩学で、公羊学の泰斗何休でさえ、「吾が室に入りて矛を採る」と言わしめたほどである。しかし一方、魏の王粛は、鄭玄を批判して、古文学に徹した。したがって、劉歆・賈逵・許慎らの見解に近く、禘祫問題に関しても、その相違が明瞭である。

ところで、諸橋轍次氏は、禘祫考の中で、禘は宗廟の大祭であるが、後来天祭と考えられたとされ、方観旭が著した『論語偶記』の中で、「禘は大祭なり」という『爾雅』の語を基として、禘に関する説を紹介され、清代の諸儒の学説に言及され、特に孔穎達が『礼記』喪服小記の疏の中で、鄭玄説の三点を挙げて擁護しているとされる。[18] しかし、禘を天祭と解するとともに、人祭でもあると解したが、禘祫説に関しては言及されていない。

とにかく、一祭説の主たる根拠は、万斯大によれば、（1）『礼記』大伝篇・喪服小記に云う「礼は王たらざれば禘せず」と記されていること。（2）禘祭の制度は帝舜に始まり、夏・殷・周は、その義を改めず、昭・穆を審諦するに取った。故に上はその祖の自りて出でたる所を追い、下は毀廟・未毀廟の主に及ぶ。（3）天子の時祭の嘗・烝は、群廟が祫祭しても、之より大なる者はない。だから『春秋』は禘を大事と書し、公羊氏も禘の祫を特大とし、之を大祫といった。（4）杜預は『春秋左氏伝』に祫祭の文がないので、禘を大事と釈した。孔穎達はこれを通じて、祫は即ち禘といった。つまりその昭穆を序するに取って、之を禘と謂い、その群祖を合するに取って、之を祫と謂った。故に禘と祫は同じだと。

禘祫二祭説は、胡培翬によれば、（1）『周礼』の祠・禴・嘗・烝は、別に肆献祼と饋食の二礼があるが、これを合して一と為すを得ない。（2）禘の義は、『礼記』大伝・喪服小記に詳しく、祫の義は、『春秋公羊伝』に詳しい。（3）『爾雅』に「禘は大祭」という。宗廟の祭は之より大なる者はない。『公羊伝』に「大祫とは何ぞ。合祭なり。

毀廟の主は大祖に陳べ、未毀廟の主は、皆な升せて大祖に合食す。」とある。前者は時祭で、各《おのおの》その廟に於てし、毀廟に及ばない。後者の祫は、已毀・未毀廟の主は、皆な大祖の廟に聚食すると述べ、禘と祫の差異は明瞭であるとする。

とにかく、判断の基準をどこに置くかにより、微妙に結論を異にするが、これが古文学と今文学の対立を背景に持つことは疑いない。劉歆・賈逵・許慎・杜預・王粛らが禘祫一祭説を主張する古文学派であり、鄭衆・鄭玄・何休らは今文学派乃至は今文学にも通じる碩学である。清朝の学者の中で、『儀礼正義』を著した胡培翬が、禘祫二祭説を唱えるのも当然である。

事実、藤川正数氏は、古代中国の祭神観の推移を社・稷・禘の祭礼観から考察し、その解釈をめぐって、古文学と今文学が対立していることを明らかにしている。さらにそれが中央集権的国家から地方分権的国家へ移行する過程をあらわすと見る侯外廬氏の見解に左袒される。[19] しかしながら、祫に関しては、言及されていない。

また、池田末利氏は、中国古代宗教思想の観点から、禘と郊との問題を取り上げ、これを礼学史上最も聚訟を極めるとされ、宋儒が多く王粛を支持するのに対し、清儒は鄭玄・王粛が相半ばするとされ、禘祫説にも触れているが、一祭か否かについては言及されない。しかし博引旁証、巧みに整理された見解は傾聴に値する。[20]

〈注〉

(1) 李慈然『周礼古学考』叙文『経学粋編』九 台湾力行書局 民国二三年。

(2) 毛奇齢『郊社禘祫問』一六―七葉『皇清経解続編』台湾芸文印書館。

(3)　孔広林『禘祫觿解篇』三葉『幼箬孔氏説経稿四』(『孔叢伯説経五稿』)所収。
(4)　陸隴其『読礼志疑』巻八　六五―六頁『叢書集成新編』台湾新文豊出版公司
(5)　毛奇齢　前掲書　一一―二葉。
(6)　毛奇齢　前掲書　一六葉。
(7)　万斯大『学礼質疑』一八―九葉『皇清経解正篇』所収。
(8)　李塨『禘祫考辨』四―五葉『顔李叢書』所収。
(9)　程廷祚『禘祫辨誤』序文　東山艸堂刊本　道光五年。
(10)　恵棟『禘説』序文『皇清経解続編』。
(11)　孔広林　前掲書　二三―五葉。『幼箬孔氏説経稿四』所収
(12)　胡培翬『禘祫問答』四葉『皇清経解続編』所収。
(13)　胡培翬　前掲書　一葉。
(14)　胡培翬　前掲書　一葉。
(15)　朱大韶『実事求是斎経義二』三一―四〇葉『皇清経解続編』所収。
(16)　陳灃『東塾読書記』巻九　礼記　一五〇頁　国基本　台湾商務印書館。
(17)　『礼記』祭法第二十三　一頁『漢文大系』一七　冨山房　大正二年。
(18)　諸橋轍次『支那の家族制』三〇四―〇九　大修舘書店　昭和一六年。
(19)　藤川正数『漢代における礼学の研究』六二一―七三頁　風間書房　昭和四三年。

(20) 池田末利『中国古代宗教史研究――制度と思想』四七五―五〇〇頁　東海大学出版会　昭和五六年。

第十四章　秦蕙田の礼学思想 ―『五礼通考』を中心として ―

はじめに

明代の学術は、程伝朱義に象徴されるように思弁哲学が支配的であり、その批判哲学として陽明学も隠然たる影響力を持った。しかし、清朝の征服王朝によって支配されると、学問の傾向は一変し、特に漢代の学術に憧憬の念を抱く学者が輩出した。もっとも明代でも、宋・明の義理易よりも、漢代の象数易に興味を抱く学者も現れた。来知徳・何楷の易学がその代表であった。しかし清朝では、特に古文献に対する考証学が盛んとなり、閻若璩の『尚書古文疏証』や、王鳴盛の『尚書後案』により、『古文尚書』の偽作は決定的となり、漢代の実事求是の学風が再生し、漢学復興の風潮を醸成させた。こうして恵棟の『易漢学』が上梓されると、漢学はまさにヨーロッパの十四・五世紀の文芸復興期に「還れギリシャへ」と叫ばれたように、前漢の公羊学や、東漢許・鄭の訓詁学が再生し、輝かしい成果を齎した。

一方、礼学の研究は、宋代に朱熹が『儀礼経伝通解』を著し、『儀礼』を経とし、『周礼』・『礼記』、その他の礼学資料を伝として、礼学思想の総合的研究に先鞭をつけたが、この方法は漢代には見られず、朱熹独特の理論体系を誇る。また元代では、敖継公が『儀礼集説』一七巻を著し、金科玉条とされた後漢の鄭玄の訓詁の誤りを正した。これらの成果を踏まえ、さらに清朝考証学の方法を発揮して、皖派の総帥江永が、『礼書綱目』八五巻、首三巻を著し、朱熹の『儀礼経伝通解』の未完部分を補完し、『周礼』大宗伯篇の吉・凶・賓・軍・嘉の五礼の分類に従った。その後、著名な蔵書家毛晋の汲古閣の書と、銭曽の述古堂の書を入手した徐乾学は、『読礼通考』一二〇巻を著し、古代礼制度を集大成する偉業を成し遂げた。これは唐代の『大唐開元礼』が、吉・軍・賓・嘉・凶の五礼に基づき、当時の礼制度を集大成した成果に倣ったものであろう。これは康熙時代の著作であり、礼学の研究成果は、すでに完璧なものと思われた。

しかし、後に学者官僚である秦蕙田が、二六二巻にわたる『五礼通考』を著し、『周礼』の五礼に基づき、礼制度の集大成を試みたのである。これは徐乾学の『読礼通考』を超克しようとする野心的試みであり、果たして彼がいかなる学問的意図により、かかる研究に従事したのか、その真の狙いはどこに在ったのか、これはいささか興味を引かざるを得ない。しかも、彼は当代の優秀な官僚の支援を得て完璧を期したのである。これらの礼学に対する学問的意欲は、従来の研究成果に満足できなかったからであろう。そこで私は、秦蕙田の人物と彼の礼学思想形成を探索する中で、彼が徐乾学の『読礼通考』を超克しようとした意図は、果たして那辺にあったかを、『五礼通考』の記述を通して、その礼学思想の内容と特色を明らかにし、本書の礼制度、並びに礼学思想に占める価値と役割につき考察を加えてみたいと思う。

一、秦蕙田の学問形成と『五礼通考』

秦蕙田（一七〇二、康熙四一―一七六二、乾隆二七）、字は樹峰、江南金匱（現、江蘇省無錫）の人で、乾隆元年に一甲三名の進士（殿試の探花）となり、編修を授けられ、南書房行走を命じられた。六年に順天府武郷試副考官に充てられ、七年に上書房行走となった。因みに行走とは、専任官でない者をいう。八年閏四月に、侍講に遷り、六月に右庶子に遷った。八月に右通政に遷り、一一月に内閣学士に抜擢された。そして、一〇年に礼部右侍郎に遷り、その後、工部尚書・刑部尚書・太子太保・会試正考官を歴任し、二九年四月、病を以て解任を乞うたが、許されなかった。いかに彼が天子の信任に厚かったかを物語るものである。その後、郷里に帰る途中で病没した[(1)]。

秦蕙田は経学に通じて、文章を能くし、最も三礼に精通し、『五礼通考』を撰した。主として経史を採り、次に諸家の伝説、及び儒先の未だ決し得ない所に及んで疎通証明し、後儒をして折衷させるようにした。そして、楽律を吉礼に付し、天文・暦法や方輿・疆理を嘉礼に付した。それは博大閎遠で、条貫賅備する傑作であった。また好んで易、及び音韻・律呂・算数の学問を治め、皆な著述が見られる[(2)]。

『五礼通考』は、冒頭に、「礼経作述源流上下」、「礼制因革上下」を掲げているが、これはまさに本書の総論にあたり、その後に五礼に関する体系的記述が見られる。これはまさに各論に相当する。これは礼制度に関する近代的な体系を持つ構成であり、従来の礼学書には見られず、まさに本書の特色と言えよう。次に秦蕙田が「礼経

作述源流上」に引用した、歴代の礼に関する先儒の貴重な見解を紹介して、礼学の参考に供したい。(3)

王氏通曰く、吾、千載を視て、上聖人《かみ》の上に在る者、未だ周公の若《ごと》き有らず。その道は則ち一にして、経制大いに備はる。後の政を為す者の持し循《したが》ふ所あり。

陸氏徳明曰く、周・儀の二礼は、並びに周公の制する所なり。三礼の次第は、周（礼）を本と為し、儀（礼）を末と為す。

孔氏穎達曰く、洛誥《らくこう》（『尚書』）に云ふ、朕が昭子（成王）の刑（国を統治する計画）を考《な》すは、乃ち文祖（文王）の徳を単《おお》いにすることなり。礼記の明堂位に云ふ、周公政を摂して六年、礼を制し、楽を作り、度量を天下に頒《わか》ち、制する所の礼は、則ち周官・儀礼なり。

賈氏公彦曰く、周礼・儀礼は源を発するは、是れ一なり。理に始終有り。分かちて二部と為す。並びに是れ周公、政を摂する太平の書にして、周礼を末と為し、儀礼を本と為すと。

以上の記述の矛盾点につき、編集者のひとりである方観承の次のような解説が掲げられている。「陸氏が周を本と為し、儀を末と為すと謂ふ者は、周礼は乃ち礼の綱要、儀礼は乃ち礼の節目なればなり。賈氏は又た周礼を末と為し、儀礼を本と為すと謂ふ者は、周礼は乃ち経世宰物の宜、儀礼は乃ち敦行実践の事なればなり」と。つまり、このような編修方法は、本書の特色の一つと言わざるを得ない。

韓氏愈曰く、予嘗て儀礼の難読に苦しむ。又その今に行はるる者は、蓋し少なし。沿襲同じからず、之を復するに由《よし》無し。今ま考ふるに、誠に之を用ふる所無し。然れども、文王・周公の法制、粗《ほ》ぼ是《ここ》に在り。孔子が吾は周に従はんと曰ふは、その文章の盛んなるを謂ふなり。古書の存する者は希《まれ》なり。百氏の雑家すら尚ほ取るべき有り。況んや聖人の制度をや。是《ここ》に于《おい》てその大要・奇辞・奥旨を掇《と》って篇に著く。学者観《み》るべし。惜しいかな、吾はその時に及ばず。その間に揖譲進退す。嗚呼盛んなる哉。

程子曰く、麟趾・関雎の意有って、然る後に能く周官の法度を行ふと。問ふ、周礼に訛欠有りや否やと。程氏曰く、甚だ多し。周公、治を致すの大法も亦た、その中に在り。須らく道を知る者は、之を観て、是非を決すべきなり。礼記の中に、聖人の格言有り、俗儒の乖謬《かいびゅう》の説有り。乖謬の説は、本《もと》より格言に混ずる能はず。只だ学を為す者は、珠玉の泥砂に在るが如きを辨別する能はざるのみ。聖人の文章は自然にして、文を為《つく》ることを学ぶものと同じからず。これを譬ふれば、生物を化工して剪裁するは、絵画は相類するに似たりと雖も、終に化工の生ずる所の者に、自ら一般の生意有るに若《し》かず。礼記の儒行・経解は義理に害ありと。又曰く、儒行の篇は、後世の遊説の士の為す所の誇大の説の如しと。孔子の平日の語言を観るに是の如き者有りや否やと。礼記は中庸・大学を除き、唯だ楽記のみを最も道に近しと為す。学者は深思して之を自得せよ。表記も亦た道に近く、その言は正し。張子曰く、周礼は是れ的当の書なり。然れどもその間、必ず末世に増入する者、盟詛《めいしょ》（誓約する）の類の如き有り。必ず周公の意に非ず。蓋し盟詛は王法行はれざるに起る。人は直を取る所無し。故に之を神に要む。謂ふ所の国、将に亡びんとして神に聴くなり。天官の職は、須らく襟懐洪大にして看得すべし。蓋しその規模、至大なること此の如し。心事《つか》へんと欲するも、事上、曲を致し、窮究湊合す。此の心、是の如きの大ならば、必ず得ること能はざるなり。周礼は唯だ太宰の職のみ看ること難し。蓋し大心胸を許すなくんば、包羅して此れを記し得たるも、復た彼の其の混混たる天下の事を忘れ、当に竜蛇を捕へ、虎豹を搏《う》つが如く、心力を用ふべし。方を看れば可なり。その他の五官は便《すなわ》ち看易く、一職に止まるなり。

周氏諝《しょ》曰く、礼経の残欠久し。世の伝ふる所の周礼と曰ひ、儀礼と曰ひ、礼記と曰ふも、その間、独り周礼のみ太平の成法と為す。儀礼は又た之に次《つ》ぐ。礼記は先王の法を雑記して、尚ほ漢儒の付会の疵多し。此れ学者の宜しく精択すべき所なり。

呂氏大臨曰く、冠昏・射郷・燕聘は、天下の達礼なり。儀礼に載する所、之を礼と謂ふ者は、礼の経なればなり。礼記に載する所、之を義と謂ふ者は、その経の義を訓ずるのみ。周礼は直に一物としてその所を得ざる無からしむ。故にその書は、一言として仁に非ざるは無し。

晁氏公武曰く、西漢の諸儒は、古文礼を得ること凡そ五十六篇、高堂生は士礼十七篇を伝へて儀礼と為す。喪服伝一巻は子夏の為る所なりと。

楊氏時曰く、周官の書は、先王経世の務めなり。講ぜざるべからずと。

朱子曰く、周礼は周公の遺典なり。胡氏父子は以て王莽が劉歆をして此れを撰せしむと為す。此れ恐らくは然らず。周礼は乃ち周家の盛時、聖賢制作の書なり。周礼の一書は、周公の許多の条貫を立て下す所以にして、皆な是れ広大の心中より流れ出づ。周官は徧布精密、乃ち周公が天理を運用せる熟爛の書なり。制度を説くの書は、唯だ周礼・儀礼のみ信ずべし。礼記は便ち深く信ずべからず。周礼は畢竟一家より出づるも、是れ周公の親筆と謂ひ做《な》し成すは、固より然るべからず。大綱は却って是れ周公の意思なり。　天官の職は是れ五官を総ぶる者なり。若しその心大ならざれば、如何《いかん》ぞ許多の事を包み得んや。且つ冢宰は、内は王の飲食・衣服より、外は五官の庶事に至るまで、大より小に至るまで、本より末に至るまで、千頭万緒なり。若し是れその心を大にせざる者は、処を区《わか》ちて、副に応じ、事、面前に至って、便《すなわ》ち且《まさ》に事を区《わか》たんとして下らず。況んや先事に于て寘思《しし》（思いを留めること）を措《お》いて、預防を患ふるをや。是れ多少の精神を著せば、記し得る所以なり。此れ復た彼の仏氏を忘れ、只だ合《まさ》に那《あ》の心を将《もっ》て頓《とみ》に下すべし。無用の処、纔《わず》かに歩を動かさば、便ち疎脱せん。吾が儒、窮理致知を貴ぶ所以なり。便ち須らく事事物物、理会し過ぐるべし。（中略）儀礼は是れ古人が預《あらかじ》め一書を作ること此の如きに非ず。初めの間は只だ義を以て起し、漸漸相襲《あいかさ》ね行きて、好きを得たり。情文の細密を極め、周緻を極むる処に至りては、聖人、この意思の好きを見る。故に録して書を成す。只だ古人が君臣の際を看るに、君は臣の喪に臨み、坐《そぞ》ろに撫して心に当て、経《てつ》して踊るを要す。今日の事は、死生の際に至り、恝然《かいぜん》（平気でいるさま）として相関せず、啻《ただ》に路人の恩義、安《いず》くに在るのみならず。　儀礼は旧《も》と六経三伝と並び行はれ、王介甫（安石）に至り、始めて罷め去る。その後、春秋を復すと雖も、而も儀礼は卒《つい》に廃す。今の士人は礼記を読むも、儀礼を読まず。故に本末を見る能はず。　世に礼記は、漢儒の作と為すと謂ふは非なり。漢儒の最も純なる者は、董仲舒に如《し》くは莫《な》し。仲舒の文の最も純なる者は、三策に如くは莫きも、曷《なん》ぞ嘗て礼記中に在るの語ならんや。楽記に謂ふ所の、天高く地下《ひく》く、万物散殊して礼制行はる。流れて息まず、合同して化して楽興るが如きは、仲舒安んぞ能く此《ここ》に到らん。　礼に経有り、変有り。経は常なり、変は常の変なり。先儒は曲礼を以て変礼と為す。蓋し、曲は委曲の義、故に以て変礼と為す。然れども敬せざること毋れ、安定の辞なり、民を安んずる哉、此の三語は、之を変と謂ひて可ならんや。先儒は儀礼を以て経礼と為す。然れども、その中に亦た自ら変有り。又た一律に観るべからず。

以上の他、熊朋来・湛若水・董承叙・徐乾学・万斯大・葉夢得・王応麟の見解も紹介されているが、紙幅の関係で省略に従う。そして、「礼経作述源流下」では、主として『漢書』藝文志・『隋書』経籍志・『明史』藝文志、『唐書』・『宋史』藝文志、黄寛榦の『儀礼経伝続通解』、楊復の『儀礼図解』等の礼制度に関する古文献に就き、詳細な記述が見られる。その後に「礼制因革上下」が詳述され、総論を構成する。次にこれに就き、その内容を紹介したい。

二、『五礼通考』に見える礼制因革の解説

因革とは因由、つまり事の起こりと、礼の改革を意味する。冒頭に『尚書』の虞書舜典に対し、「五礼を修む」と題し、「帝曰く、咨《ああ》、四岳よ、朕《わ》が三礼《れい》を典《つかさど》るもの有るかと。僉《み》な曰く、伯夷と。帝曰く、兪《しか》り、咨《ああ》、伯よ、汝秩宗と作《な》れ、夙夜惟《ねがわ》くは寅《つつし》み、直にして惟くは清なれと。伯 拝稽首して夔《き》・竜に譲る。帝曰く、兪り、往きて欽《つつし》まんかなと」を引用する。

『尚書』皐陶謨の「天、有礼を秩《つい》づれば、我が五礼に自《したが》ひて、(五つながら)庸《つね》にせんかな。」を引用し、五礼が『尚書』皐陶謨の記述に基づくことを明らかにしている。

唐の杜佑撰、『通典』の「伏羲より以来、五礼始めて彰かに、尭舜の時、五礼咸《み》な備はる」を引用する。これに関し、コメントはないが、杜佑の記述を尊重したのであろう。

以下、次のような文が引かれている。

『礼記』礼器に、「三代の礼は一なり。民共に之に由る。或は素、或は青、夏《か》（王朝）造り、殷因る」と。

『論語』に、「子張問ふ、十世知るべきか。子曰く、殷は夏礼に因る、損益する所、知るべきなり。周は殷礼に因る、損益する所、知るべきなり。その或は周を継ぐべき者は、百世と雖も、知るべきなり。子曰く、夏礼は吾れ能く之を言ふ。杞《き》は徴するに足らざるなり。殷礼は吾れ能く之を言ふも、宋は徴するに足らざるなり。文献徴する足らざるが故なり。足れば、則ち吾れ能く之を徴せん」と。

『中庸』に、「天子に非ざれば、礼を議せず、度を制せず、文を考へず。今ま天下、車は軌を同じうし、書は文を同じうし、行ひは倫を同じうす。その位有りと雖も、苟もその徳無くんば、敢て礼楽を作らず。その徳有りと雖も、苟もその位無くんば、亦た敢て礼楽を作らず。子曰く、吾れ夏礼を説くも、杞は徴するに足らざるなり。吾は殷礼を学ぶ、宋の存する有ればなり。吾は周礼を学び、今これを用ふ。吾は周に従はん」と。

『（尚）書』（偽古文）「周官」に、「宗伯は邦礼を掌り、神・人を治め、上下を和す。」と。

『周礼』に、「惟れ王、国を建つ。方を辨《わか》ち、位を正す。国を体《わか》ち、野を経す。官を設け、職を分ち、以て民極と為す。乃ち天官冢宰を立て、その属を帥《ひき》ゐて邦治を掌り、以て王を佐《たす》け、邦国を均しくせ使《し》む。地官司徒を立て、その属を帥《ひき》ゐて、邦教を掌ら使め、以て王を佐け、邦国を安擾す。春官宗伯を立て、その属を帥ゐて邦礼を掌ら使め、以て王を佐け、邦国を和らぐ。夏官司馬を立て、その属を帥ゐて邦政を掌ら使め、以て王を佐け、邦国を平らかにす。秋官司寇を立て、その属を帥ゐて邦禁を掌り、以て王を佐け、邦国を刑せ使む。」と。（〈呉澄の補記〉冬官司空を立て、その属を帥ゐて邦事を掌り、以て王を佐け、邦国を富ま使む。）

以上の記述は、重複部分が削除されている。そして次に天官の大司、地官の大司徒、春官の大宗伯などの記述があり、『春秋左氏伝』・『国語』、『礼記』王制・礼運・中庸の諸篇、『論語』・『孟子』、『史記』斉世家・孔子世家の記述が見える。その後に、秦蕙田は次のように述べている。(4)

蕙田案ずるに、春秋の時、博物閎覧、好意洽聞の大夫は、子産に如くは無し。叔向・晏嬰の諸人は、曽て未だ一たびも周礼・儀礼を見ず。蓋し、周公は文武の徳を成し、その王の郊禘・六官・五礼の諸大経大法を追ひ、皆な王朝に蔵し、柱下に掌り、固より見ることを得ざるなり。しかれども諸侯の籍、王室より頒《わか》ちし者は、則ち又たその害を悪み、已にして皆な之を去る。是《ここ》を以て孔子は先進に従はんと志し、夢に周公を見て、周に適きて、礼を老聃《ろうたん》に問ひ、周文の盛んなるを歎ず。しかる後に用ひる所の者は皆な周礼なるを知る。故に吾は周の礼に従はんと曰ふ。司馬氏曰く、魯に入りて孔子の廟に登り、その車服礼器を見るに、諸生時を以て礼を習ふ。その家は陳渉の王なり。魯の儒は孔子の礼器を持して、往きて之に帰す。漢の高祖は項籍を誅し、兵を引きて魯を囲む。諸儒、旧礼を習ふと称し、絃歌の音絶えずと。此れ周礼の絶えざること綫の如き者は、豈に大聖人の遺化、僅かに好学の国に存する者に由るに非ざるか。周礼の魯に在る、漢儒は孔子、礼を定め、信を楽しむと称す。

さらに秦蕙田は『史記』礼書・『漢書』礼楽志・郊祀志を引用し、次のように述べている。

蕙田案ずるに、礼は成周より盛んなるは莫し。漢興りて三百余年、西京未だ制作に遑《いとま》あらず。賈誼・董仲舒・王吉・劉向の諸人有りと雖も、班志《ママ》（班史、班固の後漢書の異称）の載する所は、僅かに議論を存するのみ。惜しい哉。孟子曰く、その礼を見て、その政を知ると。三代の治の復た後生に見えざる所以なり。

次に『通鑑』・『後漢書』祭祀記・『漢会要』・『礼儀志』を挙げ、こう述べている。

蕙田案ずるに、班固の志《し》（『漢書』の志）は、叔孫通の撰する所にして、儀礼の大半は秦の法を襲《つ》げば、則ち先王の旧に非ざるなり。河間献王の古事を采《と》り、増輯して五百余篇に至る。班の時に至り、已に見ること能はず。粛宗、鋭意制作し、群議を排止し、曹褒に委任し、君臣相得て一時の嘉会を誠にするなり。惜しい哉、撰する所の新礼は、古へに依る能はず。損益して多く讖緯を雑へ、虚盛の美有り。慨するに勝《た》ふべけんや。後に太尉張融・尚書張敏らその聖術を破乱するを奏す。帝、その奏を寝《や》む（中止する）と雖も、しかも漢礼は遂に行はれず。善い哉、劉歆の言に曰く、綴学の士は、陋に因りて寡に就き、口説を信じて伝記に背く。是れ末師にして往古に非ず。国家将に大事有らんとするに至り、若し辟廱《へきよう》（昔の大学）・封禅（天子が行う天地の祭り）・巡狩の儀を立つれば、則ちその原《もと》を知る莫し。蓋し、礼学の講ぜざる、古へより然りと為す。

秦蕙田の制作の意図が明瞭に看取される内容である。要するに礼学の今日的意義の欠如を問題提起したのである。その意味で礼制度の変遷を通じて、清朝の礼制度の在り方を確立する実践的役割を担った野心作と言えよう。彼が敢えて当時の役職である、経筵講官、刑部尚書、兼理楽部大臣、協理国士子監算学、前礼部侍郎を本書に堂々と掲げ、かかる重責を果たす意気込みを吐露したものと言えよう。

次に『続漢書』を著した応劭を評価し、これに由って漢代の制度が亡びなかったことを重視する。また、『三国志』・『晋書』・『宋書』・『南斉書』の礼書の中で、功績があった人物を顕彰する。さらに『隋書』経籍志・礼儀志、『唐書』藝文志、『唐会要』・『唐書』礼楽志を挙げ、王仲邱が撰した『大唐開元礼』に対し、「唐世五礼の文、大いに備はりて、後代之を用ふ。時に小しく損益有りと雖も、過ぐる能はざるなり」と高く評価した。また『唐六典』や、杜佑の『通典』について詳述する。以上が「礼制因革上」の内容である。

「礼制因革下」は、『宋史』太祖本紀・仁宗本紀・徽宗本紀・礼志・職官志を通して礼制度が記述され、宋代の碩学王応麟が著した『玉海』により補完している。次に『遼史』・『金史』の礼志、『元史』礼楽志・『元典章』・『明史』礼志について記述し、最後に「『大明会典』に至って、孝宗の朝より集纂し、その礼制に于《おい》て尤も詳なり。世宗・神宗の時、数《しばしば》増益有りて、一代の成憲、略是《ほぼここ》に具はる」と記している。

三、五礼の内容について

1　吉礼について

五礼の最初の吉礼一「圜丘《えんきゅう》、天を祀る」の記述の冒頭に、次のように述べている(5)

　蕙田案ずるに、礼は祭りより重きは莫し。祭りは天より大なるは莫し。天は百神の君たり。天子は百姓の主たり。故に惟だ天子のみ、歳に一たび天を祭る。周礼に冬の日至《にっし》（冬至）に昊天《こうてん》（天神）を祀り、上帝は圜丘に於て、冬至に陽生を取り、南郊に陽位置を取り、圜丘に象を取る。天に柴を燔《や》くは、気を達するに取る。その玉幣・牲牢・尊俎・楽舞・車旗の属、各《おのおの》以て類に象る。一名一物の微有りと雖も、精意のその間に存する有らざるは莫し。故に郊は天道を明らかにする所以なりと曰ふ。又た曰く、その義を明らかにして国を治むるは、諸《これ》を掌《たなごころ》に示すが如きかと。礼経明らかならざるに自《よ》り、章句の儒は、群言淆乱し、朝堂の上、議論紛拏《ふんだ》（いり乱れて相うつ）たり。六天は康成（鄭玄）に始まり、合祭は新莽（王莽）より起る。排撃する者は、余力を遺さず。然れども之を行ふこと数千百歳にして、未だ已まず。大都《おおむね》、註疏に沿ふ者は之を愚に失し、前代に因る者は、之を陋に失し、簡便を楽しむ者は、之を怠に失す。皆な旦明の義（夜あけがた、旦日質明の義）に交はる所以に非ざるなり。茲《ここ》に祀天門を輯《あつ》め、経を以て断と為し、史を以て案と為す。経伝これが綱領と為し、疏解これが条貫と為す。その紕繆《ひびゅう》を正し、その異同を一にして、歴代典礼の得失、廷臣建議の是非、洞として火を観るが若く、議礼家は考覧すべし。

末尾に記された「経書の記述を最終判断とし、史実を勘案し、経伝の記述を根本とし、注疏の解釈でこれを貫き、誤りを正し、異同を統一することにより、歴代の典礼の得失と、廷臣の建議の是非も明瞭と成る」と断じたのは、本書作成の根本精神を明らかにしたと言える。

なお、膨大な資料を誇る『五礼通考』の吉礼は、圜丘祀天に関しても、初めは『周易』益の卦の六二の爻辞、「王用《もっ》て帝を享《きょう》す。吉なり」から始まり、『書経』召誥篇の「牲を郊に用ふ。牛二」、『周礼』春官の「大宗伯の職、邦の天神の権を建つることを掌る」、『礼記』曲礼・王制篇の「天子は天地を祭る」、中庸篇の「郊社の礼は、上帝に事ふる所以なり」、『毛詩』周頌の昊天有成命《こうてんゆうせいめい》の序に、「天地を郊祀す」と記されているように、経書や史書には、圜丘祀天に関する記述が網羅され、明代に至っているのである。

圜丘とは円丘と同じで、天子が冬至に天を祭る円形の壇である。そして、本書の吉礼に関する記述は、一二七巻に及ぶが、その内容は時代に関する資料を含み、圜丘祀天は二〇巻を占める。

そのほかに、「吉礼」には、以下の項目について記述されている。

祈穀。大雩《たいう》（雨乞いの祭り）。明堂。五帝。日月。星辰。方丘祭地。社稷。四望山川。五祀。六宗。四方。四類。高禖《こうばい》（天子の子を求める祭りの名）。蜡臘《さろう》（年末に神々を祭る）。儺《だ》（おにやらい）。酺《ほ》（天子が認めた酒盛り）。盟詛《めいそ》（誓約する）。釁《きん》（動物の血を器に塗る礼式）。宗廟制度。宗廟時享。禘祫《ていこう》（先祖を祭る大祭）。薦新（季節にとれる産物を神に供えること）。后妃廟。私親廟。太子廟。大夫士廟祭。先代の帝王を祀る。先聖先師を祭る。孔子を祀る。功臣の配享。賢臣の祀典。親耕して先農（農業の始祖神農氏）を享《まつ》る。親桑（古礼で、季春の月に皇后が自ら桑を摘む典礼）して先蚕（始めて民に養蚕を教えた神）を享る。先火（始めて火を用いた神）を享る。先炊（炊母の神。始めて人に炊事を教えた神。『礼記』礼器篇）を享る。先卜（始めて卜筮を教えた神）を享る。先医（太昊伏羲氏・炎帝神農氏・黄帝軒轅氏の三皇をいう）を享る。古の祭厲《さいれい》。歴代の祭厲（『礼記』祭法篇には泰厲とある。鄭玄は厲を古の帝王の後亡き者とする）。

　最後の厲につき、秦蕙田は鄭玄説を批判して、次のように解説している(6)。

　蕙田案ずるに、厲の字義は和の字と相反す。泰は大なり。天子は天下を主る。凡そ天下その属を大《とうと》ぶ、皆な当に之を祀りて泰厲と曰ふべし。諸侯は一国を主る。凡そ一国の主無き者は、皆な公厲なり。公と私と相対す。大夫は一家を主る。凡そ一家の主無き者は、皆な族厲なり。族は同性の謂《いい》なり。（鄭）康成は公厲を以て諸侯の後無き者と為し、諸侯は公と称し、公厲と為す。族厲は大夫の後無き者と為す。大夫は　衆多なり、故に族厲と為すと。唯に理、礙隘《がいあい》（邪魔されて狭い）に拘るのみならず、しかも宏からず。王の泰厲、将《はた》何を以て之を訓ぜんや。明、礼の祭厲の文を集めたるは、之を得たり。

『礼記』の祭法篇は祭厲を七祀に列し、唐の開元礼も七祀を制し、宋代もこれを踏襲したが、明初において五祀を立て、別に祭厲の礼を立てた。秦蕙田はこれを支持したのである。つまり、『五礼通考』には、このように画期的な記述が散見する。本書の存在理由はここにあるといえよう。

2　嘉礼について

「嘉礼」には、以下の項目について記述されている。

即位改元。上尊号。朝礼。尊親礼。飲食礼。冠礼。昏礼。饗燕礼。射礼。郷飲酒礼。学礼。巡狩。象《しょう》を観て、時を授く。体国経野《たいこくけいや》（国を体し野《や》を経《けい》す。都城と邑里とを地わりして営む。体は分ける。国は城中。経は里数を定める。『周礼』天官に見える。）設官分職。

即位につき、詳細な記録が記されているが、『後漢書』祭祀志に「建武元年、光武、位に鄗に即く。壇営を鄗の陽に為って、天地を祭告す。元始中の郊祭の故事を採用す。六宗群神、皆な従ふ。未だ祖を以て配せず。天地は犢を共にす。餘の牲は約を尚《くわ》ふ」と記されているが、これに対し、秦蕙田は次のように述べている。(7)

蕙田案ずるに、位に即き、燔燎《はんりょう》して天に告げ、六宗を禋《まつ》り、群神を望むは、三代の後、始めて此に見ゆ。蓋し、是の時、経術大いに明らかにして、唐虞の迹を修復するなり。

これは極めて興味ある指摘である。つまり、後漢の光武帝の即位の儀式で、三代の伝統的行事が復活したという記述は、従来、看過されていたのではあるまいか。

次に、冠礼につき、秦蕙田は『礼記』曽子問篇を取り上げ、喪礼と関連づけている。(8)

参考のため、曽子問篇の引用文は次の通りである。

曽子問ひて曰く、将に子に冠せしめんとし、冠者至り、揖譲《ゆうじょう》して入るに、斉衰《しさい》・大功の喪を聞けば、之を如何にせんと。孔子曰く、内喪なれば則ち廃す。外喪なれば則ち冠して醴《れい》せず。饌《せん》を徹して埽《そう》し、位に即きて哭す。如し冠者未だ至らざれば、則ち廃す。如し将に子に冠せしめんとして、未だ期日に及ばずして、斉衰・大功・小功の喪有れば、則ち喪服に因りて冠すと。喪を除きて改め冠せざるか。孔子曰く、天子・諸侯・大夫に冕弁服を大廟に賜ふには、帰りて奠を設けて、賜服を服す。斯に於てか冠醮《かんしょう》有りて、冠醴無し。（注）酒を醮と為す。冠礼には醴（甘酒）重くして、醮（新酒）軽し。此れ賜服を服し、酒を酌用するは、賜を尊べばなり。醴せざるは、改めて冠するを為さざるを明らかにす。改めて冠すれば、当に之に醴すべし。

これに対し、秦蕙田は次のように述べている。

蕙田案ずるに、冠以て人の子為り、人の弟為るの道を責む。喪に遭へば、則ち哀を尽し、敬を尽して、子の道を全うす。冠せざるべけんや。冠者は喪を以てするも冠し、冠するに喪の冠を以てするなり。曽子問の喪服に因りて冠するは是なり。

「嘉礼」には観象授時があるが、その冒頭に秦蕙田は次のように論じている。(9)

蕙田案ずるに、尭、羲和に命じ、舜、璣衡を察し、紀数の書、観象の器、斯《これ》に法って大いに顕はる。周礼の春官に、馮相《ひょうそう》氏（天文星暦を掌る官）は十有二歳・十有二辰・十日二十有八星の位を掌り、その事を序《つい》ずるを辨じて、以て天位に会す。蓋し、天を敬して時を授くるは、固より宗伯の職なり。月は辰に会して月日を成し、星を紀して歳を成す。馮相の掌る所は、即ち唐虞の日月星辰の事、明らかなり。夫れ寅賓《いんぴん》（寅《つつし》んで賓《みちび》く）の類は、測を以て日に象り、嵎夷《ぐうい》に宅《お》り、南交に宅り、西に宅り、朔方に宅る。即ち後世の里差の法なり。星鳥（二十八宿中の鳥宿。春分の日の初昏の時、南に現れる中星で、井・鬼・柳・星・張・翼・軫《しん》の朱鳥七宿をいう。）の類は、測を以て星に象る。即ち後世の歳差の法なり。朞《き》（まる一年）は、三百有六旬有六日にして、閏月を以て四時を定めて歳と成し、測を以て月に象る。即ち後世の歳実、及び閏を置くの法なり。聖王、象を観て時を授くるは、皆な時に従ひて測騐《そくけん》（騐は験の俗字）し、大易の象を革に取るの義に合す。厥《そ》の後、春秋の時、閏を置くに法無く、食（日食・月食）或は朔を違へ、日南至（日至は夏至、南至は冬至）天に先立つ者、二三日を両紀す。梓慎・裨竈《ひそう》・史墨の徒は、禨祥《きしょう》（たたりとさいわい）に長じ、推歩（日月五星の運行の度数をおしはかって暦をつくる術）に短なり。漢初は猶ほ前弊を踵《つ》ぎ、東漢末より隋・唐に迄《いた》り、漸く改更有り。斗（北斗七星）の分を減ずるは、劉洪覚に始まり、歳差は虞喜に始まる。日月の平行せざるは、張子信に始まるを知る。平朔（太陰暦法における月の大小を定める方法の一つ。）を去り、定朔（朔より次の朔に至る期間までを一定とするもので、月の大小はおおむね交互に来て、まれに大の月が二回連続する。）を用ふるは、李淳風に始まる。僧一行《そういちぎょう》の大衍（暦）は、往古を推して朔を合し、符仲康に上《たてまつ》る。時に季秋の月の朔の辰にして、房の文を集むるに弗《あら》ず。諸家に較べ之を得たること多しと為す。元の授時を為すは、郭守敬・許衡に成る。王恂革めて術を去り、元日は分けて用ひず。惟だ制器を恃みて景《かげ》を測り、天に順ひて合ふを求め、考正する者は七事、創法する者は五事、諸家を超軼《ちょういつ》して、之が大統を明らかにし、授時を襲用して、その末期に迄《いた》るも、推歩は漸く交《こもごも》食するに差《たが》ひて効無し。時に西法適《たまたま》来たり、講求切なりと雖も、終に未だ施行されず。惟《おも》ふに我が聖祖仁皇帝は生知の天縦にして、象緯（日月五星をいう）の理に達し、河洛の精（河図・洛書の数に示された精）を探り、法を定めて書を著し、百代の旧章を正し、万世の成憲を貽《のこ》す。唐・虞の典謨も能く尚《くわ》ふる莫《な》きなり。茲《ここ》に本を六経に推して、以てその原《もと》を著し、累代を通考して、以てその変を窮む。会《たまたま》本朝に帰して、以てその成るを集む。凡そ日月の躔離《てんり》（日月の通る道）交《こもごも》食し、五星の遅疾ありて伏見し、恒星行きて、漸く差《たが》ふ。六曜の凌犯を受くるに及び、皆な清算して審らかに合する有り。惟だ太陽の輪に本づき均輪する（順番にやる）は、大由《よ》りして漸く小なり。黄赤二道は、度を距る、闊《ひろ》き由りして漸く狭し。斯れ則ち天行の革まる、当に時に随って測驗《そくけん》すべし。象を観る者、以て従事する所を審らかにすべし。

天文暦法は特殊のテクニカル・タームが使用され、実に難解である。したがって疑義なきを得ない。上述の歳差は、黄道と赤道との交点が、毎年、黄道にしたがって、西に退行する年差であり、冬至点、春分点が年々に少しずつ移動することである。（飯島忠夫著『天文暦法と陰陽五行説』二〇―七頁参照）なお、僧一行は夙に揚雄の『太玄経』に通じ、後に『開元大衍暦経』を作成した碩学で、『旧唐書』巻一九一に、その業績が詳述されているが、大衍とは『周易』繋辞伝上の「大衍の数は五十。その用は四十有九。分かちて二と為して以て両《りょう》に象《かたど》り、一を掛けて以て三に象り、之を揲《かぞ》ふるに四を以てし、以て四時《しいじ》に象り、奇《き》を扐《ろく》に帰《き》して以て閏《うるう》に象る。五歳にして再閏《さいじゅん》あり。故に再扐《さいろく》して而る後に掛く」に基づく。天の数は二十五で、これは陽の奇数である一・三・五・七・九の合計数である。地の数は三十で、これは陰の偶数二・四・六・八・十の合計である。つまり天地の数は五十五となり、その概数が五十である。占いでは五十から一本（太極にかたどる）を引き、四十九本で占う。なお、鈴木由次郎氏は二十四気に関し、僧一行の卦気図と『易緯通卦験』を比較され、一覧に供している。[10]

3　賓礼について

「賓礼」には、以下の項目について記述されている。

天子、諸侯の朝するを受く。覲礼。天子、諸侯・蕃国の朝覲を受く。会同（諸侯が集まって天子にお目にかかること。会同牢礼・会同賜与・会同盟約・会同祷祠・会同して射す等）。三恪二王の後（三恪は黄帝・尭・舜、二王は夏・殷の王で、その子孫）。諸侯、天子に聘せらる。蕃使に附きて朝貢。天子、使ひを諸侯の国に遣《や》る。

諸侯相朝す。諸侯会盟して遇ふ。諸侯、使ひを遣りて交《こもごも》聘す。士相見礼。など。

賓礼一の「天子、諸侯の朝を受く」につき、秦蕙田は次のように述べている。[11]

　蕙田案ずるに、易の比（の卦）の（大）象に曰く、先王以て万国を建てて、諸侯を親しむと。周礼大宗伯は賓礼を以て邦国に親しむと。賓礼の大なる者は朝より先なるは莫し。朝の別名を覲と曰ひ、宗と曰ひ、遇と曰ふ。舜典に云ふ、乃ち日に四岳群牧を観《み》ると。又た云う、肆《ほしいまま》に東后を観ると。又た云ふ、群后、朝を肆にすと。禹貢に云ふ、江漢、海に朝宗すと。惟だ遇礼は古へに見えずと。然れども以上の三者は、之を推さば則ち朝観・宗遇の名なり。虞夏以前は固より已に之れ有り。先儒謂ふ、夏宗は春に依り、冬遇は秋に依ると。故に経伝は多く朝覲を言ひて、罕《まれ》に宗遇に及ぶ。又た文に対して、之を言はば、則ち朝覲宗遇は、その時、その儀、別有り。散文は則ち皆な言ふ、朝は故《も》と覲礼、諸侯は朝に前《すす》み、皆な舎（仮に泊まる所）を朝に受くれば、則ち覲も亦た朝と云ふ。春秋僖二十八年夏五月、公、王所に朝す。冬、公、王所に朝すれば、則ち宗と遇とは、亦た朝と云ふなり。儀礼に惟だ覲礼一篇有り。今ま博く諸《もろもろ》の経伝の文を引きて、以て之を補ひ、名を統べて曰く、朝は区分せずと云ふと。

因みに、『周礼』春官大宗伯に「春見を朝と曰ひ、夏見を宗と曰ひ、秋見を覲と曰ひ、冬見を遇と曰ふ」とある。次に蕃王が来朝するときは、唐の『開元礼』にも「束帛を以て迎へて労ふ」とある。そして、皇帝は蕃国の主を宴し、『新唐書』礼志や、『唐六典』にも詳述され、その後、『宋史』礼志・『明会典』にも同様の記述が見られるが、異民族である征服王朝の『元史』礼楽志には、「太祖元年、大いに諸侯王を阿難河に会し、皇帝の位に即き、始めて九斿白旗を建つ」とある。しかし、『明集礼』には「蕃国来朝すれば、正旦の聖節の大朝会の日を俟ちて礼を行ふ」とある。これにつき、蕙田は「案ずるに、元時の宗室の諸王は、西北の辺外、極遠の地及び魯趙・昌鄆《しょううん》・高麗の地に分封され、世《よよ》主を尚んで宗王に比し、倶に専制を得たり。一方、自ら陪臣に任じ、古封建の遺意有り。その来朝には、則ち金銀鈔幣の賜有り、史は書を絶たず、朝の儀を受くるに至るも、史志未だ之を詳らかにせず」

と述べている。これにつき、『明会典』では、「穆宗の隆慶元年、親王の朝観の礼をして久しく行はず、今後、必ずしも具《つぶさ》に礼部に奏し、各《おのおの》王府（王族の邸宅）に通行して知会（知らせる）せざらしむ」と記している。

4　軍礼について

「軍礼」には、以下の項目について記述されている。

軍制。出師（出師時令。親征。諸侯専征。将に命じて廟に告ぐ。軍中職事。営陣行列。車輅《しゃろ》。旌旗。兵器。軍容。坐して進退撃制の節を作《な》す。軍中刑賞。軍中の祭り。致師。凱旋して祭りを告げ、俘《とりこ》を献ず。献捷《けんしょう》。受降。飲至。論功行賞。師功あらず。遣戌《ママ》（戍《じゅ》））。校閲。車戦。舟師。田猟（田猟時令。田猟官、戒具を司る。田猟、政令を徴発す。田猟祭祀。春蒐《しゅんしゅう》（春の狩、孕まないものを捕獲）。夏苗《かびょう》（苗を害する獣を捕獲）。秋獮《しゅうせん》（秋気に順い捕獲して殺す）。冬狩（冬は捕獲する）。禽《きん》を頒ち、祭りに供ふ。諸侯、天子の田猟に従ふ。諸侯の田猟。大夫の田猟。田猟に物を取らすの仁。経伝の田猟の事）。馬政（馬に関する一切の法規）。など。

秦蕙田は軍礼一の軍制に関し、その冒頭に次のように述べている。(12)

案ずるに大宗伯は、軍礼を以て邦国の大師の礼と同じうし、その首《はじ》めに居る。蓋し、先王は礼を以て神人を治め、上下を和して、将に斯の世を大同に合はさんとす。而れども四方の邦国は、礼を変へ、楽を易へて、自ら王章に悖る者無き能はず。礼の治むる能はざる所は、則ち兵以て之を威す。初めより民を労ひ、衆を動かして、以て一人の私を快くするに非ず。易に曰く、剛中にして応ずと。（臨の卦の彖伝）険に行きて順ひ、此れを以て天下を毒するも、而も民は之に従ふ。此れ邦国の同ずる所以なり。成周の制は、田を以て賦を定め、賦を以て兵を出し、征伐は之を司馬に隷《したが》ひ、而して伍籍は之を司徒に属す。居れば、則ち為に閭族党州に比《した》しむ。郷出づれば、則ち伍両の卒、旅師の軍と為る。故に兵は即ち農なり。吏は即ち将なり。国は兵を養ふの費を知らずして、将も亦た兵を擅《ほしいまま》にするの権を得ず。その法は最も善を尽すと為す。三代以降、兵と農と分かれ、その規画経制は代《よよ》各《おのおの》同じからず。史家は具さに在るも、略して言ふべきなり。史志の例は、軍制を以て之を兵志に入れ、出師の命を以て、将に告げ祭らんとす。凱旋の諸儀は、之を礼志に入る。然れども軍を制し、賦を定むるは、実に国を為《おさ》むるに礼を以てするの一大端にして、その繫る所は、尤も重大と為す。茲《ここ》に軍礼を編次するに、特に軍制を以て首《はじ》めと為す。郷遂《きょうすい》（都の外まわりの畿内の地。周の制では、王城を去ること五十里より百里までを郷、百里以外を遂といった）都鄙、軍を出す多寡は同じからず。田制に異略有るに由りて、先儒の説を述べ、類を以て見を付す。

冒頭に大同とあるのは、理想的なユウトピアである原始共産制社会で、『礼記』礼運篇の大同の記述に基づく。礼運篇には老荘思想が混入していると言われるが、秦蕙田が清代の乾隆時代に、大同社会の実現を先王の理想的政治思想と認識していたのは興味を引く。清朝末期に康有為が公羊学の政治思想として、『大同書』を著し、弟子の梁啓超をして火山の噴火と評させたが、大同につき、秦蕙田は夙に乾隆時代に、『五礼通考』の軍礼の中で触れていることは、ほとんど知られていない。次に彼が田猟を軍礼に位置づけ、農業の興隆と関係づけて、その重要性を詳述しているのは看過できない。したがって、いささか興味を引かざるを得ない。これに就き、秦蕙田

はその冒頭に次のように述べている。(13)

田猟の礼は、皇古（『史記』は天皇・地皇・人皇。『春秋運斗枢』は伏羲・女媧・神農）より起る。伝に曰く、古者《いにしえ》は聖人、事を挙ぐるには必ず本に反《かえ》る。五穀は以て宗廟に奉じ、万民を養ふなり。禽獣多ければ、則ち稼穡を害す。故に田猟以て宗廟に共承《きょうしょう》（恭《うやうや》しく受ける）し、武備を忘れざるを示す。因りて以て田を為して害を除くなり。是《ここ》を以て師（『易経』師の卦）の六五は象《しょう》を田に禽《きん》有るに取る。程子（頤）は以て寇賊姦宄《かんき》（内外の悪徒）と為し、生民の害と為す。若し禽獣、田中に入りて稼穡を侵害すれば、義に於て宜しく取るべければ、則ち猟もて之を取る。その義は精なり。天の時に順ひ、地の利に因るに至っては、賓祭に備へ、軍を蒐《あつ》めて実習して、懲怠に労《つと》む。尊明を辨じ、一事を挙げ卑《し》めて、衆善皆な備はる者は此れなり。秦漢より以下、毎代、皆な田猟の事有り。今ま周官に折衷し、その沿革を考へ、類を以て相付す。

文末に述べたように、軍礼に関しては、『周礼』夏官の司馬の記述を折衷して、軍礼に関する沿革を考察して、上述の分類に従ったことを明らかにした。

5　凶礼について

荒政（備荒の政）。災傷を検勘す。使を遣し恤を存せしむ。征を薄くす。刑を緩くす。力を弛む。禁を舎《お》く。幾《きざし》を去る。眚礼《せいれい》（眚は災い、過ち）。哀を殺《そ》ぐ。楽を蓄《おお》くす。鬼神を索む。盗賊を除く。分《ぶん》を勧《すす》む（当然なすべきことを勧める)。民を移し財を通ず。荒政を統論す。札礼。禬《かい》礼(災いをはらう)。恤礼。唁礼《げんれい》(災難にあった人を訪ね慰問する礼)。問疾礼。喪礼。儀礼喪服。儀礼既夕礼。儀礼士虞礼。など。
秦蕙田は凶礼の冒頭に荒礼を挙げ、特に注目すべきは、清代初期の考証学者顧炎武の名著『日知録』を引用している。そして荒礼につき、次のように論じている。(14)

陰陽の沴《れい》は、国家代《よよ》有り。尭・湯の世と雖も、水旱の患ひ無き能はず。恃む所の者は、荒政(飢饉をすくう政策)以て之を済ふ有るのみ。大宗伯の凶礼の目《もく》は、荒礼を以て喪礼に次す。蓋し、王者は天下を視ること、猶ほ一家のごとし。四海の内、匹夫もその沢を被らざる者有れば、疾痛痾癢《あよう》(かゆい病気)の切なるが如く、身必ず安んじて之を全うする所以を求む。謂ふ所の吉凶は、民と患ひを同じうする者とは此れなり。然れども、之が已に荒れるたるを救ふは、これを未だ荒れざるに備ふるに如かず。故に備荒の政を先と為す。災傷已に成るに及びては、則ち検勘、及び遣使存恤の令有り。大司徒は荒政十二を以て万民を聚む。条目精詳、鉅細畢《きょさいことごと》く備はる。後代、救荒を言ふ者は、大率《おおむね》是を外《はず》す能はず。今ま捃りて以て綱と為して、史事の類を以て之に付す。他の勧分・移民・通財の法の如きは、皆な経伝に見えて、後世に行はるべき者なり。故に十二荒政の後に付す。卹民《じゅつみん》(人民をあわれみいつくしむ)の要略は、此れに具はる。

次に凶礼七の喪礼の冒頭に、秦蕙田は次のように述べている。(15)

周礼の大宗伯は、凶礼を以て邦国の憂ひを哀れむ。その別に五有りて、首《はじ》めに云ふ、喪礼を以て死亡を哀れむと。蓋し、惟だ死を送るは、以て大事に当たるべし。故に先王の制礼は、吉礼而外《じがい》は、喪礼より詳しきは莫し。五等の服、疏衰《そさい》（親しくない者の喪服）の制、軽重の宜、変序の節は、皆な親疏貴賤に本づきて進退し、之を損益す。天より降るに非ざるなり。地より出づるに非ざるなり。人情のみ。儀礼の喪服・士喪・既夕・士虞の諸篇は、皆な元より公の手筆にして、義理精微、条縷明晰なり。徐氏の通考の喪礼は、最も詳らかなり。顧ふに儀礼の経文は、諸経及び子史と相雑ふ。茲の編の吉・嘉・賓の儀礼は、已に全て前に載す。特に喪礼以下の四篇を取って凶礼に入れ、以て十七篇の本経を存す。而して儒先の説、徐氏の未だ見ざる所有るも、亦た付して録す。

秦蕙田は、徐乾学の『読礼通考』を克服して、『五礼通考』を著したが、徐氏の書が喪礼に関し、詳細を極めていることを高く評価するとともに、徐氏の書に、先学の重要な学説が欠落している点を補完したことを明らかにした記述は看過できない。ここにも『五礼通考』が上梓された意図が十分に理解される。

おわりに

乾隆年間に上梓された秦蕙田撰『五礼通考』は、原刊本は中国でも入手し難く、文淵閣（四庫全書）本も訛脱少なからず、台湾の王欣夫氏の旧蔵本が復刻され、研究者に利用されている。この本は戴震・王鳴盛・銭大昕らの手校を経た稿本と、盧文弨・姚鼐らの朱筆の校語が見られる珍本から構成される。因みに私も来知徳の『周易集注』の文淵閣本を使用し、一頁に多くの誤記を発見して驚いたが、『五礼通考』本も同じであることを知った。それはともかく、『五礼通考』は古代から明代に至る、中国礼制度の記述を網羅し、到る所に秦蕙田及びその他の碩学の詳細な案語が添えられ、実に各時代の礼制度の実体と、その変遷過程を知り得る、極めて重要な文献である。本稿では、まさに全豹の一斑を明らかにするに止まったが、この論考により、礼制度の内容と実態が、いささかなりとも理解されれば幸甚である。紙幅の関係で、秦蕙田の個々の礼学制度に関する見解を詳述できないが、彼が敢えて『五礼通考』を著して、『礼記』祭法篇の泰厲に就き、明代において七祀を五祀とした見識を支持している点など、看過できないところである。

ところが、完璧を期した『五礼通考』の上梓にも拘らず、降って光緒時代に至り、黄以周が『礼書通故』を著し、碩学兪樾が推奨の序文を寄せているが、これは五礼の分類を取らず、野心的な礼制度に関する体系的記述を試みている。しかも、『五礼通考』との優劣は、人によりその評価を異にする。たまたま、公益財団法人無窮会専門図書館架蔵の三宅真軒の漢籍目録を一覧すると、『五礼通考』は無く、『礼書通故』が見えるが、これは真軒先生の見識に基づくものか否かは不明である。さらに興味あることに、今日、中国では清朝の経学に関する校点本が続々出版されているが、礼学に関しては、厖大な『五礼通考』ではなく、黄以周の『礼書通故』が選択されている。分量の点も考慮されたであろうが、礼学に関する最良の書と評価したに違いない。いささか関心無きを得ない。

〈注〉

(1) 王鍾翰点校『清史列伝』第五冊　巻二〇　秦蕙田　中華書局
(2) 趙爾巽等撰『清史稿』第三五冊　巻三〇四　秦蕙田　中華書局。
(3) 秦蕙田撰『五礼通考』第一冊　巻首第一　中文出版社　平成六年。
(4) 秦蕙田撰　前掲書　第一冊　巻首第三　五葉。
(5) 秦蕙田撰　前掲書　第一冊　巻第一　一葉。
(6) 秦蕙田撰　前掲書　第四冊　巻一二七　六葉。
(7) 秦蕙田撰　前掲書　第四冊　巻一二八　二四葉。
(8) 秦蕙田撰　前掲書　第五冊　巻一四八　二七葉。
(9) 秦蕙田撰　前掲書　第六冊　巻一八一　一葉。
(10) 鈴木由次郎『漢易研究』（増補新版）一九一―九四頁　明徳出版社　昭和四九年。
(11) 秦蕙田撰　前掲書　第七冊　巻二三〇　一葉。
(12) 秦蕙田撰　前掲書　第七冊　巻二三三　一葉。
(13) 秦蕙田撰　前掲書　第七冊　巻二四二　一葉。
(14) 秦蕙田撰　前掲書　第八冊　巻二四六　一葉。
(15) 秦蕙田撰　前掲書　第八冊　巻二五二　一葉。

第十五章　黄以周の礼学思想 ―『礼書通故』を中心として ―

はじめに

明代から征服王朝の清代になると、礼学思想・制度に関して、康熙時代に徐乾学が『読礼通考』を著し、礼学の変遷過程を詳述して注目された。さらに乾隆時代に及び、秦蕙田が『読礼通考』を超克して、野心的な『五礼通考』を上梓した。これにより礼学思想・制度の変遷と実態は完璧なものとなり、金科玉条として揺るぎなき存在となった。これらの成果は、唐の杜佑撰の『通典』、宋の鄭樵撰の『通志』、元の馬端臨撰の『文献通考』など、いわゆる九通の先駆的業績に恩恵を蒙っているが、礼学思想・制度の変遷を体系的に纏めた功績は、高く評価されねばならない。

ところが、清朝末期の光緒時代に、黄以周が五礼の枠を取り除いた方法により、その内容も圧縮して、『五礼通考』よりも遥かに分量が少ない『礼書通故』を上梓した。しかも皖派の碩学兪樾が序文を寄せて推奨し、まさに中国礼学に関する思想・制度の決定版と称すべき存在となった。これに関しては、『五礼通考』を以て白眉とする学者もあり、一概にその優劣を論じ難いが、『五礼通考』の誤りを正した功績は、特に評価すべきである。

ところで、公益財団法人無窮会図書館に架蔵される三宅真軒の礼書には、『五礼通考』は無く、『礼書通故』が見られる。果たして真軒先生が『礼書通故』に軍配を挙げられたかは不明であるが、いささか興味をそそられる。さらに近年、中国では「十三経清人注疏」と題する貴重な経学関係の文献が、校点本[1]として多く出版されたが、その中に『礼書通故』が選択されたのは、看過できない。一方、本書の台湾における復刻版[2]は、異体字が多く、且つ無点本で、極めて解読しにくいが、校点本は異体字を改め、さらに校定を加えているので、研究者に役立っている。

本稿では、『礼書通故』を上梓した黄以周の学問的背景を探索し、本書執筆の意図を考察し、彼が『五礼通考』のいかなる点を克服したかを究明し、その礼学思想・制度の体系を明らかにしたい。

一、黄以周の学問形成と『礼書通故』

黄以周（一八二八、道光八――一八九九、光緒二五）、字は元同、同治九年の挙人で、大挑の教職より遂昌・海塩・於潜の訓導を歴署し、分水の訓導に補せられ、光緒一四年に、学政の瞿鴻禨の保薦により、内閣中書銜を賜り、また一六年に学政の潘衍桐の保薦により、教授に昇進した。そして、処州府教授に補され、二五年に七二歳で卒去した。

性は孝友で、四歳で母を亡くしたが、継母に仕えること生母のごとくであった。若くして父黄式三の学を伝え、従兄の黄以恭と経課を作って相質した。初めて『周易』を治めて『十翼後録』著し、群経を治めて『読書小記』

を著し、最も三礼を主とした。彼は三代以下の経学は、鄭玄・朱熹を最高と考えた。そして、漢学派は大道を破砕し、宋学派は経学を棄てて臆説を逞しくするため、鄭・朱を合せなかったならば、孔・孟は論じられないと考えた。因って顧炎武の経学即理学の訓えを守り、孔門の博文約礼を討究した。

そして、帝王の礼典を考えるには、その任務としては、通ずることを求め、後聖が行うべきことを告げるに在りと考え、後世の祀を報じ、廟を立てる典礼に明らかでない点を挙げ、こう論じた。「劉歆云ふ、天子は七廟、七はその正法の数にして、常数とすべき者なり。宗はこの数の中に在らず。宗は変ずるなり。苟も徳有らば、則ち宗は予め数を設くることを為すべからず。故に周公は無逸の戒め（『尚書』無逸篇は、周公が成王の安逸を戒めて作った）を為し、殷の三宗（殷王の中宗・高宗・祖甲）を挙げて以て成王に勧むと。劉氏のこの説は甚だ明らかなり。蓋し、殷の三宗、周の成・宣の後、世《よよ》その徳を宗とし、別に廟を立てて以て報祭（祈願成就のお礼に神仏を祭る）す。凡そ報には必ず廟有り。特に宮寝は左に在らず、正廟と並ぶのみ。

彼は秦蕙田の『五礼通考』を読み、その吉礼には好んで鄭玄を難じ、軍礼には甚だ鄭玄に阿る記述に悩んだ。そこで『礼説略』を著した。そして、後に戴聖の『石渠奏議』、許慎の『五経異義』に倣って、『礼書通故』一〇〇巻を著し、叙目四九につき、四九年の歳月を費やした。その自序に、「高密（鄭玄）は詩に箋して屢《しばしば》毛伝を易へ、礼に注して屢《しばしば》先鄭（鄭衆、鄭司農）に異なる。識すでに六藝に精通し、学は専ら一家を守らず。この書の作は、窃《ひそ》かにこの意を取る」と述べている。これに対し論者は、「その博学詳説、非を去って是を求むるは、以て先王制作の堂奥を窺い見るに足る。秦蕙田の書の博きに比して、及ばずと雖も、精或は之に過ぐ。又た経に訓詁有るを以て、経を明らかにす。道に造《いた》る所以なり」と評価した。

以上の記述は『清史列伝』(3)を参照して纏めたものであるが、本書執筆の意図・方法・信念が理解される。因みに戴聖は前漢中期の礼学者で、小戴と号し、大戴と称せられた戴徳の甥で博士となり、石渠閣で経書の異同を辨じ、九江太守となった。つまり、前漢の宣帝の甘露三年（紀元前五一年）に、未央殿の北にある秘書を蔵する石渠閣において、天子も臨幸して、諸儒に命じて五経の同異を講ぜしめた。その故事に倣って、古文と今文に精通していた後漢の許慎は『五経異議』を著し、これを批判した碩学鄭玄は、『駁五経異議』を著し、まさに経学の全盛時代を築いたのである。なお、『石渠議奏』は亡軼したが、唐の杜佑が撰した『通典』の中にその一部が収載されている。又、後漢に白虎閣で五経の同異を論じた内容は、周知のごとく『白虎通徳論』に収載されている。要するに、黄以周は経典校勘の原点に立ち返って、実事求是を標榜した漢代の方法で、礼学の総合研究を総括したと云える。

ところで、『礼書通故』の構成は、秦蕙田の『五礼通考』とは異なり、五礼の分類は採用せず、専ら礼制度の機能に基づき五〇種類に分類されている。その内容は、礼書通故一巻、宮室通故二巻、衣服通故四巻、卜筮通故、冠礼通故、昏礼通故、見子礼通故、宗法通故各一巻、喪服通故、喪礼通故各五巻、喪祭通故三巻、郊礼通故二巻、杜礼通故一巻、群祀礼通故二巻、明堂礼通故一巻、宗廟礼通故二巻、肆献祼饋《しけんかんき》食礼通故七巻、時享礼通故、改正頒朔礼通故、耤田躬桑礼通故、相見礼通故各一巻、食礼通故二巻、飲礼通故、燕饗礼通故各一巻、射礼通故五巻、投壺礼通故、朝礼通故各一巻、聘礼通故、覲礼通故各二巻、会盟礼通故一巻、即位改元礼通故、学校礼通故各二巻、選挙礼通故一巻、職官礼通故五巻、井田通故、田賦通故、職役通故、銭幣通故、封国通故各一巻、軍礼通故二巻、田礼通故、御礼通故各一巻、六書通故三巻、楽律通故二巻、刑法通故一巻、車制通故二巻、名物通故五巻、礼節図表二巻、宗法表、井田表、学校表、六服朝見表各一巻、礼節図三巻、名物図四巻、叙目一巻である。

これらの項目は五礼の枠を撤廃して、問題解決的観点から構成され、黄以周の礼制度における機能重視の姿勢が看取される。もっともこれらの五〇項目は、いずれも五礼の中から抽出されたものであり、黄以周が礼学思想・制度に関する歴史的認識をどのように把握したかを知るうえで重要である。それは繁文縟礼と称された中国の礼学制度に関する歴史的変遷の認識・理解にも通ずる問題である。そして浩瀚な秦蕙田の『五礼通考』に対し、彼が集約の必要性を痛感した理由でもあった。とにかく礼学の構造的改革と、従来の礼学に関する誤謬を是正する意図で上梓した『礼書通故』が、具体的にこれらの問題意識をどのように生かし得たかにつき、それぞれの項目に当って検討してみたい。しかし、紙幅の関係で、その重点的部分に絞って、黄以周の礼学思想の態様と特色を明らかにしたい。

二、本書の総論である「礼書通故」に関する見解

『礼書通故』の総論として、黄以周は最初に「礼書通故」と題し、巻頭に孔穎達の次のような見解を掲げている(4)。

周礼、経籍に見ゆる、その名異なる者、七処有り。孝経説に云ふ、礼経三百と。一なり。礼器に云ふ、経礼三百と。二なり。中庸に云ふ、礼儀三百と。三なり。春秋説に云ふ、礼義三百と。四なり。礼説に云ふ、

正経三百有りと。五なり。周官外題は、謂ひて周礼と為す。六なり。漢藝文志に云ふ、周官経六篇と。七なり。七者は皆な三百と云ふ。故に倶に是れ周官なるを知る。周官三百六十は、成数を挙ぐるが故に、三百と云ふなり。儀礼の別も亦た七処有りて、五名有り。一は則ち孝経説・春秋説及び中庸は、並びに威儀三千と云ふ。二は則ち礼器に曲礼三千と云ふ。三は則ち礼説に動儀三千と云ふ。四は則ち謂ひて儀礼と為す。五は則ち藝文志に謂ふ、儀礼を礼古経と為すと。凡そ此の称謂は、並びに三百の下を承く。故に即ち儀礼なるを知るなり。篇に三千有りと謂ふに非ず。但だ事の殊別に三千条有るのみ。或は一篇一巻は、則ち数条の事有り。

次に朱熹の説を引用して、これと対比するようにしている。(5)

朱熹云ふ、経礼威儀、礼器は経礼・曲礼に作る。しかるに中庸は経礼を以て礼儀と為す。鄭玄らは皆な経礼は即ち周礼、曲礼は即ち儀礼と曰ふ。独り臣瓚曰く、周礼三百は特に官名のみ。経礼は冠昏吉凶を謂ふと。蓋し、儀礼を以て経礼と為すなり。しかるに近世の葉夢得曰く、経礼は制の凡なり。曲礼は文の目なり。先王の世、二者は有司に蔵書さる。祭祀・朝覲・会同は、則ち太史之を執りて以て事に涖《のぞ》み、小史之を読みて以て衆に喩す。而して郷大夫之を受けて以て万民に教へ、保氏之を掌りて以て国子に教ふる者も、亦た此の書なり。愚意《おも》へらく、礼篇の三名は、礼器を勝れりと為す。諸儒の説は、瓚・葉を長ずと為す。蓋し、周礼は乃ち治を制し、法を立て、官を設け、職を分つの書にして、天下に于《おい》て該摂せざる無く、礼典は固よりその中に在り。而して専ら礼説を為すに非ざるなり。故に漢志はその経伝の目を立て、但だ周官と曰ひて、周礼と曰はず、自らその官目を指して以て礼篇の目に当つるに応ぜず。又た況んやその中、或は一官を以て衆礼を兼掌し、或は数官を以て一事を通行するをや。亦たその官数を計って以て礼篇の数に充て難し。儀礼に至っては、則ちその中、冠・昏・葬・祭・宴・燕・射・朝・聘は、自ら礼経の大目為り。亦た専ら曲礼を以て之に名づく容《べ》からざるなり。又た礼経を考ふるに、固より今の儀礼は、その存する者は十七篇にして、その逸して它書に見ゆる者は、猶ほ投壺・奔喪・遷廟・釁廟《きんびょう》・中霤《ちゅうりゅう》等の篇有り。曲礼は則ち皆な礼の微文小節にして、今の曲礼・少儀・内則・玉藻・弟子職の篇の記する所の如しと。

これらの礼に関する記述を総括して、黄以周は次のような案語を述べている(6)。

以周案ずるに、古人は儀礼に于て、単に礼と曰ひ、記に対して言はば、則ち経と曰ふ。その中、古文を古経と曰ふ。周礼は止だ周官と曰ひ、伝に対して言はば、周官経と曰ふ。説文叙に曰く、その礼、周官と称する者は、皆な古文なりと。漢藝文志に曰く、礼古経五十六篇、経十七篇、周官経六篇、周官伝四篇と。景十三王伝に曰く、周官・尚書・礼・礼記・孟子・老子の属と。並びに未だ儀礼・周礼の名有らず。劉歆より始めて周官経を建立して、以て周礼と為す。是に於て周官に周礼の名有り。而れども十七篇の礼は、尚ほ儀礼と称さざるなり。後人又た誤りて、曲礼三千を以て礼経と為す。是に于て礼経を名づけて儀礼と為す。経義既に繆り、経名も亦た之に因りて正しからず。後漢の鄭玄伝に云ふ、鄭の注する所は、周易・尚書・毛詩・儀礼・礼記・論語・孝経と。鄭の注する所の書を挙げ、応《まさ》に周官を遺《わす》るべからず。蓋し儀礼の二字は、乃ち周官礼の三字の誤りにして、漢時に儀礼の名有るに非ず。先君子曰く、中庸に礼儀三百、威儀三千と。周官肆師の注に拠れば、古書の礼儀は、礼義に作る。左伝に民は天地の中を受けて以て生ず。是を以て動作・礼義・威儀の則有りと。人の動作、礼義三百、威儀三千に法則有るを言ふなり。その礼の大経たるを以て経礼と曰ひ、その礼の大義たるを以て礼義と曰ふ。その実は一なり。その威は畏るべく、儀は象どるべきを以て威儀と曰ひ、その委曲繁重なるを以て曲礼と曰ふも、実は亦た一なり。儀礼十七篇の大綱、是を礼経と謂ひ、その中の曲礼は、凌次仲（廷堪）の釈例を以てすと雖も、猶ほ未だその詳を尽さざるなり。周官の冢宰に六典の綱を言ふは、是れ礼経を謂ひて、九賦・九式は、未だ嘗て曲礼に非ずんばあらざるなり。大宗伯に五礼の綱を言ひ、是れを礼経と謂ふも、而も大行人・司儀の言ふ所は、未だ嘗て曲礼に非ずんばあらざるなり。戴記の冠義・昏義・郷飲酒義・燕義・射義・聘義の如く、凡そ義を以て名づくる者は、古への謂ふ所の礼義にして、遺篇猶ほ在れば、即ち礼経と為す。而してその中、拝揖《はいゆう》の儀、俎豆《そとう》の数を言ふは、曲礼に非ざるは無く、少儀・内則・玉藻は、統べて之を言はば、皆な曲礼と為す。而れども任翼聖は、内則・少儀・玉藻を明倫の綱と為し、曲礼上を敬身の綱と為すも、亦た礼経無きに非ざるなり。諸書に経有り、曲有り、読者善く之を会せよ。或るひと、礼経を常と為し、曲礼を変と為すと謂ふは、尤も謬れりと。

この中で黄以周は、父黄式三の礼説を詳細に引用し、凌廷湛の名著『礼経釈例』を不十分とした見解を明らかにし、父の礼説を顕彰しているのは看過できない。また、孔穎達の「周礼を本と為し、儀礼を末と為す」とする見解と、賈公彦の「周礼を末と為し、儀礼を本と為す」とする見解を掲げ、自説として「二書は本末の分つべき無きも、漢藝文志は劉歆の七略の礼類に依り、礼経先にして、周礼後にするは、極めて当れり」と断じている。次に清朝の皖派の碩学阮元の見解を掲げて、問題を提起する。(7)

　礼経は漢に在りては、秖《た》だ礼と称す。亦た礼記と曰ふ。熹平石経に儀礼あり、洪适の隷釈に載す。而して戴延之《これ》を礼記と謂ふは是なり。儀礼と称する者無し。鄭は此の経を引きて直ちに篇名を挙ぐるも、亦た儀礼と称せず。今ま注疏本は、首めに儀礼鄭氏注と題するは、疑ふらくは、鄭学の徒、之を加ふるならん。猶ほ鄭氏箋の三字は、雷次宗の加ふる所のごときなり。范書は鄭の注する所の書に儀礼の字あり、礼経の大題も亦た儀礼の字あり、或る者は遂に儀礼の名を謂ふと述ぶるも、鄭君の定むる所、斯の語は実を失ふ。鄭は群経に注し、礼経の文を引くに、皆な直ちに篇名を挙げて、儀礼と云はず。その礼器に注するに、曲礼を以て儀礼と為す。則ち云ふ、今礼を謂ふなりと。仍《すなわ》ち之を名づけて儀礼と為さず。鄭志は秦鄭学の徒の記する所と為す。その礼経を引くも亦た直ちに篇名を挙げ、儀礼と云はざれば、則ち鄭氏の師・弟子は、並びに儀礼の名無きなり。礼注の大題なる儀礼は、当に是れ東晋人の加ふる所なるべく、東晋人は盛んに儀礼と称す。また案ずるに、礼経は古へは秖だ礼と称し、経の五十六篇は皆な古文にして、今文に対して之を言ひて礼古経と曰ふは、漢志に見ゆ。十七篇は今文と為す。別の古文は之を言ひて今礼と曰ふ。鄭君の礼器の注に見ゆ。今礼は今文家の伝ふる所の礼なり。古文礼と記とは各《おのおの》自ら書を為し、今文家の記は礼に付し、亦た之を称して礼記と曰ふ。詩の鄭箋に（儀礼）少牢（饋食）礼を引きて曰く、礼記に主人髲鬄《ひてい》（かもじ）すと。（『儀礼』少牢饋食礼は「被錫」に作り、鄭注に「読んで髲鬄と為す」とあり、主人は主婦に作る。）爾雅の郭注に（儀礼）

士相見の「妥して後に言を伝ふ」、(儀礼)有司徹の「扉《おお》ふに席を用ふ」、(儀礼)喪服伝の「苴《しょ》(絰《てつ》)とは麻の蕡《ふん》(み)有る者」を引く有り。並びに礼記と曰ふは是なり。漢初に今文十七篇を伝ふる者に、大戴・小戴・慶氏の三家有り。その本 各《おのおの》異なり、当時は家法を別ち、又た之を称して大戴礼・小戴礼と曰ひ、鄭君の目録に謂ふ所の大戴第幾つ、小戴第幾つは是なり。後漢儒林伝に云ふ、康成(鄭玄)は本と小戴礼を習ひ、後に古礼を以て之を校し、その義の長ずる者を取りて鄭氏学と為すと。下又た別に言ふ、「小戴礼記四十九篇に注す」と言へば、則ち云ふ所の小戴礼は即ち十七篇なり。鄭君は礼経三百を以て周官三百六十の属と為し、曲礼三千を今礼十七篇、及びその逸なる者と為す。是《ここ》に于《おい》て又た之を称して曲礼と曰ふ。奔喪注・投壺目録並びに云ふ、曲礼の正篇に属すと。曲礼は即ち今礼の十七篇、及びその逸なる者を指す。東漢より三礼の名出で、礼を周官と為し、礼は礼記の総名にして、西漢五十六篇の専名なるも、反って周官・礼記の溷《みだ》す所と為る。魏・晋より四十九篇を号して礼記と為し、亦た之を小戴礼と謂ふ。而して東漢十七篇の礼記と名づけ、小戴礼と名づくる者は、又た四十九篇の戴記の奪ふ所と為る。是に於て別に之を号して儀礼と為す。此れ鄭君が十七篇を以て曲礼と為すと意を同じうす。然れども曲礼は十七篇に当るに足らずと雖も、而も名は猶ほ経に見え、之を儀礼と謂ふは、実は典ならずと為す。或るひと曰く、儀礼の名は東漢より始まる。隋志に、一字石経に儀礼九巻有りと載す、隷釈に、熹平石経の残碑も亦た儀礼有りと載すと。此の語、実は非なり。石経の范史(范曄《はんよう》が著した『後漢書』をいう)に見ゆる者は、帝紀及び儒林に拠る。宦者伝は皆な五経と云ふ。蔡邕・張馴伝に拠れば、以て六経と為す。盧植伝を読むに及び、熹平石経を刊するは、本と五経に止まる。後に盧植の奏請に従ひ、刊して礼記を立て、之を合して六経と為す。陸機の洛陽記、戴延之の西征記、太平御覧一百七十六に、羊頭山記を引き、並びに云ふ、石経に礼記有るも、儀礼と言はずと。盧植伝と甚だ合す。隋志名づけて儀礼と為す者は、後人の改称に係り、その旧題に非ざるなり。

次に黄以周は、礼経の篇次につき、博引旁証、詳細にわたり論じている。(8) その中で、宋の張淳が著した『儀礼識語』の中で、「歆の言ふ所の如く、則ち高堂生の得る所は、独り士礼と為すも、而も今の儀礼には乃ち天子・諸侯・大夫の礼有りて、その大半に居る。疑ふらくは今の儀礼は、高堂生の書に非ず、但だ篇次、偶《たまたま》同じのみ」とする見解に対しては、「深く劉説の訂する所を考へざるの誤り」と批判した。そして江慎修（永）が、「儀礼は士礼に止まらず、この志（漢書藝文志）に「士礼を伝ふ」の三字は恐らくは誤り有らん。儒林伝に云ふ、「高堂生、礼十七篇を伝ふ」と云ひ、士の字無し。賈公彦は周官廃興に叙し、此の志を引きて云ふ、「漢興り、高堂生に至り、博士は十七篇を伝ふ」と。蓋し博士の博は誤って伝と為す。而して伝は易って博と為り、遂に誤って博士礼と為るのみ。賈氏が引く所の唐初本は尚ほ未だ誤らず」と言う見解に対しては、自説を展開し、末尾に江永の説は尤も非なりと断じた。江永は清朝皖派の祖というべき碩学で、朱熹の名著『儀礼経伝通解』の欠漏を補い、『周礼』の五礼を明らかにした、『礼書綱目』八八巻を撰した人物である。したがって、彼の自負の念を垣間見ることができる。

彼は清朝末期の碩学で、『礼経通論』を著した劭懿辰の見解を紹介して、その卓論には賛意を表し、劉歆の逸礼に関する見解に対しては、反対している。(9)

漢初、高堂生が礼経十七篇を伝ふるは、闕有るに非ざるなり。昏義に曰く、夫れ礼は冠するに始まり、昏に本づき、喪祭に重くし、朝聘に尊くし、射郷に和《やわら》ぐ」と。是の八礼は十七篇を約して之を言ふなり。礼運に凡そ両つながら八を挙ぐる者は、特に射郷が訛して射御と為るのみ。一は則ち「喪祭射郷冠昏朝聘」と曰ひ、再び則ち「その之を行ふに貨力辞譲飲食、冠昏喪祭射郷朝聘を以てす」と曰ふ。貨力辞譲飲食の六者は、礼の緯なり。冠昏喪祭射郷朝聘の八者は、礼の経なり。その証の明確に指すべき者は、大戴十七篇の次序に適合す。大戴一・二・三篇は冠昏なり。四・五・六・七・八・九篇は喪祭なり。十・十一・十二・十三篇は、射郷なり。十四・十五・十六篇は、朝聘なり。而して喪服の上下に通ずる者は、焉《これ》に付す。孔子は此の十七篇を取りて以て教へと為す。故に「子の雅言する所」と曰ふなり。劉歆又た「逸礼三十九有り」と謂ふも、姦言信ずるに足らず」と。

以上の見解に対し、黄以周は、次のように賛意と批判を明確にして論述している。

王制は冠・昏・喪・祭・郷・相見を以て六礼と為す。司徒は六礼を修めて以て民性を節すれば、則ち謂ふ所の冠・昏・喪・祭・郷・相見は士礼なり。大戴は此れを以て礼経の首に居り、亦た以て高堂生の伝ふる所を以て、号して士礼を以てする者は此れを以てなり。礼運は天子諸侯に通じて文を為し、両つながら冠昏喪祭射御朝聘と言ふ。家語は引きて「之を喪祭郷射冠昏朝聘に達す」に作る。卲氏が射御の御を以て郷の形の訛と為すは、拠無しと為さず。此の八者を以て十七篇を約して之を言ふと為すは、十七篇は完書為れば、見る所も亦た卓《たか》し。但だ此れに因りて遂に逸礼三十九篇を以て姦言と為すは、殊に信ずるに足らず。

また、黄以周は『漢書』藝文志に「魯の共王、孔子の宅を壊し、古文の尚書及び礼記・論語・孝経、凡そ数十篇を得たり。皆な古字なり」とある一文と、清朝初期の碩学閻若璩のこれに対する見解、「礼記は今文にして、二字は衍なり。或は『礼経』の誤りなり。或るひと言ふ、礼記は当に礼の礼記に作るべし。数十は当に数百に作るべし」を取り上げ、これに関し、次のような案語を添えている。(10)

説文自叙に云ふ、壁中の書は、魯の恭王、孔子の宅を壊して、礼記・尚書・春秋・論語・孝経を得たりと。亦た礼記と云ふは、漢志と同じ。礼の句は、即ち志の謂ふ所の「礼古経五十六篇」是なり。記の句は、即ち志の謂ふ所の「記百三十一篇」是なり。西漢の時、礼経に于《おい》ては、但だ礼と曰ひ、その記は但だ記と曰ふ。漢志・説文叙は以て互ひに証すべし。亦たその記を称して礼記と為す者有り。河間献王伝の謂ふ所の礼の礼記は是なり。但だ河間献王が得る所の礼記は、即ち志の謂ふ所の百三十一篇の古文にして、大小戴記と別つ有り。大小戴記、古経古記及び今文礼記は、礼と記を兼ね有し、皆な古文今文の別有り。淹中に得る所の経五十六篇、記百三十一篇、明堂陰陽三十三篇、王史氏二十一篇は、皆な古文なり。后倉伝ふる所の礼十七篇は今文為り。大小戴、輯むる所の諸記は、多く今文に係りて、亦た間《ま》ま古文を存するなり。何を以て之を言ふ。漢志に云ふ、記百三十一篇は、七十子の後学の者の記する所なり。明堂陰陽三十三篇は、古明堂の遺事なり。王史氏二十一篇は、七十子の後学の者なりと。七十子の後学の者とは、七十子の徒を謂ふ。故に劉向の別録に云ふ、六国の時人なりと。漢志又た曰く、礼古経は淹中より出で、十七篇の文と相似て、三十九篇多し。明堂陰陽、王史氏記の見る所に及びては、天子・諸侯・大夫の制多しと。及ぶの字は上の「多い」字を承けて文を為し、皆な今文家后倉らの未だ見ざる所にして、是れ明堂陰陽、王史氏の諸記も亦た淹中より出づるなり。（中略）蓋し、大・小戴記の采る所の礼は、古文・今文兼ね有すと雖も、而れども古文は読み難く、勢ひ多く采ること能はず。即ち奔喪篇は古文に属して、その読み難きの処は已に多く節去す。故に鄭注の奔喪も、又た逸奔喪礼を引きて以て相較ぶ。此れ戴記采る所の古文少なく、今文多きの証なり。閻が礼記は今文と説くは、固より察を失すと為す。漢志に、凡そ数十篇は皆な古字なりと云ふは、専ら上の尚書を承けて言ふ。故に下に云ふ、孔安国は悉くその書を得て、以て二十九篇を考へ、十六篇多きを得たりと。その余の篇数は下に詳し。故に此に于て之を略す。礼記・論語・孝経を通じて之を言ふに非ず。或ひと、文に脱落有るを疑ふも、亦た未だ是《ぜ》とせず。

次に『周礼』に関しては、今文家は何休のように、六国陰謀の書と断じ、康有為も偽書とするが、黄以周は次のように諸説を紹介したうえで、むしろ好意的に解説している。(11)

賈公彦云ふ、周官は孝武の時、始めて出で、秘して伝へず。之を附離する者大半なり。故に林孝存は以為へらく、武帝は周官が末世瀆乱不験の書たるを知り、十論七難を作りて以て之を排棄す。何休も亦以て六国陰謀の書と為す。唯だ鄭玄の徧《あまね》く群経を覧る有りて、周礼は乃ち周公が太平を致すの迹なるを知る。故に能く林碩の論難に答へ、周礼の議をして条通を得しむと。朱熹云ふ、周礼は周公の遺典なり。胡氏父子は、以て王莽が劉歆をして撰せ令《し》め、天官・冢宰の如く、卻《かえ》って宮闈《きゅうこん》の事を管すと為す。その意は只だ後世の宰相が宮闈に請託し、近習に交はり結びて、以て不可を為すを見《あら》はす。知らず、此れ人君を正して国を治め、天下を平らかにするの本なり。豈に後世の弊を以てして、并せて聖人の良法美意を廃すべけんや。又た王后は当に外朝と交通すべからずの説の如きは、他も亦た是れ後世の弊を懲らす。要は儀礼中、亦た分明に此の礼を載するを知る。女祝の若く、凡そ内の祷祠祈禳の事を掌るに至りては、後世をして此の官有ら使むれば、則ち巫蠱の事、安《いず》くに従《よ》りて有らんや。

以周は以上の記述を踏まえ、鄭樵の見解に左袒して、次のように述べている。

漢志に、周官経は六篇、伝は四篇と。古人は経伝、分かち行ひ、後世、多く之に比付す。儀礼の如きは、伝は節の下に付し、記は篇末に付す。幸ひに標題あれば、その経意に遺失するも、猶ほ識別し易し。周官伝に見えざるも、その経中に羼入するも亦た必ず少なからず。故に周官に間《ま》ま疑ふべき有るも、特に後人の掊撃《ほうげき》するが如くなるべからざるのみ。（鄭樵の通志は孫処の説に拠り、以て周礼の作は、周公が摂に居ること六年の後に、書成りて豊《ほう》に帰るも、而も実に未だ嘗て経は行はれず。故にその言は他の経と類せずと為すと。参に存す。）

以下の「礼書通故」の問題点は割愛し、次にその他の礼制度の中、冠・昏・喪・祭・明堂の問題点を取り上げ、黄以周の見解を明らかにしたい。

三、主要な礼制度の問題の所在について

1 冠礼について

鄭玄曰く、士冠礼は童子、職に任じ、士位に居り、年二十にして冠す。主人は玄冠朝服すれば、則ち是れ諸侯に仕ふ。天子の士は、朝服皮弁素積す。古者《いにしえ》、四民は事を世《よよ》にし、士の子は恒に士と為ると。朱熹云ふ、鄭の意を詳しくせば、士の子は未だ仕へずと雖も亦た此の礼を用ふることを得と。敖継公云ふ、此の篇は主として士、その子を冠するの礼を言ふと。呉廷華云ふ、下記に天子の子は猶ほ士のごときなりと云へば、則ち天子の子より以下、凡そ学に入る者は、皆な士を以て之に名づくべしと。(12)

(この見解に対し、以周はこう論じている。)

鄭君の士冠礼目録は、士自ら冠するを兼ねて、士、その子を冠するに及びて説を為す。敖氏は経に拠りて云ふ、将に冠せんとする者は、采衣して紒《けい》(髪を結ぶ)すと。主人は玄冠朝服すと文を同じうせず。是れ未だ仕えざるを士と為すなり。故に以て士、その子に冠すと為す。呉(澄)氏の説に拠れば、天子の子より以下、凡そ学に入る者は、皆な士の名有れば、則ち目録に、士は自ら冠すと謂ふ。義に于て妨げ無し。

また、「冠者、東壁に適《ゆ》く」に関して、諸説を引用してこう論じている。[13]

鄭玄云ふ、冠者は東壁に適き、北面して母に見ゆ。東壁に適く者は、闈門《いもん》を出づるなり。時に母は闈門の外に在りと。或ひと云ふ、母は廟の東北、北堂の下に在れば、東壁に近しと。

(これに関して、以周は次のように論じている。)

特牲記に饎爨《きさん》(炊事)は西壁に在りと。郷射記に、俎は東壁に由ると。皆な東西堂垂の下墻《かしょう》なり。廟と寝と皆な之れ有り。冠礼は婦人の事に与《あず》かる無く、その母は廟に入らざれば、則ち冠者は東壁に適きて母に見ゆ。昏礼の婦、姑に見ゆるは、皆な之を寝に見ゆ。下に云ふ、入りて姑姉《こし》(父の姉)に見ゆるは、姑に見ゆるが如くすと。入るとは、寝に入るを謂ふ。時に東壁に適きて、北面して母に見ゆれば、則ち母は廟西の闈門の外、正寝の北堂の下に在るなり。郝(敬)氏・万(斯大)氏は誤りて、鄭注を駁し、張皐文(恵言)・胡竹村(培翬)の鄭を申するも、亦たその説を得ず。語は宮室門に詳し。

また、冠礼に関する孔穎達らの見解を引用して、次のように論じている。[14]

孔穎達云ふ、子に冠するには、酒脯《しゅほ》を以て廟に奠《てん》し訖《おわ》りて、子は脯を取りて以て母に見せ、母はその脯を拝し、尊者を重んずる処に来たり、故らに之を拝す。子を拝するに非ざるなりと。呂大臨云ふ、脯醢《ほかい》は子を醴する為に設く。廟を奠するに非ざるなり。蓋し母に子に従ふの義有り。故に庸敬を屈して以て斯須《ししゅ》（しばらくの間）の敬を伸ばすと。万斯大云ふ、呂説も亦た非なり。礼は婦人の礼に粛拝有り、手拝有り。粛拝は今の婦人の揖《ゆう》の如きなり。婦人の吉事は、君の賜と雖も、尚ほ粛拝に止《とど》むれば、則ち脯を受けて俠拝《きょうはい》（男子の一拝に対し、婦人が再拝すること）するも亦た粛拝なり。母は先に揖して後に拝送し、既に拝すれば、則ち更に揖するなりと。

（これに対し、以周は次のような見解を述べている。）

粛拝は長揖に非ず。万（斯大）説も亦た非なり。古へは君は臣を拝し、父も亦た子を拝す。母に見《まみ》ゆれば、母は之を拝し、成人して与《とも》に礼を為すなり。北面してその母に見ゆれば、母は南面して拝するは、尊卑の等なり。

2　昏礼について

『白虎通義』を引用して諸説を掲げ、黄以周は自説を次のように展開している。[15]

白虎通義に云ふ、嫁娶には必ず春を以てするは何ぞ。春は天地交通し、万物始めて生じ、陰陽交接の時なればなり。詩（邶風《はいふう》・匏有苦葉《ほうゆうこよう》）に云ふ、士如《も》し妻《めと》を帰らば、冰の未だ泮《と》けざるに迨《およ》べと。周官に曰く、仲春の月、男女を会せ令《し》め、男三十にして娶り、女二十にして嫁せ令むと。家語に云ふ、霜降りて婦功成り、嫁娶行はる。冰泮けて農桑起り、昏礼此《ここ》に殺《そ》がると。鄭玄は通義に従ひ、王粛は家語に従ふ。束晳云ふ、春秋二百四十年、天王、后を取り、魯の女、出でて嫁し、夫人来たり帰《とつ》ぎ、大夫、女を送るは、正月より十二月に至るまで、悉く時を得、時を失ふを以て褒貶を為さず。何ぞ仲春・季秋に限りて以て相非《あいそし》らんやと。

（これに対し、以周は次のように自説を展開する。）

以周案ずるに、仲春、男女を会するは、文は周官に見ゆ。二月は綏《やすん》じて士女多しの文は、夏小正に見ゆ。士如《も》し妻《めと》を帰らば、冰の未だ泮《と》けざるに迨《およ》ぶは、文、邶風に見ゆ。秋は以て期と為すは、文、衛風に見ゆ。霜降って女を逆《むか》へ、冰泮けて内を殺《そ》ぐは、文、荀子に見ゆ。女有り春を懐ひ、秋を待つに暇あらずは、文、毛伝に見ゆ。通典に董仲舒を引きて云ふ、天地の道は、秋冬に向って陰気来り、春夏に向って陰気去る。故に古への人は霜降りて女を逆へ、冰泮けて殺ぎ止《や》むと。文は荀子・毛伝に本づく。家語は偽書と雖も、未だ全くは斥くべからず。昏の正期は、霜降るの後、冰泮くる前に在り。周官に仲春、男女を会し、奔る者は禁ぜずとは、期の尽くるに拠りて言ふ。若し仲春を昏を正すの月と為さば、何ぞ汲汲として、先に禁ぜざるの令を下す容《べ》けんや。鄭注は経の意を錯会す。仲春の後、季秋の前に相昏娶せざるは、古へを振ふこと茲の如し。束（皙）説は更に謬《あやま》る。春秋の書する所は、礼事を失すること多し。

次に妻を娶ることにつき、諸説を引用して、自説を述べている。(16)

毛詩伝に云ふ、妻を娶る、之を如何と。必ず父母に告ぐ。父母の廟に告ぐるを謂ふと。白虎通義に云ふ、妻を娶るに先づ廟に告げざるは、必ずしも安からざるを示すなりと。杜預は説く、礼に妻を逆《むか》ふるには、必ず祖廟に告げて後に行ふ。鄭忽は先づ婦を逆へて後に廟に告ぐ。故に配を先にして、祖を後にすと云ふと。孔穎達は説く、女家は事毎に廟に告ぐれば、則ち男氏は将に六礼を行はんとすれば、必ず先に皆な祖に告ぐと。陳祥道は説く、記に郊を卜し、命を祖廟に受け、亀を禰宮に作《な》すと。鄭は謂ふ、命を受け、退きて乃ち卜す。卜昏の礼は、蓋し亦た之《かく》の如し。然らば則ち、廟に告ぐるは、納采に始まり、名を問ふは之の後なりと。

（これに対する以周の見解は次の通りである。）

以周案ずるに、昏礼の前半篇は、六礼の行ひを叙し、皆な婦家の立文を主とし、男家の事は多く略に従ふは、立文然ればなり。婦家六礼の行ひは、皆な廟に受く。男氏言はざるは知るべし。白虎の諸家は礼経に男氏が廟に告ぐるの文無ければ、遂に曲説を生ず。記の言、凡そ事を行ふには、必ず昏昕《こんきん》（晩と朝）を用ひ、諸《これ》を禰廟《でいびょう》に受くと。昏は親迎の時を謂ふ。昕は納采を謂ひ、名を問ひ、吉を納め、徴を納め、期を請ふの五者、説は賈疏に見ゆ。諸を禰廟に受くるは、即ち廟に告ぐるなり。戴記に言ふ、妻を娶らば、斎戒して以て鬼神に告ぐと。又言ふ、祖廟未だ毀たざれば冠し、妻を娶らば必ず告ぐと。伝に鄭忽が、配を先にして、祖を後にすと言ふは、夫婦と為さず。楚公子囲、鄭に娶るも、亦た云ふ、囲、几筵を布き、荘共の廟に告ぐと。皆な男氏が廟に告ぐるの証なり。毛大可（奇齢）は、此れに因りて礼経を斥けて、戦国の書と為すは、大いに謬れり。

3　喪礼について

秦蕙田は凶礼の中に喪礼を位置づけ、喪服・儀礼士喪礼・儀礼既夕礼・儀礼士虞礼を配しているが、黄以周は喪服通故・喪礼通故・喪祭通故に分類して詳述している。ところで、喪に服する期間につき、黄以周は諸説を挙げて、次のように論じている。[17]

易伝に、古へは喪服に数無しと。記の三年問に、至親は期を以て断じ、三年を加隆（一層手厚くする）と為すと。以周案ずるに、古へは上古を謂ふ。虞書に、考妣に喪する（如く）三載の文有り。是れ喪期の加隆は、已に尭・舜以前に定まる。

呉廷華云ふ、諸経皆な言ふ、三年の喪は、惟だ小戴記のみ、乃ち二十五月にして畢るの説有り。今に至るまで並びに之に従ふ。唐の王元感は、三年は二十五月に非ざる説を主とし、張柬之は春秋に拠りて之を駁す。但だ春秋は変制多く、恐らくは亦た古法に非ざらん。蕭山毛氏曰く、二十七月の服を以てして、之を三年と謂ふは、是れ父母を欺くなり。愚謂へらく、喪服は期（一年）より緦《し》（三か月の喪服）に至るまで、皆な月の実数にして、独り三年は、則ち二十五月を以て之を畢る。本より自ら疑ふべし。又た漢の文帝は、短喪の俑を作り、そは日を以て月に易ふるなり。則ち三十六日を言ひて、二十五日を言はず。漢時は古制、未だ亡びず、その三十有六の数は、必ず自りて来る所有り。

（以上の見解に関し、以周は次のように自説を述べている。）

以周案ずるに、荀子、戴記、公羊伝は、並びに二十五月と言ひ、両漢の諸儒も並びに三十六月の説無し。毛・呉の諸人は臆を逞しうして、古を滅し、訓へと為すに足らず。張柬之の議は、並びに尚書・儀礼を引き、専ら春秋に拠らず。漢文の短喪三十六日の制も、亦た既葬の後に在り。劉貢父、之を言ひて詳らかなり。未だ葬せざる以前は、則ち斬衰《ざんさい》に服すること故の如し。安んぞ此れに拠りて古礼三十六月の証と為すべけんや。

次に黄以周は喪服に関する記述を紹介し、これに就いて自説を披歴する。(18)

公羊伝（哀公五年）に云ふ、喪は閏を以て数ふるは、喪の数、略なればなりと。穀梁伝に云ふ、閏月は、天子以て朔を告げず、而して喪事は数へずと。白虎通義に云ふ、三年の喪は、閏月を以て数へざるは何ぞや。以てその期と言へばなり。期はその時に復《かえ》ればなり。大功以下は月もて数ふ。故に閏月を以て除くと。何休云ふ、期、三年の喪は、始めて死して、閏を以て数ふることを得。（閏を以て前月の余と為す。故に前月を継ぎて之を言ふを得。）死の月に非ざれば、閏を数ふるを得ず。大功以下の諸喪は、当に閏月を以て数ふることを為のすべしと。鄭玄云ふ、喪に居るの礼は、月を以て数ふるは閏を数ふ。年を以て数ふる者は、閏ありと雖も、数ふるに与《あずか》る無し。

（以上の見解に対し、以周は次のように自説を展開する。）

以周案ずるに、白虎論及び鄭志に拠れば、則ち公・穀両伝は本と通ず。而れども、穀梁を説く者は、必ず謂ふ、大功以下も亦た閏を数へざるは、固よりなり。喪は閏を数へず、祥禫《しょうたん》（祥は忌明けの祭り。小祥・大祥。禫は父母の三年の喪が終わった後に行う祭り）は、皆な正月を取る。呉商らは必ず喪は遠日を取り、祥は閏に逢ひて用ひる後の閏月と謂ふは、過《あやま》てり。死は閏月に在れば、即ち閏を数へて、正を前月に付す。范甯・傅休らは閏を用ふるの後の月を謂ふは、悖《もと》れり。

因みに、谷田孝之氏は、『中国古代喪服の基礎的研究』(19)の中で、黄以周の『礼書通故』の衣服通故・喪礼通故等から百か所にわたり引用しているが、これも黄以周が諸説を引用して、自説を展開し、是是非非の態度を明白にしているからである。しかるに秦蕙田の『五礼通考』(20)からの引用は、僅かに三か所に止まっているのは、看過できない。なお、『五礼通考』に関しては拙論(21)を参照されたい。

4　群祀礼（祭礼）について

黄以周は祭礼を群祀礼通故の中で取り上げ、諸説を掲げ、自説を明らかにする。(22)

伏書大伝に云ふ、万物は天に非ざれば生ぜず、地に非ざれば載せず。春に非ざれば動かず、夏に非ざれば長ぜず、秋に非ざれば収めず、冬に非ざれば蔵せず。故に六宗を禋《まつ》ると云ふ。欧陽和伯・夏侯勝らは説く、六宗は上、天に及ばず、下、地に及ばず、旁《あまね》く四時に及ばず、中央に居り、陰陽を助け、変化を成す神は、実は一にして、名は六なりと。許慎は欧陽を駁して云ふ、宗は一にして六有り、名実相応ぜずと。司馬彪、伏伝を駁して云ふ、帝は類に在れば、則ち禋《まつ》る者は天に非ずと。

（以周は次のように考える。）

以周案ずるに、欧陽の説は六宗を指し明らかにする所無し。杜佑らは乃ち六天の説を以て之を実にするは、謬も甚だし。書は既に上帝に類すと言ふも、而も六宗の中、何ぞ復た天帝の祀を挙ぐるや。馬融、六宗は伏伝に従ふと説き、その上帝を説きて、太一にして、天神の最も尊き者と為すは、最も伏の意に合す。

祭法に「五祀は司命・中霤・国門・国行・公厲」と。月令は以て戸・竈・中霤・門・行と為す。左伝は以て句芒・祝融・蓐収・玄冥・后土と為す。鄭衆又た以て即ち「五天帝にして、王者の宮中に于て五祀と曰ふ」と為す。又た禘・郊・祖・宗・報を以て五祀と為す。以周案ずるに、祭法の言ふ所を殷制と為す。左伝・月令は周制に拠りて言ふなり。周礼の五祀に二有り。一を中祀と為す。左伝に云ふ所の句芒・祝融・蓐収・玄冥・后土是なり。王者の宮中に于て、戸・竈・中霤・門・行は、その群小祀なり。大宗伯の五祀の文は、五嶽の上に在りて中祀と為す。故に鄭注は左伝の文に拠りて以て之を釈す。小祝の掌る所の五祀を群小祀と為す。故に鄭注は月令の文に拠りて以て之を釈す。義各《おのおの》当る有り、文に随って疏を分ち、鄭注は自ら精し。司服に「五祀を祭れば、則ちまれに冕す」と。上帝を祀るに大裘冕し、先王を享《まつ》るに袞冕《こんべん》すとは、迥《はる》かに別なり。大宗伯に五祀を祭るに血を以て祭るは、上帝を禋祀《いんし》するに祼饋祀禴嘗蒸して、先王を享《まつ》る諸大典とも亦た同じからず。先鄭・楊倞の諸説は、経に当る無く、従ふべからず。

5　刑法について

礼書の中に「刑法通故」が位置づけられているのは、いささか興味を引くが、その冒頭に黄以周は、馬融の「咎繇《こうよう》（皐陶のこと）、五常の刑を制す」、偽孔伝の「五極に属し、折獄を以て五常の中正に属す」、孔穎達の「五常は仁義礼智信を謂ふ」を引用し、次のように断じた(23)。

常は倫常を謂ふ。五常は猶ほ五倫と云ふがごとし。帝王は五倫の教へを修めて、以て民極と為す。故に五倫も亦た之を五極と謂ふ。而して五刑以て五倫の窮まれるを済す。故に必ず五極に属して、後に咸《み》な慶び有るに中《あた》る。大司徒は郷の八刑を以て万民を糾《ただ》す。曰く、不孝・不友・不睦・不婣・不弟・不任・不恤、増すに造言・乱民を以てす。皆な倫常を越えざるの事なり。故に刑は五常の刑なり。王氏（鳴盛）の（尚書）後案は、孔疏を申するも、言殊に当る無し。

つまり、この場合の刑法は、刑罰法規ではなく、あくまでも五常の刑を指すのである。したがって、次に伏生の『書伝』（尚書大伝）と『荀子』を引用して自説を展開する。

書伝に云ふ、「唐虞の象刑《しょうけい》は、上刑は衣を赭《あか》くして純ならず、中刑は雑屨、下刑は幪《もう》（ずきんの一種）を墨にす。墨を犯す者は帛を蒙らせ、劓《ぎ》を犯す者は、その衣を赭にし、臏（足を切る刑罰）を犯す者は、墨を以て臏する処に蒙らせて之を画す。大辟を犯す者は、布衣に領《えり》無し」と。荀子に云ふ、世俗の説、以て治古は肉刑無くして、象刑有りと為す。墨は黥し、慅嬰《そうえい》し、共《きゅう》は艾畢《がいひつ》し、菲《ひ》（草履）は対屨《ほうく》（麻のくつ。楊倞の注に「対は当に紂と為るべし」とあるに従う。紂は麻）し、殺は赭衣《しゃい》にして純ならず、（治古は是の如しと。）是れ然らず。以て治古と為さば、則ち人は罪に触るること莫きか。豈に独り肉刑無からんや。亦た象刑を待たず。以て人或は罪に触るると為すも、而も直《た》だその刑を軽くせば、是れ人を殺す者も死せず、人を傷つくる者も刑せられず。罪は至って重くして、刑は至って軽ければ、民は畏るる所無く、乱は焉《これ》より大なるは莫し」と。

（引用文は原典と異なる所が多い。なお、これにつき、黄以周は次のように断定した。）

以周案ずるに、伏伝は今文家の祖たり、荀子は古文家の宗なり。鄭注の書は古文を宗とす。周官疏は鄭書の注を引きて云ふ、正刑は五、之に流宥・鞭・朴・贖を加へ、此れを之れ九刑と謂ふ。鄭の意は、「象るに典刑を以てす」の句は、下の諸文の綱と為す。此れ正義なり。馬注は伏伝の象刑の説に拠りて云ふ、但だその象有って、その刑無しと。又た流宥五刑に注して云ふ、五刑は墨・劓・剕・宮・大辟と。その意は、象を画《かく》すと、五正刑とを並び用ふるなり。鄭は司圜（周礼・秋官）の「罷民を収め教ふることを掌る。凡そ人に害ある者は、冠飾せ使めずして、明刑を加ふ」に注して云ふ、「冠飾を施《ママ》さざるは、墨幪を著く。古への象刑の若きか」と。是れ周も亦た兼ねて之を用ふ。皆な今文家の言を参用す。

おわりに

昨年は『東洋研究』に「秦蕙田の礼学思想―『五礼通考』を中心として―」を投稿し、次回は黄以周の『礼書通故』の研究にも関心を示しておいたが、すでに齢九十を越え、幸いにも、どうにか健康を保ち、今回、図らずも執筆できたことは感謝に堪えない。

ところで、黄以周が膨大な礼学思想の諸文献を駆使して、それぞれ是非の判断を下し、従来の礼学研究資料の総括を成し遂げた功績は高く評価されねばならない。もっともその判断の是非は、当然、研究の対象とならざるを得ないが、一定の方向付けを試みた点は、研究者にとっても参考となる。これも礼学思想に関する横溢した自負心があったからであろう。本論考はただ単にその内容の一部分を紹介するにとどまったが、『礼書通故』の特色が明らかとなれば幸いである。とにかく、礼に関しては、その後すでに『十通分類総』全三〇冊（楊家駱主編、台湾鼎文書局、民国六四年）が上梓され、中国人の礼に関する研究心には驚嘆せざるを得ない。なお、引用文には、原典と異なる部分が散見されるが、校定者もそこまで完璧を期し得なかったに違いない。ところで、本書は礼学の問題点を集約し、研究者には大いに役立つ。これも黄以周が、自らの研究を通して、厖大な中国礼学資料の再構成に意欲を燃やし、敢てこれに挑戦したものであり、その業績は賞賛に値する。

〈注〉

(1)　黄以周撰　王文錦点校『礼書通故』中華書局　二〇〇七年。
(2)　黄以周撰『礼書通故』台湾華世出版社　民国六五年。
(3)　王鍾翰点校『清史列伝』第一八冊　巻六九　中華書局。
(4)　黄以周　前掲書（一）一頁。
(5)　黄以周　前掲書（一）一―二頁。
(6)　黄以周　前掲書（一）二―三頁。
(7)　黄以周　前掲書（一）三―五頁。
(8)　黄以周　前掲書（一）五―九頁。

(9) 黄以周 前掲書(一)九―一〇頁。
(10) 黄以周 前掲書(一)一〇―一一頁。
(11) 黄以周 前掲書(一)一三頁。
(12) 黄以周 前掲書(一)二二五頁。
(13) 黄以周 前掲書(一)二二八頁。
(14) 黄以周 前掲書(一)二二八―二二九頁。
(15) 黄以周 前掲書(一)二四四頁。
(16) 黄以周 前掲書(一)二四六頁。
(17) 黄以周 前掲書(一)三〇三頁。
(18) 黄以周 前掲書(一)三〇七―八頁。
(19) 谷田孝之『中国古代喪服の基礎的研究』風間書房 昭和四五年。
(20) 秦蕙田『五礼通考』全八冊 中文出版社 平成六年。
(21) 濱久雄「秦蕙田の礼学思想 ―『五礼通考』を中心として ―」『東洋研究』第一九七号 大東文化大学東洋研究所 平成二七年。
(22) 黄以周 前掲書(二)六七七―七四頁。
(23) 黄以周 前掲書(五)一八二五―八二六頁。

附録一　若き三島中洲の学問の到達点と晩年の死生観 ― 中洲の詩を中心として ―

はじめに

三島中洲は自ら一生の学問を回顧して、「余の学歴」と題する一文を『中洲講話』の中で述べているが、[1] 二三歳の時に津藩の斎藤拙堂（一七九七―一八六五）に師事する以前の詳細な読書歴は語られていない。ところが嘉永四年（辛亥、一八五一）、二二歳の時に詠じた「読書四十韻」と題する長編の五言古詩[2]は、実に興味深い内容をもつ。これはまさに若き三島中洲の学問の到達点と称しても過言ではあるまい。

また、かつて二松学舎教授で、晩年に国分青厓（一八五七―一九四四）と共に二大詩宗と称された岩渓裳川《いわたにしょうせん》（一八五二―一九四三）が、中洲が八七歳の時に、戯れに不老不死の仙薬を七言古詩の一篇[3]に添えて贈ったところ、中洲はこの詩に次韻して不老不死の薬を一笑に付し、自ら明確な死生観を表白した。この二篇の詩は、いずれも従来あまり論じられていなかった中洲の学問思想の一端を垣間見ることができる貴重な詩であると判断し、ここに紹介して参照に供するものである。

一、若き三島中洲の学問の到達点

読書四十韻

読書宜読経　経自尚書始　典謨訓詁誓　歴歴載有紀　古文雖不古　言旨尽至理　吾愛先輩譬　鼎臠肉則美
詩猶風土記　淫正随採編　可見宣聖意　善悪共奮振　何事王余姚　鄭衛要刊刪　春秋本簿書　文簡而義備
五伝須兼存　左氏抜其萃　譬如斉桓公　非他四覇比　周易主卜筮　秦火免燼亡　象数与空理　説者互頡頏
象数帰迂浅　空理流老荘　賢矣朱晦老　程邵両奉将　闡発四聖蘊　万古推至公　四経雖不全　一斑可窺見
所恨礼楽書　曠代属逸散　儀礼疑残経　奇古文可善　断爛雖堪惜　猶幸朱黄伝　吉凶軍賓嘉　彬彬補幾巻
周礼亦古経　但非全礼篇　義疏有卓見　随古称周官　可悪劉生竄　残毒流漫漫　二王与一方　覆溺堪追嘆
戴記最駁淆　経伝一撮録　請見瓦礫間　時非無遺玉　雖然吾初学　躐等所可規　四経且三礼　筐底世為堆
行遠必自邇　四子為階梯　大学真徳門　入手謬毫釐　管商或老釈　千里相差違　至近是魯論　孟子其流亜
聖言無圭角　孟亦避三舎　中庸聖孫作　心法伝来真　浅識非可測　精妙入鬼神　先儒四子説　未得心髄味
況是学与庸　趙宋始推貴　程朱伝注功　後代誰不戴　噫嚱聖者逝　寥寥幾千秋　自非読典籍　古道何由求
笑他老漆園　謾言古人粕　糟粕啜不休　醇味亦可得　吾夙抱此志　蠹魚作生涯　渉猟無寸進　日月翻両車
腹猶不便便　悪問筆下花

(書を読むに　宜しく経を読むべし／経は尚書より始む／典・謨・訓・誥・誓／歴々として　載せて紀あり／古文は古ならずと雖も／旨を言ふこと　尽く至理なり／吾は愛す　先輩の譬《たとえ》／鼎は贋《にせ》なるも　肉は則ち美《うま》し／詩は猶ほ風土記《ふどき》のごとく／淫正　随って編に採ると／見るべし　宣聖の意／善悪　共に奮振す／何事ぞ　王余姚《よよう》／鄭・衛は刊刪を要すと／春秋は本《も》と簿書なり／文簡にして　義備はる／五伝は須らく兼ね存すべし／左氏はその萃を抜く／譬へば斉の桓公のごとし／他の四覇の比にあらず／周易は卜筮《ぼくぜい》を主とす／秦火に燼亡《じんぼう》を免がる／象数と空理と／説く者　互ひに頡頏す／象数は迂浅に帰し／空理は老荘に流る／賢なるかな　朱晦老／程・邵《しょう》は両奉将／四聖の蘊《うん》を闡発《せんぱつ》し／万古　至公を推す／四経　全からずと雖も／一斑　窺ひ見るべし／恨むところは　礼楽の書なり／曠代《こうだい》　散逸に属す／儀礼《ぎらい》　残経なるを疑ふも／奇古にして文　善かるべし／断爛　惜しむに堪へたりと雖も／猶ほ幸ひに　朱・黄伝す／吉・凶・軍・賓・嘉／彬々《ひんぴん》として　補ふこと幾巻ぞ／周礼《しゅらい》もまた古経／ただ全くは礼篇にあらず／義疏に卓見あり／古に随へば　周官と称す／悪《にく》むべし　劉生の竄《ざん》／残毒流れて漫漫たり／二王は一方に与し／覆溺して　追嘆に堪へたり／戴記は最も駁淆《ばっこう》／経伝　撮録を一にす／請ふ見よ　瓦礫《がれき》の間／時に遺玉なきにあらず／然りと雖も　吾初めて学び／等の規すべきところを踰ゆ／四経　かつ三礼《さんらい》／筐底《きょうてい》世々堆をなす／遠きに行くには　必ず邇《ちか》きよりす／四子は階梯たり／大学は真に徳の門／手に入るに　毫釐《ごうり》を謬らば／管・商　或は老釈／千里　相差違せん／至って近きは　これ魯論／孟子はそれ流亜なり／聖言に圭角なし／孟子もまた三舎を避く／中庸は聖孫の作／心法　真を伝へ来る／浅識は測るべきにあらず／精妙　鬼神に入る／先儒　四子の説／末だ心髄の味を得ず／況んやこれ学と庸と／趙宋　始めて貴きを推し／程朱　伝注の功／後代　誰か戴かざらんや／噫嚱《ああ》　聖者逝《ゆ》けり／寥々たり　幾千秋ぞ／典籍を読むにあらざるよりは／古道　何によ

りてか求めん／笑他す　老漆園《しつえん》（他《か》の老漆園を笑ふ）／謾《あなど》りて　古人の粕と言ふ／糟粕も　啜《すす》りて休《や》まずんば／醇味もまた得べし／吾夙《つと》に　この志を抱き／蠹魚《とぎょ》　生涯をなし／渉猟　寸進なく／日月　両車を翻《ひるがえ》し／腹猶ほ　便々たらざるも／悪《いずく》んぞ問はん　筆下の花）

〈注〉

○典・謨・訓・誥・誓―『書経』の文体の名。舜典・尭典・大禹謨・皐陶謨《こうようぼ》・益稷謨の諸篇。訓は敷奏諌説の辞。誥は臣下を暁説する辞。召誥・洛誥など。誓は士民に約する辞。○宣聖―宣尼。孔子のこと。○王余姚―王陽明。余姚は陽明の出身地。○衛・鄭―『詩経』に収載された衛・鄭二国の卑猥な詩。○簿書―役所の文書。○五伝―『左氏伝』・『公羊伝』・『穀梁伝』のほか、鄒氏・夾氏の伝があったが、後の二者は記録があるが書物はない。したがって、元の胡安国が著した『春秋胡氏伝』と、これを批判した清の毛奇齢が著した『春秋毛氏伝』を指す。○四覇―春秋時代の五覇で、斉の桓公、晋の文公、楚の荘公、呉の闔閭、越の勾践をいう。○象数―漢代の象数易で占いが中心であるが、宋代の邵雍（康節）も象数易である。今日流行している梅花心易は邵雍の作といわれる。○空理―占いを排して義理を重んじる王弼の易説で、老荘思想に基づく。○朱晦老―朱晦庵。朱熹。○程・邵―程頤（伊川）と邵雍（康節）。程伊川は邵康節を高く評価した。○奉将―命を受けた両将。○四聖―尭・舜・禹・湯をいうが、易の四聖は伏羲・文王・周公・孔子をさす。○朱・黄―『儀礼経伝通解』を著した朱熹と黄榦。○吉・凶・軍・賓・嘉―五礼で、吉礼（祭祀）・凶礼（喪祭）・軍礼（軍陣）・賓礼（賓客）・嘉礼（冠婚）をいう。○義疏―清の乾隆一三年奉勅撰の『三礼義疏』の中の『周礼義疏』で、六朝・宋・元の学説を収載する。○劉生の竄―後漢の劉歆が『周礼』を改竄したことを指す。清末の公羊学者康有為は『周礼』

を彼の偽作と決め付けた。　○二王―清の皖派の戴震（東原）の弟子で、『読書雑志』を著した王念孫と、『経義述聞』・『経伝釈詞』を著した念孫の子、王引之を指す。『周礼』の記述は『経義述聞』巻八・九に見える。　○戴記―『大戴礼記』のこと。　○四経―易・書・詩・春秋。清の康熙帝に欽定四経がある。　○三礼―『儀礼』・『周礼』・『礼記』。　○四子―四人の賢人の著書で、四子書のこと。『大学』・『中庸』・『論語』・『孟子』をいう。　○管・商―『管子』と『商子』。　○老釈―老子と釈迦。道教と仏教。　○魯論―漢代に魯の国に伝わった『論語』のテキスト。『論語』の別名。　○三舎を避く―三日間の道のりだけ敵から離れ退く。恐れて尻込みすること。　○趙宋―宋朝。南北朝の宋と区別し、天子の姓（趙匡胤）を取って趙宋といい、南北朝の宋を劉宋という。　○老漆園―荘子が蒙の漆園の役人であったので、漆園は荘子の別名。　○蠹魚―書物を食う虫。本にかじり付き、活用を知らない人をいやしんでいう。　○便々―腹部が肥え太っているさま。特に書物の知識が腹に詰まって肥えていること。『後漢書』辺韶伝に「腹は便々として五経の笥なり」とある。　○筆下の花―筆の先に花が咲くこと。唐の李白が幼少の時、筆の先に花を生じたことを夢でみてから、文才が大いに進んだという故事。『雲仙雑記』・『開元天宝遺事』に見える。

〈大意〉

読書は経書を読むのがよく、『尚書』（『書経』）から始めるべきで、舜典・尭典・大禹謨・皐陶謨《こうようぼ》・益稷謨の諸篇のほか、訓・誥・誓の辞などが明瞭に記録されている。『偽古文尚書』はたとえ真古文でなくとも、ことばの意味するところは、すべて道理にかなっている。私は先輩が『偽古文尚書』のことを「鼎はにせ物でも、そこに盛られた肉はうまい」というたとえをよいと思う。

次に『詩経』は『風土記』のようなもので、淫風・正風も次々に採用して編集しており、孔子が広い心で善悪ともに力を入れられた。ところが、王陽明は一体どうしたことか、鄭・衛の国の淫詩はカットすべきであると言っている。

次に『春秋』は本来、役所の文書であるが、文章は簡潔で経義が備わっており、これを解釈した『左氏伝』・『公羊伝』・『穀梁伝』・『胡氏伝』・『毛氏伝』の五伝は兼ね存する必要がある。特に『左氏伝』は『春秋』の素晴らしいものを集め、たとえば斉の桓公の記述のごときは、他の晋の文公・楚の荘公・呉の闔閭・越の勾践などとは比べものにならないのである。

次に『周易』(『易経』)は卜筮(占い)を主としたため、秦の始皇帝による焚書の厄を免れたが、漢代の象数易と魏の王弼の老荘思想に基づく空理の易説があり、互いに勢力がつり合っている。象数易はまわりくどくて浅薄であり、王弼の易説は実際の役に立たず、老荘思想に流れている。しかし、朱熹は実に賢明で、程伊川と邵康節は命を受けた両将ともいうべき存在である。そして、伏羲・文王・周公・孔子の四聖人の易は、その蘊蓄をはっきりあらわし、昔から至って公平であると評価された。

『書経』・『詩経』・『春秋』・『易経』の四つは文献として完全ではないが、その一部分はうかがい見ることができる。しかし、恨むべきは礼楽の文献で、久しい問散逸していた。『儀礼《ぎらい》』は完璧な文献ではなく残経の疑いもあるが、奇古とも評すべき文章は素晴らしい。破れてぼろぼろになっているのは、惜しむに十分であるが、やはり幸いに朱熹と黄榦によって完成された『儀礼経伝通解』があり、吉・凶・軍・賓・嘉の五礼は、実にそろって立派であり、『儀礼』の欠落した幾巻かを補完している。

ところで、『周礼』もまた古い経典であるが、すべてが礼に関する篇ではない。しかし、『周礼義疏』は卓見に富み、昔に従って『周官』と称している。ただ憎むべきことに劉歆によって改竄され、その残った害毒は広く流れて今日に及んでいる。清の王念孫・王引之父子は一方に味方して劉歆を評価し、まるで舟がひっくりかえって溺れるような有様で、実にかえりみて嘆かわしい限りである。そして、『大戴礼記《だたいらいき》』に至っては、最も入り乱れており、経と伝がひとつになっている。しかし見てごらんなさい、瓦礫の中にも残された珠玉の篇が発見されるのである。けれども、私は初学のくせに段階をふみ越えて、『易』・『書』・『詩』・『春秋』、さらに『周礼』・『儀礼』・『礼記』の三礼などに手を染めて、書物が本箱に一杯となった。ところで、遠くへ行くには必ず近い所から始めねばならない。したがって、四書（『大学』・『中庸』・『論語』・『孟子』）は、はじまりである。そして、『大学』は実に「初学、徳に入るの門」である。もし手に入れるのに、ほんの少しでも誤ったならば、管子・商子もしくは老子・釈迦の学問となってしまい、経学とは千里の差違をきたすであろう。経学に最も近いものは『論語』であり、『孟子』はその亜流である。とにかく聖人のことばはかどがなく、孟子もまた恐れて尻込みするのである。『中庸』は孔子の孫の子思が著したもので、心を磨ききたえる方法は真理を伝え、知識の浅い者は測り知ることができて、その内容は精妙で鬼神の域に達している。

ところで、私は先儒の四書に関する学説につき、まだ一番大切なところは理解できていない。まして、『大学』と『中庸』は宋代になって、『礼記』から独立させて始めて推賞したものである。したがって、程伊川と朱子が注釈書を著し伝えた功績は、後の代では誰でもこれを推し戴くのである。ああ、聖人はこの世を去り、幾千年もの間、実に寂しい限りである。したがって、儒教の典籍を読むのでなければ、昔の聖人の道はなにによって求められようか。経書以外には求めることはできない。

ところが、お笑い草にも、年老いた荘子のごときは、みだりに儒教の経典を古人の酒かすと酷評する。しかし、酒かすでも休むことなくすすっていれば、そのこくのある美酒の味わいを得ることができる。私は早くからこの志を抱き、本の虫となって生涯を送り、書物を読みあさって、わずかしか読み進まず、日月を重ねて努力し、やはり辺韶《へんしょう》のように「腹は便々として五経の笥なり」と言えるほどにならなくとも、どうして筆の先に花が咲いて李白のような文人となることなど問題にしようか。全く興味を持たないのである。

「私の履歴書」の記述によると、一二歳までの中洲は、一一、二歳の頃に山田方谷が師事した丸川松隠の養子竜達という医者に就き、『四書』・『五経』の素読を受け、一四歳の時に山田方谷の塾に入った。そして、『蒙求』の輪読を聴いてもらい、次に四書五経を朱子の注釈に基づいて学び、朱子家となり、それから十三経《じゅうさんぎょう》を読み、『通鑑綱目』を読み、二十一史に及び、『儀礼経伝通解』で三礼を読み、『荘子』・『韓非子』等の諸子から『朱子文集』・『朱子語類』等に渉り、旁ら文章も学び、顛倒なき位の文は書いたと述懐している。

ところが、この五古を一読すると、経学に対する学問内容の到達点が明瞭となった。当時の中洲は朱子学を信奉していたので、程伊川・朱晦庵を高く評価しているが、邵康節を程伊川と併称して両奉将と断じている点は、いささか疑問なしとしない。なぜならば、邵雍は『皇極経世書』を著し、宋代における代表的な象数易の碩学だからである。これも程伊川が親友の邵雍の学問を高く評価したのでこのように詠じたのであろう。

中洲は「余の学歴」の中で、斎藤拙堂に師事して、典籍役の川北梅山から清朝考証学の書籍を借覧して精読し、ようやく朱子学に疑問を抱き、折衷学に入ってから学問の第二変遷を経、その後、二度にわたり昌平黌に遊学し、三〇歳以後、藩職に就くに及び、山田方谷の指導を受け、実地運用の妙が陽明学に本づくことを悟り、こうして学問の第三変となったと述べている。

ところが、清朝の学者の著書もすでに読み、今文・古文をめぐる問題に対しても相当の理解を示している。つまり『偽古文尚書』を批判した清の閻若璩《えんじゃくきょ》の『尚書古文疏証』の正当性を認めたうえで、『偽古文尚書』の中にも大禹謨の「人心これ危ふし、道心これ微なり」といった重要なことばがあり、朱子も心を道心と人心に別け、道徳の要は道心が常に一身の主として、人心を常に従わしむべきであると説いたほどである。したがって、鼎はにせ物でも、そこに盛られた肉は美味であるというたとえを述べているが、かつて清の乾隆時代の公羊学者荘《そう》存与《そんよ》も、今文学者でありながら『偽古文尚書』の内容に着目して、皇族の子弟にこれを教え、『尚書既見』という書を著したほどである。

また、劉歆の『周礼』改竄問題をめぐり、清朝皖派《かんぱ》の戴震（東京）の高弟で戴・段・二王と称された王念孫・王引之父子が劉歆を擁護した点を中洲が批判しているのは看過できない。これらの見識は山田方谷の教育によって形成されたものであろう。事実、方谷は「楓渓木山先生を祭る文」(4)の中で、「闕里の魯史を修するや、辞を見聞に異にす」と述べ、『春秋公羊伝』の三世異辞（張三世）に触れ、今文学に理解を示しているからである。これは魯の『春秋』に記述された十二公・二百四十二年の歴史を所見世・所聞世・所伝聞世に分類し、同じ種類の事実を記録する場合でも、それぞれの時代によって言葉づかいを微妙に異にする配慮がみられ、歴史の記述が容易でないことを示すものである。さらに方谷は文中で「球の不似と雖も、一辞をその間に賛すれば云々」と述べているが、これはまさに司馬遷が『史記』孔子世家の中で、「春秋を為るに至り、筆すべきはすなはち筆し、削るべきはすなはち削る。子夏の徒、一辞を賛する能はず」と述べた一文を意識していることは明瞭である。

思うに、東漢許・鄭の学を金科玉条とする皖派の学風は古文学を信奉して、西漢今文学を受容しない。これに反し、西漢公羊学（今文学）を信奉する公羊学者は、『周礼』を劉歆の偽作と決めつける。したがって、王念孫・王引之父子が劉歆を弁護して、その改竄説を否定するのは当然である。したがって、中洲が王念孫・王引之を批判するのは、今文学に対する理解を示すのではないかと思われる。もっとも、朱子は『周礼』の制度が極めて緻密であり、聖人でなければ作り得ないとしたので、必然的な結論とするわけにもゆかない。しかし、中洲の後年に詠じた次の詩[5]を見る限り、今文学に対する理解のほどを察知し得るのではあるまいか。

万畳山成四面屏　桃源深処是仙亭　灑門奔瀬午風白　圧野嫩秧斜日青
秦代吏民多読律　伏家師弟独伝経　愧吾遯世蹤猶浅　空在城中鎖小扃

（万畳の山は成す　四面の屏／桃源　深き処　是れ仙亭／門に灑《そそ》ぐ奔瀬《ほんらい》　午風白く／野を圧する嫩秧《どんおう》　斜日青し／秦代の吏民　多く律を読み／伏家の師弟　独り経を伝ふ／愧《は》づ吾　世を遯れ　蹤《あと》猶ほ浅く／空しく城中に在りて　小扃《しょうけい》を鎖すを）

この七律の頸聯は実に意味深長といわねばならない。つまり、秦の始皇帝の時代に法家万能の世となり、焚書坑儒が断行され、役人も人民も法律書を読む者が多かったが、儒教の経典を守るために伏生（名は勝）の学派は弟子とともに今文学の経書を漢代に伝えた事実を対句を用いて詠じたのである。宮原信氏はこの部分を「秦代には役人も民も法律書を好んで読んだ。経書の精神を後世に伝えたのは、あばら家の中に貧しい暮らしをしている師弟であったのだ」と誤訳され、伏家が今文経学を死守した伏生であることを理解されなかった。しかもこの詩に次韻した山田方谷は、次のように詠じて、伏生らの危機に対処した行動に共鳴しているのである。(6)

何妨偽学被人屏　千載比肩朱考亭　百涅不緇寒玉白　三冬益発老松青
憂饑学士多干禄　逃戮書生誰抱経　究竟蔵身何処好　華山石室戸長扃

（何ぞ妨げん　偽学の人に屏《しりぞ》けらるるを／千載　比肩す朱考亭／百涅《ひゃくでつ》　緇《くろ》まず　寒玉の白きに／三冬　益《ますます》発す　老松の青きを／饑を憂ふる学士　多く禄を干《もと》め／戮《りく》を逃るるの書生　誰か経を抱く／究竟　身を蔵《かく》すは　何れの処か好からん／華山の石室　戸長の扃《けい》）

方谷は学問の弾圧に遭遇した場合には、真白き寒月、青々たる老松のように自己の信念を貫徹し、身を蔵《かく》すには華山の石室の戸のように、がっちりした大きなかんぬきのある場所が一番好いと尾聯に詠じ、中洲の学問姿勢に共鳴しているのである。したがって、伏生の今文経学に理解を持つ点では共通していたのではないかと思われるのである。

中洲は『儀礼』につき、朱熹と黄幹によって著された『儀礼経伝通解』を高く評価しているが、『儀礼』を「断爛、惜しむに堪へたり」と詠じている点は疑問なしとしない。なぜならば、「断爛」の語は、宋の王安石が『春秋』

に対して「断爛朝報」（断片的でずたずたになった官報）と表現したものである。[7] なお、王安石は『周礼』を高く評価し、『周官新義』を著しているほどである。とにかく、二二歳の中洲は初学の段階で学問の習得順序を無視して、「四経かつ三礼、筐底、世堆《よよ》をなす」ほどに三礼の文献を渉猟したことが判明した。後年、裁判官として大審院判事となって実学を発揮した素地は、この時代に胚胎したと言っても過言ではあるまい。そして、経学習得の方法につき四書から始めよと強調しているが、これは言うまでもなく朱子の集注を勧めているのである。かつて私が大東文化学院に入学して間もなく、陽明学を研究するため、当時、満州国務院官房文書科に勤務していた先考に書翰を送り、『碧巌録』・『従容録』を購入する本代を依頼したところ、早速返事がきて、四書の集注を十分に読みおえてからにせよという忠告が記されてあった。これこそ方谷・中洲以来の二松学舎の伝統的な指導方法であったといえよう。

中洲は荘子が儒教の経典を古人の酒かすと酷評したことを笑うべしと再批判しているが、この詩を賦した翌年に斎藤拙堂に師事し、拙堂の「老子弁[8]」に影響され、『論学三百絶[9]』の中で、『老子』を一服の清涼剤と詠じ、また『史記』の「孔子、礼を老子に問ふ」の記述を否定し、老子よりも孔子の方が年長であったと詠じている。その詩にこう詠じている。

治国方如治疾方　適宜薬石要商量　伯陽一服清涼剤　漢氏維興晋氏亡

（治国の方は治病の方の如し／適宜の薬石　商量を要す／伯陽は一服の清涼剤／漢氏は維《こ》れ興り　晋氏は亡ぶ）

名教譏来及兵禍　言文不似盛周賢　拙堂論辨足千古　老子何生孔孟前

（名教　譏り来って　兵禍に及び／言文は似ず　盛周の賢なるに／拙堂の論辨　千古足る／老子　何ぞ生まれん　孔孟の前）

後年、中洲は明治四四年秋から翌四五年春にわたり、高等科生の懇請を受けて『老子』を講義したが、つとに作成された『老子私録』を適宜取捨して『老子講義』(10)を上梓した。そして巻頭の弁言に次のように記した。

> 正確なる意義よりせば、支那に於て哲学と言へば、独り荊楚の老荘哲学を挙げ得べきのみ。而して老子道徳経は実に荊楚哲学の祖老子その人が、直に宇宙人生の大問題に向って、根本的の解釈を試みんとせし一篇の哲学論たる事、今さら吾人の呶々《どど》を要せざる所なり。宇宙の原理は一草の蔭にも潜み、道は稊稗《ていはい》の間にも存す。一理の貫通はやがて顕微一体にして、老子は即ち一理の発展を以て天地人生を説明し、重ねてこれを人間の道徳に応用せんとせり。誠に斯の如きは、支那思想界に於ける空前絶後の一大異彩と謂はずんばあらず。而もこれを全く正反対なる儒教が、宇宙人生の何物たるを措いて問はず。唯古来一定せる人間生活上尽すべき一種の約束的道徳を以て恰も自然の大法なる如くに思惟し、信仰し敢て自然と人為とを一貫する原理を発見して人間の行儀をこれに由って割り出さんとせざりしに比すれば、恰も天地懸隔の感なき能はず。且や我国の儒家者流が、支那三千年の文教を独り儒教にのみ限り、君臣の義・父子の道・処世の要、これを他に見出すべからざるとせしは、一面に於ては正直甚だ喜ぶべき現象なるも、また一面に於ては固陋偏狭の嘲

を免れ難きに似たり。……孔子已に老子の学を知らず。……今の日に於て彼此相論ずるは、蓋し論ずる者の自ら愚の骨頂たるを知らざるに由るべけん。

以上の記述により、中洲が老子の哲学の重要性を認識した上で『老子講義』を上梓するに至った経緯を理解することができる。かつて、私の父兄であった伊福部隆彦氏が、お嬢さんの卒業謝恩会に出席され、偶々私の隣りに座られ、宴酣《たけなわ》の時に私が伊福部氏に、「先生はどちらで老子を学んだのですか」と尋ねたところ、「わしは独学で、先生といえば三島中洲というひとですよ」と言われ、始めて伊福部氏が『老子講義』に啓蒙されたことを知った。そこで私は当時、二松学舎大学教授であった父が、中洲先生の晩年の弟子であったことを伝えると、伊福部氏は驚かれ、「是非あなたのお父さんに会わせていただきたい。そして、あたかも三島中洲に対するようにしたい」

と言われた。伊福部氏は自ら「老子の徒」と称し、そのパンフレットを奥様からいただいているが、『老子眼蔵』・『老子道徳経研究』の著書がある。しかし、私の多忙と怠慢のために、伊福部氏と父との面晤がかなわぬ先に伊福部氏の訃を新聞紙上で知ったのである。

二、中洲の死生観について

大正五年（一九一六）、八七歳の中洲が詠じた七言古詩[11]は、岩渓裳川が戯れに中洲に対し不老不死の薬を七言古詩に添えて贈ったのに対し、中洲がこの詩に次韻して贈ったものである。私は偶々この詩の中に、中洲の晩年における死生観が吐露されているのを発見した。これは極めて貴重な詩であり、この三年後に中洲は道山に帰した。

次にその詩に訳注を添えて紹介したい。

岩渓裳川見贈長古一篇、大意言、玉皇賜不老不死薬於余。蓋慰老也。乃次韻以贈。

（岩渓裳川が贈られし長古一篇、大意に言ふ、玉皇、不老不死の薬を余に賜はると。蓋し、老を慰むるなり。乃ち次韻して以て贈る。）

老躯不堪城中寒　暖郷行薬代金丹　何料玉皇遊戯賜　不老不死好薬丸
吾知愚弄憤不笑　不笑不言又不嘯　而後大笑且長歎　老来唯待冥府召
死生常理明心胸　生前欲築馬鬣封　吾身雖死神不死　吾神長留在二松
二松与吾非二者　此言真誠不虚仮　咀忠嚼孝養生命　忠孝之道吾神也
君不聞我皇割帑賜乃翁　是視乃翁斯道同　道与天壌共不滅　永護皇家奏偉功

（老躯堪へず　城中の寒きに／暖郷　行薬《こうやく》金丹に代ふ／何ぞ料《はか》らん　玉皇　遊戯の賜／不老不死の好薬丸と／吾愚弄を知り　憤りて笑はず／笑はず言はず　また嘯《うそぶ》かず／しかる後　大いに笑ひ且つ長歎す／老来　唯だ待つ冥府の召すを／死生の常理　心胸に明らかなり／生前　築かんと欲す　馬鬣封《ばりょうほう》／吾が身　死すと雖も　神は死せず／吾が神長《とこし》へに留まって　二松に在り／二松と吾と二者にあらず／この言　真誠に　虚仮ならず／忠を咀《そ》し孝を嚼《しゃく》し　生命を養ふ／忠孝の道は　吾が神なり／君聞かずや　我が皇　帑《ど》を割《さ》き　乃翁《だいおう》に賜るを／これ乃翁を

視ること　斯道に同じ／道は天壌と共に滅せず／永く皇家を護って　偉功を奏せん）

〈注〉

○金丹―仙人や道教の方士が作る不老不死の薬。　○行薬―服薬の後に、その薬の気をよく身体に行き渡らせるため散歩すること。　○玉皇―道教で天帝のこと。　○馬鬣封―墳墓の形の名。馬のたてがみのあたりの肉の薄い部分の形に似た、土の盛り方をした墓。　○帑―金品をしまっておく倉。この場合は内帑金のことで、皇室より ご下賜金を受け、講堂が建てられたことをさす。恩賜講堂。

〈大意〉

町の寒さは老いの身に堪えられず、私は暖かい村里で服薬後の散歩により、不老不死の薬にかえていたのに、図らずも玉皇から戯れに不老不死の素晴らしい丸薬をいただこうとは想像もしていなかった。私は愚弄されたとわかり、腹が立って笑わず、笑わず言わず嘯くこともしなかった。しかしその後で大笑し、長歎息したことであった。私も年老いてただ冥土（あの世）のお召しを待つばかりで、死生の常理は心の中で悟っており、生前に墓を造っておこうと思っている。たとえわが身は死んでも精神は死なずに、長く二松学舎に留まっている。つまり、二松と自分は一体であり、この言葉は本当にうそではない。私は忠孝の精神を咀嚼して生命を養ってきた。したがって、忠孝の道は自分の精神である。あなたもお聞き及びのように、わが天子はご内帑金《ないどきん》を割いて私にくださった。これは天子が私を斯道（儒教の道）と同一視されているのである。この道は天地とともに不滅である。そして私は永遠に皇室を護持して偉大な功績をたてようと思う。

『論語』先進篇に、「季路、鬼神に事《つか》へんことを問ふ。子曰く、未だ人に事ふること能はず、焉《いず》くんぞ能く鬼《き》に事へん。敢て死を問ふ。曰く、未だ生を知らず、焉んぞ死を知らん」とある。朱熹はこれに対し、「蓋し幽明始終は初めより二理なし。ただこれを学ぶに序あり、等を踰《こ》ゆべかず。故に夫子これを告ぐることかくの如し」と注しているが、陳天祥はこれを批判し、「二帝三王、周孔の道、生民日用須臾《にちようすゆ》も離るべからざる者は、これを経典に載せて詳らかに且つ備はれり、然れども皆な綱常彝倫《いりん》の間に出づ。未だ嘗て人に幽明の次序を教へ、必ず死を知らしむるを聞かず。必ず日用人道の外に於て、幽明の中、不急の務めを推し究めて、死する所以の由《よし》を知ることを求めんとするは、迂闊にあらずや」と述べている。

中洲は『論語講義』(12)の中でこう訳している。

子路が鬼神の祭祀を奉事するの道を問へるに、孔子これに対へて曰く、学問は宜しく手近かにして身に切なる所より始むべし。未だ父母兄長に事へ、貴を敬し賢を尊ぶ等、人に事ふるの道を知らずして、何ぞ能く鬼神に事ふるの道を知ることを得ん。宜しく先づ此の世に処《お》り人に事ふるの道を学ぶべしと、又その死に処するには如何にすべきやと問へるに、対へて曰く、未だ生存して世に処するの道、即ち君父に事へ、衆に接し、妻子を養ふの道を知らずして、何ぞ死に処するの道を知ることを得んや。宜しく先づ人間日用切近の処に心掛くべしと。その等を踰《こ》えて高遠に馳するを抑へ戒められたり。

つまり、中洲は「死を問ふ」を死に処するの道を問ふなりと訳し、死そのものを問うているのではないとされ、朱子の説に従って訳していることがわかる。しかし、荻生徂徠は『論語徴』(13)の中では独特の見解を披瀝している。

鬼神に事《つか》ふるの道、孔子何ぞ嘗て言はざらんや。嘗て曰く、生けるにはこれに事ふるに礼を以てす。(為政篇)これなり。子路の鬼神を問ふに至りて、孔子の告げざる所以の者は、蓋し子路の心は鬼神を知るに在り、故に曰く、未だ人に事ふる能はず。焉んぞ鬼に事へんやと。これを抑へし所以なり。子路果して死を問へば、孔子曰く、未だ生を知らず。焉んぞ死を知らんやと。蓋し死者は言ふべからざる者なり。夫れ人の知は至れる有り、至らざる有り。孔子未だ死せず、子路未だ死せず。叚《か》りに孔子をしてこれを言はしむれば、子路をして信ぜしむること能はず。子路もまた信ずる能はず。これ無益の事なり。故に孔子言はず。然れども人の知は至れる有り、至らざる有り。它日、宰我これを問へば、すなはちこれを言ふ。(『礼記』祭義篇に見ゆ)易の大伝また曰く、始めを原《たず》ね終りに反《かえ》る。故に死生の説を知る。精気物を為し、遊魂変を為す。この故に鬼神の情状を知ると。且つ聖人は鬼神を知らず、死を知らざれば、すなはち安んぞ能く制作せん。故に曰く、未だ生を知らず、焉んぞ死を知らんと。生を知れば、すなはち知至るを言ふなり。宋儒は紛々として理を以てこれを明らかにせんと欲し、その説は終《つい》に無鬼に帰す。務めて口舌に騰《す》ぐるの失なり。仁斎が輩またこれに因りて繋辞を疑ひ、三代の聖人を誣《そし》る。妄と謂はざるべけんや。且つその言に曰く、鬼神は教へを為す所以にあらざるなりと。夫れ聖人は神道を以て教へを説くと。(観卦彖伝)鬼神豈に教へを為す所以にあらざらんや。蓋しその人もまた口舌に騰《す》ぐるを以て教へと為す。故にこの言あり。陋なる哉。

伊藤仁斎は『易経』繫辞伝を孔子の作にあらずとする宋の欧陽脩の『易童子問』の見解に左袒しているのを、徂徠は陋見と批判したが、仁斎は『論語古義』で次のような見解を述べているのである。(14)

鬼神に事《つか》ふることを問ふ者は、祭祀の饗を得と否とを疑ふなり。夫子これを抑へ、専ら人に事ふるの道を尽さしむるなり。子路未だ達せず。故に又死を問ふ。以為へらく人は死して鬼となると。若し死して知る無くんば、すなはち祭祀は益無けんと。夫子またこれを抑へ、専ら生を知るの道に務めしむるなり。生とは、生存の道を謂ふなり。

これ言ふこころは能く人に事ふれば、すなはち鬼に事ふるを得、能く生を知れば、すなはち死を知るを得。その意は蓋し人に事ふることを務めて、鬼神に諂ふことなく、生存の道を尽して、死の理を求むることなしといふがごとし。夫子これを抑ふること深し。蓋し仁者は務めて力を人道の宜しきに用ひて、その知り難き所を知らんと求めず。苟も力を人道の宜しきに用ひ、また能く生存の道を尽さば、すなはち人倫立ち、家道成り、学問の道に於て尽せり。何ぞ生存の道を謂はん。凡そ人は上に父母あり、下に妻子あり、しかして身の成敗、家の存亡、事は固《もと》より百端、能くその務めざるべからざるを識りて、戒謹恐懼し、敢て荒廃するなくんば、すなはちこれを生を知ると謂ふなり。

論じて曰く、夫子は鬼神の理に於て、未だ嘗て明説せず、樊遅・子路に答ふるに及び、略《ほぼ》その意を露はす。しかれども死生の説に於ては終《つい》に未だ嘗てこれ言はず。蓋しこれを言はざるにあらず。本《も》と教へを為す所以にあらざれば、故に言はざるなり。これ夫子の群聖を度越して、万世生民の宗師たる所以なり。記礼の書、屢《しばしば》夫子が鬼神を論ずるの言を載す。繋詞また曰く、始めを原《たず》ね終りに反る。故に死生の説を知ると。知るべし。皆な聖人の言にあらざるなり。

徂徠と仁斎はいずれも古学派でありながらこの『論語』の一文を巡り、真向から見解を異にしているのである。ところで、王陽明が死生の道をどのように考えていたかは、甚だ興味をひく。『伝習録』(15)に

蕭恵、死生の道を問ふ。先生曰く、昼夜を知らば、即ち死生を知らんと。昼夜の道を問ふ。曰く、昼を知らば、則ち夜を知らんと。曰く、昼も亦知らざる所ありやと。先生曰く、汝能く昼を知るや、懵懵《ぼうぼう》として興き、蠢蠢《しゅんしゅん》として食し、行うて著かならず、習うて察かならず、終日昏昏たるは、只だこれ昼を夢みるなり。惟だ息も養ふあり。瞬も存する有って、この心惺惺明明として、天理と一息の間断亡くして、才《わずか》にこれ能く昼を知るなり。這れ便ちこれ天徳なり。便ちこれ昼夜の道に通じて知るなり。更に甚麼《なん》の死生か有らんと。

山田済斎はこの一文に対し、「王子は致良知を説く、故にまた死の問題を急とせず、従って生平の工夫、殆んど死の問題に触れず。しかも窮竟の見地は自らこれを窺ふべきものあり」とされ、『論語』の死は猶お生の如しに一段を進めて、死生は猶お昼夜の如しと説いたとされる。(16)

ところで、中洲はこの詩の中で、道教の不老不死の薬を一笑に付し、死の到来を厳粛に受け入れ、「死生の常理、

心胸に明らかなり」と断じ、生前に墓を造っておきたいとまで詠じている。しかし、王陽明の死生一如とは異なり、「我が身死すと雖も神は死せず」と詠じ、霊魂の不滅を明言している。そして「吾が神、長へに留まって二松に在り、二松と吾と二者にあらず」とし、「忠孝の道は吾が神」と断じ、「永く皇家を護って偉功を奏せん」と詠じてこの詩を結び、天皇および皇室に対する忠誓心を吐露し、老子の思想は片鱗もうかがうことはできない。

なお、次に参考のために、中洲に薬を贈った岩渓裳川が添えた七言古詩を紹介したい。(17)

贈三島中洲老博士

宮娥夢降自広寒　贈翁桂子新錬丹　道是長生一霊薬　玉兎擣之玉蜍丸
翁也開口輾然笑　其声髣髴孫登嘯　地上亦有蓬山仙　玉皇香案拝勅召
東壁明奎躔一胸　深閟余光紫泥封　斯文不喪翁不死　後凋千歳欽二松
羽衣丁鶴彼何者　古冢但説人世仮　不及守道当代儒　満門桃李皆春也
我挙大白先献翁　人爵何与天爵同　天爵之尊不可奪　眼見紈袴汚祖功

（宮娥　夢に広寒より降り／翁に贈る　桂子《けいし》の新錬丹／道《い》ふこれ長生の一霊薬／玉兎　これを擣《つ》く　玉蜍丸《ぎょくじょがん》と／翁や口を開き　輾然《てんぜん》として笑ふ／その声　髣髴たり　孫登の嘯《しょう》／地上　また蓬山の仙あり／玉皇の香案　勅召を拝す／東壁の明奎《めいけい》　一胸に躔《やど》り／深く余光を閟《とざ》す　紫泥の封／斯文は喪《ほろ》びず　翁は死せず／後凋　千歳　二松を欽《きん》すと／羽衣の丁鶴《ていかく》　彼何者ぞ／古冢《こちょう》　但《ただ》説く　人世の仮《かり》なるを／及ばず　道を守る当代の儒／門に満つるの桃李　皆な春なり／我は大白を挙げて　先づ翁に献ず／人爵　何ぞ天爵と同じからんや／天爵の尊は　奪ふべか

らず／眼に見る　紈袴《がんこ》の祖功を汚すを）

〈注〉

○宮娥─月世界の宮殿に住む美人。　○広寒─月にあるという宮殿の名。広寒府。広寒宮。○桂子─かつらの実。○錬丹─ねりぐすり。道士が作る、不老不死の薬。　○玉蜍丸─丸薬。蜍は、ひきがえる。月の中に蟾蜍《せんじょ》がいるという伝説に基づく。　○孫登の嘯─魏の隠士、孫登のうそぶく声が鳳の鳴き声の谷間に響くのに似ていたという故事により、世俗を離れて心を澄ますたとえ。　○明奎─明るい奎星。奎は二十八宿のひとつで、文章をつかさどる。　○紫泥の封─天子からの封書。天子は紫色の印肉を用いたから。　○丁鶴─強い鶴。　○大白─大きな杯。　○天爵─天から授かった爵位の意で、自然に備わった人の徳をいう。　○紈袴─白い練り絹のはかま。貴族の子弟の服。彼らを軽蔑して用いた。

〈大意〉

月世界の宮殿に住む美人が、夢の中で広寒宮より下界に降りてきて、中洲翁にかつらの実で製したねり薬を贈り、「これは長生きの霊薬で、美しい兎が擣いて作った玉蜍丸です」といった。翁もまた口を開いて呵々大笑され、その声は鳳の鳴く声に似ていたといわれる孫登のうそぶきそのものでした。ところで、この地上にもまた蓬萊山の仙人がおり、天上の玉皇帝の香り高い机のもとで皇帝のことばを受け、東の壁にかかっていた明るい奎星を胸にやどして、皇帝からの封書に深く余光をとざしたことであったが、その書翰には「斯文はほろびず、中洲翁は死せず、千年たって後に枯れる二本の松は尊敬に価する」と書かれてあった。ふと見ると、羽衣をきた強い鶴が目にとまったが、一体、何物であろうか。その鶴はただしきりに「この人生は仮の姿である」と説き、道を守る当代一流の儒者には言及しなかった。さて、中洲翁の門前に桃李が咲き誇って春を謳歌しており、私は大きな杯を挙げて先ずこれを中洲翁に献じた。ところで、人間界の爵位などは、どうして天から授かった爵位と同じであろうか。天から授かった尊い爵位は、誰も奪うことはできない。この人間界では、白い練り絹のはかまをつけた貴族の子弟が、事もあろうに先祖の功績を汚すようなみにくさを我々に見せつけているのである。

次にこの詩を中洲に贈った岩渓裳川（一八五二―一九四三）に就き紹介したい。

兵庫県（丹波）福知山の人。名は晋《すすむ》。字は士譲。号は裳川。別号は半風痩仙。祖父崇台は、福知山藩主朽木綱貞の賓師、父達堂も藩儒であった。嘉永五年（一八五二）に生まれ、幼時、父に素読を習い、明治六年に上京して、五年の後、詩を森春濤に学び、その高弟と称された。春濤の没後、関沢霞庵の夢草吟社、森川竹磎の鷗夢吟社に出入し、二三年に結成された星社にも参加し、詩人としての地歩を固めた。一時、「万朝報」の詩欄の選者ともなった。三五年、江木冷灰の主唱する檀欒会に加わり、創立以来一員であった随鷗吟社の会長に擬せられたこともあったが、これを辞した[18]。本田種竹・森槐南と親しく、晩年、国分青厓と共に、二大詩宗と称せられた。資性悟淡にして超脱、頗る仙骨あり、詩は杜甫・白居易を尊び、造詣深く、二松学舎教授・藝文社顧問を兼ね、その講義を聴くもの解頤の妙を称せざるはなかった[19]。昭和一八年三月、病没、年九二。著書に『詩学初楷』一冊・『裳川自選稿』五冊・『感恩珠』（詩話）・『談笑余響』がある。

おわりに

『書経』舜典に「詩は志を言ふ」と明記されているが、二三歳の中洲が秀才ゆえに等を踰えて読書の功を積み、自ら経学研究法を「読書四十韻」に託して詠じた内容は、実に貴重な資料をわれわれに提供している。しかもその中で当時問題とされていた『古文尚書』の偽作説・その対処法、経学における今文・古文の問題、劉歆の『周礼』改竄をめぐる問題、程朱学が果たした経学史上の役割等を巧みに詠じ、最後に「悪んぞ問はん 筆下の花」と結んでいるが、これは若き時代の中洲の学問姿勢が、経学研究を中心に進められ、文人李白の域に迫ることを自己否定している点は看過することができない。中洲は文筆家として明治の三大文宗と称されたが、それは若き中洲の理想ではなかったのである。

次に中洲の晩年における死生観は、この七言古詩の長編の中で烈々と語られたものであり、実に儒教と道教の思想を研究した中洲が晩年に到達した死生観を吐露した貴重な詩といわねばならない。

『論語』の「未だ生を知らず、焉んぞ死を知らんや」の一文に対し、中洲は朱子の解釈に従っているが、この解釈をめぐっては、諸説紛々として帰一するところを知らず、わが国においても古学派同士の仁斎・徂徠でも径庭が見られる。しかし、中洲は陽明学者ではあるが、陽明の死生一如の考え方とは別に、霊魂不滅説の観点から、忠孝の儒教道徳を踏まえ、「吾が神は長へに二松に在り」と詠じ、「忠孝の道は吾が神なり」と断じられ、皇室の中洲に対する洪恩に感激し、「永へに皇家を護って偉功を奏せん」と結び、中洲独自の死生観を展開されたのである。

なお、この拙論は平成一五年一一月二九日に、二松学舎大学陽明学研究所主催によって行われた講演「若き三島中洲の学問の到達点と晩年の死生観」の資料と内容に基づき再構成して記述したものである。

〈注〉

(1) 三島中洲『中洲講話』三三三―二七頁　文華堂書店　明治四二年。
(2) 山口角鷹編『三島中洲詩存』巻二　補遺（油印本）二三四頁　昭和五二年。
(3) 山口角鷹編『前掲書』巻二　二一九―二〇頁。
(4) 濱久雄『山田方谷の文』三九二―九三頁　明徳出版社　平成一一年。
(5) 宮原信『山田方谷の詩』一〇四四頁　明徳出版社　昭和五七年、平成一一年再版。
(6) 宮原信『前掲書』一〇四二―四三頁。
(7) 濱久雄『公羊学の成立とその展開』四二一―三頁　国書刊行会　平成四年。
(8) 斎藤拙堂『拙堂文集』巻四「老子辨　一―五」明治一四年。
(9) 三島中洲『論学三百絶』（高草木重敬校定）大正四年。
(10) 三島中洲『老子講義』一―二頁　中外出版社　大正四年
(11) 山口角鷹『前掲書』巻二　二一九―二〇頁。
(12) 三島中洲『論語講義』一二三〇頁　明治出版社　大正六年。

⒀ 荻生徂徠『論語徴』己 二二六―二二七頁『四書註釈全書』第七巻 鳳出版 昭和四八年。
⒁ 伊藤仁斎『論語古義』巻六 一六一―六二頁『四書註釈全書』。
⒂ 王陽明『伝習録』巻上 六一―六二葉『王文成公全書』四部叢刊正編所収 台湾商務印書館 民国六八年。
⒃ 山田済斎『陽明学精義』二六六頁 静思書院 昭和一五年。
⒄ 岩渓裳川『裳川自選稿』第一巻 五〇葉 昭和一一年。
⒅ 神田喜一郎編『明治漢詩文集』四一九頁 筑摩書房 昭和五八年。
⒆ 猪口篤志『日本漢詩 下』六九四頁 明治書院 昭和四七年。

附録二　三島雷堂の学問と思想 ― 陸王哲学研究を中心として ―

はじめに

三島雷堂は中洲先生の末子で、陸王哲学の研究者として知られ、中洲翁の晩年にその衣鉢を継いで二松学舎長に就任し、家学の発展に尽された。中洲があまりにも偉大な存在であり、かつまた雷堂が四七歳（数え年）の若さで道山に帰した不運も加わり、その学問と思想に関しても、忘却されている憾みなしとしない。しかし、その遺著である『哲人山田方谷』・『陸象山の哲学』・『王陽明の哲学』は、今日においても高く評価されている。私の先考青洲は中洲先生晩年の弟子であり、また雷堂先生の受業であった。特に『陸象山の哲学』が上梓された時はその校定に従事し、さらに跋文を書いている関係上、私はつとに雷堂先生には強い関心を抱いてきた。本稿ではこれらの遺著を通して、三島雷堂の学問の方法と思想の特色等につき考察を加え、二松学舎大学創立一二〇周年にちなみ、その伝統的学風を回顧するとともに、雷堂先生が遺された業績を顕彰するものである。

一、三島雷堂の人となり

三島雷堂（一八七八―一九二四）は諱を復《また》といい、雷堂と号した。中洲翁の第三子で明治三七年（一九〇四）六月、東京帝国大学文科大学を卒業して大学院に進み、専ら陸王哲学の研究に没頭され、四二年「陸王の哲学」七巻を脱稿し、七月、これを学位論文として上司に提出した。著書には『哲人山田方谷』・『陸象山の哲学』・『王陽明の哲学』があり、後の二著は没後に上梓されたものである。

雷堂は「終生、紛華を斥け、惕厲堅苦にして孝誠は金石を貫き、その幼きときは端淳にして児戯を為さず、好んで書史を弄」んだという。また、虚弱体質であったため剣道を学んで身体を鍛え、目的は剣技の上達にはなかった。常に塩谷宕陰の「鞭駘録」の序文を誦し、「吾、駑駘と雖も、百千の鞭撻を加へ、行き行きて息まざれば、或は聖道の万一を窺ふを得んか」と語っていた。

大学院を卒業して自宅で研究を続けていた折、母が攣腕（手足の曲がる病）を患ったが、雷堂は看護に努め、起臥にも母を扶け、夜も侍坐して撫摩し、昼はわずかに仮眠をとり、殆んど衣帯を解かなかった。これには中洲翁もかつて先妣に事えた過去を顧み、「児に愧づること多し」と歎じたという。中洲が老境に入ったため、雷堂は二松学舎長となり、毎朝、講堂に臨み経書を講説した。また、自ら竹刀を把って撃剣を指導し、書生の養気練胆に努めた。惰眠をむさぼる書生に対しても一喝せず、自省自悔をうながし、怒りの一字は終身用いるところがなかった。

かつて、書生と旅行にゆき、列車の時刻が迫ったので、幹事が早く歩くよう促されたところ、承知したといわれつつも、歩調は変わらなかったという。泰然自若とした人柄を窺うに足りる。自ら律することきわめて厳で、終日、袴を着けて端坐し、夏には団扇を用いず、冬には暖炉も用意されず、足袋もはかれず、暇があれば手を膝において静坐瞑目されていたという。

かつて東京帝国大学の上司に学位論文を提出したが、十余年の間、評価なきままに放置された。それを知っていた人も歯がゆい思いであったが、雷堂は関知しないかの様子であった。平生、寡黙で笑って語ることも少なく、人づきあいも悪く、誤解を招くこともあった。煙草はすわず、酒も嗜むことはなかったが、書生の窮乏を見れば、金銭を与えて吝まなかった。西郷南洲の「児孫の為に美田を買はず」の詩をよく吟じられたが、その声は琅琅として清夜の鐘のごとく、一座粛然として容を改めたという。子なきため、没する前に遺言し、遺産を挙げて二松学舎に寄付した。西郷南洲の精神を更に進めたといえよう。大正一三年二月一日、四七歳で没したが、危篤の時になお『論語』・『孝経』を口にし、他事に及ばなかった。平生、常に「儒学の精神は道徳の実行に在って、理論空談に在らず」と語っておられたという。

以上の記述は山田済斎の「三島雷堂君伝」(1)に基づくものであるが、私の先考が『陸象山の哲学』の跋文の最後に、「若し夫れ先生の操持の堅と徳行の懿とに至っては、別に其の伝を立つるにあらざれば尽す能はず」と記した理由も、如上の事実によって首肯されるのである。

次に雷堂の受業が当時の思い出を綴った内容の二、三について紹介し、その実像に逼ってみたい。昼は九段坂上から神田錦町の中央大学に通学し、夜は二松学舎で漢籍の講義を聴かれた弁護士の馬越旺輔は次のように語っ

ている。(2)

私は復先生の怒った顔を、只一度も見たことがありませんでした。常に黙々として実践躬行し、人を責めないで自らを責め、常に反省に反省を重ね、只管修養に努力せらるる意思の堅固な君子人でした。粗衣粗食勤倹、自ら範を示し、毎朝早く三島家の書生面川義雄君を相手として、掛声勇ましく剣道に専念せられた。その風丰《ふうぼう》恍として夢の如く、今尚、私の眼底に残っています。……ところが悲しいかな、雷堂三島復先生には、平素の御無理が禍いしたか、大木の倒れるように俄かに易簀されました。仄聞するところによれば、粟粒性結核とか。今日の医術を以てすれば全快疑いなしなのですが、誠に残念至極、哀悼限りなき次第です。

次に大正九年から一一年まで二松学舎に学んだ松橋祐蔵の回想からまとめてみよう。かつて『論語』の講義につき質問すると、先生はわからない点ははっきりわからないと答え、その正直さは孔子と同様であったと語っている。また、先生は必ず塾生と一緒にご飯を食堂で食べ、ご自分の部屋では食べなかったという。当時の朝の講義は雷堂先生で、夜間は外来講師で外部からの受講生も多かったという。(3)また、明治四三年頃に在籍した外狩顕章は、当時を回想してこう語っている。(4)

雷堂先生は学者として学問を教えられはしたが、一方に於てそれ以上に、身を以て修徳の大事を教えられた。いつも木綿づくめの私服、そして素足だった。どんな寒い日でもだ。先生の近思録の講義を聴いていると、さながら先生自身がその実践者として受取れたのであった。恐らく先生くらい道に篤い人はなかった。又、恐らく先生くらい道を身に体した人はなかった。剣術がすきで、時時木刀をふりまわされていた。人に幾つでもお面をやらせて、それで平気で、ヤアヤアと掛声を続けて居られた処などを見ると、歯がゆさを通り越して、どうかすると馬鹿々々しくも思った。が先生は勝負などはどうでもよく、ただあの木刀をつかって立ち会った態勢が、すきですきでならなかった様であった。

私の叔父は大正の初の頃、昼は成城中学に通って二松学舎に寄宿していたが、朝の『論語』の講義を聴いて登校した当時を語り、雷堂先生が背筋を伸ばし、謹厳な口調で講義する様子を実演してみせたことがあったが、これらの人々の記述と合せ考えると、先生の人格・風貌が髣髴するのである。

二、『陸象山の哲学』に見える学問の方法と思想

『陸象山の哲学』と『王陽明の哲学』は、前述のごとく一体のものとして完成されたため、両者の編次も同じく、第一章は事蹟、第二章は学風、第三章は学統、第四章は学説、第五章は家学及び門人、第六章は学系となっており、前者は第七章として朱陸の論弁及び異同を取りあげているのに対し、後者は第二編として陸王学評論と題し、第一章に朱陸王の異同、第二章に東西諸教学との比較、第三章に諸家の陸王学評論を挙げている。

なお、両者は重複をさけるため、主要な概念規定につき、『陸象山の哲学』の中で述べているものは、『王陽明

の哲学』では繰り返さない。たとえば、「学風」の概念に関しては、『陸象山の哲学』の中で、「学風とは古来慣用の語にあらざれば、今日之を用ふる人によりて、多少その意を異にすべきも、余は学を学説と解し哲学倫理諸説は勿論、工夫論をも含ましめて実行的方面をも遺すことなく、風は様子といふに近くして、一般の傾向を指すとす。されば理論と工夫の大体のやうすぶりをいふなり」と述べている。要するにわれわれは両著を合せ見ることによって雷堂の陸王哲学の全貌を理解すべきである。

雷堂は『陸象山の哲学』の諸言の中で、「最近吾が学者の此方面の開拓に従事する者之なきにあらざるも、汎く世人の此に知識を有せざるは東亜教学の一欠点といふべし。これ余の不敏を以て此に一鋤を投じ、聊か旧稿を新にして之を発表する所以なり。これ亦た竊《ひそか》に夫子の徒として已むべからざるのみ。」（大正一一年二月）と記し、敢て本書を上梓するに至った意図を明確に示している。

事実、すでに明治三〇年（一八九七）、建部遯吾《たけべとんご》（水城）により『陸象山』が上梓され、井上巽軒（哲次郎）の漢文の序文、および三宅雪嶺（雄次郎）の長文の序が巻頭を飾っている。しかも建部水城は東京帝国大学在学中に本書を草し、その翌年二六歳（数え年）で東大講師となった社会学の少壮学者であり、大学院畢業の学位論文として提出した一連の社会学の研究によって学位を得た。そして、五〇歳で病弱のため辞任するまで二五年間、東京帝国大学で教鞭を執った。[5] 雷堂が該書を参照し、それを越えようとしたことは想像に難くない。しかし、該書を引用・批判する語は全く見られない。なお、建部水城が当時参照した書籍で明治時代に刊行されたものには、三宅雪嶺の『王陽明』と小柳読我（司気太）の『宋学概論』がある。

ところで、『陸象山の哲学』第四章「学説」の構成は次の通りである。第一節 宇宙論、第二節 心理論及び倫理論、

第三節 工夫論、第四節 教育説、第五節 政治論、第六節 異端論。ところが、宇宙論の名称は建部水城・小柳読我の書には見られないが、遠藤巣園（隆吉）の『支那哲学史』（明治三三年刊）の近世哲学（北宋哲学）の部分には宇宙論・本体論の語が頻出する。

なお、雷堂は宇宙論を（1）心と理、（2）理と気、（3）理と太極、（4）天地鬼神、（5）万物一体に分類しているが、心と理につき、「宇宙は便ちこれ吾が心、吾が心は即ちこれ宇宙」（『陸象山全集』三六、年譜）という象山の名言を取りあげ、「然れば心を以て自ら宇宙の本体、若くは原理となすを覚ゆ(6)」と断じ、象山の唯心説を推明した数語を引用し、「蓋し心は一心なり。理は一理なり。至当帰一、精義無二、この心この理、実に二あるべからず」（『全集』一、曽宅之に与ふ）の一文に関し、「かく宇宙に塞がるは一理のみにして、宇宙は即ち心なれば、心は理に外ならざるを覚ゆ(7)」とされる。そして、「理とは心と相同じくして、宇宙万有の本体たると同時に、亦たその森羅万象を貫ける条理・即ち法則てふ意義を有するを覚ゆ」と記し、「かかる条理の中に自然法と道徳法との両意義を混同せること、東洋思想の通習たり(8)」と断じている。

気に関しては、「宋儒の称して気となす者は、一般に物質及び能力、活動の如きを意味するが如し。而して象山は陰陽一大気、乾坤一大象（『全集』三四）の如き言あるのみにて、特にこれに就て説明せざれども、その宋儒一般と同意義たること疑ふを要せざるべし(9)」と断定されたうえで、気と理との関係につき、「形而下の器即ち気なり。而して其生覆形載必有理とすれば、気には必ず理ありとするを見るべく、前《さ》きの天地万物に理の充塞すと云ふに於て、已にこれを察すべし。然れば象山は常に理のみを説けども、その裏面にこれと相離れざる、若しくは相合一せる気を意味する者とすべく、後世王陽明の所謂理者気之条理、気者理之運用（『伝習録』中）を想起せずんばあらず」と断じ、王陽明の理気一元（合一）の源流を陸象山の「形而上の者より之を言へば、之を道と謂ひ、形而下の者より之を言へば、之を器と謂ふ、天地亦た是れ器、其生覆形載必ず理あり（『全集』三五、語録）という記述の中に発見する。そして、象山の「道外無事、事外無道」（『全集』一　与趙監二、同三四、同三五、語録）の語と陽明の「事即道、道即事」（『伝習録』上）をパラレルに把え、「事は気なり。道は理なり」と断じ、これもまた理気合一もしくは理気一元ともいうべき旨意を見るべしと説かれる。[10]

次に、理と太極に関しては、陸象山の太極と陰陽に関する次のような見解を取りあげ、程伊川と朱子の「一陰一陽之謂道」の解釈に反論される。

（1）太極判《わか》れて陰陽となる。陰陽即ち太極なり。陰陽播《は》して五行となる。五行即ち陰陽なり。（『全集』二三、講義）陰陽一大気（同三四、語録）

（2）是極の大、宇宙に充塞す。天地此を以てして位し、万物此を以てして育す。（『全集』二三、講義）

（3）夫れ太極といふ者、実に此理あり。聖人従って之を発明するのみ。其の万化の根本たる、固より自り素より定まる。易に曰く、形而上者謂之道。（繋辞上）又曰く、一陰一陽之謂道。（同）一陰一陽已に是れ形而上の者、況んや太極をや。（『全集』二　与朱元晦）

雷堂は以上の記述を踏まえて、「前《さ》きには陰陽を気といひ、ここには一陰一陽を形而上の道とす。蓋し一たびは陰、一たびは陽、一往一来、一進一退、万古已まざるの条理を道といふなり。これ亦た理者気之条理にて理気不二なるを見るべし、又前きには陰陽の気即ち太極とし、ここには太極を形而上の者とし、相矛盾せるが如くなれども、亦た理気合一の旨を以てすれば、決して相矛盾せざるなり。而して太極を以て万化の根本とすれば、理気一元論といはるべきこと明なり」と断じ、陸王哲学の一体性を明らかにされた。

また、程伊川が「一陰一陽之謂道」(易、繋上、五章)を一陰一陽する所以の者道なり」と解し、朱子もこれに従ったのに従し、雷堂はこれを批判し、「その文理より観るも、之謂にして謂之にあらざれば、道は一陰一陽の謂ひと云ふことなり」と断じ、佐藤一斎が「文理亦た中庸の天命之謂性と同じ。若し釈いて天命は性にあらず、其の之を命ずる所以の者性なりと謂はば、其れ通ずべけんや」(『周易欄外書』九)と程朱説を駁した見解を不動のものとし、象山も同一の判断に立つものとしたのである。(11)

ところで、建部水城は「工夫」に関し、「工夫の動機は疑に在り。……学問は自疑に始まり、自克に終る。其過程の方法を工夫と名づけ、効果を物格知至と名づく。工夫の事多多挙するに勝《た》ふべからずと雖も、之を約して四数と為すことを得べし」とし、省察・細近・知耻・余裕に分類して説明する。(12)

これに対し、雷堂は工夫論の冒頭において、「修養方の要は、資稟を変化し染習を除きて、以て性の善を完うするにあることを知るべきなり」とされ、(一)資稟を変じて染習を去る。(二)明善、(三)立志、(四)知と行、①知先行後、②知行合一、(五)自頼と他頼、(六)勿忘勿助長、(七)事上磨錬に分類する。(13)また、秋月胤継は『陸王研究』の中で、工夫論とはせず、修養論とされ、(一)為学、(二)為学と立志、(三)立志と義利、(四)知と行、(五)格物致知、(六)存養と内省に分類する。(14)

つまり、三者三様の方法で陸象山の思想を分析されたが、三島雷堂は建部水城を越える方法でより緻密な分類を試み、最も詳細をきわめる。一方、秋月胤継は雷堂の分類を再構成して新たな分類方法を用いていることがわかる。しかし、秋月胤継は参考文献の中に『陸象山』・『陸象山の哲学』を紹介せず、専ら中国の古文献のみを掲げるにとどまっている。なお、秋月胤継の『陸王研究』の文献引用文は一字も疎かにせず、雷堂のそれよりも正確を期されている。したがって『陸象山の哲学』を十分に参照されていることがわかる。

三島雷堂は『陸象山の哲学』の第五節に政治論をおき、(一)民を重んず、(二)徳と法、(三)理財を重んず、(四)人を知る、(五)雑論に分類し、陸象山の政治・経済・法律に関する独特の見解を紹介する。[15]これに対し建部水城の場合は、政治・法律・経済に三分類し、陸象山の諸見解を解説し、筆鋒の鋭さを遺憾なく発揮している。一方、秋月胤継はこれらに関しては何ら言及されていない。

雷堂は第六節に異端論を掲げ、「象山固より寛量卓識の人、世の徒《いたず》らに異端の名を蛇蝎視する迂儒と相同じからず、能くその異同を明辞す」と断じ、「象山の所謂異端とは、天理に違へる者皆これなり。ただに老仏のみならず」と説かれ、仏老が興った理由は、陋儒自身がその責を免れない所であり、虚無自然の見解も当然の勢であるとし、陋儒が自ら正さずして、他を正そうとするのは不可能であると断定する。[16]そして、「儒仏の着眼同じく、此一箇方寸の霊台にあり、而して我れ仁義をここに具《そな》ふ、以て世を経し以て民を済《すく》ふべし。彼れただ寂静独悟、生死の苦を離れ、以て一身の私を成すのみ」と結論をくだしている。

雷堂は該書の附録に「陸子学譜に就いて」の一文を掲げ、清の李紱編の『陸子学譜』(雍正一〇年、二〇巻一〇冊)につき解題を試みている。これは宮内庁図書寮(現、内閣文庫)より借用したもので、「余未だ之を蔵する所あるを聞かず」と記しているように、今日でも東大東文研、京大人文研の図書館にも架蔵されていないが、二松学舎大学図書館にはその鈔本が架蔵されている。

なお、雷堂は該書の末尾に「陸象山の哲学の後に書す」と題し、陸象山の全人格を次のように七項目にわたり端的に説明している。

（一）灑脱《しゃだつ》的にして、世の名利等に淡泊に、又故例旧習の形式等に拘束せられず。
（二）楽天的快活の情に富み、悲観的ならず。
（三）主意的実際的知の優秀にして、之を政治に発現せり。凡そ学風の主心的綜合的なることは、かかる知に関係を有す。
（四）意気剛強なり。
（五）気宇襟度広大なり。
（六）灑脱的の人は出世間的たり易きも、彼れは実際的知を以て治国平天下に志し、之を発現せり。
（七）中行の人ならずとせば狷者（消極的偏狭的持守的意志の人）よりも、寧ろ狂者（積極的闊達的進取的意志の人）、これ象山其人が即ち亦た其哲学が、陽明より広大ならずとするも、或は更に幽遠なるを覚え、熱の多からざるかの如くなれども、更に清淳なるを覚えしめ、朱子より遙かに精ならざるも、能くその要を得たる所以なるべし。かかる興味深き比較研究に至っては之を他日に期せんとす。

雷堂はこの一文を「大正一二年八月立秋、庭前の牽牛花に天地の心を見る時」に松齋（二松学舎）の慎独居において識した。自らの書室を慎独居と名づけた雷堂は、中洲翁が八八歳の新年を迎えた時、門下の俊秀の寄せ書きの中で、全紙大の画仙紙の右下に正心の二字を謙虚に記している。児島星江・池田蘆洲・細田剣堂・那智惇斎・佐倉達山らの寄せ書きとは全く趣きを異にし、常に自省を怠らなかった雷堂の人柄を雄弁に物語る。これは先考が仮表装として信州の旧屋に保存していたもので、たまたま私が見出したものである。

三、『王陽明の哲学』について

雷堂は陽明の学風を便宜上、自頼・務本・制欲・活動・簡易の五綱領に分別し、それらが相互に密接の関係を有することを明らかにしている。自頼とは自己の力を力とし、独立独行する者で、他力に依頼せず「人胸中各《おのおの》有箇聖人」(『王文成公全書』三、四右)であり、各自の心に法則あり標準あり、言行動作唯々これに循うべきもので、「心即理」がこれに当たるとされる。

務本とは「得箇頭脳」(『全書』一、四六右)、或は「務実」(『全書』一、四六右)のことで、「博而寡要」(『全書』二、二右)、或は「務名」(『全書』一、四六右)に反するとされ、いわゆる頭脳とは天理即ち良知、又は「去人欲存天理」即ち「致良知」がこれであるとされる。

制欲とは「存天地去人欲」の工夫より当然に来る者で、己の私に克つ、即ち天理存して自ら「天地万物一体之仁」(『全書』二、五九左)を行うこととなるとされる。

活動とはいわゆる知行合一の旨(『全書』二、四左)より直ちに見《あら》われ来る者で、また良知の工夫において、世事繁劇の間における活動、即ち事上磨錬（『全書』三、二三右）を緊要とするとされる。

簡易は活動ともっとも相関係し、簡易でなければ活動できず、活動せんとせば簡易でなければならないとされる。そして、凡て陽明の学説も功夫も綜合的に傾く、例えば「理気合一、知行合一、心即理、本体即工夫、体用一源」のごときはその主要な者で、これまた簡易なるゆえんであるとされる。

また、第三章の学統に関し、これを縦断的観察と平面的観察に分け、陽明の学歴の史的変遷につき、湛甘泉の「陽明先生墓誌銘」に記述された「初め任侠の習《ならい》に溺れ、再び騎射の習に溺れ、三たび辞章の習に溺れ、四たび神仙の習に溺れ、五たび仏氏の習に溺れ、正徳丙寅（三五歳）始めて聖学に帰正す(17)」の文言に基づき、陽明の三五歳以前をその学統の縦断的観察の上半期とし、以後を下半期とされる。そして、陽明がその下半期において朱子の疑惑を一洗し、ついで知行合一を説き、ついに致良知の三字を得てその学を大成し、万物一体観に到達する過程において、陸象山に対する敬仰がやまなかったことを明らかにされた。

ついで平面的観察に基づき、その学の修養時代の変化の甚だしい点を考察し、一定の見を立てた成熟時期における論説を検討し、諸学派を融合貫通した形状関係を明らかにしようとした。そして、便宜上、陽明の学統を正副の両系に分け、孔・曽・思・孟より濂渓・明道を経て陸象山に伝わったものを正系とし、この系統を得る端を開いた者は婁一斎であり、さらに湛甘泉がその確乎たる根柢を成立させるのに力があったと断じられた(18)。さらに、王学の大本と相貫通する正系に対し、暗々の裡に自ずから多少の影響をもつものを仙釈とし、これを副系とする。かつ陽明が朱子の工夫の繁衍叢脞なるを厭い、養生説に入った点につき、これは主観的修養において仙釈二家が暗に陽明の学に永く痕跡を印したことは非認できぬであろうとされ、陽明の学統につき次のように結論づけた。

陽明は近く家訓と婁一斎の教、湛甘泉の切磋に就き、遡りて孔孟周程の旨に接し、これを消化会得するに、方寸霊明の力と、仙釈二家の暗示とを以てし、能くその内修自頼的方面を発揮し、以て陸象山その人を先駆とする系統に接するを得たりしなり。

次に雷堂は第四章に王陽明の学説につき、(1) 宇宙論、(2) 心理説、(3) 倫理論、(4) 工夫論、(5) 教育説、(6) 政治論、(7) 異端論に分類してその特色を論じている。

宇宙論に関しては、これを理気一元論、天地鬼神、万物同体観に分類し、「人倫道徳の攻究を推せば、形而上に遡りて、ここに根柢を求めざるべからず。陽明の学亦然り、今その眼目たる倫理問題の基本として、先づ宇宙論を掲ぐる所以なり」と記している。

周知のごとく、王陽明は理気の関係につき、「理は気の条理、気は理の運用。条理無ければ即ち運用する能はず、運用無ければ即ち以てその謂はゆる条理なる者を見るなし」と論じており、理気合一論を唱えている。雷堂はこれを理気一元論とも称し、この一元論は純然たる唯心でもなく、唯物でもなく、むしろ唯物唯心両論を包括しうべきものであり、一体両面観のごとく、哲学上の学説として、最も穏当な一元論と類似するとされる。[19] 山田済斎は「王子の理気合一は即ち一元に立ちて、之を気学と称する所以なり」と説かれたが、[20] いずれも気を本として理を気の条理のごとく視る気一元論の立場を主張するものである。

雷堂は陽明の思想が良知を本体、又は原理として観ると同時に、われわれの良心すなわち道徳意識とし、また理という字についても、自然の法則と理性の法則（道徳律を含む）との何れにも通じ、もしくは相混同してこれを用いている点を指摘される。したがって、『伝習録』下に記述された「問ふ。先儒謂ふ、鳶飛び魚躍ると。必ず事ありとは、同一に活発々地と。先生曰く、亦これ天地の間活発々地、この理に非ざるなし。便ちこれ吾が良知の流行して息まず、良知を致すは便ちこれ必ず事あるの工夫、この理は惟《ただ》に離るべからざるのみにあらず。実に亦た得て離れざるなり。往くとして道に非ざるなく、往くとして工夫に非ざるなし」の一文を引用され、「鳶飛び魚躍る」は自然法に従ったもので、「必ず事あり」は道徳律に従ったものであり、この両法則を混同して理となし、「天地の間、この理に非ざるなし」としたのであると説く。そして、「得て離れざるなり」とは、理の必至を見《あら》わして、自然の法則（すなわち物理的）であることは明らかであるが、「便《すなわ》ちこれ必ず事あるの工夫、往くとして工夫に非ざるなし」などは道徳律についていい、「惟だに離るべからざるのみに非ず」とは、「亦た得て離れざるなり」に対比させたものであるから、離れることができないという必然の意ではなく、離れることはよろしくないという義務を見わし、また道徳律についていったものと見るべきであると論じられ、天地間の理性と、われわれの心の中の理法とを貫通混同させるのは支那学の通習であることを明らかにされている。[21] ここで、雷堂が支那学という語を用いている点はきわめて興味深い。もっとも、漢学専修を標榜する二松学舎の創立者三島中洲も、すでに『中洲講話』の中で支那学という語を用いていることも看過できない。後に京都大学系の学術雑誌『支那学』が刊行されたが、シノロジイの日本語訳と考えればそれまでであるが、中洲・雷堂が夙にこれを用いている点でその斬新さが興味を引くのである。

また、雷堂は天地鬼神につき、その本質と態様につき『王陽明全書』より検出し、その宇宙論的特色を論じているが、「至誠の妙用、即ちこれを神と謂ふ」・「誠はこれ実理、只これ一箇の良知、実理の妙用流行、就ちこれ神」等の文言を例示し、すべて妙を指して神というのは即ち気であり、これは張横渠の「鬼神は二気の良能なり」(『正蒙』大和第一)の旨に本づくものであることを指摘される。王陽明の補遺詩三十七首の中に、「別後、吾が言は訂頑に在り」(22)の一句があるが、かつて陽明が張載の「西銘」に傾倒したことを想起するにつけ、この指摘はきわめて興味深い。しかし、一般には天地鬼神をもって宇宙論の対象とはしていない。

雷堂は宇宙論の三番目に万物同体観を掲げ、これを二方面より考察し、一は哲学的に観察して、万物がその本体を同じくする哲学的同体観と称し、他は仁心上より万物を一体として愛する倫理的同体観と称する。そして、陽明の本体とするのは理気合一の者であるが、同体観においては、主として気の方面より立言していることを「此の一気を同じうす」・「一気流通」の文言により明らかにしている。かつ、倫理的同体観は天地万物を己の一体として愛すという仁心より説く者で、万物一体の仁がこれであり、良知を致すことが一体の仁を行うことになるとされ、「聶文蔚に答ふ」・「大学問に述ぶ」・「顧東橋に答ふ」の諸文を引用し、いずれも陽明が五十歳の時、致良知の教を掲げた後に作られたことを明らかにしている。

特に「聶文蔚に答ふ」の第一書に、陽明が「今、誠に豪傑同志の士を得て、扶持匡翼して共に良知の学を天下に明らかにし、天下の人をして皆な自らその良知を致すを知りて以て相安んじ相養ひ、その自私し自利するの蔽を去り、讒妬勝忿の習を一洗して以て大同に済《な》さしむれば、則ち僕の狂病、固《まこ》とに将に脱然として以て愈《い》え、終《つい》に喪心の患を免れん」と述べる一文に対し、大同の語が『礼記』礼運篇に基づき、万物同体の理想境を写し出していることを明らかにした。そして、この同体の仁は孔子の「己の欲せざる所は人に施すなかれ」(『論語』衛霊公)、「己立たんと欲して人を立てしむ」(同、雍也)の忠恕に基づくとされ、また生民の困苦を以て己の疾苦とする心は、『維摩詰経』文殊師利問疾品第五に、菩薩がその大悲の心より、衆生の病むを以て己も亦病み、衆生癒ゆれば己亦癒ゆるを述べた者と符節を合するがごとしと論じられ、一方、陽明が「聖人は天地万物と体を同じうす。儒仏老荘は皆な吾の用、これこれを大道と謂ふ。二氏は自らその身を利す。これこれを小道と謂ふ」(『全書』三四、年譜、五十二歳の語)と仏氏を評したのは遽かに首肯し難いと批判された。なお、礼運篇の「人は天地の心」という語を引用して陽明が聶文蔚に答えた一文に対し、哲学倫理両同体観の関係を示したものとして高く評価される。しかし、陽明の万物同体観は一見、平等無差別、階級の区別等を毫《ごう》も顧みざる世界主義のように見えるが、実は決して然らずとされ、特に同体の仁の中、自ずから親疎により厚薄の別があるのは良知の作用の自然であると断じられる。(23)

因に、山田済斎は「人は天地の心」の一語をもって破天荒の一大宣言とされ、「礼運の作者知るべからざるも思ふに孔氏の遺書ならんか(24)」と述べておられるのは、康有為の『礼運注』の影響かと思われるが、きわめて興味深い。しかし、『礼記』礼運篇は老荘・墨子の思想が混入されたもので、漢代に成立したというのが通説的見解である。

雷堂は陽明の学説が簡易で総合を旨とするため、その心性に関しても明白を得ること甚だ難く、あるいは牽強に陥る嫌いを覚えるとされつつも、一方では「もし地下の陽明をして知るあらしめば、何物の騃漢《がいかん》(おろかもの)ぞ敢て無用の知解を弄す、聖学の宗旨を喪ふの甚しき者との叱責を免れざるべきも、これ甘んじて受くる所にして、研究的の態度自ら然らざるを得ざるなり」と述べて、研究の姿勢を示し、陽明の心理説を性説・良知論・人欲論に分類して詳述する。この中で心の昭明霊覚の処より名づけた良知は陽明学の精髄で、千言万語みなこれに帰すとされ、（1）良知の起原および存在、（2）良知と天理につき論じている。特に良知の性能を知情意の三作用につき分析し、『伝習録』等の出典に基づき、陽明が五百年前、すでに知情意の三作用を含んだ広義の良知説を唱道し、西洋の倫理学者が漸く気づきはじめた水準に比較し、これを高く評価している。

次に雷堂は第三節の倫理論を（1）善悪、（2）聖人、（3）学問、（4）動機論、（5）福徳合一論に分類しているが、動機論の中で陽明が行為の善悪を判定する場合に厳粛な動機主義であることを明らかにし、舜と武王の行為に関し、その忠孝の判定の分かれる所は、その一念の微にあって、行事の迹によらず、また結果する所の如何に関せず、ただその良知が真誠惻怛に出づるが故に善なりと断じている。また、陽明が功利主義の覇術を批判し、「蓋し王道息《や》みて伯術行はれ、功利の徒、外、天理の近似を仮りて以てその私を済《な》し、以て人を欺きて曰く、天理固よりかくの如しと。知らず既にその心なし、しかるに尚ほ何ぞ謂はゆる天理なる者あらんや」（『象山文集』序）と論じた一文を引用する。また、「近世の謂はゆる道徳は功名のみ、謂はゆる功名は富貴のみ。仁人はその誼を正しうしてその利を謀らず、その道を明らかにしてその功を謀らず。一も謀計の心あらば、則ち誼を正しうし道を明らかにすと雖も、また功利のみ」（黄誠甫に与ふ）の一文につき、董仲舒の言を引きて謀計の心を斥けたのは適切であると評価し、陽明が董仲舒の思想の影響を受けたことを示唆されているのは(25)、その動機論（意思主義）の立場と相待って興味ある指摘であると思う。

第四章の工夫論は（1）致知格物、（2）人欲を去って天理を存す、（3）知行合一、（4）立志、（5）内修的工夫、（6）外修的工夫、（7）気質変化、（8）将迎をなさず、（9）漸修と頓悟に分類するが、知行合一に関し、心即理と致良知の関係にふれ、心即理、知行合一および致良知は三綱領とも称すべきもので相互に関係するとされ、陽明のいわゆる良知は良能を兼ねて相合するものであることを季彭山・黄宗羲・佐藤一斎らの所説を引用して明らかにする。また、二程子の知行説との比較を試みられ、知行合一説が程明道に基づくとか、程伊川より出たものであるという見解は証するに足らず、知行を同一視するのは儒教の実学の自然の傾向で、ただ陽明がかかる特徴を最も発揮して大成したものであるとされる。(26)

その他、第五節では教育説、第六節で政治論、第七節で異端論を展開されているが、紙幅の関係で省略に従う。第二編の陸王学評論は、第一章 朱陸王の異同、第二章 東西諸教学との比較、第三章 諸家の陸王学評論からなるが、陽明の朱子晩年定論について、雷堂がどのような見解を持たれていたかにつき触れてみたい。

羅整庵が陽明の朱子晩年定論について考証を試み、陽明が晩年と称するものにつき疑義を述べた一文に対し、陽明は「中間年歳の早晩は誠に未だ考へざる所あり、必ずしも尽く晩年に出でずと雖も、固より晩年に出づる者多し。然れども大意は委曲調停してこの学を明らかにするを以て重しと為すに在り。平生朱子の説に於て神明著《し》亀《き》の如し。一旦これと背馳す。心誠に未だ忍びざる所あり。故に已むを得ずしてこれを為す」（羅整庵少宰に答ふる書）と答えている。これに対する反陽明学の陳建（『学蔀通弁』）や陸隴其（『三魚堂文集』）らの反論を紹介しつつ、雷堂は陽明の朱子晩年定論は得失利害相償わないものとされ、陽明が晩年定論を著した手段は決してその目的を達したものとはいい得ず、固より目的を達する最上の万已むを得ざる手段でもなかったとされる。そして、陽明の甚だしく嫌疑されるべき虚偽的手段は、その目的の善なるを以て恕し得ず、道徳上、許容すべからざる者で、実に少くとも陽明が白壁の微瑕ならんことを恐るるなりと断じている。(27)

最後に雷堂は該書の結論として陸王哲学の比較思想的観点から泰西哲学思想の大勢を論じ、スピノザ・ラッツエンホーフェル・ヘッフディング・フィエー・ヴント・スペンサー・シャフツベリーらの所説を紹介し、哲学者の学説が彼らの性格に影響されざるを得ない面を肯定され、明哲の士にも一は一室に静座して読書窮理、ひたすら分析攻究して真理の発明を事とする者、一は進んで活世界に立ち、事に応じ物に接し、よく事理の要を認めて自家薬籠中の物とし、世務を料理するものに分類する。かくて、象山・陽明を第二種の人に属して能くその弊に陥ることがなかったとし、子夏・子張の徒よりも、むしろ曽点の狂に与した孔子の意を忖度しうるとされ、特に陽明においてこの性格の著しいのを覚えると断じられる。そして、翻って日本の国民性を観るに、概してその第二種の資質に傾いていることを指摘され、これこそ陸王学が東伝して、益々その特徴を発揚し、わが固有の武士的精神と相融和して活動したゆえんであると結論されている[28]。

なお、『陽明学研究』所収の三島復「陽明学と東西諸教学との比較」は、『王陽明の哲学』第二章「東西諸教学との比較[29]」と全く同一のものである。恐らく編者に懇望されて遺族が転載したもので、この種の論文として出色のものと評価されたからであろう。

おわりに

三島雷堂が東京帝国大学大学院在学中に研究した『陸王哲学』が十余年間も放置され、市村器堂のもとに眠っていた事実には驚かざるを得ないが、博士論文として評価するには躊躇せざるを得なかった事情があったのかもしれない。とにかく該書は円熟した学者の研究書ではなく、三十代の新進気鋭の学者の労作であったためかも知れない。しかしながら、雷堂はこれに対し我不関焉として、中洲翁の後継者として二松学舎長の重責を荷い、子弟の教育に専念して漢学専修の牙城を守り抜いたわけである。

井上巽軒が山田済斎に該書の上梓を勧め、遂に日の目を見ることができたことは不幸中の幸いといわねばならない。それにつけても、東洋史学の泰斗市村器堂に陸王哲学の学位論文審査が委嘱されねばならなかったのは不運というべきであろう。井上巽軒著『日本陽明学派之哲学』は、雷堂の該書にも引用されており、東西哲学の比較による研究方法がとられているが、雷堂に影響を与えていることがわかる。

また、高瀬惺軒は東京帝国大学で三島中洲の受業であった関係で雷堂とも親交があり、京都大学に赴任した後も陽明学につき互いに切磋琢磨し、東正堂らと倶に王学会の同人として活躍したことは周知の事実である。雷堂の『陸象山の哲学』・『王陽明の哲学』はいずれも絶版となり、特に後者の古書価格も高い。希くは然るべき出版社により復刻され、陽明学研究者に広く読まれることを切望してやまない。

〈注〉

(1)　山田準「三島雷堂君伝」『王陽明の哲学』所収　大岡山書店　昭和九年。

(2)　『二松学舎九十年史』二七八—二八〇頁　学校法人二松学舎　昭和四二年。

(3)　前掲書　二八六—二八九頁。

(4)　『二松学舎百年史』三七一頁　学校法人二松学舎　昭和五二年。

(5) 建部遯吾『臧軒存稿』三五四頁「拙著目録」自家版　昭和一〇年。因に臧軒は遯吾の先考の号。その詩文を含む遺稿集で、末尾に建部遯吾の「華甲寿詩」（一九三一、昭和六年）および「拙著目録」を収録す。
(6)(7)(8) 三島雷堂『陸象山の哲学』五四—五六頁　東京宝文館　大正一五年。
(9) 三島雷堂　前掲書　五六—五七頁。
(10) 三島雷堂　前掲書　五七頁。
(11) 三島雷堂　前掲書　五九頁。
(12) 建部遯吾『陸象山』九八—一〇一頁　哲学書院　明治三三年
(13) 三島雷堂　前掲書　八五—一一七頁。
(14) 秋月胤継『陸王研究』四二—六五頁　章華社　昭和一〇年。
(15) 三島雷堂　前掲書　一二三—一三四頁。
(16) 三島雷堂　前掲書　一三五—一三六頁。
(17)『王陽明全書』三三　三〇頁。
(18) 三島復『王陽明の哲学』六八頁。
(19) 三島復　前掲書　七六頁。
(20) 山田準『陽明学精義』一七六頁　静思書院　昭和七年。
(21) 三島復　前掲書　七六—七七頁。
(22)『王陽明全集』第八巻　二一六頁　明徳出版社　昭和五九年。

(23) 三島復　前掲書　八六―八九頁。
(24) 山田準　前掲書　一八五頁。
(25) 三島復　前掲書　一四一頁。
(26) 三島復　前掲書　一七六頁。
(27) 三島復　前掲書　五三二―五三六頁。
(28) 三島復　前掲書　五四九―五五四頁。
(29) 木村秀吉編　『陽明学研究』　四九五―五五四頁　東亜学藝協会　昭和一三年。

初出論文

第一章　郝敬の易学思想　未発表論文
第二章　黄宗羲の易学思想―『易学象数論』を中心として―　未発表論文
第三章　胡渭の易学思想―『易図明辨』を中心として―　未発表論文
第四章　顧炎武の易学思想―『日知録』を中心として―　『東洋研究』大東文化大学東洋研究所　平成二九年一一月三〇日
第五章　荘存与の易学思想　未発表論文
第六章　程廷祚の易学思想―『大易択言』を中心として―　未発表論文
第七章　翁方綱の易学思想―『蘇斎筆記』・『易附記』を中心として―　未発表論文
第八章　紀磊の易学思想　未発表論文
第九章　中井履軒の易学思想―『周易逢原』を中心として―　未発表論文
第十章　井上金峨の易学思想―『周易辨疑』を中心として―　未発表論文
第十一章　海保漁村の易学思想―『周易古占法』を中心として―　未発表論文
第十二章　礼の起原とその展開―凌廷堪の『礼経釈例』を中心として―　『東洋研究』一八三号　大東文化大学東洋研究所　平成二四年一月二五日

第十三章　禘祫考　『東洋研究』一九三号　大東文化大学東洋研究所　平成二六年一一月二五日

第十四章　秦蕙田の礼学思想―『五礼通考』を中心として―　『東洋研究』一九七号　大東文化大学東洋研究所　平成二七年一一月二五日

第十五章　黄以周の礼学思想―『礼書通故』を中心として―　『東洋研究』二〇二号　大東文化大学東洋研究所　平成二八年一一月二五日

附録一　若き三島中洲の学問の到達点と晩年の死生観―中洲の詩を中心として―　『陽明学』第一六号　二松学舎大学陽明学研究所　平成一六年三月三一日

附録二　三島雷堂の学問と思想―陸王哲学研究を中心として―　『陽明学論叢』二松学舎創立百二十周年記念　二松学舎　平成九年一〇月一〇日

あとがき

本書は、昨年上梓した『東洋易学思想論攷』に取り残した論考を鋭意作成し、さらに礼学に関する四論考を加え、「易と礼を中心として」と題し、最後に三島中洲と三島雷堂に関する論考を掲載した。序文に記したごとく、易と礼の研究は、かつて九〇年前に、先考青洲が恩師池田蘆洲先生から賜った書幅に揮毫された一文にも触発されたものである。拙い論考ではあるが、蘆洲先生の期待にいささか添え得たのではないかと思う。幸いに九二歳の誕生日を迎え、あとがきの執筆に至ったことは、無上の好運と言わねばならない。蘆洲先生も先考と同じく、中洲先生の受業であり、本書の末尾に中洲先生と雷堂先生に関する拙論を掲載し、有終の美を飾り得たことは、実に有意義であった。

次に掲載論考につき、私が興味と問題意識を以て取り組んだ経緯を解説してみたい。

第一章の郝敬の易学思想は、明代の碩学郝敬の経学思想に対し、夙に関心があったので、特に彼が来知徳の易学に対し、その影響を受けたか否かに就き、関心を抱き、その易学を取り上げた次第である。郝敬が易学に開眼したのは、五〇歳であったが、却ってそれが有効性を発揮して、孔子の経学思想の総括として、易学思想を捉えるに至った。特に彼が孟子の思想の中に、易学の片鱗を発見したことは、孟子が孔子と『春秋』との関係を強調した点に触発されたからであろう。これは思わぬ発見であった。なぜならば、清朝晥派の碩学焦循が、『孟子正義』に取り組んだ結果、同様の認識に到達して、『易通釈』を著した事実を想起し、果たして偶然の一致か、又は郝敬の影響を受けたのか、いささか興味を注がざるを得なかった。詳細については、拙著『東洋易学思想論攷』を参照されたい。

第二章では、黄宗羲の易学思想を取り上げた。明末清初の国難を体験した彼は、『明夷待訪録』を著し、易の明夷の卦に表象された革命思想を実現させようとした。これは実に彼の易学思想に興味を抱かざるを得ない。陽明学者の彼は、当時の陽明学が野狐禅と化しているのに反発し、易学に関しても、漢代象数易と程伝朱義の易学を研究した。これは致良知・知行合一を標榜する陽明学を堅持したからである。したがって、彼は漢代象数易の互体や卦変など、参照すべき見解は、これを取り入れ、義理易を尊重した。また、程伝朱義に対しても、是是非非を貫徹した。これが陽明学者である黄宗羲の易学の特色と言えよう。しかし、実践哲学を標榜するにもかかわらず、彼が漢易の卦気説を採用しないのは、公羊学派の創始者である荘存与とは異なり、いささか疑問を感ぜざるを得ない。

第三章で、胡渭を取り上げたのは、清代初期の易学研究の隆盛をもたらした胡渭の『易図明辨』が、当時すでに上梓された黄宗羲の『易学象数論』を踏まえ、さらにこれを一層徹底させ、特に当時の碩学毛奇齢の漢易を粉砕する程であったからである。当時はまだ明代の来知徳の易学が、程伝朱義の易学に飽き足らない学者の渇を癒していた。そのような状況の中で、彼の登場は、漢易隆盛の傾向に歯止めをかける役割を果たしたに違いない。当時、考証学の権威顧炎武が、『日知録』を著し、朱子学者でありながら、漢易の互体を認めない朱熹を批判したが、胡渭は顧炎武の易説をも支持し、これを紹介している。とにかく、当時の易学隆盛の多様性を物語るものであり、一層興味を抱かざるを得ない。

第四章で「顧炎武の易学思想」を取り上げたのは、私が無窮会東洋文化研究所教養講座で、顧炎武の『日知録』を講義していたので、清朝考証学の泰斗顧炎武の易学に興味を抱いたからである。顧炎武には易学に関する専著は無いが、『日知録』の初めに十三経教義を配し、『周易』に関する重要な論点とも言うべき五三項目を取り上げている。彼は朱子学者を以て自任しながら、朱熹の易学に関し、納得できない所は批判し、漢易の長所を採用する柔軟な研究姿勢を示す。これは正に彼の実事求是の考証学の本質である。さらに彼は実に行動的であり、驢馬に群書を積み、諸国を遊歴して、『天下郡国利病書』を著し、実証的研究を標榜したといえる。したがって、彼が易学思想をどのように認識理解したかは、極めて興味を引き、参考すべき論点を提示している。

具体的には一〇項目を選び、易学に関する認識・理解の一斑を掲げた次第である。つまり、彼の易学思想は、程頤の義理易に止まらず、朱熹の卜筮を加味する義理易を祖述する。しかしながら、互体や卦変などを認めない朱熹の易学を批判し、牽強付会な漢易を排除する一方、その長所は採用した点に、その易学の特色が窺われる。胡渭が『易図明辨』の中で、彼の易説を引用したゆえんである。当時は毛奇齢が指摘したように、明代の来知徳の易学が、まだ隠然たる影響力を持ったようであるが、勅撰の『周易折中』や、王夫之・黄宗羲・毛奇齢らの易学書が上梓されたので、専著の必要性を断念したのであろう。

第五章では、清代公羊学の創始者である荘存与の易学を論じた。礼部侍郎に昇進し、王室の子弟を教育する任に当り、今文学者でありながら、敢て『偽古文尚書』の大禹謨を採用した学者官僚である。これにつき、邦儒の海保漁村からも痛烈に批判されたが、実に彼の柔軟性のある学風が窺われる。したがって、公羊学を蛇蝎のごとく嫌った章炳麟は、むしろ彼を高く評価した。しかし、荘存与は『春秋正辞』では、公羊学の正統派である後漢の何休の学説を祖述して、清代公羊学の創始者となった。公羊学を研究した私が、彼の易説に関心を抱いたのは当然である。特に経世致用を標榜する公羊学は、漢易の卦気説を通じて、民衆の農事暦と関係づける。彼の『卦気解』、その他の易説に着目した所以である。

第六章では、程廷祚の易学思想を論じた。その主たる理由は、嘗て彼が著した『諦祫辨誤』を読み、聚訟紛々たる諦祫論を巧みに整理し、一定の方向付けを為した学者が、果たしていかなる方法で、易学に取り組んだかに興味を抱いたからである。彼の思想的背景には、実践を重んじた顔元・李塨の顔李学派の影響が顕著である。彼の著述を見た桐城派の姚鼐《ようだい》は、彼の学風を好学深思、博覧強記と評し、皖派の戴震に比したという。彼の易学書である『大易択言』は、程伝朱義に基づく、御纂の『周易折中』に飽き足りなかった方望渓が、彼の学風に着目し、敢て執筆を依頼したものである。漢易を取らず、程朱の義理易にも批判的であった彼の易学は、本書に依って確立されたものである。

第七章は、翁方綱の『蘇斎筆記』・『易附記』に見える易学思想を取り上げた。彼は弱冠で会試・殿試に合格し、内閣学士となった秀才であるが、書家として知られ、経学では有名でなく、実に本書は、嘗て彼が弟子を通じて、交流していた朝鮮の学者金阮堂に贈呈したもので、まさに天下の孤本と称すべきものである。かつて李朝研究の第一人者であった藤塚鄰先生が、財団法人無窮会に寄贈され、真軒文庫に架蔵され、後に復刻された珍本である。以前からこれを研究すべく準備していたが、今日に及んだ。特に欧陽脩が『周易童子問』を著し、繫辞伝以下は孔子の作にあらずと主張した見解を、彼は随所で完膚無きまでに批判し、朱熹が本来、批判すべきであったが、果たさなかったので、敢て論陣を張ったと明言している。欧陽脩の見解は、今日では通説となっているが、来知徳・何楷・顧炎武ら多くの碩学は歯牙にもかけないのである。彼の易学には、傾聴すべき論点が示され、易学研究に貴重な指針を与えていると言えよう。

第八章は、清末の紀磊の易学思想を選んだ。漢宋兼采の易学であるが、むしろ漢易を重視する。宋代の義理易を推進した程頤と朱熹は、邵雍の先天・後天図や『皇極経世書』に、好意的であるが、彼はこれらを批判の対象とした。しかし、河図に関しては、『論語』子罕篇に、「子曰く、鳳鳥至らず、河、図を出ださず。吾れ已んぬるかな」とあり、その重要性を強調する。また、雑卦篇の方位、変化を以て既に成るの言に当たるとする。更に洛書は「帝は震に出づ」の一節であり、「大いに終始を明らかにし、六位時に成る」(乾の卦の彖伝)を意味し、変化を以て論じたと解説している。とにかく、陰陽消息の易学の原理に基づく。その特色ある理論構成は、正に漢宋兼采易学の後勁というべきである。

第九章は中井履軒の易学を論じた。『七経彫題略』など、浩瀚な著述で有名な学者であり、夙に興味を抱いていたが、かつて古書肆で『周易逢原』を購入し、閑に任せて読んでいたので、ここに纏めてみた。彼の易学は漢代象数易を敬遠し、程伝朱義に基づき、独自の見解で、卦爻辞の通じない部分は、大胆にも改竄する自信のほどを披瀝する。そのような学風は、安井朴堂からも武断に失するの評価を受けるゆえんである。しかし、そこに彼の易学認識の特色が窺われるのである。

当時、古学派(堀川学派)の伊藤東涯が、古学の王弼の易学を老荘思想ゆえに排除して、理気二元論には反対しながらも、次善の策として、敢て程伝朱義の易学を支持した。これはまぎれもなく、当時の易学研究者に相当の影響を与えたに違いない。しかも東涯は、漢易の互体・卦変をも受容し、柔軟な易学を確立したからである。

このような状況の中で、八六歳の長寿を保ち、かつ独自の見解を吐露する彼の易学の展開は、一見に値する。大阪の懐徳堂を中心に、その流風余韻は、今日に至っている。

第十章は、邦儒折衷学の祖である、井上金峨の易学思想を取り上げた。徳川幕藩体制を擁護する御用学問である朱子学、漢・唐訓詁学の重要性を認識する古学派、知行合一の実践哲学を主張する陽明学、これらの学派が拮抗する中で、当然、折衷学派が登場したのである。漢宋兼采の学説は、考証学の傾向とともに、隠然たる勢力を醸成した。

金峨の易学は、小冊子の『周易辨疑』に集約されている。本書は卦・爻辞の解釈は見られず、専ら重要な易論が中心となっている。特に注目すべきは、古占法にも言及し、古学派の俊秀である太宰春台の易学認識を批判する。もっとも、支持すべき点も明言し、折衷派の易説を具体的に示している。したがって、特に古占法に関しては、海保漁村の古占法を引用して、この部分に関する補充的解説を付記したゆえんである。

第十一章では、清朝考証学をも取り入れ、折衷学派とも称すべき、大田錦城の高足海保漁村の易学思想を選んだ。そこで彼の名著『周易古占法』の内容を紹介し、その特色ある占筮法を書き下し文で記述した。易の解説には、かかる方法で採用した方が、本来の易独特の風韻を留め、むしろ有効であると思われる。簡潔な表現の中で、易学の論点を解説する漁村の巧みな名文を鑑賞し得る。漁村は嘗て謝枋得の『文章軌範』に校注を施した名著を上梓した学者である。周易の古占法は、『春秋左氏伝』や、『国語』（『春秋外伝』）に見られるが、易学の古占法が、古代史の記述の中で果たす役割を考えると、興味は尽きない。

第十二章から第十五章に至る四篇は、私のささやかな礼学に関する論考である。

第十二章では、「礼の起原とその展開」と題し、礼の起源に関しては、加藤常賢氏の学説を中心に、多くの学説を紹介した。特に加藤氏の見解につき、白川静氏・池田末利氏・森三樹三郎氏らの反論を掲げた。また礼の展開につき、特に清朝の凌廷堪の名著『礼経釈例』を取り上げ、その研究方法と意義につき論じた。そして、礼の条例に関する諸類型を示し、礼の全体構造とその展開過程を明らかにした。最後に『皇清経解正編』を著した阮元の凌廷堪に対する評価を紹介し、本書の礼学研究の価値を明らかにした。これを通じて、礼学展開の歴史的意義を理解し得ると思う。

第十三章では、聚訟紛々、帰一する所を知らない古代礼の禘・祫の問題を取り上げた。たまたま京都大学人文科学研究所図書館で、程廷祚の『禘祫辨誤』を披見し、復写できたので、時々解読し、論考に纏める必要を痛感したからである。その後、程廷祚の易説に興味を抱くきっかけとなったのは、いみじくも易と礼の研究の重要性を説いた、池田蘆洲先生の遺訓に添うものと感じたからである。かつて大東文化大学の博士論文の試験には、二外国語が課せられた（英独仏華の中で、漢文は中国語とみなされた）。出題者は三礼及び楽論の研究者栗原圭介先生であったが、朱大韶の禘祫一祭論の原典であった。これは実に不思議な因縁と言わざるを得ない。しかも、禘・祫を研究した学者は、いずれも清朝の碩学で、毛奇齢・孔広林・陸隴其・万斯大・李塨・程廷祚・恵棟・胡培翬・朱大韶であり、正に壮観である。実に清朝考証学の象徴的存在である彼らが、心血を傾けた研究の成果であり、理論構成の巧みさや、引用文献の豊富さは、大いに参考となった。

第十四章では、浩瀚な研究書である秦蕙田撰『五礼通考』を取り上げた。礼学に関しては、宋代に朱熹が『儀礼経伝通解』を著し、『儀礼』を経とし、『周礼』・『礼記』その他の礼学書を伝として、礼学思想の総合的研究に先鞭をつけた。また元代には、敖継公が『儀礼集説』を著し、後漢の訓詁学の権威鄭玄の誤りを正した。これらの成果や歴代の礼学研究の精華を結集し、更に清朝考証学の方法を駆使して、皖派の総帥江永が、『礼書綱目』八五巻を著した。これは朱熹の『儀礼経伝通解』の未完部分を補完し、『周礼』の吉・凶・賓・軍・嘉の五礼の分類に従った。ところがその後、徐乾学は『読礼通考』一二〇巻を著し、古代礼制度を集大成する偉業を成し遂げた。これは康熙時代の業績で、すでに完璧な礼学書と目された。しかし、秦蕙田の『五礼通考』は、二六二巻からなる。かつてこの浩瀚な復刻版を入手した私は、機会を見て纏める必要を感じた。本論考はそのささやかな成果である。膨大な礼学資料を前にして、いかにまとめるかに腐心した。

第十五章では、秦蕙田の『五礼通考』に飽き足らず、問題解決的意識を以て、独自の見識に基づき、『礼書通故』を著した黄以周の礼学を取り上げた。清朝末期の光緒時代である。皖派の学風の後勁とも称すべき愈樾が序文を認め、この快著を絶賛したのである。秦蕙田の『五礼通考』よりは巻数も少ないが、旧説の誤りを指摘すると共に、新知見をも吐露し、礼学の問題を解決する意欲が窺われる。とにかく、清朝に至って、浩瀚な礼学研究書が、相継いで、数種類も上梓された経緯を考えてみると、中国思想史に占める礼学思想と、その体系的構造に関しては、驚嘆するばかりである。それは鄭玄の訓詁学に裏打ちされた、三礼研究の成果を越えて、礼学研究の構造的変化の経緯を究明したものである。これらの論考が、先学の礼学研究に示した意欲の偉大さを認識する機会となれば幸甚である。

第十六章と第十七章は、周易と礼学とは無関係であるが、三島中洲・三島雷堂両先生に関する拙論を附録として掲載した。蘆洲先生と先考の恩師である中洲先生と、その後継者である雷堂先生の偉大さを顕彰する意味から、本書に収載した次第である。且つ私のささやかな業績が、散逸の憂き目を見ること無く、且つは鶏肋棄て難く、本書の有終の美を飾り得たことに対し、心から満足を覚える次第である。

最後に、本書の上梓に就き、種々ご高配を忝くし、且つ索引を作成していただいた明徳出版社の編集長佐久間保行氏に対し、深甚の謝意を表するものである。

平成二十九年十月三十日　生日を迎えた日、阿伎留野の碧山楼にて記す。

九十二叟　濱　久雄

『東洋思想論攷』跋

濱　久雄

雖松門多碩學、而以等身之著述、令名被知於學界者、無如蘆洲池田四郎次郎先生矣。加之、先生畢生大業、在史記補注之完成也。然不幸大業半、而遇輪禍、遂成未刊之書焉。豈堪痛恨哉。次子千古池田英雄先生、敢然而起、欲補完遺業、放棄育英之業、專心從事史記補注。歷訪主要圖書館、孜孜兀兀、博引旁證、遂令此遺業完成。因請序文于先考。先考欣然諾之、鞭老骨、鋭意專心、認序文。令兄出資、自明德出版社上梓。雖然、蘆洲先生夙有意於周易與禮學之研究。嘗恵與先考於書幅。書曰、宇宙萬有、擧具于一部周易。上下三千載、二十四史所錄、悉不離禮經。易與禮、其斯學之本歟。是余平生持論、書示濱子。蘆洲。正是蘆洲先生研究課題、而生涯不能爲。不得已、託之先考者也。而先考亦不遑從事之。余嘗讀此書幅、他日欲爲之研究。其後荏苒經年、至迎停年、驅公羊學研究之餘勢、漸得從事周易與禮學之研究。平成二十八年一月、自明德出版社、上梓東洋易學論攷。余雖齢超九十歲、更鞭老骨、竝行周易研究、集成近年禮學成果、得上梓于東洋思想論攷也。正是可謂足全蘆洲先生附託者而已矣。將謹奉呈本書于池田蘆洲先生及先考青洲靈前。庶幾饗之。是爲跋。

（訓読）

松門に碩学多しと雖も、而れども等身の著述を以て、令名、学界に知らるる者は、蘆洲池田四郎次郎先生に如くは無し。加之《しかのみならず》、先生の畢生の大業は、史記補注の完成に在るなり。然れども不幸、業半ばにして輪禍に遇ひ、遂に未完の書と成る。豈に痛恨に堪へんや。次子千古池田英雄先生、敢然として起ち、遺業を補完せんと欲し、育英の業を放棄し、専心、史記補注に従事す。主要図書館を歴訪し、孜孜兀兀、博引旁証、遂に此の遺業をして完成せ令む。因りて序文を先考に請ふ。先考欣然として之を諾し、老骨に鞭ち、鋭意、心を傾け、序文を認む。令兄資を出だし、明徳出版社より上梓す。然りと雖も、蘆洲先生は夙に周易と礼学との研究に意有り。嘗て先考に書幅を恵与す。書して曰く、「宇宙の万有は、悉く一部の周易に具はる。上下三千載、二十四史の録する所は、悉く礼経を離れず。易と礼とは、其れ斯学の本なるか。是れ余の平生の持論、書して以て濱子に示す。蘆洲。」正に是れ蘆洲先生の研究課題にして、生涯、為す能はず。已むを得ず、之を先考に託する者なり。而れども先考も亦た之に従事するに遑あらず。余嘗て此の書幅を読み、他日、之が研究を為さんと欲す。其の後、荏苒年を経、停年を迎ふるに至り、公羊学研究の余勢を駆って、漸く周易と礼学との研究に従事するを得たり。平成二十八年一月、明徳出版社より東洋易学思想論攷を上梓す。余齢九十歳を超ゆと雖も、更に老骨に鞭うち、周易研究と並行して、近年礼学の成果を集成し、東洋思想論攷を上梓するを得たり。正に是れ蘆洲先生の附託を全うするに足ると謂ふべきのみ。将に謹んで本書を池田蘆洲先生、及び先考青洲の霊前に奉呈せんとす。庶幾はくは、之を饗けよ。是を跋と為す。

三涯　濱　久雄

研究周易與禮學有感　周易と礼学とを研究して感有り

先考承師一幅書　先考　師に承《う》く　一幅の書
蘆洲教導受恩初　蘆洲《ろしゅう》の教導　恩を受くるの初め
等身著述知天下　等身の著述　天下に知らるるも
易禮研鑽委懶疏　易礼の研鑽は　懶疏《らんそ》に委《い》す
弟子知望何得果　弟子　望みを知るも　何ぞ果すを得んや
愚生感責豈容虚　愚生　責に感じ　豈《あに》に虚《むな》しうす容《べ》けんや
爾來回首九旬載　爾来《じらい》　首《こうべ》を回《めぐ》らせば　九旬載《きゅうじゅんさい》
遺訓銘肝使起余　遺訓　肝《きも》に銘《めい》じ　余を起《た》た使《し》む

讃三島中洲・雷堂先生育英之偉業　三島中洲・雷堂先生の育英の偉業を讃ふ

堪尊父子育英魁　尊ぶに堪へたり　父子　育英の魁《かい》
名士鴻儒多軼材　名士　鴻儒《こうじゅ》　軼材《いつざい》多し
鳴鶴飛來二松樹　鳴鶴《めいかく》　飛来す　二松《にしょう》の樹《じゅ》
匹如鸞運九光開　匹如《ひつじょ》す　鸞運《こううん》　九光開くに

詠三島中洲之學問業績　三島中洲の學問業績を詠ず

方谷儒風承得全　　方谷の儒風　承《う》け得《え》て全《まった》し
陽明實學法官縁　　陽明の実学　法官の縁
折衷見識有誰及　　折衷の見識　誰有ってか及ばん
老子名編異國傳　　老子の名編　異国に伝はる

傳聞、三島中洲所著老子講義者、見收載于臺灣無求備齋老子集成云。結句故及

伝へ聞く、三島中洲著す所の老子講義は、台湾の無求備斎老子集成に収載されしと云ふ。結句故に及ぶ。

濱 久雄 著書

中国思想論攷
—公羊学とその周辺—
ISBN978—4—89619—968—0
四三〇頁 九〇〇〇円

東洋易学思想論攷
ISBN978—4—89619—958—1
六二二頁 九〇〇〇円

中国古典新書続編㉗
明 夷 待 訪 録
ISBN978—4—89619—827—0
二六二頁 三〇〇〇円

中国古典新書続編㉙
勧 学 篇
ISBN978—4—89619—829—4
二五五頁 三〇〇〇円

山田方谷の文—方谷遺文訳解
ISBN978—4—89619—149—3
六二二頁 七五〇〇円

牧野黙庵の詩と生涯
—江戸漢詩性霊派の後勁—
ISBN978—4—89619—173—8
二五八頁 三八〇〇円

岸上質軒の漢詩と人生
ISBN978—4—89619—598—9
二二三頁 三〇〇〇円

二松学舎奇傑の士 佐藤胆斎
—その詩文と数奇な人生—
ISBN978—4—89619—798—3
二三八頁 三〇〇〇円

表示価格は税抜(本体価格)

著者略歴

大正14年生まれ。大東文化学院専門学校、中央大学法学部卒。元大東文化大学文学部教授。 現在、公益財団法人無窮会専門図書館名誉館長。全日本漢詩連盟理事。文学博士。

著　　書

『公羊学の成立とその展開』（国書刊行会）
『西太后』（教育社）
『山田方谷の文』（明徳出版社）
『明夷待訪録』（明徳出版社）
『勧学篇』（明徳出版社）
『牧野黙庵の詩と生涯』（明徳出版社）
『岸上質軒の漢詩と人生』（明徳出版社）
『二松学舎奇傑の士 佐藤胆斎』（明徳出版社）
『中国思想論攷 ― 公羊学とその周辺 ― 』（明徳出版社）
『東洋思易学想論攷』（明徳出版社）他

東洋思想論攷 ― 易と礼を中心として ―

二〇一八年　三月二〇日　初版印刷
二〇一八年　三月三〇日　初版発行

著　者　濱《はま》　久《ひさ》　雄《お》
発行者　小林真智子
発行所　㈱明徳出版社
〒162―0801　東京都新宿区山吹町三五三
（本社・東京都杉並区南荻窪一―二五―三）
電話〇三―三二六六―〇四〇一　振替〇〇一九〇―七―五八六三四

万一乱丁・落丁の節は、お取り替えします。印刷・製本　㈱興学社

ISBN978－4－89619－854－6

索　　引

書名索引

【ア行】

維軒加藤常賢　学問とその方法　355
緯書　53, 95, 99, 283, 284, 308, 371, 372, 375
一統志　79, 81
伊藤東涯の易学　19
禹貢錐指　77, 79, 80, 81, 106
雲笈七籤　96
雲仙雑記　445
易緯通卦験　404
易学啓蒙（啓蒙、周易啓蒙）80, 85, 280, 281, 299, 300, 306, 308
易学啓蒙通釈　202
易学源流　219
易学象数論　8, 47, 49, 52, 53, 56, 73, 74, 75, 77, 78, 81, 84, 101, 102, 103, 104, 490, 494
易学撥乱　247, 281
易学辨疑　247, 279, 301, 302
易乾鑿度　53, 91, 94, 95
易漢学　74, 82, 104, 140, 160, 161, 187, 196, 209, 215, 243, 305, 317, 327, 328, 372, 385
易原　94
易述　119, 186, 187, 201, 203, 204, 207, 209, 316
易説辯正　165
易通　165, 169, 172
易通釈　44, 161, 493
易伝　23, 28, 50, 51, 56, 60, 117, 163, 173, 186, 188, 205, 254, 263, 298, 311, 325, 327, 433
易図明辨　8, 48, 77, 78, 79, 81, 82, 83, 84, 99, 104, 105, 106, 109, 134, 187, 202, 300, 490, 494, 495
易図明辨提要　300
易童子問　33, 91, 113, 130, 157, 197, 198, 215, 225, 254, 459, 496
易附記　10, 11, 191, 192, 195, 204, 215, 216, 217, 490, 496
易略例　207
易例　44, 316
易礼　163
王文成公全書　466, 478
王陽明　472
王陽明全集　488
王陽明の哲学　16, 467, 468, 471, 478, 486, 487, 488
欧陽文集　198
音学五書　112, 125

【カ行】

卦気解　74, 139, 140, 159, 161, 162, 495
卦気論　137
卦変説　298
何氏釈例　140
河図　35, 50, 51, 52, 79, 80, 83, 84, 85, 86, 87, 88, 89, 90, 91, 92, 93, 94, 95, 99, 104, 223, 225, 226, 227, 244, 280, 281, 282, 283, 284, 285, 289, 299, 308, 403, 496
河図洛書原舛編　84, 86, 105
諧韻瑚璉　248
開元大衍暦経　403
開元天宝遺事　445
海国図志　160
海保漁村年譜　328
学易枝言　98, 99
学蔀通弁　485
学礼質疑　357, 368, 383
楽記　121, 389, 391
漢易研究　75, 104, 107, 135, 187, 188, 209, 244, 412
漢会要　395
漢（書）藝文志　94, 418, 419, 421
漢字の起原　336
漢儒伝易源流　220
漢書　5, 49, 51, 87, 119, 254, 323, 392, 395, 423, 425
漢上易伝　298, 311
漢籍解題　56
漢代易学の研究　63, 75, 107, 188, 245
漢代における礼学の研究　383
漢碑引経攷　126, 216
漢文大系　107, 302, 305, 383
感恩珠（詩話）　463
管子　445, 447
韓非子　1, 448
偽古文尚書　138, 151, 187, 445, 449, 495
儀礼　43, 119, 163, 306, 329, 330, 331, 338, 339, 340, 341, 344, 345, 346, 354, 355, 358, 359, 367, 378, 385, 388, 389, 390, 391, 394, 395, 405, 409, 410, 418, 419, 420, 421, 422, 427, 432, 433, 442, 443, 445, 446, 447, 451, 499
儀礼経伝通解　163, 330, 339, 340, 354, 385, 386, 423, 444, 446, 448, 451, 499, 500
儀礼経伝続通解　392
儀礼識語　423
儀礼釈例　330, 345
儀礼集説　386, 500
儀礼図解　392
儀礼正義　376, 382
求古録　112
九部経解　19, 20, 21, 43, 45
喬氏易俟　298
玉海　94, 95, 315, 396
玉函山房輯佚書　275
漁村文話　304
挙例　139
金史　396
金石文字記　112
旧唐書　96, 403
公羊学考証　303
公羊学の成立とその展開　5, 162, 192, 465
公羊何氏解詁箋　140

虞氏易言　161
郡斎読書志　253
華厳経　287
経学粋編　219，382
経義考補正　215
経義緒言　279
経義折衷　279
経済録　338
経史説林　5
経世図譜　92
経伝釈詞　445
経典釈文　126，216，222
経義述聞　445
繫辞伝論　137，139，140，157，162
乾鑿度　53，80，91，94，95，310，311，312，315
元史　396，405
元典章　396
献徴録　49
検論　161
古経解彙函　53
古今議論纂　298
古周易　253
古周易訂詁　19
古文参同契　97
古文尚書　187，385，464
古文尚書冤詞　165，187
古文前後集雕題　248
古詩逢原　250
故事熟語大辞典　1
後漢書　323，395，400，422，445
五経異義　415
五行易　188
五経集解　166，167
五経正義　284，359
五誥解　23
五礼通考　14，339，385，386，387，392，398，399，407，410，411，412，413，414，415，416，417，435，438，440，491，499，500
江永伝　298
江永事略状　298
甲乙稿　23
広雅書局叢書　56，75
孝経　419，425，426，469
孝経集説　279
孝経説　417，418
皇極経世書　53，56，128，448，496
甲骨学　355
孔子家語　291，292
孔疏程伝（孔穎達の正義と程頤の易伝）　263
郊社禘祫問　357，364，382
皇清経解　106，137，159，219，352，355，356，382，383，498
皇清経解続編　106，219，382，383
黄氏日抄　98
黄宗羲全集　75
黄梨洲遺著彙刊　56，77
国語　130，290，295，296，297，322，327，365，366，394，498
国朝先正事略　106
国基本叢書四百種　135
穀梁伝　139，358，362，380，434，444，446

【サ行】

祭祀及礼と法律　338，355
左氏春秋考証　140
左氏伝雕題略　248
三魚堂文集　485
三国志　396
三礼義疏　444

三礼注　163, 379
山草堂集　19, 21
詩学初楷　463
詩経　78, 125, 155, 279, 358, 363, 366, 444, 446
詩経集伝　139
史記　123, 126, 128, 216, 274, 292, 394, 395, 408, 450, 452
史記補注　1, 3, 502, 503
四庫全書珍本初集　189
四書註釈全書　466
支那宗教制度　331
支那哲学史　473
支那の家族制　383
爾雅　198, 345, 358, 362, 366, 369, 372, 376, 377, 381, 421
慈湖詩伝　23
七経雕題　247, 248, 250
七経雕題略　248, 250
実事求是斎経義二　378, 383
周易彙考　277, 279, 280
周易衍義　206
周易逢原　11, 12, 247, 248, 249, 250, 251, 275, 276, 490, 496
周易河図説　99
周易玩辞　202
周易玩辞集解　298
周易漢注考　304
周易経伝集解　298
周易経翼通解　19, 247
周易古占法　12, 13, 294, 296, 300, 302, 303, 304, 305, 306, 307, 308, 317, 327, 328, 490, 498
周易参同契　84, 96, 97, 98, 99, 107
周易集解　22, 43, 74, 203, 205
周易集説　298
周易集注　298, 411
周易集林　70
周易述　203, 204, 207, 316
周易述義　119, 186, 187
周易象義余録　304
周易消息　219, 220, 223, 243, 244
周易正解　19, 20, 21, 33, 45
周易正義（易正義）　51, 95, 205, 222, 277, 311
周易正義校勘記補正　304
周易折中　160, 166, 167, 172, 186, 324, 495, 496
周易禅解　29
周易探元　208
周易注　70
周易反正　247
周易辨疑　12, 277, 278, 280, 490, 497
周易本義（易本義）　23, 29, 50, 51, 80, 83, 85, 113, 115, 116, 119, 163, 184, 188, 202, 205, 206, 208, 209, 212, 213, 251, 252, 257, 258, 259, 263, 264, 265, 266, 269, 270, 271, 272, 273, 274, 275, 299, 300, 306, 327
周易本義辨義補訂　220
周易本義辨証　203, 209
周易欄外書　475
周官　169, 374, 388, 389, 390, 393, 408, 418, 419, 420, 422, 423, 426, 427, 430, 431, 438, 442, 443, 447
周官記　139

周官新義　452
周礼　34, 43, 139, 255, 312, 329, 339, 345, 348, 358, 359, 363, 367, 373, 377, 379, 380, 381, 385, 386, 388, 389, 390, 393, 394, 395, 397, 398, 400, 402, 404, 405, 408, 410, 417, 418, 419, 420, 421, 423, 426, 427, 436, 438, 442, 443, 445, 447, 449, 450, 452, 464, 499
周礼義疏　444, 447
周礼古学考　358, 382
集義粋言　324
十三経清人注疏　414
十翼後録　414
十通分類総纂　439
朱子語類　56, 75, 97, 119, 229, 300, 448
朱子文集　299, 300, 448
荀虞易義　220
荀子　338, 366, 431, 433, 437, 438
春秋緯　87
春秋運斗枢　408
春秋公羊伝（公羊伝）　303, 304, 308, 357, 358, 361, 368, 369, 375, 377, 380, 381, 433, 434, 444, 446, 449
春秋外伝　130, 295, 322, 327, 498
春秋胡氏伝（胡氏伝）　444, 446
春秋左氏伝（左氏伝、左伝、左氏）　71, 112, 116, 130, 133, 134, 138, 139, 198, 248, 250, 253, 255, 279, 284, 289, 290, 291, 293, 294, 295, 296, 303, 304, 306, 307, 308, 310, 311, 312, 316, 317, 318, 320, 321, 323, 324, 327, 338, 358, 362, 366, 367, 369, 379, 381, 394, 420, 436, 442, 443, 444, 446, 498
春秋左伝占話考　135, 136
春秋三伝徴礼　378
春秋識小録　163, 165
春秋釈例　345
春秋正辞　139, 148, 160, 495
春秋説　417, 418
春秋属辞　139
春秋通義　139
春秋繁露　53
春秋文謚例　152
春秋毛氏伝　444
小学雕題　248
商子　445, 447
焦氏筆乗　49
尚書　43, 79, 89, 90, 91, 134, 138, 139, 143, 148, 149, 151, 165, 227, 250, 274, 282, 283, 303, 304, 329, 335, 336, 358, 387, 388, 392, 393, 395, 396, 415, 419, 425, 426, 433, 442, 443, 445, 464
尚書逢原　250
尚書既見　449
尚書後案　187, 385
尚書古文疏証　138, 187, 385, 449
尚書大伝（書伝）　437
尚書通義　165
裳川自選稿　463, 466
昭徳易詁訓伝　253
序卦伝論　139
書経　78, 139, 143, 279, 398,

444, 445, 446, 464
書録解題　96, 298
従容録　452
新学偽経考　126, 358
新唐書　405
申鑒　133, 134
真古文尚書集釋　335
清史稿　106, 135, 196, 219, 341, 355, 412
清儒学案　217
清史列伝　111, 135, 165, 189, 195, 217, 219, 412, 416, 439
清続文献通考　219
清代学術概論　160
清代樸学大師列伝　135, 162, 217
晋書　116, 396
神仙伝　96, 97
推易始末　75, 106, 140
水哉子　248
隋書　350, 392, 396
遂初堂集　298
青渓詩説　165
西征記　422
正蒙　482
説苑　292
説卦攷　306, 308
昔々春秋　248
石経考　112
石渠奏議　415
拙堂文集　465
説文　205, 334, 335, 376, 377, 419, 425
銭氏潜研堂集　298
蘇斎筆記　10, 191, 192, 195, 196, 204, 215, 216, 217, 490, 495
楚辞　124, 132, 134
宋史　45, 80, 85, 392, 396, 405
荘子　36, 448
荘子雕題　248
荘子翼　49
叢書集成新編　328, 383
臧軒存稿　488
続漢書　396
存学編　164

【タ行】

大易択言　10, 163, 165, 166, 167, 188, 189, 490, 495
大学　42, 44, 198, 389, 442, 443, 445, 447
大学雑議　250
大唐開元礼　386, 396
大同書　407
大明会典　396
大戴礼記　93, 159, 358, 445, 447
太玄易　53
太玄経　92, 93, 403
太平御覧　423
戴氏東原集　298
彖象論　137, 139, 140, 148, 157, 162
彖伝論　137, 139, 140, 149, 162
中原音韻　352
中国学術思想変遷之大勢　162
中国原始観念の発達　331, 337, 354
中国古代宗教史研究－制度と思想　384
中国古代喪服の基礎的研究　435, 440
中国宗教制度　354
中洲講話　441, 465, 481
中庸　40, 42, 44, 194, 250, 389, 393, 394, 398, 417, 418, 420, 442, 443, 445, 447, 475

中庸天楽楼定本　248
仲氏易　77, 78, 82, 84, 89, 91, 140
冢宰記　139
朝鮮文化東伝の研究　196, 217
通鑑　395, 448
通鑑綱目　448
通志　413, 427
通志堂経解　202, 215, 219
通典　393, 396, 413, 416, 431
禘祫觿解篇　357, 383
禘祫考辨　357, 370, 383
禘祫辨誤　163, 165, 357, 358, 371, 383, 498
禘祫問答　357, 376, 383
禘説　357, 372, 373, 383
定本韓非子　1
定本唐宋八家文読本　1
輟耕録　352
哲人山田方谷　467, 468
天下郡国利病書　109, 111, 134, 164, 495
伝経廬文鈔　303, 304, 328
伝習録　460, 466, 473, 474, 481, 484
談笑余響　463
天文暦法と陰陽五行説　403
唐会要　396
東塾読書記　187, 383
東洋易学思想論攷　6, 16, 17, 75, 135, 162, 189, 245, 282, 493, 494, 502, 503
東洋研究　6, 438, 440, 490, 491
唐書　96, 325, 392, 396, 403, 405
唐六典　396, 405
道古堂集　345
読学則　279
読書雑志　445
読書志　96, 253
読書小記　414
読礼志疑　357, 362, 383
読礼通考　386, 410, 413, 500

【ナ行】

南斉書　396
二松学舎九十年史　487
二松学舎百年史　487
日知録　9, 77, 81, 82, 84, 109, 112, 134, 135, 187, 292, 409, 490, 494, 495
日知録十三経考義　109
日本漢詩　下　466
日本漢文学大事典　276, 302, 328
日本藝林叢書　1
日本儒学史　276, 278, 302, 305, 328
日本詩話叢書　1
日本陽明学派之哲学　487

【ハ行】

梅花心易　56, 188, 444
駁五経異議　416
白田雑著　300
八卦観象論　137, 139
筆録　129
白虎通義　430, 431, 434
白虎通徳論　416
病間長語　279
武進陽湖県史　162
風土記　442, 443, 446
文献通考　219, 413
碧巌録　452
鞭駘録　468
辨道　247
辨徴録　278, 279
辨名　247

封建尊尊服制考　341, 346, 353
抱腹談　304, 305
抱腹談の抱腹　304, 305
樸学大師列伝　77, 135,162, 193, 217
墨子　333, 335, 483
補注文章軌範　305
本邦儒学史論攷　302

【マ行】

味経斎遺書　137, 140, 162, 303, 308
三島中洲詩存　465
三島雷堂君伝　469, 487
明会典　396, 405, 406
明史　49, 111, 392, 396
明史稿　21, 45
明集礼　405
明夷待訪録　47, 49, 183, 271, 494
明治漢詩文集　466
蒙求　448
孟子　40, 43, 44, 161, 394, 395, 419, 442, 443, 445, 447, 493
孟子正義　161, 493
毛詩　43, 139, 250, 303, 304, 329, 379, 398, 419, 431
毛詩説　139
毛詩鄭箋　379
毛氏伝　444, 446
毛詩伝　431
毛西河合集　75, 86, 106
文選　87

【ヤ行】

山田方谷の詩　465
山田方谷の文　465, 505
幼霽孔氏説経稿四　383
要旨　139, 214
楊氏易伝　23
揚子法言　249
陽明学研究　465, 486, 487, 489, 491
陽明学精義　466, 488

【ラ行】

礼記　29, 43, 44, 91, 93, 118, 121, 132, 133, 134, 159, 214, 329, 330, 335, 338, 339, 354, 358, 359, 360, 361, 365, 366, 371, 377, 378, 379, 380, 381, 383, 385, 388, 389, 390, 391, 393, 394, 398, 399, 400, 407, 411, 419, 421, 422, 423, 425, 426, 445, 447, 458, 482, 483, 499
礼記集説　363
礼記正義　359, 379
礼記偶箋　357
洛書　35, 50, 52, 79, 80, 83, 84, 85, 87, 89, 90, 91, 92, 104, 105, 223, 225, 226, 227, 244, 280, 281, 282, 283, 284, 289, 299, 308, 403, 496
洛陽記　422
履軒古韻　248
履軒古風　248
履軒雑説彙編　248
履軒弊帚　248
陸王研究　475, 476, 488
陸王哲学　15, 467, 468, 472, 475, 486, 487, 491
陸子学譜　476
陸象山　488

陸象山全集　473
陸象山の哲学　16, 467, 468, 469, 471, 472, 476, 477, 487, 488
六壬　53
六国史　1
略例　117, 207, 298, 316
遼史　350, 396
礼緯　357, 368, 374, 379
礼運注　483
礼儀志　395, 396
礼経釈例　5, 13, 329, 330, 339, 340, 341, 345, 346, 352, 353, 354, 355, 356, 420, 490, 499
礼経通論　139, 423
礼書綱目　386, 423, 499
礼書通故　14, 15, 339, 411, 413, 414, 415, 416, 417, 428, 435, 438, 439, 491, 500
礼説　165, 415, 417, 418, 420
礼説略　415
礼の起原と其発達　330, 331, 335, 355
隷釈　421, 422
列子　95
蘆洲遺稿　1
魯論説　165
老子　98, 419, 452, 453, 454, 461, 505
老子眼蔵　454
老子原義の研究　335
老子講義　453, 454, 465, 504
老子集成　504
老子私録　453
老子離題　248
老子道徳経研究　454
老子翼　49
論易剛柔往来上下説　298
論学三百絶　452, 465
論語　22, 43, 44, 81, 91, 123, 126, 127, 128, 133, 191, 194, 216, 227, 250, 251, 282, 283, 307, 309, 329, 333, 362, 366, 381, 393, 394, 419, 425, 426, 445, 447, 457, 460, 464, 469, 470, 471, 482, 496
論語講義　457, 465
論語古義　459, 466
論語集説　279
論語総説　192
論語徴　278, 458, 466

人名索引

【ア行】

秋月胤継　475, 476, 488
晏嬰　394
伊尹　37, 143
伊福部隆彦　454
飯島忠夫　403
池田千古（英雄）　1, 501, 503
池田末利　5, 335, 339, 355, 382, 384, 499
池田蘆洲（四郎次郎）　1, 2, 3, 4, 5, 6, 478, 493, 498, 500, 502, 503, 504
市川実斎（任三）　2
市村器堂（瓚次郎）　486, 487
伊藤仁斎　197, 277, 278, 300, 308, 458, 459, 460, 464, 466
伊藤東涯　19, 44, 73, 74, 113, 188, 197, 210, 234, 247, 277, 300, 308, 327, 497
井上金峨　12, 247, 251, 277, 278, 279, 280, 281, 283, 284, 286, 287, 289, 291, 292, 293, 294, 295, 296, 300, 301, 302, 490, 498
井上巽軒（哲次郎）　472, 487
井上蘭台　278
猪口篤志　466
岩渓裳川　441, 454, 455, 461, 463, 466
禹　25, 40, 89, 90, 144, 227, 282, 323, 360,
惲鶴生　164
ヴント　486
江木冷灰　463
衛湜　363
袁樞　80
袁機仲　99
閻若璩　79, 138, 187, 385, 425, 449
25, 223, 285, 297
遠藤巣園（隆吉）　473
荻生徂徠（物茂卿）　44, 247, 277, 278, 280, 281, 285, 300, 458, 459, 460, 464, 466
小澤文四郎　63, 75, 101, 107, 188, 245
小柳読我（司気太）　472, 473
王安石（介甫）　116, 391, 451, 452
王逸　132
王引之　161, 445, 447, 449, 450
王炎（晦叔）　116
王応麟　94, 315, 392, 396
王吉　395
王欣夫　410
王元感　433
王弘撰　111
王国維　334
王錫闡　111
王肅（子雍）　292, 358, 363, 364, 368, 372, 381, 382, 430
王恂　403
王通　388
王祀　193
王鍾翰　135, 189, 217, 412, 439

王昭素　64
王世貞　278
王仲邱　396
王同　254
王念孫　445, 447, 449, 450
王弼（輔嗣）　22, 23, 28, 29, 32, 33, 36, 43, 44, 50, 51, 71, 86, 87, 103, 104, 116, 117, 119, 120, 186, 188, 204, 207, 210, 220, 221, 222, 238, 247, 252, 270, 275, 277, 284, 297, 298, 300, 315, 327, 444, 446, 497
王夫之　104, 109, 495
王文治　193
王聘珍　193
王懋竑　300, 306
王鳴盛　187, 385
王陽明（余姚）　16, 35, 442, 443, 444, 446, 460, 461, 464, 466, 467, 468, 471, 472, 473, 474, 477, 478, 479, 480, 481, 482, 483, 484, 485, 486, 487, 488, 505
王竜渓　211
王浚儀　204
応劭　396
翁方綱　10, 105, 191, 192, 193, 194, 195, 196, 197, 203, 204, 205, 208, 209, 210, 212, 213, 214, 215, 216, 217, 490, 495
欧陽脩（永叔）　33, 39, 50, 52, 91, 105, 113, 126, 129, 130, 157, 196, 197, 198, 200, 215, 216, 225, 254, 278, 311, 323, 459, 496
欧陽和伯　435
大江文城　279, 302
大塩中斎　300
大田錦城　252, 296, 301, 303, 304, 305, 307, 308, 317, 498
岡田著斎　248
岡本況斎　303

【カ行】

何晏　103
何楷　19, 48, 119, 187, 197, 216, 385, 496
何休　139, 152, 358, 376, 381, 382, 426, 434, 496
夏后氏　360, 366
夏侯勝　435
賈公彦　388, 420, 423, 426
賈逵　320, 358, 376, 377, 379, 381, 382
賈誼　395
加藤常賢　330, 331, 334, 354, 355, 499
加藤大岳　135, 136
狩野直喜　332
海保漁村　12, 13, 138, 252, 292, 293, 294, 295, 296, 300, 301, 302, 303, 304, 305, 306, 307, 308, 309, 317, 322, 327, 328, 490, 495, 498
郝敬　7, 19, 20, 21, 22, 23, 28, 29, 30, 32, 35, 36, 37, 39, 41, 43, 44, 45, 96, 429, 490, 493
霍光　37
郭守敬　403
郭子和　86
郭白雲　101

郭璞　25, 297
桂湖村　56
亀田鵬斎　278, 279
川北梅山　448
川口熊峰　278, 280
韓起　255
韓康伯　221
韓愈　249, 278, 389
桓公　442, 443, 444, 446
関子明　83, 93
神田喜一郎　466
驩兜　142
干宝（新蔡）　28, 87, 175, 177
顔淵（顔回）　133, 192, 198, 340
顔元　164, 165, 496
顔之推　297
僖公　361, 362, 367
箕子　90, 185, 186, 272, 274
季彭山　485
木村秀吉　489
紀磊　11, 219, 220, 222, 223, 225, 227, 230, 233, 234, 235, 236, 237, 238, 241, 242, 243, 244, 245, 490, 496
魏源　160
魏伯陽　50, 58, 66, 96, 97, 98, 99, 102, 452
義皇　85, 90, 104
堯　20, 21, 29, 30, 143, 182, 249, 250, 323, 360, 393, 402, 404, 409, 433, 444, 445
恭王　425
喬莱　298
玉生　171, 172
許行　24
共工　142
虚斎　176
許衡　403
許慎　205, 334, 381, 382, 415, 416, 435
金阮堂　191, 192, 196, 215, 216, 496
孔穎達（仲達）51, 64, 78, 79, 81, 95, 204, 205, 221, 222, 224, 225, 263, 277, 283, 284, 298, 312, 319, 323, 359, 364, 369, 379, 381, 388, 417, 420, 429, 432, 436
虞喜　402
虞世南　350
虞翻（仲翔）　28, 58, 68, 69, 70, 74, 96, 103, 105, 113, 114, 115, 124, 125, 186, 201, 203, 207, 220, 222, 223, 235, 243, 244, 297, 306, 308, 325
屈原　132
倉石武四郎　336
恵棟（定宇）74, 82, 83, 104, 137, 140, 160, 161, 187, 196, 201, 203, 204, 205, 209, 215, 216, 243, 305, 316, 317, 322, 327, 328, 357, 372, 383, 385, 499
京房　25, 49, 50, 51, 58, 60, 63, 65, 66, 99, 114, 222, 223, 307, 315, 325, 327
厳君平　133, 254
阮元　105, 106, 137, 193, 334, 352, 353, 421, 499
胡安国　444
胡渭　8, 48, 77, 78, 79, 81, 82, 83, 84, 85, 86, 87, 89, 90,

91, 92, 93, 94, 95, 96, 99, 101, 102, 103, 104, 105, 106, 107, 109, 134, 160, 187, 287, 300, 490, 494, 495
胡雲峰（胡氏） 177, 178, 184, 204
胡震 206
胡適 332
胡培翬（竹村） 357, 376, 377, 378, 381, 382, 383, 429, 499
胡方平 202
胡翼之 116
顧炎武 9, 77, 81, 82, 84, 104, 109, 110, 112, 113, 114, 115, 116, 117, 118, 119, 120, 121, 123, 124, 125, 126, 128, 129, 130, 131, 134, 135, 136, 160, 164, 187, 188, 193, 197, 216, 287, 292, 370, 409, 415, 490, 494, 495, 497
顧祖禹 79
児島星江（献吉郎） 1, 478
五井蘭洲 248
呉草廬（呉澄） 72, 80, 85, 176, 213, 394, 428
呉宗尭 20
呉廷華 428, 433
呉任臣 111
孔安国 78, 79, 81, 91, 426
孔広森 137, 139, 193, 373
孔衡水 174, 176, 177, 183
孔広林 357, 359, 373, 383, 499
孔子（夫子、仲尼） 5, 23, 24, 25, 27, 29, 33, 38, 42, 49, 50, 52, 53, 67, 81, 85, 90, 91, 102, 104, 105, 112, 113, 114, 116, 118, 120, 121, 123, 125, 126, 127, 128, 130, 131, 139, 142, 143, 146, 154, 155, 157, 161, 165, 167, 169, 173, 174, 178, 192, 196, 197, 198, 201, 206, 207, 208, 215, 216, 221, 224, 225, 247, 250, 251, 254, 255, 289, 291, 292, 298, 307, 314, 315, 316, 325, 329, 332, 335, 338, 340, 361, 366, 373, 379, 389, 394, 395, 399, 401, 424, 425, 444, 446, 447, 450, 452, 454, 457, 458, 459, 460, 470, 472, 482, 486, 493
孔成子 289, 291, 317
孔晁 368
項安世 202
項籍 394
黄以周 14, 15, 339, 411, 413, 414, 416, 417, 419, 420, 423, 424, 425, 426, 428, 430, 432, 433, 434, 435, 436, 438, 439, 440, 491, 500
黄以恭 414
黄榦 392, 444, 446, 451
黄儀 79
黄式三 414, 420
黄誠甫 484
黄汝成 114
黄宗炎 298
黄宗羲 8, 47, 48, 49, 51, 52, 53, 54, 56, 58, 59, 60, 61, 63, 65, 67, 69, 70, 71, 72, 73, 74, 75, 77, 78, 80, 81, 84, 101, 102, 103, 104,

105, 109, 160, 164, 183, 271, 287, 370, 485, 490, 494, 495
黄帝　93, 94, 360, 366, 399, 404
黄道周　19
江永（慎修）　298, 330, 340, 345, 354, 386, 423, 500
康王　361, 375
康有為　126, 137, 358, 407, 426, 444, 483
侯外廬　382
洪适　421
高貴郷　254
高祖　150, 360, 377, 378, 394
高宗　415
高士廉　297
高堂生　390, 423, 424
洪興祖　132
后稷　363, 368, 372, 375
杭世駿　345
勾践　444, 446
孝武　426
咎繇（皐陶）　436
敖継公　386, 428, 500
闔閭　444, 446
嚳（帝嚳）　360, 361, 368, 372, 379
国分青厓　441, 463
鯀　89, 90, 360
近藤春雄　276, 302, 328

【サ行】

佐倉達山　478
佐藤一斎　305, 475, 485
佐藤今朝夫　192
査慎行　298
沙随程　129
蔡季通　85, 98
蔡沈（元定、西山）　78, 80, 83, 93
蔡墨　311, 319, 323, 324
蔡邕　422
崔憬　87, 124, 208
西郷南洲　469
斎藤拙堂　441, 448, 452, 465
支偉成　77, 135, 162, 217
子夏　205, 390, 450, 486
子張　291, 393, 486
子服恵　133
子路　127, 128, 457, 458, 459
始皇帝　446, 450
司馬彪　435
司馬遷　123, 126, 138, 450
梓慎　402
史墨　402
塩谷宕陰　468
信夫恕軒　1, 304
渋沢青淵（栄一）　304
島田篁村（重礼）　304
下見隆雄　5
謝枋得　498
朱彝尊　111
朱漢上　70, 99, 101
朱熹（朱子、元晦、晦庵、仲晦、晦老、考亭、紫陽）　22, 23, 29, 30, 33, 41, 43, 44, 47, 50, 51, 52, 54, 55, 56, 70, 71, 72, 73, 74, 75, 77, 80, 82, 83, 84, 85, 97, 98, 99, 109, 110, 113, 114, 115, 116, 118, 119, 120, 121, 123, 125, 128, 130, 131, 134, 139, 163, 164, 165, 170, 171, 173, 174, 175, 176, 177, 178, 179, 181, 183, 184, 185, 186, 188, 194, 195, 196, 202, 204,

205, 206, 207, 208, 209, 210, 212, 213, 215, 216, 234, 238, 251, 252, 258, 275, 277, 281, 284, 285, 287, 289, 290, 291, 292, 294, 295, 296, 297, 298, 299, 300, 301, 306, 308, 309, 318, 320, 324, 325, 327, 330, 339, 340, 354, 359, 362, 364, 385, 386, 390, 415, 418, 423, 427, 428, 442, 443, 444, 446, 447, 448, 449, 450, 451, 452, 457, 458, 464, 474, 475, 477, 479, 485, 494, 495, 497, 500
朱珪　193, 341
朱震　86, 298
朱大韶　357, 378, 379, 383, 498, 499
周王孫　254
周公（旦）　23, 24, 27, 33, 104, 113, 114, 125, 126, 127, 128, 149, 152, 224, 225, 253, 307, 308, 309, 358, 361, 366, 372, 388, 389, 390, 391, 394, 415, 426, 427, 444, 446
周謂　390
周徳清　352
周濂渓　287
叔向　394
粛宗　395
叔孫通　395
舜　25, 131, 142, 143, 144, 249, 323, 368, 381, 392, 393, 402, 404, 405, 433, 444, 445, 464, 484
淳于俊　254
荀凱　71
荀爽　74, 114, 201, 203, 207, 220, 222, 223, 235, 243, 244
焦延寿　25, 44, 49, 50, 51, 65, 66, 105, 161, 222, 223, 285, 297, 493
鍾会　71, 116
邵雍（康節、尭夫）24, 29, 30, 48, 50, 51, 52, 53, 54, 55, 56, 66, 73, 80, 84, 86, 91, 102, 103, 123, 127, 128, 134, 188, 202, 244, 258, 275, 287, 444, 446, 448, 497
邵懿辰　137, 139
女媧　181, 183, 408
徐芹庭　219
蕭恵　460
承健（郝敬の父の名）　20
焦竑　49
章帝　374
章炳麟　77, 138, 161, 187, 495
葉東卿（志詵）　191, 196
葉夢得　392, 418
徐乾学　79, 81, 386, 392, 410, 413, 500
徐世昌　217
鄭玄（康成）　22, 23, 59, 71, 78, 79, 81, 86, 89, 92, 115, 119, 139, 163, 202, 204, 243, 254, 292, 306, 307, 308, 310, 311, 316, 323, 326, 329, 332, 354, 358, 359, 363, 364, 368, 370, 377, 379, 380, 381, 382, 386, 397, 399, 415, 416,

418, 419, 422, 426, 428, 429, 430, 434, 500
襄公　112, 130, 293, 322, 362, 367
常生　352, 353, 354
饒雙峰　178
白川静　334, 336, 355, 499
秦蕙田　14, 339, 385, 386, 387, 394, 395, 396, 397, 399, 400, 401, 402, 404, 405, 406, 407, 409, 410, 411, 412, 413, 415, 416, 417, 432, 435, 438, 440, 491, 499, 500
沈存中　58, 350, 351
神農　399, 408
シャフツベリー　486
鈴木由次郎　54, 57, 61, 75, 99, 101, 107, 114, 135, 188, 244, 302, 404, 412
須羽源一　192
スピノザ　486
スペンサー　338, 486
成王　361, 375, 388, 415
清涼国師　286, 287
関沢霞庵　463
石祁子　132, 133
石駘仲　132
契　323, 360
薛季宣　80
顓頊　360, 366
銭載　194
銭曽　386
銭大昕　193, 410
蘇軾（東坡、子瞻）22, 33, 43, 94, 95, 101, 114, 186, 278, 298
祖甲　415
僧一行　402, 403, 404
曹学佺　298
曹褒　395
荘公　71, 116, 295, 361, 367, 444, 446
荘子　36, 49, 248, 445, 448, 452
荘述祖　137, 159, 160
荘存与　9, 65, 74, 137, 138, 139, 140, 148, 149, 152, 156, 157, 160, 162, 303, 308, 449, 490, 494, 495
曽子　360, 366, 369, 370, 380, 400, 401
曽点　192, 486
宋翔鳳　137, 138, 160
臧会　253
孫星衍　193

【タ行】

多紀藍渓　278
太宰春台（徳夫）　44, 247, 281, 282, 284, 285, 286, 287, 288, 289, 290, 291, 292, 295, 296, 300, 301, 338, 498
戴延之　421, 422
戴震（東原）　445
戴聖　415, 416
戴徳　416
高瀬惺軒　487
高松貝陵　305
建部水城（遯吾）　472, 473, 475, 476, 488
谷田孝之　435, 440
湛甘泉（若水）　392, 479, 480
智旭　19, 29
紂　103, 131, 144, 149, 184, 274
中宗　415

种放　50
張東之　433
趙匡　372, 374,
趙匡胤　445
趙爾巽　106, 135, 355, 412
張馴　422
趙汝楳　65, 70
趙汸　139
張恵言（皐文）　74, 105, 161, 163, 243, 429
張爾岐　111
張子信　402
張淳　423
張純　374, 375, 376, 379
張弨　111
張載（横渠）　175, 482
張湛　95
張南軒　116
張融　368, 395
晁公武　96, 253, 390
陳建　485
陳振孫　96
陳増　20, 21
陳摶（希夷）　30, 50, 79, 87, 91, 94, 97, 102, 103, 127, 128, 134
陳直斎　297
陳澧（蘭甫）　187, 220, 379, 383
土屋鳳洲　1
程頤（伊川、正叔）22, 28, 23, 32, 33, 36, 43, 44, 47, 50, 51, 56, 83, 84, 113, 114, 115, 116, 119, 123, 165, 170, 173, 175, 179, 181, 182, 183, 185, 186, 188, 196, 200, 205, 210, 238, 252, 263, 277, 286, 287, 292, 298, 327, 408, 444, 496, 447, 448, 474, 475, 485, 495
程大昌　94, 95
程廷祚　10, 105, 163, 164, 165, 167, 171, 172, 173, 178, 179, 180, 186, 187, 188, 189, 357, 358, 368, 370, 383, 490, 496, 499
丁寛　254
鄭忽　432
鄭衆　377, 382, 415, 436
鄭樵　413, 427
鄭東谷（汝諧）　101, 102
鄭北海　177
廷湊　325
田何　49, 51, 52, 95, 167, 250, 251, 254, 255
デ・ホロート　331, 354
杜順和尚　286, 287
杜甫　463
杜佑　393, 396, 413, 416, 435
杜預（元凱）　71, 129, 306, 307, 312, 316, 318, 320, 327, 345, 363, 364, 369, 370, 380, 381, 382, 431
外狩顕章　470
湯　37, 274, 360, 409, 444
陶淵明　193
陶宗儀　352
董因　129, 130, 322
董承叙　392
董仲舒　53, 139, 391, 395, 431, 484
唐仲友　92

【ナ行】

那智惇斎　478
中井甃庵　248

中井竹山　248
中井天生　248, 249
中井履軒　11, 12, 247, 248, 249, 250, 251, 252, 254, 255, 256, 258, 262, 268, 275, 276, 490, 497
中江藤樹　300
南蒯　133
南摩羽峰　1
根本羽嶽（通明）　304
納蘭成徳　202, 215

【ハ行】

馬国翰　275
馬端臨　413
馬融　202, 326, 358, 435, 436
白雲郭　201
白居易　463
伯廖　311
服部宇之吉　336
濱野知三郎　328
濱青洲（隆一郎）　1, 3, 6, 467, 493, 502, 503
濱久雄　75, 135, 162, 189, 245, 302, 440, 465, 501, 502, 504
林羅山　303
原狂斎　278, 279
潘衍桐　414
潘耒　298
班固　92, 138, 224, 256, 395
范甯　103, 434
范曄　422
万斯大　357, 368, 370, 372, 381, 383, 392, 430, 499
皮錫瑞　126, 216
裨竈　402
費直　220, 254
東正堂　487
畢沅　193
馮厚斎　180
馮敏昌　193
馮溥　79
宓戯（伏義）　64
伏義（包義、庖犠）　23, 24, 34, 54, 79, 80, 84, 89, 90, 93, 94, 104, 113, 157, 221, 224, 228, 230, 253, 299, 309, 310, 393, 399, 408, 444, 446
傅休　434
傅山　111
伏生　437, 450, 451
服生　254
服（虔）　320
藤川正数　382, 383
藤塚鄰　191, 192, 196, 217, 496
藤野岩友　2
文公　322, 353, 361, 379, 380, 444, 446
文王　23, 24, 27, 33, 35, 38, 53, 54, 64, 90, 104, 112, 113, 115, 125, 126, 127, 128, 142, 144, 146, 147, 149, 157, 169, 173, 178, 184, 185, 186, 221, 224, 228, 229, 253, 286, 298, 309, 310, 361, 363, 366, 372, 375, 388, 389, 444, 446
フィエー　486
辺韶　95, 445, 448
ヘッフディング　486
穂積陳重　338, 355
方観旭　381
彭暁　96, 97, 98
方望渓　166, 167

穆姜　112，129，130，131，198，293，312，321
穆修　50
墨子（墨翟）　24，333，335，483
細田剣堂　1，478
本城問亭　1
本田種竹　463
ホッブス　338

【マ行】

馬越旺輔　469
巻菱湖　305
俣野通斎（太郎）　2
丸川松隠　448
三島中洲　1，6，15，441，442，448，449，450，451，452，453，454，455，457，460，461，462，463，464，465，467，468，478，481，487，491，493，500，504，505
三島雷堂（復）　1，6，15，16，467，468，469，470，471，472，473，474，475，476，477，478，480，481，482，483，484，485，486，487，488，489，491，493，500，504
三宅真軒　196，411，414
三宅雪嶺　472
宮原信　451，465
孟喜　138
孟子　139，161，164，213，249，250，493
毛奇齢　48，73，75，77，80，82，84，86，89，90，91，96，101，104，106，115，135，140，160，165，186，187，234，357，359，364，365，367，370，382，383，444，494，495，499
毛晋　386
森鷗外　1
森槐南　463
森春濤　463
森三樹三郎　337，355，498
森川竹磎　463

【ヤ行】

安井朴堂（小太郎）　249，251，275，276，278，279，305，302，328，496
山口角鷹　465
山田済斎（準）　460，466，469，480，483，487，488，489
山田方谷　300，448，449，451，465，467，468
山本北山　278，279，300
兪樾　119，411，413
兪琰　83，298
有虞氏　360，366
熊朋来　392
楊瑀　111
楊永言　110
楊簡　22，23
楊敬仲　22，33，42
楊時　390
楊慈湖　23，43
楊損之　129
楊誠斎　177
楊彦齢　129
楊復　392
揚雄（子雲）　53，67，92，93，185，249，298，323，403
姚鼐　165，411，495
吉田篁墩　278，279

【ラ行】

雷次宗　421
来知徳　19, 20, 22, 28, 33, 41, 44, 48, 68, 69, 73, 77, 82, 101, 103, 113, 115, 119, 125, 126, 135, 140, 170, 186, 187, 197, 216, 234, 235, 298, 385, 411, 493, 494, 495, 496
羅整庵　485
ラッツエンホーフェル　486
李塨　164, 165, 357, 364, 365, 367, 370, 383, 495, 498
李元度　106
李光地　324
李贄　49
李之才　50, 102, 297
李氏如圭　346, 353
李滋然　358
李淳風　402
李泰伯　86
李鼎祚（資州）　22, 43, 49, 70, 74, 203, 205, 208
李攀竜　278
李白　445, 448, 464
李容　111
陸機　422
陸賈　150
陸象山　16, 467, 468, 469, 471, 472, 473, 474, 475, 476, 477, 479, 480, 484, 486, 487, 488
陸績　311, 315
陸佃　310
陸徳明　96, 126, 216, 221, 222, 388
陸隴其　357, 362, 383, 485, 498
劉歆　88, 91, 92, 126, 358, 359, 377, 379, 381, 382, 390, 395, 415, 419, 421, 423, 424, 427, 444, 447, 449, 450, 464
劉逢禄　137, 139, 140, 160, 161
劉炫　319, 320
劉向　87, 192, 292, 395, 425
劉洪覚　402
劉貢父　433
劉承幹　243
劉如　122
劉宗周　49, 164
劉台拱　193
劉牧　83, 91, 92
劉墉　193
柳宗元　278
梁啓超　140, 160, 162, 179, 407
梁同書　193
凌廷堪（次仲）　5, 13, 105, 193, 329, 330, 339, 340, 341, 344, 345, 346, 350, 352, 353, 354, 355, 356, 420, 490, 499
呂祖謙　253
呂大臨（与叔）　324, 390, 429
呂不韋　92
林孝存　426
林黄中　72, 297
林碩　427
厲公　26
盧植　422, 423
盧文弨　411
路沢農　111
婁一斎　479, 480
老子（老聃）　93, 98, 336, 445, 447, 452, 453, 454, 461

事項索引

【ア行】

陰陽　32, 36, 38, 39, 40, 54, 55, 57, 60, 61, 63, 80, 94, 96, 97, 117, 118, 121, 122, 158, 168, 202, 208, 220, 221, 223, 224, 227, 230, 232, 233, 236, 238, 240, 242, 244, 256, 263, 264, 269, 270, 271, 283, 284, 285, 297, 310, 312, 360, 403, 409, 425, 426, 430, 435, 473, 474, 475, 497
陰陽奇偶　80, 283, 284
陰陽五行　403
陰陽消息　61, 63, 220, 223, 227, 236, 497
陰陽消長　238, 264, 269
陰陽老少　94, 283
羽　1, 29, 121, 350, 351
欝鬯　362
燕聘　390
燕礼　341, 344, 400
応　62, 144, 145, 147, 165, 169, 171, 202, 221, 270

【カ行】

卦気　53, 63, 64, 65, 66, 67, 74, 101, 188, 202, 221
卦気図　64, 158, 404
卦気説　65, 67, 74, 159, 204, 223, 269, 494, 495
卦爻辞　32, 205, 256, 295, 496, 497
卦辞　30, 31, 39, 41, 43, 64, 68, 113, 118, 126, 148, 183, 196, 199, 201, 206, 207, 210, 211, 212, 216, 221, 227, 230, 233, 241, 255, 256, 262, 269, 292, 293, 324, 326
卦体　41, 115, 116, 117, 214, 230, 234, 269, 297
卦変　19, 41, 44, 48, 53, 61, 67, 68, 69, 70, 71, 73, 74, 77, 80, 81, 82, 84, 101, 102, 103, 112, 113, 114, 115, 120, 126, 134, 165, 170, 171, 186, 188, 202, 204, 207, 209, 210, 223, 225, 234, 235, 244, 297, 298, 299, 319, 494, 495, 497
卦変図　70, 103, 297
卦変説　69, 70, 73, 103, 170, 235, 298
下卦　71, 101, 114, 119, 160, 183, 210, 212, 259, 271, 294
夏小正　159, 431
夏禘　365, 367, 374
火珠林　60, 61, 99, 327
河図先天　50, 51
悔吝休咎　24
外卦　57, 71, 289, 291, 292
角（角声）　121, 350, 351, 352
干祫　360, 378

冠昏　338, 353, 390, 418, 424
冠礼　343, 400, 401, 416, 428, 429
皖派　44, 74, 105, 137, 160, 161, 163, 193, 194, 195, 215, 243, 352, 373, 386, 413, 421, 423, 445, 449, 450, 495, 499
気一元論　277, 475, 480
奇偶陰陽　283, 284
饋食　359, 377, 380, 381, 421
帰蔵　129, 253, 310, 312
毀廟　362, 368, 369, 373, 375, 376, 377, 381, 382
劓　437, 438
義理易　22, 23, 33, 36, 43, 44, 47, 48, 51, 54, 72, 74, 104, 112, 113, 114, 115, 116, 119, 120, 131, 134, 163, 186, 188, 196, 204, 222, 223, 234, 247, 251, 252, 258, 275, 277, 284, 289, 292, 300, 301, 385, 494, 495, 496, 497
吉祫　365, 367
吉禘　361, 365, 366, 367, 372, 373, 374
郷飲酒　341, 342, 343, 344, 348, 349, 400, 420
郷射　341, 343, 344, 424
郷射記　429
郷射五物考　353
郷射礼　349
饗燕礼　400
俠拝　347, 430
凶礼　408, 409, 410, 432, 444
釁　398
釁廟　419
今文学　138, 140, 160, 187, 303, 308, 382, 449, 450, 451
覲礼　341, 344, 404, 405, 416
公羊学　5, 53, 137, 138, 139, 140, 160, 161, 187, 303, 308, 381, 385, 407, 450, 495, 502, 505
虞祔　365
繫辞伝　26, 27, 30, 31, 84, 93, 99, 101, 102, 114, 120, 126, 127, 130, 143, 157, 160, 166, 195, 199, 201, 215, 216, 224, 250, 251, 255, 283, 284, 285, 286, 288, 289, 291, 308, 311, 314, 404, 459, 496
月体納甲　59, 99, 101, 188
蘐園学派　278
元亨利貞　36, 131, 146, 173, 174, 175, 199, 293
玄冥　436
古学派　188, 197, 247, 277, 284, 289, 300, 301, 308, 327, 460, 464, 497
古周易　296, 307, 308
古占法　12, 13, 131, 251, 284, 289, 291, 292, 294, 296, 300, 301, 305, 307, 309, 314, 317, 327, 497, 498
古文学　303, 381, 382, 450
姑洗　351
互卦　53, 71, 72, 169
互体　49, 71, 72, 73, 74, 102, 112, 115, 116, 120, 134, 165, 188, 207, 240, 293, 494, 495, 497
呉派　74, 82, 104, 105, 137, 140, 160, 187, 193, 194, 196,

209, 215, 216, 243, 317, 327, 372
五行　49, 59, 60, 80, 83, 84, 88, 89, 91, 92, 96, 207, 264, 266, 280, 357, 474
五刑　437, 438
五倫　437
五礼　14, 334, 339, 361, 386, 387, 392, 393, 394, 396, 397, 413, 416, 417, 420, 423, 444, 446
交易　227, 237, 238, 240, 242, 244, 298
祫　13, 14, 163, 357, 359, 360, 363, 364, 365, 366, 367, 368, 369, 370, 374, 375, 376, 377, 379, 380, 381, 382, 498
祫祭　357, 360, 362, 365, 368, 369, 375, 376, 379, 380, 381
祫嘗　360, 362, 363, 380
行享　341, 344
爻辞　30, 31, 37, 41, 43, 60, 68, 113, 114, 116, 119, 126, 144, 155, 175, 177, 180, 184, 185, 196, 199, 201, 210, 211, 224, 225, 239, 240, 242, 255, 256, 258, 259, 264, 273, 293, 295, 299, 309, 310, 311, 312, 318, 319, 326, 398
爻辰　59, 101, 188, 220, 221, 224, 225, 243, 306, 308
荒政　408, 409
後天　80, 83, 84, 105, 244, 280, 286, 287, 496
後天方位　54
后土　436
高禖　398
句芒　436
公厲　399, 436
郊労　341, 344
国行　436
国門　436
昏礼　343, 344, 400, 429, 430, 432

【サ行】

蜡臘　398
歳祀　365, 366
祭厲　399
錯卦　19, 69, 73
雑卦（雑卦伝）27, 33, 112, 123, 124, 125, 126, 168, 169, 209, 221, 223, 225, 226, 244, 250, 251, 298, 496
三爻変　129, 290, 295, 297
祠　93, 359, 363, 367, 368, 377, 381, 404, 427
之卦　129, 235, 290, 294, 295, 297, 326
士冠礼　343, 347, 349, 428
士見礼　344
士昏礼　343, 349, 350
四爻変　116, 290, 292, 294, 295
四象　72, 87, 92, 257, 285, 286, 287
四正　56, 65, 66, 98, 209
四徳　36, 131, 169, 173, 174, 175, 198, 199, 206, 266, 294, 321
斉衰　401
蓍策　25, 26, 287, 288, 289
蓍筮　285
私覿　343

司命 436
時祫 363, 374
時禘 363, 367, 372, 374
時類 365
執玉 341, 344
射郷 390, 424
秋祫 374
秋嘗 365, 367
十二辟卦 64, 66, 98, 101, 209
十翼 24, 28, 33, 39, 43, 52, 105, 113, 155, 161, 167, 196, 197, 198, 199, 201, 204, 205, 207, 215, 220, 224, 225, 251, 253, 254, 262
粛拝 430
祝融 436
春礿 365, 367
巡守 213
烝 359, 360, 361, 363, 365, 366, 367, 368, 369, 373, 377, 380, 381
少陰 64, 94, 128, 131, 135, 285
少陽 64, 94, 128, 285
少牢饋食 119, 341, 344, 421
小衍 86, 288
小祫 370
小祥 434
小象 27, 41, 118, 141, 154, 155, 185, 255, 256, 274
小成 156, 158
消卦 64, 209, 235, 237, 241
消息 25, 61, 63, 101, 114, 160, 188, 209, 219, 220, 221, 223, 225, 227, 229, 231, 232, 233, 236, 239, 243, 244, 497
消息卦 209, 233, 238
消長 67, 142, 143, 233, 236, 238, 240, 264, 269
象刑 437, 438
象数（象数易） 22, 36, 43, 44, 47, 48, 51, 53, 54, 59, 73, 74, 78, 82, 83, 84, 99, 101, 103, 104, 105, 113, 115, 119, 120, 134, 160, 161, 163, 167, 186, 187, 188, 196, 201, 204, 222, 223, 225, 234, 244, 247, 251, 252, 258, 275, 277, 284, 289, 292, 295, 300, 327, 385, 444, 446, 448, 494, 496, 497
象伝 41, 157, 160, 197, 198, 206, 211, 212, 251
升降 70, 101, 154, 210, 220, 243
祥禫 434
祥練 365
昭穆 361, 366, 368, 369, 372, 374, 375, 376, 379, 381
上卦 71, 101, 114, 160, 183, 210, 212, 260
常州学派 65, 74, 106, 137, 139, 149, 152, 159, 160, 161, 194, 215
序卦（序卦伝） 27, 33, 39, 66, 67, 68, 73, 112, 125, 126, 168, 186, 250, 251, 298
蓐収 436
讖緯学 52
心即理 478, 479, 485
出師 406, 407
世応 49, 60, 61, 62, 101, 188, 223
世爻 62
眚礼 408

筮策　24
説卦（説卦伝）27, 29, 33, 54, 55, 56, 59, 75, 112, 118, 121, 123, 124, 169, 197, 199, 200, 201, 202, 203, 208, 220, 223, 224, 225, 226, 244, 250, 251, 286, 287, 306
薦新　398
占筮　24, 44, 74, 119, 128, 134, 169, 188, 251, 252, 255, 258, 275, 286, 288, 292, 301, 303, 308, 322, 497
先天　30, 50, 55, 56, 80, 83, 84, 102, 104, 123, 165, 221, 280, 286, 496
先天図　24, 30, 48, 53, 66, 72, 73, 78, 83, 97
先天太極　83, 84
先天方位　54, 202
綜卦　19, 41, 44, 69, 73, 77, 82, 101, 103, 113, 115, 126, 170, 186, 234, 235, 238
宗遇　405
宗廟　238, 294, 316, 321, 359, 360, 370, 377, 378, 380, 381, 398, 408, 416
相錯　34, 70, 286, 316
喪服　360, 367, 368, 377, 378, 381, 390, 401, 409, 410, 416, 422, 424, 432, 433, 434, 435, 440
喪礼　333, 400, 409, 410, 416, 426, 432, 433, 435
息卦　64, 209, 233, 238, 239
卒哭　365

【タ行】

大衍　35, 79, 85, 86, 87, 88, 89, 91, 282, 284, 287, 288, 289, 402, 404
大祫　362, 363, 365, 366, 368, 369, 370, 375, 377, 380, 381
大極　34, 35, 80, 127, 221, 285, 286, 287
大功　401, 434
大祫　362, 363, 365, 366, 368, 369, 370, 375, 377, 380, 381
大射　341, 344, 345
大祥　434
大象　27, 39, 127, 169, 200, 201, 250, 251, 254, 255, 256, 269, 473
大正　248, 249, 251, 276, 383, 454, 465, 469, 470, 471, 472, 477, 488
大中　144, 182
大禘　365, 366, 368, 370, 372, 374, 375
大辟　437, 438
太極　72, 83, 84, 86, 286, 288, 404, 473, 474, 475
太陰　64, 100, 402
太陽　64, 100, 183, 256, 403
泰厲　399, 411
禫　434
禫繊　365
彖伝　41, 67, 70, 101, 102, 103, 114, 115, 118, 141, 142, 144, 146, 148, 157, 160, 173, 184, 198, 204, 210, 213, 214, 227, 229, 255, 256, 261, 262, 263, 269, 294, 321, 325, 406, 497

致良知　460, 478, 479, 482, 485, 494
中爻　198, 222
中霤　419, 436
重卦　112, 113, 168, 228, 286
朝覲　404, 405, 406, 418
祧廟　366, 376, 377
禘　163, 357, 359, 360, 361, 362, 363, 364, 365, 366, 367, 368, 369, 370, 371, 372, 373, 374, 375, 376, 377, 378, 379, 380, 381, 382, 394, 436
禘祫　357, 358, 359, 360, 362, 363, 364, 365, 367, 368, 370, 371, 372, 373, 374, 375, 376, 377, 378, 379, 381, 382, 398, 491, 496
庭実　341, 343, 344
程伝朱義　20, 44, 48, 52, 73, 77, 78, 82, 83, 104, 105, 112, 117, 160, 163, 167, 187, 188, 203, 205, 216, 238, 247, 275, 277, 304, 327, 385, 494, 495, 496, 497
肆献祼　359, 368, 377, 380, 381, 416
天理　35, 43, 180, 390, 460, 476, 478, 484
田猟　406, 407, 408
冬烝　366
桐城派　165, 167, 495
道器論　120, 121
動爻　49, 316
咎なし（无し・咎無し）　41, 112, 127, 131, 141, 147, 149, 150, 154, 155, 259, 260, 270, 271, 293, 294, 321
特牲饋食　341, 343, 344
犆礿　360

【ナ行】

内卦　57, 61, 70, 71, 289, 291, 292
内外卦　297
納甲　49, 53, 57, 58, 59, 60, 62, 98, 99, 101, 119, 165, 220, 221, 224, 225, 281, 290, 291, 295, 327
二爻変　290, 292, 293, 295, 296, 297
二十四気　59, 63, 66, 158, 404
二十八宿　59, 158, 402, 462
肉刑　437
日祭　365
納采　343, 432
納辰　59
農事暦　65, 74, 159, 496

【ハ行】

梅花心易　444
八宮　61, 188, 223
八卦　24, 25, 28, 30, 34, 54, 57, 58, 61, 68, 69, 70, 72, 84, 85, 90, 94, 102, 112, 122, 158, 168, 228, 257, 279, 280, 285, 286, 287, 297
八卦方位　53, 54, 101
反易　233, 234, 235, 236
反卦　103, 113, 114, 115, 126, 170, 183, 186, 204, 233, 234, 235, 236, 238, 239, 241, 298
比　63, 68, 133, 141, 152, 153, 165, 169, 171, 177, 199, 202, 204, 229, 231, 267,

277, 279, 299, 315, 319, 320, 404
飛伏　49, 60, 62, 165, 281, 290, 291, 295, 325
臏　437
賓礼　404, 444
不孝　437
不恤　437
不媚　437
不正　48, 173, 258, 260, 264, 266, 271
不中　260, 264, 266, 271
不弟　437
不任　437
不睦　437
不友　437
分卦直日　306, 308
文言伝　37, 197, 224
聘礼　341, 343, 344, 348, 416
辟卦　64, 65, 66, 98, 101, 114, 209, 235
辟廱　396
変爻　61, 290, 293, 295, 296, 297, 314, 316, 318, 319, 320, 324
変爻辞　295, 319
変体　169
酺　398
封禅　93, 396
方沢　370
旁通　29, 73, 101, 188, 325
卜筮　23, 25, 27, 29, 30, 47, 59, 86, 112, 131, 132, 133, 134, 173, 221, 254, 280, 307, 308, 309, 399, 416, 442, 495
堀川学派　197, 247, 278, 300, 497
本卦　72, 74, 129, 269, 289, 290, 291, 293, 294, 295, 296, 297, 318, 319, 320, 322, 324, 325, 326

【マ行】

未毀廟　362, 368, 369, 375, 377, 381, 382
盟詛　389, 398

【ヤ行】

礿　360, 361, 363, 365, 367, 380
禴　359, 360, 363, 366, 367, 368, 377, 381, 436
約象　71, 240
用九　129, 130, 229, 259, 261, 262, 283, 284, 323, 324
用六　129, 130, 229, 261, 262, 266, 268, 283, 284, 323, 324

【ラ行】

理気二元論　120, 121, 188, 247, 277, 300, 327, 340, 497
両儀　72, 257, 285, 286, 287
良知　478, 480, 481, 482, 483, 484, 485
旅酬　342, 344
連山　129, 253, 310, 312
老陰　94, 128, 285
老荘思想　29, 44, 188, 277, 327, 407, 444, 446, 497
老陽　94, 128, 285
六十四卦相生図　68, 297